Im Aufbruch

Regine Bendl/Ulrike Papouschek/Ulli Pastner
(Hrsg.)

Im Aufbruch

Betriebliche Frauenförderung in Österreich

PETER LANG
Frankfurt am Main · Berlin · Bern · New York · Paris · Wien

Die Deutsche Bibliothek - CIP-Einheitsaufnahme

Im Aufbruch : betriebliche Frauenförderung in Österreich /
Regine Bendl ... (Hrsg.). - Frankfurt am Main ; Berlin ; Bern ;
New York ; Paris ; Wien : Lang, 1998
ISBN 3-631-32226-7

Gedruckt mit Förderung des
Bundesministeriums für Wissenschaft
und Verkehr in Wien.

Umschlagbild: Gisela Scheubmayer
Textlayout: Ulli Pastner

Gedruckt auf alterungsbeständigem,
säurefreiem Papier.

ISBN 3-631-32226-7

Printed in Germany 1 2 3 4 6 7

Inhalt

Teil III: Rechtliche Aspekte

Teil IV: Initiativen und überbetriebliche Erfahrungen

Einleitung

Begonnen hat die Geschichte dieses Buchs Anfang 1996 mit einem Telefonat zur Terminvereinbarung für ein Fachgespräch. Wir drei, Regine Bendl, Ulrike Papouschek und Ulli Pastner befaßten uns damals im Rahmen von Forschungsprojekten[1] mit der Thematik „Betriebliche Frauenförderung" und erkannten in unseren ersten Diskussionen sehr bald, daß wir die gleichen Erfahrungen teilten: Die Erwartungen, die aufgrund der vorangegangenen Literaturrecherchen zum Thema geweckt worden waren, wurden in der Untersuchung der betrieblichen Realitäten nicht erfüllt. Im Gegenteil, die empirischen Erfahrungen gaben eher Anlaß zur Frustration und zeigten auf, daß betriebliche Frauenförderung in Österreich, anders als in Deutschland oder anderen europäischen Ländern, noch kaum entwickelt war.

In der Folge hatten wir noch öfter Gelegenheit, unsere Sicht der Dinge betreffend das Thema „Chancengleichheit im Betrieb" zu teilen. Die umfangreichen Kontakte und Erfahrungen, die wir im Laufe der letzten Jahre anhäuften, bewogen uns schließlich dazu, dieses Buchprojekt gemeinsam in Angriff zu nehmen. Das wachsende öffentliche Interesse, das der Ungleichbehandlung von Frauen zunehmend entgegengebracht wird, hat uns in unserem Vorhaben bestärkt. Mit diesem Buch verfolgen wir das Ziel, den differenzierten Stand der Entwicklung eines Teilbereichs von Frauenförderung in Österreich, nämlich jenem auf betrieblicher Ebene, darzustellen. Dabei wollen wir sowohl wissenschaftliche Erkenntnisse präsentieren, als auch PraktikerInnen zu Wort kommen lassen.

Betriebliche Frauenförderung ist in den letzten Jahren - nicht zuletzt aufgrund des Frauenvolksbegehrens Anfang 1997 - mehr und mehr Thema von Symposien, Tagungen und medialer Darstellung geworden. Es handelt sich dabei um die Wiederaufnahme einer Diskussion, die in Österreich Ende der 80er Jahre mit der Gründung eines Arbeitskreises beim Bundesministerium für Arbeit und Soziales einsetzte und in der Folge lange Zeit – von wenigen Ausnahmen abgesehen (Initiative Frauen 2000, Initiative *Taten statt Worte*) - auf Sparflamme lief.

Die seit zwei Jahren wiederbelebte Diskussion behandelt Themen wie fördernde und hemmende Bedingungen bei der Implementierung von Frauenförderung,

---

[1] Ulli Pastner und Ulrike Papouschek arbeiteten an einem Forschungsauftrag (vgl. dazu Pastner/Papouschek (1997): Im Dornröschenschlaf: Betriebliche Frauenförderung in Österreich), und Regine Bendl beendete gerade ihre Dissertation (vgl. Bendl (1997): Chancengleichheit am Arbeitsplatz für Frauen. Integration in die strategische Unternehmensführung - eine theoretische und empirische Analyse).

die Verknüpfung von Frauenförderung mit öffentlicher Auftragsvergabe oder die Einrichtung von Beratungsstellen für betriebliche Chancengleichheitsprogramme. Schon vor einigen Jahren wurde von der Frauenabteilung der Gewerkschaft für Privatangestellte ein Leitfaden zur geschlechtsspezifischen Chancengleichheit entwickelt. In der Folge wurden in den Betriebsratskörperschaften Frauenauschüsse gegründet, mit Hilfe derer die Umsetzung von Chancengleichheit in den Betrieben in Angriff genommen wurde. „Total E-Quality" ist aufgrund einer deutschen Initiative mittlerweile zum bekannten Schlagwort geworden. Ansätze von „positive action" werden auch zunehmend auf EU-Ebene beforscht und diskutiert. Die Bundesministerin für Frauenangelegenheiten forciert Frauenförderung in Betrieben im Rahmen von öffentlicher Auftragsvergabe, und der Bundesminister für Umwelt, Jugend und Familie startete eine Initiative, durch welche die Arbeitsbedingungen in den Unternehmen sowohl für Mütter als auch für Väter familienfreundlicher gestaltet werden sollen. Kurz: Das Thema betriebliche Frauenförderung scheint im Aufbruch.

Verläßt man indes die überbetriebliche Diskussions- und Veranstaltungsebene und begibt sich in die betriebliche Praxis, werden die Aufbruchshoffnungen gedämpft. Denn die konkrete, betriebliche Umsetzung von Frauenförderungs- oder Chancengleichheitsprogrammen läßt auf sich warten. Auf den Veranstaltungen zum Thema referieren Vertreterinnen der immer gleichen Betriebe, denn allzuviele Unternehmen, die konkrete Maßnahmen vorweisen können, gibt es nach wie vor nicht.

Eines hat sich allerdings eindeutig verändert, seit wir Mitte der 90er Jahre mit unserer Arbeit begonnen haben: „Frauenförderung im Unternehmen" ist nicht mehr ganz das „Fremdwort", das es einmal war und ruft nicht mehr nur befremdliches Achselzucken oder neugieriges Nachfragen hervor. Eine Veränderung, die sich zweifellos der zunehmenden öffentlichen Diskussion des Themas verdankt.

Beim vorliegendem Buch handelt es sich um eine *erste österreichweite Bestandsaufnahme* zur Diskussion um betriebliche Frauenförder- und Chancengleichheitsprogramme in Forschung und Praxis. Beiträge von engagierten Wissenschafterinnen sowie von Frauen, die sich im Zuge ihrer politischen bzw. betrieblichen Praxis mit diesem Thema beschäftigen, geben Einblick in die aktuelle Entwicklung. Rechtliche und internationale Aspekte ergänzen das Bild. Mit diesem *Pionierinnenprojekt* sollen bereits eingeschlagene Wege aufgezeigt, wie auch Anregungen für die Gestaltung der zukünftigen betrieblichen Frauenförderung und mit der Implementierung verbundener Prozesse geboten werden.

Das Buch ist in *sechs große Themenbereiche* gegliedert, in denen betriebliche Frauenförderung jeweils aus unterschiedlicher Perspektive behandelt wird (Wissenschaft und Forschung, internationale Erfahrungen, rechtliche Aspekte,

Initiativen und überbetriebliche Erfahrungen, exemplarische Betriebsbeispiele und kontroversielle Wortspenden).

In Teil I des Buchs werden aktuelle Ergebnisse aus Wissenschaft und Forschung präsentiert. Der Beitrag von *Ulrike Papouschek und Ulli Pastner* mit dem Titel *„Unterschiedliche Wege – das gleiche Ergebnis? Frauenförderung mittels Betriebsvereinbarung, unternehmensinterner Zielvorgaben oder informeller Kultur?"* geht der Frage nach, wie unterschiedliche Ansätze von betrieblicher Chancengleichheit, unabhängig vom Grad der Institutionalisierung, die Beschäftigungsbedingungen von Frauen beeinflussen bzw. welche Einflußfaktoren für eine erfolgreiche Umsetzung betrieblicher Chancengleichheitspolitik von Bedeutung sind.

Regine Bendl nimmt in *„Der Beitrag von Programmen zur Chancengleichheit zur Zielerreichung von Betrieben – eine meta-analytische Betrachtung"* die Effektivität von Frauenförder- bzw. Chancengleichheitsprogrammen für Betriebe unter die Lupe. Im Rahmen einer Meta-Analyse arbeitet sie heraus, welche Vorteile bzw. positiven Beiträge von Frauenförderprogrammen für die Effektivität von Unternehmen im Rahmen von empirischen Erhebungen bereits ans Licht gefördert wurden.

In dem Beitrag *„Unterstützende und hemmende Faktoren bei der Entwicklung und Einführung von betrieblichen Frauenförderungsmaßnahmen"* widmet sich *Brigitte May* der Frage, welche Einflußfaktoren auf die Entwicklung und Einführung von Frauenförder- bzw. Chancengleichheitsprogrammen sowohl fördernd als auch hemmend wirken können. Der inhaltliche Schwerpunkt des Artikels liegt bei den unternehmensinternen Einflußfaktoren, wobei besonders der Einfluß von innerbetrieblichen Machtstrukturen, machtpolitischen Prozessen und Interessenkonstellationen beleuchtet werden.

Gabriela Riedl versucht in *„Personalcontrolling und Programme zur Chancengleichheit – eine integrative Perspektive"* konzeptionelle und kritische Überlegungen über die Zusammenführung von Personalcontrolling und Programmen zur Chancengleichheit festzumachen. Der Autorin zeigt in ihrem Beitrag auf, wie diese beiden Bereiche integriert werden können, welchen Zweck diese Integration für unterschiedliche Interessengruppen erfüllen kann, und wo die Grenzen einer solchen Integration zu suchen sind.

Teil II des Buches ist ausgewählten internationalen Erfahrungen zum Thema „Betriebliche Frauenförderung" gewidmet. Mit *„TOTAL E-QUALITY Management - Vergabe des Prädikats und erste Erfahrungen"* wird als erstes eine deutsche Initiative zur Förderung der Chancengleichheit für Frauen in Betrieben präsentiert. Der Autor und Mitbegründer der Initiative *Gerhard Engelbrech* gibt zunächst einen kurzen Überblick über die derzeitige Beschäftigungssituation von Frauen in Deutschland und stellt im Anschluß das Konzept des TOTAL E-QUALITY Prädikats in seinen detaillierten Zielsetzungen dar.

Etta Olgiati und *Gilian Shapiro* liefern in ihrem Beitrag (in englischer Sprache) *„Equality in Europe. A cross analysis of good practice case examples from across the fifteen E.U. Member States - a short overview"* erste Ergebnisse der Auswertung von insgesamt fünfzig in fünfzehn EU-Ländern durchgeführten Fallstudien. Dabei werden unternehmensexterne und -interne Faktoren, welche die Implementierung von Chancengleichheitsprogrammen beeinflussen, Instrumente und Maßnahmen zur Durchsetzung und Inhalte bestehender Programme behandelt.

Marianne Geisser zeigt in dem Beitrag *„Arbeitsbewertung und Lohngleichheit. ABAKABA, ein geschlechtsunabhängiges Arbeitsbewertungsinstrument"*, wie Arbeitsbewertung, gerade bei typischen Frauen- und Männerarbeitsplätzen, geschlechtsneutral vorgenommen werden kann. Das in der Schweiz entwickelte Arbeitsbewertungssystem ABAKABA stellt eine brauchbare Alternative zu herkömmlichen Verfahren, mit welchen die Tätigkeiten von Frauen systematisch unterbewertet werden, dar.

In Teil III des Buches werden rechtliche Aspekte behandelt. In *„Das Gleichbehandlungsgesetz"* behandelt *Neda Bei* die rechtlichen Bestimmungen des österreichischen Gleichbehandlungsgesetzes in juristischer Detailgenauigkeit und gibt darüberhinaus einen Einblick in die Novellierungen der für Frauen relevanten Rechtsmaterie.

Dagegen setzt sich *Ingrid Nikolay-Leitner*, Anwältin für Gleichbehandlungsfragen, mit den praktischen Erfahrungen – Erfolgen und Schwierigkeiten – in der Umsetzung des Gleichbehandlungsgesetzes auseinander. Der - für sich sprechende Titel - ihres Beitrags lautet *„Wie Recht und Betriebspraxis aneinandergeraten ... Einige Erfahrungen der Gleichbehandlungsanwaltschaft mit dem Gleichbehandlungsgesetz"*.

Teil IV vereinigt Beiträge, welche sich mit „Initiativen und überbetrieblichen Erfahrungen" befassen. So beschreibt *Sandra Frauenberger*, sie ist Frauensekretärin der österreichischen Gewerkschaft der Privatangestellten (GPA), in ihrem Artikel *„Eine gewerkschaftliche Initiative zur Frauenförderung: Leitfaden zur Förderung der Chancengleichheit im Betrieb"* die Entstehung und Entwicklung des von der GPA publizierten „Leitfadens". Darüberhinaus stehen die Arbeit mit Betriebsrätinnen, die Gründung von Frauenauschüssen und die Schwierigkeiten in der Umsetzung betrieblicher Frauenförderung im Mittelpunkt ihrer praxisnahen Ausführungen.

In *„Taten statt Worte - eine österreichische Initiative zur Verbesserung der Chancengleichheit von Frauen in der Arbeitswelt"* stellt *Ridi Steibl* die von ihr zu Beginn der 90er Jahre aus der Schweiz übernommene und in Österreich erfolgreich umgesetzte Initiative vor. Neben der geschichtlichen Entwicklung und inhaltlichen Ausdifferenzierung der Initiative werden - basierend auf der langjährigen praktischen Erfahrung - Elemente der Frauen und Familienförderung und der „Wettbewerb zum frauen- und familienfreundlichsten Betrieb" präsentiert.

Martina Scheinecker beschäftigt sich schon seit vielen Jahren als Beraterin mit dem Themenkomplex „Chancengleichheit im Betrieb" und greift in ihrem Aufsatz auf ihre vielfältigen Erfahrungen zurück. Sie geht in *„Der Beitrag externer Beraterinnen bei der Implementierung von Chancengleichheitsprogrammen"* v.a. der Frage nach, welchen Nutzen Unternehmen haben können, wenn sie bei der Implementierung von Chancengleichheitsprogrammen mit externen Beraterinnen kooperieren, und welche Prozesse bei der Umsetzung zu berücksichtigen sind.

Ilse König, Erika Pircher und *Birgit Buchinger* stellen in *„‚Managing E-Quality' - ein Werkstattbericht"* Ergebnisse eines EU-Projektes vor, welches zum Ziel hat, ein umfassendes Verständnis bezüglich der Gleichstellung und Vereinbarkeit von Beruf und Familie in Organisationen zu implementieren. Beschrieben werden die Entwicklung des Seminarcurriculums in der Pilotphase und die Erfahrungen aus bereits stattgefundenen Seminaren.

Andrea Holzmann-Jenkins beschreibt in *„Best Practice in der betrieblichen Frauenförderung: Strategien für wirtschaftliche EntscheidungsträgerInnen - ein internationales Forschungsprojekt"* die Hintergründe und Ziele eines internationalen Forschungsprojekts, welches - national und international unterstützt - sich derzeit im Antragsstadium bei der Europäischen Kommission befindet.

In Teil V - „Exemplarische Betriebsbeispiele" – kommen schließlich PraktikerInnen zu Wort und bringen ihre Erfahrungen ein. Bereits 1990 wurde in der Bank Austria „Frauenförderung" als Unternehmensziel formuliert. *Leopoldine Faber*, seit diesem Zeitpunkt Frauenbeauftragte, stellt in ihrem Beitrag *„Frauenförderung am Beispiel Bank Austria"* dar, was in den letzten acht Jahren bereits erreicht wurde, aber auch welche Umsetzungsbarrieren nach wie vor bestehen.

Harald Gutschi ist Personalleiter der Firma Neckermann Versand Österreich und beschreibt in *„Familienförderung bei Neckermann Versand AG"* die Fülle an in seinem Unternehmen bestehenden Maßnahmen zur Vereinbarkeit von Beruf und Familie, die bereits zu mehreren Auszeichnungen geführt hat.

Hilde Stockhammer, Gleichbehandlungsbeauftragte im österreichischen Arbeitsmarktservice, skizziert in ihrem Erfahrungsbericht *„Langsam aber sicher ... - Frauenförderung im Arbeitsmarktservice"* die vorgefundenen Rahmenbedingungen im Unternehmen, hemmende und fördernde Einflußfaktoren auf den Prozeß der Implementierung sowie Auswirkungen der installierten Frauenfördermaßnahmen. Eine der konkreten Maßnahmen wird in einem speziellen Beitrag gesondert beschrieben: *Martina Scheinecker* und *Judith Rechnitzer* berichten in ihrem *Beitrag „Das Seminar Laufbahnplanung für Frauen"* vom Aufbau und den ersten Erfahrungen mit dieser überaus sinnvollen Maßnahme.

Kontroversielle Wortspenden im Form eines „W*ordrap*" beschließen als sechster Teil unser Buch. Um die Bandbreite der Standpunkte aufzuzeigen, baten wir einflußreiche VertreterInnen von Interessenvertretungen, meinungsbildenden Initiativen und Politik um „Wortspenden". Die drei ausgewählten Fragen wurden recht unterschiedlich beantwortet und geben ein gutes Bild darüber ab, welch unterschiedliche Ansichten darüber bestehen, wie die Situation der Frauen auf betrieblicher Ebene verbessert werden könnte.

Insgesamt, so meinen wir, zeigt dieses vielfältige Angebot an Beiträgen zur betrieblichen Frauenförderung und Chancengleichheit sowohl aus Wissenschaft und Praxis, daß dieses Thema nicht noch weitere hundert Jahre im „Dornröschenschlaf" verbringen wird. Vielmehr kann davon ausgegangen werden, daß sich betriebliche Frauenförderung in Österreich im Aufbruch befindet.

Uns als Herausgeberinnen hat die Arbeit am Buch trotz des hohen Arbeitsaufwandes immer wieder Spaß gemacht. Immerhin mußten 29 Beiträge und noch mehr AutorInnen von drei Frauen, die an zwei verschiedenen Arbeitsorten (FORBA und Wirtschaftsuniversität Wien) tätig sind, koordiniert und bearbeitet werden. Wir hoffen nun, daß Ihnen, liebe Leserinnen und Leser, dieses Buch nicht nur neue Informationen zum Themenbereich „betriebliche Frauenförderung und Chancengleichheit in Österreich" liefert, sondern die Lektüre auch angenehme Stunden bereitet.

Zu guter Letzt möchten wir uns noch herzlich bei Karin Hirschmüller und Gudrun Hamböck bedanken, die uns beim Korrekturlesen der Beiträge äußerst hilfreich unterstützt haben.

Regine Bendl *Ulrike Papouschek* *Ulli Pastner*

Wien, im Mai 1998

Teil I
Ergebnisse aus Wissenschaft und Forschung

Unterschiedliche Wege – das gleiche Ergebnis? Frauenförderung mittels Betriebsvereinbarung, unternehmensinterner Zielvorgaben oder informeller Kultur

Ulrike Papouschek und Ulli Pastner

Aufbauend auf der von uns durchgeführten Studie zum Stand der betrieblichen Frauenförderung in Österreich werden in diesem Beitrag drei Betriebe mit unterschiedlichen Herangehensweisen an betriebliche Chancengleichheit dargestellt. Dabei wird der Frage nachgegangen, ob explizite Konzepte von Frauenförderung, unternehmensinterne Zielvorgaben oder einfach „gelebte Kultur" die gleichen Auswirkungen auf die Beschäftigung von Frauen haben können bzw. welche Faktoren ungeachtet der betrieblichen Institutionalisierungsformen auf die Chancengleichheit von Frauen Einfluß nehmen.

1. Einleitung

Wie bereits in der Einleitung zu diesem Buch angesprochen, hat sich der Diskussionsstand zur Thematik „Betriebliche Chancengleichheit" seit der von uns 1995 und 1996 durchgeführten Studie „Im Dornröschenschlaf: Betriebliche Frauenförderung in Österreich" gewandelt.[1] Als die Studie vom Bundesministerium für Arbeit und Soziales bzw. vom Arbeitsmarktservice in Auftrag gegeben wurde, war über konkrete betriebliche Umsetzungen in Form von Frauenförderplänen in Österreich noch kaum Wissen vorhanden. Zielsetzungen des von uns durchgeführten Forschungsprojektes waren deshalb neben der Deskription von praktizierten Modellen betrieblicher Frauenförderung in österreichischen Unternehmen die Analyse der fördernden und hemmenden Bedingungen für die Implementierung von betrieblicher Frauenförderung sowie die Analyse der Wirkungen betrieblicher Frauenfördermaßnahmen.

Obwohl wir in unserer Untersuchung nur auf Betriebe zurückgegriffen hatten, die in den vergangenen Jahren als „frauenfreundlich" in der Öffentlichkeit bzw. in den Medien präsentiert worden waren, erhoben nur drei - von 20 untersuch-

---

[1] Im Vergleich zu anderen europäischen Ländern hinkte Österreich in der Diskussion des Themas etwas nach. So hatte bspw. in Deutschland betriebliche Frauenförderung bis Anfang der neunziger Jahre Hochkonjunktur. In den letzten Jahren ist es - im Zuge der weitreichenden Umstrukturierungs- und Personalabbaumaßnahmen – aber auch in Deutschland eher still um das Thema geworden (vgl. Brumlop 1995).

ten - Unternehmen den Anspruch, weibliche Beschäftigte explizit und systematisch zu unterstützen. In den restlichen 17 Unternehmen fanden wir teilweise eine Personalpolitik, die sich in einem sehr umfassenden Sinn an den Bedürfnissen jeder/s einzelnen Beschäftigten orientiert und in der durch eine flexible, oft unkonventionelle Herangehensweise vieles möglich gemacht wurde, was indirekt auch Frauen zugute kam und kommt. Wir fanden Unternehmen mit einem hohen Niveau an Sozialleistungen, die auch oder besonders Frauen Nutzen brachten, wie im Fall von Karenzregelungen, zusätzlichen Sonderzahlungen und arbeitsrechtlichen Sonderansprüchen. Schließlich fanden wir Betriebe in klassischen Frauenarbeitsbereichen - also den traditionellen Niedriglohnbranchen, wie Reinigung oder Gastgewerbe -, die aufgrund geschlechtsstereotyper Zuschreibungen noch stärker als in diesen Branchen ohnehin üblich auf Frauen setzten.

Der Vielfalt der empirischen Ergebnisse entsprachen wir, indem wir die Betriebsfallstudien zu fünf Typen bündelten:

Typ I: *„Chancengleichheit ist unser Programm"* – Betriebe mit einem expliziten Konzept zur Förderung von Frauen

Typ II: *„Wir sind ja alle Erwachsene!"* - Menschlicher Umgang unter mündigen Menschen

Typ III: *„Wir setzen auf Frauen"* - Weibliches Arbeitsvermögen als gefragte Personalressource

Typ IV: *„Frauen müssen unterstützt werden"*- Im Zentrum steht Vereinbarkeit von Familie und Beruf

Typ V: *„Frauen haben bei uns alle Chancen"* - Außerdem haben wir andere Sorgen

Während wir in der damals durchgeführten Studie unser Hauptaugenmerk darauf legten, ob und welche Unternehmen den Anspruch erhoben, weibliche Beschäftigte explizit und systematisch zu unterstützen, und wie diese Unterstützung in konkrete Maßnahmen umgesetzt wurde, interessieren uns im vorliegenden Artikel unterschiedliche „positive" betriebliche Praxisformen bzw. Umgangsformen mit geschlechtsspezifischer Chancengleichheit und ihre konkrete Auswirkung auf die weiblichen Beschäftigten. Für diesen Zweck haben wir unser empirisches Material neuerlich ausgewertet. Anhand von drei Fallbeispielen wollen wir drei völlig unterschiedliche Herangehensweisen zu betrieblicher Chancengleichheit darstellen und zwar unabhängig davon, ob und wie Frauen zugute kommende Maßnahmen im Betrieb institutionalisiert sind und unabhängig davon, ob die Praxis des Personalmanagements explizit als Frauenförderung definiert wird oder nicht. Die drei ausgewählten Betriebsbeispiele verdanken sich einer „positiven Auswahl“ in dem Sinn, daß ihre Personalpolitik im Hinblick auf die Chancen von Frauen bereits gewisse Erfolge aufgewiesen hat.

Bevor wir jedoch näher auf die drei Unternehmensbeispiele eingehen, ist unser theoretischer Bezugsrahmen offenzulegen und sind einige Anmerkungen zur Methode, mit welcher das empirische Material gewonnen wurde, notwendig.

2. Theoretischer Bezugsrahmen und Methode

2.1. Unsere Definition von betrieblicher Frauenförderung

Unser Ausgangspunkt der Analyse *betrieblicher* Frauenbeschäftigung ist die geschlechtsspezifische Benachteiligung[2] von Frauen auf *gesellschaftlicher* Ebene. Für betriebliche geschlechtsspezifische Ungleichheit von Bedeutung ist die zweifache Eingebundenheit der Betriebe in die Strukturen des Geschlechterverhältnisses. Einerseits, indem betriebliche Entscheidungen Ungleichheit direkt verursachen und mitproduzieren und andererseits, indem Betriebe gesellschaftliche Ungleichheit als gegebene Struktur vorfinden:

- Erstens haben Unternehmen ihren Anteil am Entstehen der statistisch wahrnehmbaren Diskriminierung, wie sie sich etwa in der Einkommensungleichverteilung der Geschlechter und der Instabilität weiblicher Berufsverläufe ausdrückt. Dabei handelt es sich um die Form einer *aktiven Diskriminierung*, denn es sind die betrieblichen AkteurInnen, welche weibliche Arbeitskräfte seltener aufnehmen, unterqualifiziert einsetzen oder sie geringer einstufen bzw. die Strukturen für solche Verhaltensweisen festlegen. Hier kann Diskriminierung als Prozeß verstanden werden, denn diese Mechanismen sind Ursache bzw. produzieren die Benachteiligung, die auf aggregierter Ebene - beispielsweise in den Arbeitsmarktdaten - sichtbar wird.
- Zweitens spielen Unternehmen eine Rolle in der *Reaktion auf die vorgefundene gesellschaftliche Ungleichheit der Geschlechter.* So beschäftigen sie etwa weibliche Arbeitskräfte, die aufgrund der gesellschaftlichen Arbeitsteilung und fehlender öffentlicher Rahmenbedingungen berufliche Nachteile und besonders geformte Interessen haben. Dabei handelt es sich um eine Situation, welche von den Betrieben nicht direkt produziert wurde - auf die sie aber in der Gestaltung ihrer Arbeitsbedingungen - etwa bei Vereinbarkeitsmaßnahmen von Beruf und Familie - Bezug nehmen können oder auch nicht.

---

2 Auf geschlechtsspezifische Ungleichheitsmodelle und -theorien wird an dieser Stelle nicht näher eingegangen.

Damit ergeben sich hinsichtlich des Ziels betrieblicher Frauenförderung *mehrere Ebenen der Anknüpfung*, die sich auf die Konstruktion von Maßnahmen zur Förderung von Chancengleichheit auswirken. Auf der betrieblichen Ebene kann es einerseits darum gehen, wie weit die herkömmlichen, diskriminierenden Muster der Benachteiligung von Frauen in *Personalauswahl, -einsatz und -entwicklung* durch besondere Gestaltungsinitiativen aufgebrochen und abgebaut werden und damit der Prozeß der aktiven Diskriminierung gestoppt wird. Frauenförderung auf betrieblicher Ebene kann darüber hinaus auch auf andere Faktoren einwirken, indem die unterschiedlichen Voraussetzungen von Frauen und Männern für die Erwerbsarbeit konstruktiv berücksichtigt werden. So können betriebliche Maßnahmen, die auf eine bessere *Vereinbarkeit von Beruf und Versorgungsarbeit* abzielen, geeignet sein, die durch die ungleiche Verteilung der Reproduktionsarbeit verursachte, gesellschaftliche Benachteiligung von Frauen teilweise zu kompensieren. Indem diese Maßnahmen auch Männern mit Familie angeboten werden, können diskriminierende Geschlechtergrenzen aufgehoben werden.

Als mögliche Handlungsfelder von betrieblicher Frauenförderung ergeben sich daher: Personalpolitik, Organisations- und Unternehmenskultur, Vereinbarkeit von Beruf und Familie, Arbeitsorganisation und Arbeitsplatzgestaltung sowie Maßnahmen gegen sexuelle Belästigung (siehe Übersicht 1).

Unter *betrieblicher Frauenförderung* verstehen wir - zusammenfassend - *Maßnahmen, die von Unternehmen gesetzt werden, um den Frauen im gleichen Ausmaß wie Männern den Zugang zu qualifizierten, attraktiven und gut entlohnten Arbeitsplätzen zu ermöglichen.* Unter begrifflich-theoretischer als auch politisch-strategischer Perspektive stützen wir uns auf die Debatte um Gleichheits- und Differenzkonzepte innerhalb der Frauenforschung. Frauenförderung stellt vor diesem Hintergrund ein auf Gleichheit basierendes Differenzkonzept dar, wobei Gleichheit die „Vision“ ist, und Ungleichbehandlung als Instrument zur Herstellung von Ergebnisgleichheit eingesetzt werden soll (vgl. Brumlop/ Hornung 1994).

Übersicht 1: Aktionsfelder betrieblicher Frauenförderung

Betriebliche Förderung von Chancengleichheit - Aktionsfelder	
• Personalpolitik:	Personalauswahl, Einstellung
	Ausbildung von Frauen in nicht traditionellen Berufsfeldern
	Personalbeurteilung, Arbeitsbewertung, Entlohnung, Förderung der Weiterbildung für Frauen
	Förderung von Laufbahnplanung
	Förderung von Aufstiegsmöglichkeiten für Frauen
• Vereinbarkeitsmaßnahmen:	verlängerte Karenzzeiten
	bessere Wiedereinstiegsmöglichkeiten nach der Karenz
	Maßnahmen während der Karenzzeit
	flexible Arbeitszeit
	(bessere) Teilzeitangebote
	Errichtung von Kinderbetreuungseinrichtungen
• Organisationskultur:	Sensibilisierung gegenüber Fraueninteressen
	stärkere Einbeziehung von Fraueninteressen in Leitbilder, Grundsätze etc.
• Arbeitsorganisation und Arbeitsplatzgestaltung	
• Maßnahmen gegen sexuelle Belästigung am Arbeitsplatz	

Quelle: Pastner/Papouschek 1997, S. 232ff.

2.2. Methode

Empirische Grundlage des Forschungsprojektes waren neben Literaturrecherchen und Arbeitsmarktanalysen 20 qualitative Betriebsfallstudien von Unternehmen verschiedener Größenstufen: Am unteren Ende der Skala fanden sich Betriebe mit 10, am oberen Ende mit 9.000 Beschäftigten. Entsprechend der österreichischen Betriebsgrößenstruktur legten wir den Schwerpunkt auf Klein- und Mittelbetriebe: Von den 20 hatten 15 Betriebe weniger als 500 Beschäftigte. Auch nach Branchen erfolgte eine breite Streuung (Erzeugung von Nahrungs- und Genußmitteln, Textilindustrie, Druckerei, industrielle Dienstleistung, Beherbergungs- und Gaststättenwesen, Verkehr, Geld- und Kreditwesen, Versicherung, Wirtschaftsberatung, Reinigung, Gesundheitswesen). Zudem waren die Unternehmen in drei verschiedenen Regionen angesiedelt (Steiermark, Tirol, Wien). Zentrales Auswahlkriterium war, daß die Betriebe zuvor in irgendeiner Form als „besonders frauenfreundlich“ bekannt geworden waren.

Im Laufe der Erhebung, die länger als ein Jahr dauerte, führten wir neben rund zehn eingangs durchgeführten ExpertInneninterviews insgesamt 110 Interviews in Unternehmen durch. Dabei sprachen wir einerseits mit betrieblichen FunktionsträgerInnen wie Mitgliedern der Geschäftsführung, PersonalleiterInnen und Angehörigen des Betriebsrats und andererseits mit weiblichen Beschäftigten aller Hierarchieebenen. Bei der Durchführung der Erhebung orientierten wir uns an der Methode des qualitativen „problemzentrierten Interviews" (vgl. Witzel 1982).

3. Drei exemplarische Fallbeispiele

3.1. Ein österreichischer Traditionsbetrieb: Frauenbeauftragte und Betriebsvereinbarung

Der erste hier vorzustellende Betrieb ist ein österreichisches Unternehmen mit Tradition. In seiner heutigen Form ist es das Produkt der Fusionierung zweier großer österreichischer Kreditinstitute. Mit derzeit etwa 9.000 Beschäftigten, einem Netz von Zweigstellen und Filialen in fast allen Regionen Österreichs, sowie internationalen Geschäftsbeziehungen nimmt es einen wichtigen Platz in der österreichischen Finanzwelt ein. Das Unternehmen verfügt auch über Geschäftsstellen an den wichtigsten internationalen Handelsplätzen sowie im benachbarten Ausland. Die Unternehmensstruktur präsentiert sich als hierarchisch und zentralistisch. An der Spitze des Unternehmens steht nach der Hauptversammlung und dem Aufsichtsrat als Geschäftsführung der sechsköpfige - männlich besetzte - Vorstand. Die Verbindung zwischen Vorstand und Betriebsrat ist eng und vielschichtig[3].

Die Initiative zur Beschäftigung mit dem Thema „Frauenförderung" kam im Betrieb von Mitarbeiterinnen und Betriebsrat. Seitens der Mitarbeiterinnen wurde Unzufriedenheit mit den fehlenden Aufstiegsmöglichkeiten artikuliert, und in einem Führungskräfte-Symposium wurden erstmals Anregungen zu betrieblicher Frauenförderung eingebracht. Etwa gleichzeitig wurde das Thema „Fraueninteressen" vom Betriebsrat als Schwerpunkt in die Gespräche im Rahmen von Betriebsvereinbarungsverhandlungen aufgenommen. Als wesentliche Motive für die Thematisierung wurden dabei die Interessen der Frauen, aber auch die Veränderung der Kundenstruktur des Unternehmens genannt.

> *„Das Geschäft war vorher klassisch männlich. Es war früher undenkbar, daß Frauen auf breiter Basis ein eigenes Konto hatten. Da hat sich einfach etwas geändert. Geschäft ist keine rein männliche Domäne mehr. Auch auf Managerebene nimmt der Frauenanteil langsam zu. Das schlägt auch auf der Kundenseite durch.*

[3] Die Bedeutung des Betriebsrats wird auch daran ersichtlich, daß immer wieder ehemalige Betriebsratsvorsitzende Vorstandsmitglieder werden.

> *Wenn man sich dann fragt, wie geht man mit den zunehmend weiblichen Kunden um, muß man auch fragen, wie wird mit den Frauen im Betrieb umgegangen. Das war sicher auch ein Motivationsfaktor." (g1br-3)*

In langen Verhandlungen einigten sich schließlich Vorstand und Betriebsrat, diesbezügliche Initiativen zu setzen. Anfang 1990 kam es zum gemeinsamen Beschluß, daß „Frauenförderung" von nun an ein anzustrebendes Ziel sei. Als Zielgruppe wurde grundsätzlich an alle MitarbeiterInnen gedacht, konkrete Regelungsformen waren damals aber noch nicht vorgegeben.

Als Konzeptgrundsätze wurden festgehalten:

- Frauenförderung darf sich nicht nur darauf beschränken, den Anteil von Frauen in den Top-Positionen zu erhöhen.
- Alle MitarbeiterInnen sollen dieselben Chancen haben, sich persönlich und fachlich weiterzuentwickeln, unabhängig in welcher Hierarchieebene sie sich befinden.
- Um eine bessere Vereinbarung von Familie und Beruf zu gewährleisten, sollen entsprechende Rahmenbedingungen geschaffen werden.

Mitte 1990 wurde eine Frauenbeauftragte ernannt und mit der Ausarbeitung von Maßnahmen und deren Umsetzung betraut. Von Anfang an lag einer ihrer Schwerpunkte auf „Bewußtseinsarbeit", auf der „Schaffung von Wahrnehmung von Benachteiligung". Sie erstellte schriftliche Unterlagen über den Stand der Frauenförderung, wobei der ausführlichen statistischen Darstellung über „Frauen und Männer im Bankinstitut" große Bedeutung zukam. Über diese schriftlichen Unterlagen konnten frauenspezifische Inhalte bis in die Vorstandsetage übermittelt werden. Weiters wurde auch die bankinterne Betriebszeitschrift für die Vermittlung der aktuellen Situation der Frauen in der Bank eingesetzt.

In den folgenden Jahren wurden in den verschiedensten Bereichen Maßnahmen entwickelt und teilweise auch in Betriebsvereinbarungen institutionalisiert (vgl. die genaue Auflistung der Maßnahmenbereiche in Übersicht 2).

Will man die Auswirkungen der diversen Frauenfördermaßnahmen auf die betrieblichen Frauenrealitäten des Unternehmens beschreiben, gibt es, was den Schwerpunkt „Aufstiegsförderung" betrifft, nur wenig zu berichten. Es wurden zwar in den letzten Jahren mehr Frauen aufgenommen, die gläserne Decke scheint aber nach wie vor unüberwindbar. Die Anteile der Frauen an Führungspositionen sind in den letzten Jahren nur geringfügig gestiegen. Berichtet wird, daß sich bestenfalls das Bewußtsein hinsichtlich der Eignung von Frauen für Führungspositionen verändert hat, spürbare Auswirkungen würden erst in ein paar Jahren sichtbar werden:

Übersicht 2: Betriebliche Maßnahmen zur Förderung von Chancengleichheit in Betrieb 1

Schwerpunktthema: Personalpolitik

Personalauswahl:

- Geschlechtsneutrale Stellenausschreibungen
- Die Einstellungs- bzw. Aufnahmegespräche werden grundsätzlich von speziell geschulten MitarbeiterInnen geführt. Diese sind entweder direkt in der Personalabteilung tätig oder in den Landesdirektionen beschäftigt.
- Einsteiger-Traineeprogramme für JungakademikerInnen bieten den Auszubildenden einen Einblick in die verschiedensten betrieblichen Einsatzbereiche (z.B. Zweigstelle, Abteilungsbereich).

Personalbeurteilung:

- Einführung eines MitarbeiterInnenorientierungsgesprächs (MOG)
- Jene MitarbeiterInnen, die auf Vorschlag ihrer Vorgesetzten und des Personalressorts in den Entwicklungspool kommen, werden zu Entwicklungs-Assessment-Centers eingeladen.
- Für die einzelnen Karriereebenen wurden einheitliche Anforderungsprofile erstellt. Diese Anforderungsprofile sind in internen Broschüren schriftlich zusammengefaßt und im Sinne der Transparenz allen interessierten MitarbeiterInnen zugänglich.
- Im Zuge der Einführung der neuen Personalentwicklungsmaßnahmen fand eine spezielle Schulung der Führungskräfte statt, um eine fachgerechte Handhabung zu gewährleisten.

Schwerpunktthema: Vereinbarkeit von Familie und Beruf

- Einführung variabler Arbeitszeitregelungen: Bei der derzeit gültigen Regelung der variablen Arbeitszeit ist keine Kernzeit vorgesehen. Im Zeitrahmen von 7 bis 19 Uhr muß der/die Vollbeschäftigte pro Tag mindestens 4,5 Stunden, Halbzeitbeschäftigte mindestens 3 Stunden tätig sein.
- Ausbau von Teilzeitformen: Neben einer Halbtagsbeschäftigung ist Teilzeit in Form von 2 bis 3 Tagen pro Woche oder 7 bis 10 Tagen pro Monat möglich.
- Errichtung eines Betriebskindergartens

Schwerpunktthema: Betreuung der KarenzurlauberInnen und Wiedereinstieg

- Im Personalressort stehen nominierte AnsprechpartnerInnen für die Klärung auftretender Fragen zu Verfügung.
- Die KarenzurlauberInnen werden mit wichtigen Informationsmaterialien versorgt. Weiters werden die KarenzurlauberInnen zu allen großen Veranstaltungen eingeladen.
- Ein wesentlicher Bestandteil der Betreuung der KarenzurlauberInnen ist die Einladung zu speziellen Informationsveranstaltungen für KarenzurlauberInnen. Diese eintägigen Veranstaltungen finden halbjährlich im Raum Wien und Umgebung statt. Für die Möglichkeit der Betreuung von Kindern ist gesorgt. Einerseits erfolgt in den Veranstaltungen die gezielte Information der KarenzurlauberInnen, andererseits die persönliche Beratung mit ihren BetreuerInnen aus dem Personalressort und dem Betriebsrat.
- Zur Erleichterung des Wiedereinstiegs werden den MitarbeiterInnen Informationsblätter mit Tips für den ersten Tag vor dem Wiedereintritt zugesandt und spezielle dreitägige Wiedereinstiegsseminare veranstaltet. Im Rahmen dieser Wiedereinstiegsseminare werden allgemeine Informationen gegeben, aber bspw. auch Entspannungsübungen zur besseren Bewältigung von Streß erlernt.

„Früher hatte man das Gefühl, wenn es um die Besetzung von bestimmten Funktionen ging, daß an Kolleginnen nicht vorrangig gedacht wurde. Es hat sich das Bewußtsein durchgesetzt, daß 50% der Belegschaft weiblich sind, daß Frauen hervorragende Qualifikationen besitzen, aber eine andere Mentalität als Männer haben und sich nicht in den Vordergrund drängen, sondern entdeckt werden wollen. Das ist ganz gut gelungen. Es wird immer ein paar Unverbesserliche, auch in der Führungsmannschaft, geben, aber überwiegend ist es gelungen." (g1br-3)

Die Maßnahmen der beiden anderen Schwerpunkte - „Vereinbarkeit von Familie und Beruf" und „Betreuung von KarenzurlauberInnen und WiedereinsteigerInnen" - bringen den beschäftigten Frauen dagegen zweifellos unmittelbare Erleichterungen und werden von den Frauen auch sehr geschätzt. Demnach kann in dieser Hinsicht von einer erfolgreichen Umsetzung gesprochen werden. Das Problem ist jedoch, daß sie bei einer kritischen Betrachtung kontraproduktiv zur Aufstiegsförderung wirken. Denn solange diese Maßnahmen fast ausschließlich Frauen angeboten und nur von diesen wahrgenommen werden, wie es sich am Beispiel Teilzeitarbeit mit seiner aufstiegshemmenden Wirkung zeigt, haben in der betrieblichen Realität beide Geschlechter nicht die gleichen Chancen[4]. Entgegen den programmatischen Ansprüchen, die auf einen breiten Bereich von Fördermaßnahmen zielen, besteht vielmehr die Gefahr, daß Frauenförderung mehr und mehr auf ein „reines" Vereinbarkeitsprogramm reduziert wird - zumal es vor allem die Vereinbarkeitsmaßnahmen sind, die in Betriebsvereinbarungen festgelegt sind. Zielvorgaben für den Anteil weiblicher Führungskräfte gibt es hingegen nicht. Zudem ist anzunehmen, daß die im Bankenbereich generell stattfindende Umstrukturierung die Konkurrenz von Frauen und Männern um gehobene Positionen erhöht. Aus dazu vorliegenden Forschungsergebnissen ist bekannt, daß Frauen eher dann gewinnen, wenn es aufgrund einer Expansion Neues zu verteilen gibt. In einem Nullsummenspiel dagegen sind sie meist die Verliererinnen (vgl. Rudolph/Grüning 1994).

3.2. Die „Multitochter": Frauenförderung durch Zielvereinbarung

Der zweite von uns ausgewählte Betrieb ist ein Mittelbetrieb mit rund 400 Beschäftigten mit einem Frauenanteil von etwa 40%. Es handelt sich dabei um das im Handel angesiedelte, österreichische Tochterunternehmen eines US-amerikanischen, multinationalen Konzerns im Informationstechnikbereich. Der Konzern hatte nach seiner Gründung als Kleinunternehmen in den USA regelrecht „einen Siegeszug um die Welt" angetreten. Heute sind weltweit über 100.000 MitarbeiterInnen beschäftigt. *Der* dominante Unternehmensbereich ist

[4] Zur Vereinbarkeitsproblematik siehe auch den Typ IV unserer Studie „Frauen müssen unterstützt werden - Im Zentrum steht Vereinbarkeit von Familie und Beruf" (Pastner/Papouschek 1997, S. 177ff.).

der Verkaufsbereich, welcher nach unterschiedlichen Produktsparten aufgegliedert ist. Stark ausgebaut ist außerdem der Unternehmensbereich „Technischer Support“, demnach Service und Dienstleistung.

Eine starke Leistungsorientierung, die sich stärker auf das Arbeitsergebnis als auf den zeitlichen Arbeitseinsatz bezieht, ist das prägende Moment der Unternehmenskultur. Ein weiteres wesentliches Merkmal bildet das Führungskonzept „Management by objectives“ (MBO), das durch Setzen von Zielen und Erreichen von Zielvorgaben charakterisiert ist. Ziele werden in genau bestimmten Zeitabständen für das gesamte Unternehmen aufgestellt und jeweils auf die nächste Ebene hinunter bis zur einzelnen Person adaptiert und verbindlich und überprüfbar formuliert. In Quartalsgesprächen mit den Vorgesetzten wird in der Folge besprochen, wie weit die gesetzten Ziele erreicht wurden, bzw. wie sie noch realisiert werden könnten. Einmal jährlich beurteilen die MitarbeiterInnen ihrerseits das Unternehmen, wobei auch Fragen nach der Benachteiligung aufgrund von Rasse, Religion und Geschlecht enthalten sind. Darüber hinaus bewerten die MitarbeiterInnen auch die Arbeit ihrer Vorgesetzten. Um das Ergebnis einzelner Standorte zu vergleichen, verfügt der Mutterkonzern über aus den Zielen abgeleitete Kennziffern.

Das „MBO“ ist in diesem Betrieb – durchaus nicht selbstverständlich - in eine ausgeprägte betriebliche Diskussionskultur eingebettet. So wird in den Gesprächen eher von Diskussionen als von Zahlen gesprochen. Überzeugungsarbeit ist im Unternehmen ein wichtiger Begriff:

> *„Bei uns im Konzern läuft viel über die Managementphilosophie, die in sehr vielen Bereichen die Diskussion und die Diskussionsergebnisse sucht. Es ist nicht so, daß sich die zusammensetzen und sagen, so jetzt machen wir einen Kongreß, so wie es z.B. Gewerkschaftstradition wäre, und beschließen da irgendwelche Forderungen, sondern es läuft ganz einfach Kommunikation, deren Inhalt sich über die verschiedenen Stationen unterschiedlich gestaltet und unterschiedliche Qualitäten hat. Also es gibt direkte Durchlässigkeit, es ist durchaus möglich, daß man, auch als Indianer, einen Generaldirektor anspricht, oder zwei oder drei Ebenen überspringt." (k3br-3)*

Insgesamt wird in der vorherrschenden „Managementphilospohie” stärker auf Kommunikation, Offenheit, Hierarchieabbau und „Mitbestimmung“ gesetzt. Zum Teil scheint dies auch gelebte Betriebskultur zu sein. Vorgesetzte, aber auch Geschäftsführungsmitglieder werden bspw. von den Beschäftigten ohne vorherige Terminvereinbarungen aufgesucht. Begründet wird diese Organisationskultur mit dem seit den Anfängen des Unternehmens bestehenden Ziel der Unternehmensleitung, auch die Interessen der Beschäftigten in die Unternehmenspolitik einzubeziehen.

Die Initiative zur Förderung von Chancengleichheit unter der Zielvorgabe „Diversity“ kam über den Mutterkonzern nach Österreich. Was ist unter „Diversity“ zu verstehen? „Diversity“ meint die Gleichbehandlung von MitarbeiterInnen ungeachtet ihres Geschlechts, Alters, ihrer Hautfarbe, Religion, sexuellen Orientierung oder Weltanschauung. Dazu ist in einem internen Papier des Unternehmens folgendes formuliert: „... creates an inclusive work enviroment that benefits from „Diversity“ at all levels, values individual differences and enables all employees to develop and contribute to their full potential.“ „Diversity“ ist also in seiner Konzeption kein auf Frauen abgestelltes Programm, sondern ein Programm, das sich entsprechend der US-amerikanischen Tradition auf alle benachteiligten Gruppen bezieht.

Motivation für „Diversity“-Programme ist zweifellos ein ökonomisches Kalkül, nämlich die „Erweiterung des Arbeitskräfteangebots“:

> *„Ich glaube, daß das Unternehmen ganz einfach, weil es erkannt hat, daß der Standardarbeitsmarkt, und das ist einmal der Arbeitsmarkt der Nichtdiskriminierten, der Mehrheit, und vor allem der männlichen Mehrheit, ausgeschöpft ist, daß es da teilweise immer schwerer war, Spitzenkräfte zu finden. Und aus der Personalwirtschaft heraus war die Konsequenz naheliegend, zu sagen, wenn ich auf diesem Einkaufsmarkt nichts mehr finde oder das immer teurer wird, gibt es andere Märkte. Und daß sie irgendwo gleichzeitig erkannt haben, daß solche Leute teilweise extrem spannende Persönlichkeitsprofile haben, d.h. wie die Kettenhunde anziehen, wenn sie die Chance kriegen. Und das ist genau das, was der Konzern braucht, gut motivierte, loyale Mitarbeiter, die ihr Letztes geben.“ (k3br-1)*

Die Entscheidung im österreichischen Unternehmen innerhalb des „Diversity“-Konzepts auf Frauen zu setzen, wurde durch das Mißverhältnis der Zahl der weiblichen Beschäftigten und der Zahl der weiblichen Führungskräfte begründet. Erstes Ziel war also Aufstiegsförderung. Nach einer MitarbeiterInnenbefragung ergaben sich zwei weitere zusätzliche Schwerpunktthemen: „Gleichgewicht zwischen Privat/Berufsleben“, im firmeneigenen Jargon als „Work/Life Balance“ bezeichnet (entspricht in Teilen der Vereinbarkeit von Beruf und Familie) sowie „Wiedereinstieg nach der Karenz“. Zu diesen Schwerpunktthemen wurden in einem weiteren Schritt drei Arbeitsgruppen gebildet, die die Ausarbeitung von Verbesserungsmaßnahmen durchführen sollten. In der Folge wurden konkrete Maßnahmenvorschläge ausgearbeitet, der gesamten Geschäftsführung vorgelegt, mit dieser diskutiert und mit der Umsetzung begonnen (siehe Übersicht 3).

Die Installierung einer Frauenbeauftragten wurde in diesem Betrieb abgelehnt:

> *„Man hört von so vielen Firmen, bei uns gibt es eine Frauenbeauftragte, und die sind dann nicht in der obersten Ebene angesiedelt, das kann nicht wirklich erfolgreich sein.“ (k3gf-17)*

Übersicht 3: Betriebliche Maßnahmen zur Förderung von Chancengleichheit in Betrieb 2

Schwerpunktthema Personalpolitik: Verbesserungsmaßnahmen zur Neueinstellung von MitarbeiterInnen und Personalentwicklung

- Formulierung geschlechtsneutraler Stellenausschreibungen, Aufgabenbereiche statt Funktionstitel
- Garantie, daß zumindest eine weibliche Interviewpartnerin das Bewerbungsgespräch führt
- Forcierung interner Bewerbungen
- Erweiterung des Schulungsangebots
- Bei Neubesetzung von offenen Stellen Priorität für WiedereinsteigerInnen nach der Karenz

Entwicklung von MitarbeiterInnen

Jährliche Leistungsbeurteilung, Zielvereinbarung für das kommende Jahr, Erstellung eines Entwicklungs- und Schulungsplans, längerfristige Karriereplanung für alle MitarbeiterInnen, teilzeit- oder ganztagsbeschäftigt.

Der Entwicklungsplan beinhaltet:

- Diskussion zwischen Vorgesetzter/m und MitarbeiterIn
- Identifizierung erforderlicher Fähigkeiten und notwendigen Wissens für gegenwärtige und zukünftige Anforderungen und zur Erfüllung des Karriere/Berufsziels
- Festlegen von Meßkriterien und des Zeitraums für die Erfüllung der Entwicklungsziele

Schwerpunktthema: Verbesserungsmaßnahmen – „Work/Life Balance“

- Telearbeit (Pilotprojekt)
- Jobsharing
- Teilzeit
- Flexible Arbeitszeit
- Fortbildungsurlaub

Schwerpunktthema: Verbesserungsmaßnahmen zum Wiedereinstieg nach der Karenz

- Definierter Prozeß für den Wiedereinstieg
- Informationsmappe: Checkliste, Fragebogen
- Abschlußgespräch vor Antritt des Mutterschutzes
- Aufrechterhalten des Kontakts zum Unternehmen
- MentorInnen für Wiedereinstieg
- Neubesetzungen aus der Gruppe der karenzierten MitarbeiterInnen

Auswirkungen der Maßnahmen im Bereich der Personalpolitik zeigten sich in diesem Betrieb relativ „rasch“, sowohl bei den Neueinstellungen als auch bei dem Anteil der Frauen an Führungspositionen. Die Geschäftsführung ist mittlerweile beinahe zur Hälfte von Frauen besetzt. Der von Mitarbeiterinnen wahrgenommene „Klimawechsel“ fördert zudem die Entwicklungschancen von Frauen in erheblichem Ausmaß:

> *„Das Kompliment muß man dem Management hier machen, daß die das Gefühl vermitteln, sie sind davon überzeugt. Und man hat es dann auch gesehen, weil es in relativ kurzer Zeit eine Reihe von Beförderungen von Frauen gab, das mag auch Zufall sein. Und inzwischen sind im Management fast die Hälfte Frauen. Und natürlich, dadurch wird das Bewußtsein auch weitergetragen. Ich glaube, sobald man sieht, daß die Frauen da sind, und daß sie das gut machen und können, wird das so selbstverständlich, daß das in Zukunft, glaube ich, gesichert scheint." (k3m3-4)*

Die eingeführten Arbeitszeitregelungen und der Ausbau von Teilzeitmöglichkeiten werden von den Mitarbeiterinnen als sehr positiv erlebt. Im Betrieb beginnen einige Frauen in höheren Führungspositionen eben über „job sharing"-Modelle auch für ihre Positionen „laut nachzudenken". Vorbilder sind konzernintern vorhanden und erleichtern damit die Diskussion. Der Vorteil gegenüber dem oben beschriebenen österreichischen Traditionsbetrieb ist, daß versucht wird, Aufstiegsförderung und „Work/Life Balance", das Schlagwort für „andere Arbeitszeitmodelle", zu integrieren. Erst ein solches Integrationsmodell erhöht die faktischen Chancen der Gleichbehandlung von Frauen.

Zweitens zeigt sich, daß Arbeitszeitmodelle, die sich auf beide Geschlechter beziehen[5], auch von beiden Geschlechtern eher in Anspruch genommen werden. Drittens wird in diesem Betrieb auch die Sinnhaftigkeit und Notwendigkeit von Zielvorgaben für die Aufstiegsförderung von Frauen deutlich. Denn die Nichterreichung von Zielvorgaben muß legitimiert werden. Ein „scheinbarer" positiver Klimawechsel für Frauen, der keine Auswirkungen zeitigt, würde hier nicht ausreichen. Was die Zukunft bringt, ist allerdings fraglich. Was würde etwa passieren, wenn der Konzern neue Unternehmensprogrammziele formuliert, in denen Frauen nur mehr randständige Bedeutung zukommt?

3.3. Das aufstrebende Wirtschaftsberatungsunternehmen: „Frauenförderung" durch „gelebte Kultur"

Bei dem als letzten dargestellten Betrieb handelt es sich um eine Steuer- und Wirtschaftsberatungskanzlei. Die Zentrale ist in einer der größten Städte Österreichs angesiedelt, das Unternehmen hat aber auch einige Filialen in den Bundesländern. Das Unternehmen ist (formal) in mehrere, rechtlich selbständige Gesellschaften aufgegliedert, ein Faktum, das für Außenstehende jedoch oft nicht sichtbar wird. So arbeiten die einzelnen Gesellschaften eng zusammen und werden allesamt von den privaten GesellschafterInnen geführt.

---

[5] Auf die Problematik von Arbeitszeitflexibilisierungsmodellen soll an dieser Stelle nicht näher eingegangen werden.

Die Wirtschaftskanzlei, sie wurde erst vor 12 Jahren von den GesellschafterInnen gegründet, ist ein stark expandierendes Unternehmen. In den letzten sechs Jahren ist sie um das doppelte gewachsen und zählt mittlerweile rund 200 Beschäftigte. Dieses rasante Wachstum ist Grund dafür, daß bisher noch keine vorausschauende Personalpolitik im klassischen Sinn existiert. Man hinke immer wieder der Marktlage hinterher, und wenn zuviel Arbeit anstehe, würde wieder jemand neu aufgenommen, so wurde uns berichtet. Ständig wird umorganisiert, und in der kleinen Betriebszeitung sind Witze über das Chaos der regelmäßigen Übersiedlungen zu finden, da der Raum wieder einmal zu klein geworden ist. Die neuen Arbeitskräfte kommen meist direkt von der Wirtschaftsuniversität oder den Handelsakademien und sammeln hier ihre ersten Berufserfahrungen. Kein Wunder, wenn der erste Eindruck beim Betreten der Firmenräume eher an eine Hochschule denn an eine Wirtschaftskanzlei erinnert. Das Betriebsklima wird von allen Befragten als sehr gut beurteilt, die subjektive Zufriedenheit und die Identifikation der Beschäftigten mit dem Betrieb sind sehr hoch. Die Belegschaft setzt sich je zur Hälfte aus Frauen und Männern zusammen, wobei 80% der beschäftigten Frauen unter 30 Jahre alt sind.

Von einer der Personalverantwortlichen wird diese Altersstruktur zum Anlaß genommen, sich Gedanken über eine organisiertere Personaleinsatzplanung zu machen. Aber das ist erst Idee. Die Befragte verwendet ungern Ausdrücke wie *„Personalpolitik"*, das würde allzusehr auf ein *„von oben entwickeltes und aufoktroyiertes, zwanghaftes Konzept"* schließen lassen, das nicht *„aus den Menschen selbst entstanden"* ist. In ihrem Unternehmen sei vielmehr ganz einfach ein sozialer und menschlicher Umgang üblich, der in der einstigen Kleinheit - durch die firmengründenden Personen geprägt - entstanden ist, und heute noch Gültigkeit besitzt:

> *„Innovative Personalpolitik entsteht einfach aus Menschen, die mit Menschen umgehen und glauben, daß man gemeinsam ein gutes Arbeitsverhältnis haben soll, und da kommen dann die innovativen und die guten Geschichten von alleine." (klp1-3)*

In der Tat ist die Grundlage der Unternehmenspolitik ein Menschenbild, mit dem die Gleichwertigkeit, Mündigkeit und Individualität der Beschäftigten betont wird. „Wir sind ja alle Erwachsene", „Jeder braucht Eigenverantwortung und Freiraum", „Jeder Mensch hat ja so seine Bedürfnisse und Eigenheiten", sind typische Aussagen in den Gesprächen mit BetriebsvertreterInnen. Das Unternehmen ist als kooperativ und demokratisch geführt zu bezeichnen. Nicht ein geplantes Konzept oder Programm, sondern die Gleichheitsvorstellung von den Menschen im Betrieb ist es, die eine hierarchische Über- oder Unterordnung nebensächlich macht und zu einem offenen und vor allem sehr kommunikativen Betriebsklima führt. Argumentiert wird, daß aufgrund dieser Situation auf einen Betriebsrat verzichtet werden könne.

Dem Betrieb ist eine gelebte Vielfalt und Buntheit zuzuschreiben, die sich der Akzeptanz der individuellen Eigenheiten der Beschäftigten verdankt. Die Geschäftsführenden sind durchwegs der Ansicht: Nur zufriedene Mitarbeiter und Mitarbeiterinnen bringen große Leistungen, und für diese Zufriedenheit ist zu sorgen, soweit es die betrieblichen Erfordernisse zulassen. Insofern es die betrieblichen Abläufe nicht beeinträchtigt, gibt es kein unlösbares Problem und werden die Wünsche „unserer Mitarbeiter" erfüllt. Diese Politik kommt, wie sich herausstellt, insbesondere den beschäftigten Frauen entgegen.

Das Vorhandensein einer faktischen Chancengleichheit von Frauen und Männern wird wiederholt betont. Tatsächlich sind in diesem Betrieb Frauen in den Führungspositionen entsprechend ihrem Anteil an allen Beschäftigten bzw. sogar etwas überdurchschnittlich vertreten. Aber nicht nur das, sie sind auch entscheidend an der Unternehmenspolitik beteiligt, was auch von den Beschäftigten so wahrgenommen wird:

> *„Natürlich sieht man hier auch sehr viele Frauen in Führungspositionen. Und das, was man noch bemerkt, sind Frauen, die auch sehr viel Einfluß haben auf die Unternehmenssphäre, also, die nicht nur irgendwo sitzen und viel arbeiten, sondern die schon auch sehr großen Einfluß haben." (klm2-4)*

Mit dem gleichen Argument, mit dem die Etablierung eines Betriebsrats abgelehnt wird, wird der Erstellung eines systematischen Frauenförderkonzepts begegnet. Obwohl das Unternehmen im Wettbewerb um den frauen- und familienfreundlichsten Betrieb schon einmal den ersten Platz erhielt, lehnt man die Etikettierung als „frauenfördernder Betrieb" tendenziell ab.

> *„Wir haben gar keinen Namen dafür gehabt, aber ich würde sagen, das Frauenfreundliche ist ja nur ein Nebenprodukt dessen, wenn man dem Anderen menschlich gegenübertritt und versucht, dessen Probleme mit ihm zu lösen... Dann kommt in der Folge auch eine frauenfreundliche Unternehmenspolitik heraus. Aber es geht eher drum, daß man sich gegenseitig respektiert, und indem man das macht, ist das sozusagen der Nebeneffekt." (klgf-4)*

Tatsächlich finden sich im Unternehmen eine Reihe sehr interessanter Maßnahmen, wie sie auch in expliziten Frauenförderprogrammen vorkommen (vgl. dazu Übersicht 4). Allerdings wird immer betont, daß zur Vereinbarung abweichender Regelungen die Einigung mit den direkten Vorgesetzten notwendig ist. Ist dieses Kriterium erfüllt, gibt es für die Gestaltung der Arbeitsbedingungen kaum Grenzen. So sind in diesem Unternehmen – für die betriebliche Praxis sehr ungewöhnlich – weibliche Führungskräfte in Teilzeit beschäftigt (auch wenn mit Teilzeit in diesen Funktionen hin und wieder eine faktische 40-Stundenwoche verbunden ist).

Männer würden bisher noch nicht wegen familiärer Verpflichtungen Teilzeit arbeiten wollen, meinen die Personalverantwortlichen. Aus anderen Gründen sei

Teilzeit prinzipiell nicht gern gesehen, da reduzierte Arbeitsformen erhöhten Organisationsaufwand bedeuten. Im Gegensatz dazu ist eine befragte Geschäftsführerin überzeugt, daß sich diese Maßnahme „rechnet“, dies obwohl keine Kalkulationen zu Kosten/Nutzen von Teilzeit bestehen. Sie weiß vielmehr aus persönlicher Erfahrung, daß in Teilzeit intensiver und effektiver gearbeitet wird, und daß der spätere Umstieg zur Vollzeit kein Problem darstellt. Außerdem meint sie, gäbe es im Unternehmen noch ausreichend andere Einsparungspotentiale, deshalb sollte nicht gerade bei Teilzeit mit zu hohen Kosten argumentiert werden.

Am Beispiel des hier beschriebenen Unternehmens wird deutlich, welch vielfältige Ansätze der Arbeitsorganisation möglich sind, die Arbeits- und Beschäftigungsbedingungen von Frauen positiv zu gestalten. Eine Unternehmenskultur, die sich in einem sehr umfassenden Sinn an den Bedürfnissen jedes/r einzelnen Beschäftigten orientiert, kommt auch den beschäftigten Frauen zugute, indem durch eine oft unkonventionelle Herangehensweise und eine gewisse Experimentierfreudigkeit vieles an Gestaltung möglich gemacht wird. Zusammenfassend treffen bei Betrieb 3 viele günstige Voraussetzungen aufeinander (positive Unternehmenssituation, Führungsstil, relativ homogene Wertvorstellungen, geringe Segregation, hoher Frauenanteil, hohe Qualifikationen, etc.), doch ist das offensichtlich Entscheidende für die Veränderungen die Wahrnehmung von Spielräumen und der Machbarkeit ungewöhnlicher Regelungen - begleitet von der Initiative der Frauen.

Wo wären nun die Schattenseiten einer derart flexiblen und individuellen innovativen Arbeitsorganisation festzumachen, wo sind die für Frauen kritischen Punkte? Zu einem Großteil prägen selbstbewußte Beschäftigte mit modernen Wertvorstellungen das Bild dieses Betriebs, und als solche werden sie auch von der Geschäftsführung gesehen. Die Kehrseite der Medaille ist allerdings, daß nicht nur Freiraum gewährt, sondern auch Eigenverantwortung und Eigeninitiative verlangt wird. Das fordert von den einzelnen Personen ein hohes Maß an Fähigkeit zur Interessendurchsetzung. Es fragt sich, ob alle Beschäftigten über gleich gute Ausgangspositionen verfügen. Die Vermutung liegt nahe, daß insbesondere Frauen tendenziell zurückhaltend agieren, wenn es etwa um Gehalts-, Weiterbildungs- oder Aufstiegswünsche geht. Zu den heute modernen Wertvorstellungen zählt außerdem das individualisierende Bild der „Leistungsgerechtigkeit“, welches die Beschäftigten zu „Einzelkämpfern“ macht. Mangels objektiver Verfahren zur Leistungsmessung ist es dann wiederum das persönliche Verhandlungsgeschick des oder der Einzelnen, die (vorurteilsbehaftete) Zuschreibung des Leistungspotentials durch die Vorgesetzten oder die Demonstration von Leistungsbereitschaft (lange zeitliche Anwesenheiten, gute

Selbstdarstellung), welche den beruflichen Erfolg bestimmt. Diese Spielregeln sind jedoch männlich geprägt, Frauen sind darin tendenziell weniger geübt.

Übersicht 4: Vorhandensein von Maßnahmen in Betrieb 3, die Frauen (indirekt) zugute kommen

Bereich Personalpolitik:

- In der *Personalauswahl* wird auf ein ausgewogenes Geschlechterverhältnis geachtet. Alle Bewerbungsgespräche werden im ersten Schritt mit zwei leitenden Frauen des Personalbereichs geführt. Die beiden kennen das gesamte Unternehmen und achten sehr auf das Harmonieren von neuer/neuem MitarbeiterIn und Gruppenklima.
- Auf *Weiterbildung* wird großer Wert gelegt. Aufgrund der sich ständig ändernden Rechtsmaterie müssen sich die Beschäftigten laufend qualifizieren. Pro Person wird dafür jährlich ein finanzieller und zeitlicher Rahmen fixiert.
- Interesse an *stabilen Dienstverhältnissen*: Die MitarbeiterInnen eignen sich im Laufe der Zeit sehr viel betriebsspezifisches Wissen an, das durch Neueinsteigende nicht so schnell nachgeholt werden kann. Deshalb ist man an der Stabilität der Dienstverhältnisse interessiert und versucht, Austritten vorzubeugen.
- In regelmäßigen *MitarbeiterInnengesprächen* werden berufliche Entwicklung aber auch persönliche Lebenspläne zum Thema gemacht. Eventuelle Unterbrechungen wegen der Geburt von Kindern werden konstruktiv berücksichtigt.
- Nach Möglichkeit werden *Managementpositionen intern rekrutiert*. Vor kurzem wurde wegen der Knappheit von Führungspositionen als Alternative zum traditionellen Aufstiegsschema die Position eines *„Fachreferenten mit Spezialgebiet“* installiert, die hierarchisch und einkommensmäßig den Führungspositionen gleichgestellt ist.

Bereich Vereinbarkeit von Familie und Beruf

- Die karenzierten Frauen können bei Interesse an allen Weiterbildungsveranstaltungen teilnehmen. Sie werden zudem zu allen Festivitäten und Veranstaltungen eingeladen.
- Bei massivem Arbeitsanfall werden Karenzierte auf Wunsch geringfügig beschäftigt.
- Zwei Monate nach der Geburt von Kindern erfolgt eine Kontaktaufnahme mit den Karenzierten zwecks Klärung der Dauer der Unterbrechung und der beruflichen Wünsche.

Bereich Arbeitszeit

- Grundsätzlich wird in Gleitzeit gearbeitet, wobei nach individueller Vereinbarung auch ganze Gleittage möglich sind.
- Teilzeit findet sich in allen Formen und in jeder Zeitdauer über 20 Stunden. Reduzierte Arbeitszeit kann bei Einigung mit Vorgesetzten halbtags, geblockt, tageweise oder mit jemand anderem abwechselnd geleistet werden.
- Obwohl nicht offensiv gefördert, arbeiten auch einige der Führungskräfte in Teilzeit.

In „modernen“ Betrieben dieses Typs sind die arbeitsorganisatorischen Maßnahmen wie etwa besondere Arbeitszeitvereinbarungen in keiner Weise formal institutionalisiert. Die Zuständigkeit für die Durchführung von spezifischen, arbeitsorganisatorischen Maßnahmen liegt bei den direkten Vorgesetzten, was tendenziell eher von Nachteil ist. Denn nicht einheitliche Richtlinien, sondern die individuelle Einstellung der Vorgesetzten bestimmt, was machbar ist und was nicht. Natürlich kann eine gelebte Firmenkultur hier meinungsbildend wirken, doch hat auch diese ihre Grenzen. Innovative Praktiken ohne Institutionalisierung sind in ihrer Wirkung auf die Beschäftigungsbedingungen von Frauen demnach beschränkt, da sie je nach ökonomischer bzw. konjunktureller Lage wieder zurückgenommen werden können und damit für die Lebensplanung der Frauen nicht wirklich kalkulierbar sind.

4. Resümee aus den drei Fallstudien und allgemeine Schlußfolgerungen

In den drei beschriebenen Betrieben haben wir unterschiedliche Herangehensweisen zur Erreichung der Chancengleichheit von Frauen dargestellt. Die Ergebnisse zeigen, daß Maßnahmen zur Vereinbarkeit von Beruf und Familie weit häufiger vertreten sind und auch bessere Umsetzungserfolge aufweisen als Maßnahmen zur Aufstiegsförderung. Zudem richten sich Maßnahmen zur Vereinbarkeit fast ausnahmslos an Frauen und nicht an Männer. Damit kann die strukturelle Benachteiligung, verursacht durch die einseitig von Frauen getragene „private“ Versorgungsarbeit, nicht abgebaut werden. Vielmehr werden dadurch geschlechtsspezifische Trennlinien in der Arbeitsteilung verstärkt. Erst wenn traditionelle Arbeitsstrukturen auf ihre geschlechtsspezifische Wirksamkeit hin erkannt und verändert werden, wie dies in Ansätzen in Betrieb 2 über das „Work/Life Balance Konzept“ passiert, wird sich die Situation der Frauen verbessern. Maßnahmen zur Vereinbarkeit von Beruf und Familie müssen mit Aufstiegsförderung bzw. der Förderung der beruflichen Entwicklung verbunden werden, ansonst erleichtern sie es zwar einzelnen Frauen vorübergehend, all ihren Verpflichtungen nachzukommen, ihre berufliche Laufbahn jedoch wird dabei vernachlässigt. Dem Phänomen der „Gläsernen Decke“ ist, wie sich am Beispiel von Betrieb 1 darstellen läßt, auch mit expliziter Frauenförderung nur schwer beizukommen, überhaupt dann, wenn diese nicht mit festen und überprüfbaren Zielvorgaben agiert. Die Festlegung von Zielvorgaben hat sich bei Betrieb 2 sehr bewährt. Einmal mehr zeigte sich an diesem Beispiel, daß die aktive Unterstützung des Topmanagements für Maßnahmen zur Chancengleichheit ganz zentrales Kriterium für den Umsetzungserfolg ist.

Faktoren wie die Größe des Betriebs (bestimmen Übersichtlichkeit und Transparenz) bzw. Wachstum und Geschäftslage (bestimmen ökonomischen und personalpolitischen Spielraum) sind für die Realisierung von Maßnahmen zur Förderung von Chancengleichheit von großer Bedeutung. Die Art der Tätigkeit und das jeweilige Berufsbild haben weiters einen nicht zu unterschätzenden Einfluß. So ist etwa die Steuerberatung, wie sie in Betrieb 3 Geschäftsfeld ist, von vornherein kein segregiertes Berufsbild und nahe einer selbständigen Berufsausübung mit relativ gut festzustellenden Einzelleistungen angesiedelt. Als fördernde Bedingungen für gute Beschäftigungschancen von Frauen sind nicht zuletzt eine aufgeschlossene Geschäftsführung, eine flexible Unternehmenskultur und eine entwickelte Personalpolitik zu nennen.

Abschließend sollen einige zentrale Punkte angeführt werden, die die Umsetzung betrieblicher Chancengleichheit nach wie vor behindern:

Einsicht in die ökonomische Effizienz von Frauenförderung fehlt

Ein zentraler Faktor, mit dem der Innovationsgrad der Maßnahmengestaltung steht und fällt, ist die Sicht der ökonomischen Vor- und Nachteile für den Betrieb. Auch wenn die den Beschäftigten entgegenkommende Arbeitsorganisation mit dem betrieblichen Interesse an zufriedenen MitarbeiterInnen und stabilen Dienstverhältnissen begründet sind, werden die Maßnahmen für Frauen doch in erster Linie als Kostenfaktor gesehen. In dieser Hinsicht fehlt es an Erkenntnissen zur betriebswirtschaftlichen Effizienz von Maßnahmen. So wären etwa Kosten-Nutzen-Analysen von Chancengleichheitsmaßnahmen (z.B. Teilzeitbeschäftigung für Führungskräfte) von großem Wert. Solange sich die Einsicht um die ökonomische Effizienz von frauenfördernden Maßnahmen nicht durchsetzt, wird Frauenförderung nach wie vor als Luxus bzw. Einsparungspotential gesehen. Freilich korreliert das ökonomische Argument auch mit den Arbeitsmarktverhältnissen. Denn Frauen werden erst dann interessant, wenn keine geeigneten männlichen Arbeitskräfte (die ja von den Versorgungsarbeiten befreit sind) verfügbar sind. Die aktuelle Entwicklung des Arbeitsmarkts steht daher dem Ausbau der betrieblichen Frauenförderung sehr entgegen.

Mangelndes Problembewußtsein über strukturelle Benachteiligung von Frauen

Obwohl die Diskussion in Österreich um die Situation der Frauen in den letzten Jahren erfreulich zugenommen hat, besteht nach wie vor kein „geteiltes Wissen" über das Ausmaß und die Prozesse der objektiven und faktischen Diskriminierung der Frauen in der Arbeitswelt. Deshalb wird etwa Vereinbarkeit von Beruf und Familie nach wie vor als privates und nicht gesellschaftliches Problem gesehen und werden Arbeitsstrukturen als geschlechtsneutral gewertet. Die Diskussion über die „Quotenfrage" gibt Aufschluß über das gering entwickelte Problembewußtsein in dieser Hinsicht. Denn gerade in dieser Frage wird immer wieder unterstellt, daß es darum geht, Frauen ihres Geschlechts wegen ohne Rücksicht auf ihre Eignung zu bevorzugen. Daß es vielmehr darum geht, traditionelle und strukturelle Hemmnisse für (gleich gut und besser) qualifizierte Frauen abzubauen, wird nur von wenigen bedacht. Der Widerspruch, daß in den Schulen Mädchen im Schnitt die weitaus besseren Leistungen als Burschen erbringen (vgl. Fraiji/Lassnigg 1995, S. 135 f.) und in der Folge in den Betrieben nur die Burschen die Karriereleiter hinaufsteigen, wird einfach negiert.

Geschlechtsspezifische Datenerfassung ist kaum zu finden

Obwohl mittels moderner Personalinformationssysteme die Auswertung unterschiedlicher Strukturvariablen nach Geschlecht ohne weiteres auf Knopfdruck möglich wäre, wird in der Praxis kaum erhoben, wie unterschiedlich sich die betriebliche Situation von Frauen und Männern darstellt. Wie sich an Betrieb 1 gezeigt hat, ist diese Analyse jedoch für die Informations- und Bewußtseinsarbeit unverzichtbar.

Sprachliche Gleichbehandlung gilt allzuoft als bloßer Formalismus

Selbst in reinen Frauenbetrieben ist nur von „Mitarbeitern" die Rede. Frauen bezeichnen sich selbst nach wie vor als „Abteilungsleiter" oder „Büroleiter". Daß Sprache reale Strukturen abbildet und der gängige männliche Sprachgebrauch Frauen schlichtweg unsichtbar bleiben läßt, wird kaum erkannt. Von welch großer Bedeutung das Thema „Sprachliche Gleichbehandlung" für die Änderung der Realität sein mag und wie sehr damit ein „wunder Punkt der Geschlechterungleichheit" getroffen wird, zeigte sich nicht zuletzt an den unverhältnismäßig heftigen Reaktionen auf die 1997 vom Frauenministerium herausgegebene Broschüre zum „geschlechtergerechten Sprachgebrauch" (Bundesministerin für Frauenangelegenheiten 1997). Obwohl es einfach nur darum geht, objektive gesellschaftliche Veränderungen in aller Klarheit auszusprechen (nämlich, daß es auch Mitarbeiterinnen und Abteilungsleiterinnen gibt), wird beispielsweise die geschlechtsneutrale Schreibweise „MitarbeiterInnen" vordergründig aus formalen oder gar ästhetischen Gründen abgelehnt.

Es fehlt an Ansprechstellen und Beratungseinrichtungen

Obwohl in jüngster Zeit viel über den Mangel an geeigneten Ansprechstellen und Beratungseinrichtungen zum Thema betriebliche Frauenförderung geklagt wird, wurden bis heute noch keine derartigen Institutionen, an die sich interessierte UnternehmensvertreterInnen oder einzelne Beschäftigte wenden könnten, eingerichtet. Dabei wäre sicher ein Bedarf gegeben.

Mangel an positiven Beispielen und kein Ausbau von Frauenförderprogrammen

Ähnlich wie mit den Beratungseinrichtungen verhält es sich mit positiven betrieblichen Beispielen. Trotz verstärkter Diskussion des Themas sind es immer die gleichen – an einer Hand abzählbaren - Unternehmen, die als Paradebeispiele fungieren. Denn nach wie vor finden sich kaum Unternehmen, die explizite und systematische Frauenförderungsprogramme installieren wollen. Anders als in Deutschland versprechen sich Österreichs Unternehmen von dieser Unternehmenspolitik scheinbar keinen Prestigegewinn.

Ohne verbindliche Regelungen wird sich wenig bewegen

Einzelbetriebliche „Best Practise Modelle“ sind zwar grundsätzlich interessant und wegen ihrer Vorbildwirkung für andere Unternehmen begrüßenswert, können aber niemals gesetzliche bzw. von überbetrieblicher Seite vorgegebene, verbindliche Rahmenbedingungen ersetzen. Die Initiative der Frauenministerin, die öffentliche Auftragsvergabe zumindest in Teilbereichen der staatlichen Ressorts mit verbindlicher Frauenförderung zu koppeln, ist grundsätzlich zu begrüßen. Die zukünftige konkrete Umsetzung wird zeigen, ob diese Maßnahmen geeignet sind, Frauenförderung in den Betrieben zu etablieren, oder ob die Regelung Papier bleiben wird.

Darüber hinaus müssen die gesetzlichen Rahmenbedingungen in umfassendem Sinn frauengerecht erweitert bzw. umgestaltet werden, damit Frauen ihren männlichen Kollegen gleichgestellt werden. So darf die Gründung einer Familie nicht zum Verzicht auf eine berufliche Entwicklung führen, wie es nach wie vor der Fall ist. Betriebe wären etwa dahingehend zu verpflichten, die Familiengründung von Frauen *und* Männern konstruktiv einzuplanen und in der Arbeitsorganisation entsprechend zu berücksichtigen. Andernfalls wird die Gleichstellung von Frauen auch in den nächsten Jahrzehnten bloß Diskussionsstoff sein und die betriebliche Situation der Frauen bleiben, wie sie heute ist.

Literatur:

Brumlop, Eva/Hornung, Ursula (1994): Betriebliche Frauenförderung - Aufbrechen von Arbeitsmarktbarrieren oder Verfestigung traditioneller Rollenmuster? In: Beckmann, Petra/Engelbrech Gerhard (Hrsg.): Arbeitsmarkt für Frauen 2000 – Ein Schritt vor oder ein Schritt zurück? Beiträge zur Arbeitsmarkt- und Berufsforschung. Nürnberg, S. 836--851.

Brumlop, Eva (1995): Mögliche Instrumente betrieblicher Frauenförderung - Bisherige Konzepte - Umsetzungserfahrungen - Notwendige Neukonzeptionen. Vortrag zur zweiten Fachtagung zu §§13, 14 Landesgleichstellungsgesetz am 18. 5. 1995 in Berlin.

Bundesministerin für Frauenangelegenheiten und Verbraucherschutz (1997): Anleitungen zu geschlechtergerechtem Sprachgebrauch. Schriftenreihe der Frauenministerin. Band 13, Wien.

Fraiji, Adelheid/Lassnigg, Lorenz (1995): Mädchen und Frauen im Bildungssystem – Quantitative-deskriptive Darstellungen. In: Bundesministerin für Frauenangelegenheiten (Hrsg.): Bericht über die Situation der Frauen in Österreich. Wien, S. 127-147.

Pastner, Ulli/Papouschek, Ulrike (1997): Im Dornröschenschlaf: Betriebliche Frauenförderung in Österreich. AMS Studie 3. Wissenschaftsverlag, Wien.

Rudolph, Hedwig/Grüning, Marlies (1994): Frauenförderung: Kampf- oder Konsensstrategie? In: Beckmann, Petra/Engelbrech, Gerhard (Hrsg.): Arbeitsmarkt für Frauen 2000 - Ein Schritt vor oder ein Schritt zurück? Beiträge zur Arbeitsmarkt- und Berufsforschung. Nürnberg, S. 773-795.

Witzel, Andreas (1982): Verfahren der qualitiativen Sozialforschung. Überblick und Alternativen. Frankfurt/New York.

Der Beitrag von Programmen zur Chancengleichheit zur Zielerreichung von Betrieben - eine meta-analytische Betrachtung

Regine Bendl

In diesem Beitrag wird der Frage nachgegangen, welchen positiven Beitrag Frauenförder- bzw. Chancengleichheitsprogramme zur Zielerreichung von Betrieben leisten. Dazu werden im Rahmen einer Meta-Analyse die Ergebnisse bestehender empirischer Studien dargestellt und jene Faktoren herausgearbeitet, welche aus betrieblicher Sicht für die Implementierung von Frauenförder- bzw. Chancengleichheitsprogrammen sprechen.

1. Einleitung

Betrachtet man die wissenschaftliche Diskussion um und die betriebliche Auseinandersetzung mit Frauenförder- bzw. Chancengleichheitsprogrammen, so zeigt sich die Verschränkung zwischen Wissenschaft und betrieblicher Praxis deutlich: Mitte der 80er Jahre beginnt im deutschsprachigen Raum die Diskussion über Implementierung und Umsetzung von Frauenförder- bzw. Chancengleichheitsprogrammen in einigen Betrieben. Gleichzeitig erfolgt auch die Beschäftigung in den Wirtschafts- und Sozialwissenschaften mit diesem Themenbereich.

Für die betriebliche Praxis steht die Frage nach dem Nutzen und den Vorteilen von Frauenförderungs- bzw. Chancengleichheitsprogrammen[1] im Vordergrund: Es wird argumentiert, daß Frauenförderung für den Betrieb nichts bringt oder nur Kosten verursacht (vgl. Pastner/Papouschek 1996); einige Vertreter aus Wirtschaft und Verwaltung sind der Auffassung, Bemühungen um Chancengleichheit seien nur etwas für wirtschaftlich gute Zeiten (vgl. Krell 1997b, S. 14), oder daß diese die unternehmerische Freiheit einschränken[2].

Im Rahmen einer wissenschaftlichen Aufarbeitung zum Begriff Frauenförderung wird festgehalten: „Bei all diesen Definitionen werden immer mögliche Vorteile für Frauen (und Männer) in den Mittelpunkt gestellt. Auf mögliche

---

[1] Zur Begriffsklärung: In den Publikationen der letzten Jahre wurde oftmals vom Begriff „Frauenförderung“ abgegangen und dieser durch den Begriff „Chancengleichheit“ ersetzt, welcher sowohl Frauenförderung an sich als auch die Vereinbarkeit von Beruf und Familie subsummiert (vgl. Bendl 1997).

[2] Siehe dazu den „Word-Rap“ in diesem Buch.

Vorteile, die Unternehmen von der Durchführung von Frauenförderungsmaßnahmen haben können, wird in keiner Definition eingegangen. Wie die empirischen Studien zeigen, (...) stehen bei den Unternehmen jedoch jene Motive (wie z.B. Deckung des Bedarfs an qualifiziertem Personal, Erhaltung des MitarbeiterInnenpotentials) im Mittelpunkt, die direkt oder indirekt auf Effizienz- bzw. Effektivitätsüberlegungen bei der Implementierung hindeuten. Gesellschaftspolitische Überlegungen bei der Implementierung stehen für Unternehmen dabei weniger im Vordergrund“ (Bendl 1997, S. 21).

Im selben Jahr schreibt Krell (1997a, S. V): „In innovativen Unternehmen und Verwaltungen findet zur Zeit eine Neuorientierung der Personalpolitik statt: Die Verwirklichung der Chancengleichheit wird als Wettbewerbsvorteil erkannt und deshalb als Komponente in den Zielkatalog aufgenommen“. Sie postuliert gleichzeitig Wettbewerbsvorteile für Unternehmen, die sich dem Konzept der „Diversity“[3] annehmen (vgl. Krell 1997c, S. 55). Die in den theoretischen[4] Publikationen aufgezeigten Vorteile für Betriebe durch die Implementierung von Frauenförderprogrammen können folgendermaßen kurz zusammengefaßt werden: Zunächst auftretende Kosten einer verstärkten Frauenförderung stehen einem mittel- bis langfristigen Nutzen durch qualifizierte Arbeitskräfte gegenüber. Detaillierter lauten diese Argumente (vgl. u.a. Busch/Engelbrech 1997, S. 7):

- Sicherung der zunehmend bedeutsamer werdenden personellen Ressourcen bei ständig kürzeren Halbwertzeiten anwendbaren Wissens;
- Vermeidung von „hire and fire costs“ durch kontinuierliche weibliche Berufsverläufe (sinkende Personalfluktuation, weniger Fachkräftemangel, Erhalten qualifizierter Arbeitnehmerinnen, Amortisation innerbetrieblicher Weiterbildungskosten, sinkende Stellen- und Ausschreibungskosten, Erhöhung der Rückkehrquoten, Zugriff auf ein breites Spektrum an Handlungskompetenzen etc.);
- Eine stärkere Integration weiblicher Mitarbeiter schafft ein frauenfreundliches Image und erschließt zusammen mit kundInnenorientierter Strukturanpassung neue Absatzpotentiale (Erhöhung des Images bei bestehenden und zukünftigen KundInnen, langfristige Planung und kontinuierliche KundInnenbetreuung, innovative Produktgestaltung und damit verbunden neue Marketingstrategien);

---

3 Im Gegensatz zum Frauenförderungs- bzw. Chancengleichheitskonzept stehen beim Diversity-Konzept die genuinen ökonomischen Interessen des Betriebs im Vordergrund (vgl. Krell 1997c, S. 54).

4 Mit theoretischen Arbeiten sind hier nicht-empirische konzeptionelle Arbeiten gemeint.

- Zunehmende Erwerbstätigkeit von Frauen und neue Arbeitszeitdisponibilitäten erhöhen die betriebliche Flexibilität;
- Entdeckung und Einsatz weiblicher Qualifikationen bewirken eine Verbesserung der betrieblichen Gesamtleistung (höhere Loyalität und Leistungsmotivation, weniger Fehlzeiten im Betrieb und eine Verringerung des familienbedingten Absentismus).

Alle diese Vorteile können synergetisch zur Effektivitätssteigerung und damit positiv zur Erreichung der Unternehmensziele beitragen. Welche Befunde die empirischen Forschungsarbeiten zu etwaigen Vorteilen bzw. den Nutzen von Frauenförder- bzw. Chancengleichheitsprogrammen für Betriebe ausweisen, soll Gegenstand dieses Artikels sein.

2. Ziel des Beitrags, Forschungsfrage und Forschungshypothese

Ziel dieses Beitrags ist es, die Ergebnisse von empirischen Forschungsprojekten, welche sich mit Frauenförder- und Chancengleichheitsprogrammen beschäftigten, im Hinblick auf Vorteile bzw. Nutzen von Frauenförderprogrammen für Betriebe im Rahmen einer Meta-Analyse[5] „unter die Lupe zu nehmen". Die zentrale Fragestellung lautet: Welchen positiven Beitrag leisten Chancengleichheits- bzw. Frauenförderprogramme zur Zielerreichung von Betrieben? Welchen Nutzen bzw. welche Vorteile bringen diese Programme für Betriebe?

Der in Abbildung 1 dargestellte allgemeine Zielkatalog für Betriebe (vgl. Staehle 1994, S. 412[6], Becker 1992 und Bendl 1997, S. 94) bildet den Bezugsrahmen für die Meta-Analyse.

Unter *Outputzielen* (Sachziele) werden Leistungen der Organisation, z.B. Konsumgüter, Erziehung, Gesundheitspflege, verstanden. Als *Systemziele* (Formalziele) werden Ziele in bezug auf Struktur und Verhalten der Organisation, wie z.B. Innovation, Wachstum, Stabilität, Gewinn und Kosten definiert. Zu den *Marketingzielen* werden die Ziele der Marketingstrategien und die des Marketingmixes (Produkt-, Preis-, Distributions- und Kommunikationspolitik) gezählt. Die *organisationalen Ziele* beinhalten die Ziele der Organisation (Anpassungs- und Lernfähigkeit, Steigerung der Effizienz und Effektivität des Unter-

---

[5] Auf die Methode der Meta-Analyse wird in Kapitel 3 eingegangen.

[6] Da, wie bereits in der Einleitung erwähnt, die gesellschaftspolitischen Ziele von Frauenförderungs- bzw. Chancengleichheitsprogrammen nicht im Mittelpunkt der betrieblichen Argumentation stehen, werden im weiteren die von Staehle (1994, S. 412) angeführten gesellschaftlichen Ziele und abgeleiteten Ziele von Organisationen außer acht gelassen.

nehmens, verbessertes Problemlösungsverhalten) und Ziele für die Organisation (Erhaltungsziele und Erfolgsziele).

Abbildung 1: Betriebliche Ziele und Programme zur Chancengleichheit

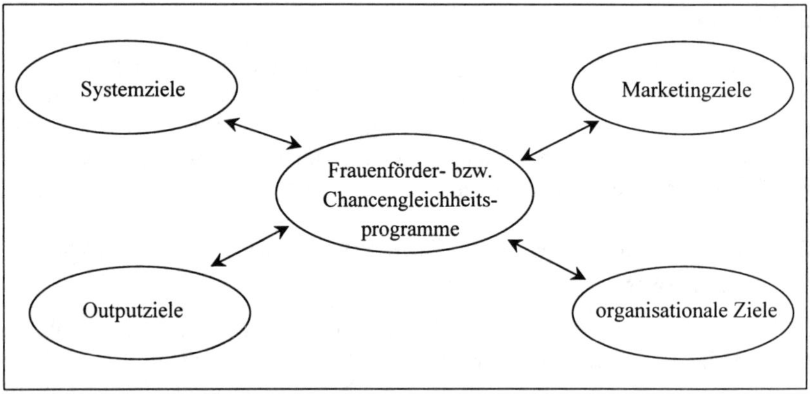

Quelle: In Anlehnung an Staehle 1994, S. 412 und Bendl 1997, S. 94 und Becker 1992

Abgleitet aus der obigen zentralen Fragestellung, wird, da unter Zielerreichung auch Effektivität[7] verstanden werden kann, folgende Generalhypothese zur Durchführung der Meta-Analyse aufgestellt:

G: Frauenförder- bzw. Chancengleichheitsprogramme haben einen positiven Einfluß auf die Effektivität von Unternehmen.

Diese Generalhypothese wird basierend auf den inhaltlichen Bezugsrahmen noch in folgende Subhypothesen gegliedert:

H1: Frauenförder- bzw. Chancengleichheitsprogramme sind in bezug auf *betriebliche Outputziele* effektivitätsfördernd.

H2: Frauenförder- bzw. Chancengleichheitsprogramme sind in bezug auf *betriebliche Systemziele* effektivitätsfördernd.

---

[7] Es wird die Betonung auf den Terminus Effektivität gelegt, da es generell um den Beitrag von Förder- bzw. Chancengleichheitsprogrammen zur Zielerreichung von Unternehmen geht. Überlegungen zur Effizienz (der Höhe des Zielerreichungsgrades) von Betrieben aufgrund von Frauenförder- bzw. Chancengleichheitsprogrammen würden den Rahmen dieses Beitrags sprengen. Bohr (1993, Sp. 855) hält zum Unterschied von Effektivität und Effizienz fest, daß Effektivität mehr strategisch, Effizienz mehr operativ orientiert ist. Der Frage nach der Effizienz dieser Programme kann oder könnte mit dem Transaktionskostenansatz nachgegangen werden (vgl. dazu Picot 1993, Sp. 4195f.).

H3: Frauenförder- bzw. Chancengleichheitsprogramme sind in bezug auf *betriebliche Marketingziele* effektivitätsfördernd.

H4: Frauenförder- bzw. Chancengleichheitsprogramme sind in bezug auf *organisationale Ziele* von Betrieben effektivitätsfördernd.

Nach der Vorstellung der Zielsetzung, der Forschungsfrage und den Forschungshypothesen erfolgt nun die Meta-Analyse. Nach einführenden Bemerkungen zur Methode werden anschließend die einzelnen Schritte der Meta-Analyse dokumentiert (Kapitel 3.1. Sammlung der empirischen Studien, Kapitel 3.2. Beschreibung der Studien - allgemeiner Überblick, Kapitel 3.3. Bewertung der Studien und Kapitel 3.4. Analyse, Integration und Darstellung der Ergebnisse). Die Beantwortung der Forschungsfragen und ein wissenschaftlicher Ausblick beschließen diesen Beitrag.

3. Meta-Analyse

Die integrative Fragestellung des Artikels, bei der die Ergebnisse der verschiedenen empirischen Erhebungen zu Vorteilen und Nutzen von Frauenförder- bzw. Chancengleichheitsprogrammen für Betriebe zusammengefaßt und verglichen werden, macht in Analogie zum methodischen Vorgehen bei Einzeluntersuchungen ein methodisch integratives Vorgehen erforderlich. Dieses kann durch die Methode der Meta-Analyse[8] gesichert werden. Es ist aber festzuhalten, daß es „*die*" Meta-Analyse nicht gibt, sondern immer nur mehr oder weniger brauchbare Methoden zur Unterstützung des mehrstufigen Integrationsprozesses der Meta-Analyse (vgl. Fricke/Treinies 1985, S. 17). Auch für diesen Beitrag werden die fünf Stufen der Meta-Analyse (1. Problemformulierung, 2. Sammlung der Ergebnisse, 3. Bewertung der Ergebnisse, 4. Analyse und Interpretation der Ergebnisse und 5. Präsentation der Ergebnisse, vgl. Cooper 1982) der Zielsetzung und Forschungsfrage entsprechend angepaßt. Da für den Objektbereich Frauenförder- und Chancengleichheitsprogramme nicht nur quantitative Untersuchungen, sondern auch eine große Anzahl an qualitativen Studien

[8] Unter einer Meta-Analyse wird allgemein eine Analyse von Analysen verstanden (vgl. Glass 1976, S. 3). Im Unterschied zu Primäranalysen (voneinander unabhängige Untersuchungen verschiedener ForscherInnen) und Sekundäranalysen (in den meisten Fällen die Analyse der Daten einer Primäranalyse mit verbesserten statistischen Modellen) ist die Meta-Analyse „the quantitative cumulation and analysis of descriptive statistics across studies. It does not require access to original study data" (Hunter/Schmidt/Jackson 1982, S. 139). Zur Meta-Analyse siehe: Fricke/Treinies 1985, Rosenthal 1991, Cook 1992, Hunter/Schmidt 1990, Cooper 1993, Stamm/Schwarb 1995, Wolf 1996.

vorliegen, wird für diesen Beitrag von einer „Quasi-Meta-Analyse" gesprochen werden.[9] Dies bedeutet,

- daß die Vorgangsweise und Kriterien der folgenden Analyse zwar auf den grundlegenden Regeln zur Methode der Meta-Analyse beruhen, jedoch Modifizierungen und Abänderungen in bezug auf die qualitative Vorgehensweise vieler vorliegender empirischer Arbeiten vorgenommen werden, und
- daß die zu überprüfenden wissenschaftlichen Kriterien der Meta-Analyse neben dem quantitativen auch aus dem qualitativen Paradigma heraus betrachtet werden.

Für die Auswahl der Meta-Analyse als Methode zur Bearbeitung der Zielsetzung, spricht trotz der notwendigen Modifizierungen, wie bereits erwähnt, ihr integrierender Charakter.

Die erste Stufe der Meta-Analyse (Problemformulierung) wurde bereits mit der Festlegung der Forschungsfrage, der Generalhypothese und der Darstellung der Subhypothesen bearbeitet. Im nächsten Schritt werden die Auswahlkriterien für die empirischen Studien offengelegt und die für die Analyse in Frage kommenden Studien vorgestellt. Danach werden diese Studien beschrieben und nach wissenschaftlichen Kriterien bewertet. Darauf folgt die Integration der Ergebnisse der verschiedenen empirischen Erhebungen.

3.1. Sammlung der empirischen Studien

Um möglichst alle empirischen Erhebungen zum Objektbereich für die Analyse zu erfassen, wurde im Winter 1997/98 eine Literaturrecherche durchgeführt.[10] Als grundlegende Auswahlkriterien für die in den Datenbanken ausgewiesenen empirischen Erhebungen standen die Begriffe „Chancengleichheit", „Frauenförderung" und „Vereinbarkeit von Beruf und Familie". Weiters fand - aufgrund der Zielsetzung dieses Buches - eine Beschränkung auf jene empirischen Erhe-

---

[9] Grundsätzlich hat sich die Meta-Analyse aus dem quantitativen Paradigma heraus entwickelt, um die Ergebnisse vieler quantitativer Studien eines bestimmten Objektbereiches besser aufarbeiten zu können und integrierbar zu machen. Es können sowohl qualitative als auch quantitative Methoden zur Integration der Ergebnisse im Rahmen der Meta-Analyse verwendet werden. Zur Diskussion um die Angemessenheit von quantitativen und qualitativen Verfahren siehe: Eysenck 1978a und 1978b, Glass und Smith 1978, Mansfield und Busse 1977 u.a.

[10] Die Literaturrecherche erfolgte in den Datenbanken WISO I, WISO III, HELECON und BIBOS mit folgenden Thesauri: Frau*, Förder*, Chance* und Manage*. Es erfolgte keine Einschränkung des Suchzeitraumes für die Abfrage in den Datenbanken.

Tabelle 1: Gegenständliche empirische Erhebungen der Meta-Analyse

AutorInnen	Erscheinungsjahr	Titel der Arbeit
Krebsbach-Gnath/ Schmid-Jörg	1985	Wissenschaftliche Begleituntersuchung zu Frauenförderungsmaßnahmen
Kraft/Mussmann/ Udris	1990	Frauen im Verkauf - Qualifizierungschancen und Barrieren
Casper	1990	Frauenerwerbstätigkeit, Frauenkarrieren und Frauenförderung
Hentrich/Jüngling/ Knöß	1991	Innerbetriebliche Qualifizierung von Frauen. Zur Verbesserung der Berufschancen bei technologisch-arbeitsorganisatorischen Innovationen
Hubacher	1991	Strategien zur Chancengleichheit von Frau und Mann am Arbeitsplatz. Eine empirische Untersuchung zu Frauenförderungsprogrammen in drei schweizer Dienstleistungsunternehmen im Bankenbereich.
Schlaffke/ Herrmann	1991	Betriebliche Maßnahmen zur Vereinbarkeit von Familie und Beruf sowie zur Förderung der Berufsrückkehr nach Zeiten ausschließlicher Familientätigkeit
Autenrieth/ Chemnitzer/ Domsch	1993	Personalauswahl und -entwicklung von weiblichen Führungskräften
Busch	1993	Frauenförderung in Klein- und Mittelbetrieben. Ergebnisse einer Betriebsbefragung und Analyse vorhandener Ansätze
Fischer	1993	Weibliche Führungskräfte zwischen Unternehmensstrategien und Karrierehemmnissen. Eine Fallstudie im Einzelhandel
Goldmann/ Meschkutat/ Tenbensel	1993	Präventive Frauenförderung bei technisch-organisatorischen Veränderungen. Weiterbildung, Personaleinsatz, Arbeitsgestaltung
Riegraf/Hilf	1993	Frauenförderung - Alibi oder Aufbruch zur Chancengleichheit? Eine empirische Untersuchung über Aufstiegsbarrieren von Frauen im Einzelhandel
Rudolph/Grüning	1993	Neue Jobs für neue Frauen? Frauenförderung und die Dynamik gespaltener Arbeitsmärkte
Domsch/Hadler/ Krüger	1994	Personalmanagement & Chancengleichheit. Betriebliche Maßnahmen zur Verbesserung beruflicher Chancen von Frauen in Hamburg
May	1995	Unterstützende und hemmende Faktoren bei der Entwicklung und Einführung von betrieblichen Frauenfördermaßnahmen
Sordon	1995	Frauen in Führungspositionen in Großunternehmen. Betriebliche Defizite und Perspektiven der Verwirklichung von Chancengleichheit
Pastner/Papouschek	1996	Im Dornröschenschlaf - Betriebliche Frauenförderung in Österreich. Eine empirische Erhebung über Maßnahmen zur Chancengleichheit in österreichischen Unternehmen
Bendl	1997	Chancengleichheit am Arbeitsplatz für Frauen - Integration in die strategische Unternehmensführung. Eine theoretische und empirische Analyse
Dudek-Marschaus	1997	Politik der Chancengleichheit in Großunternehmen: Ergebnisse einer Befragung
Philipp	1997	Betriebliche Maßnahmen zur Verbesserung der Chancengleichheit von Frauen. Eine empirische Untersuchung personalpolitischer Instrumente Berliner Unternehmen

bungen statt, die in Betrieben stattfanden; alle anderen empirischen Erhebungen, welche hauptsächlich die öffentliche Verwaltung zum Gegenstand haben (vgl. z.B. Strell 1997) wurden ausgeschlossen. Tabelle 1 zeigt, welche empirischen Erhebungen auf Basis dieser Auswahlkriterien in die Analyse aufgenommen wurden.

Die Auswahl der genannten empirischen Untersuchungen erhebt - trotz umfangreicher Literaturrecherche - nicht den Anspruch auf Vollständigkeit. Studien, die sich nur im weitesten Sinne mit betrieblicher Frauenförderung und Chancengleichheit auseinandersetzen, bleiben unberücksichtigt; auch wurden Studien, die eher eine journalistische Zielsetzung und weniger einen wissenschaftlichen Ansatz mit entsprechender Methodologie und Methode verfolgten, nicht aufgenommen. In die Auswahl wurden neben Büchern und Artikeln aus Fachzeitschriften auch Diplomarbeiten, Dissertationen und sonstige Arbeitspapiere aufgenommen.

3.2. Beschreibung der Studien - allgemeiner Überblick

Die Literaturrecherche zeigt, daß wissenschaftliche empirische Begleit- oder Längsschnittuntersuchungen, in denen die Wirkungen von Frauenförderplänen bzw. Chancengleichheitsprogrammen in Betrieben untersucht werden, bisher nicht vorliegen. Die deutschsprachigen empirischen Erhebungen sind großteils zu Beginn der 90er Jahre und später verfaßt worden und versuchen, Karrierehemmnisse von Frauen wie auch bestehende betriebliche Ansätze zur Chancengleichheit, Frauenförderung und Vereinbarkeit von Beruf und Familie in Form von Querschnittsuntersuchungen zu beleuchten.[11] Es handelt sich eher um explorative, denn um konfirmative[12] Querschnittsuntersuchungen, die anhand der Kriterien Erhebungsjahr, Zielgruppe, Stichprobe, Auswahlverfahren, Erhebungsinstrumente, Datenanalyse in Tabelle 2 dargestellt werden.[13] In Tabelle 3 erfolgt eine Zuordnung der Studien zu inhaltlichen Schwerpunkten.

Die Analyse der empirischen Erhebungen zeigt, daß die wissenschaftliche Basis, auf der allgemein Aussagen über die betriebliche Frauenförderung und Chancengleichheit getroffen werden können, noch schmal ist. Es ist eindeutig, daß diese Arbeiten fast durchwegs explorativen Charakter haben und vorwiegend nicht repräsentativ sind. Dies ist aufgrund der geringen Tradition der Beschäftigung mit dem Themenfeld in den Sozial- und Wirtschaftswissenschaften und dem geringen Vorkommen der Untersuchungsobjekte nicht verwunderlich.

Ein Großteil der empirischen Arbeiten kann dem qualitativen Paradigma zugeordnet werden, aber auch quantitative mündliche Umfragen liegen vor. Als Er-

---

[11] Siehe dazu auch Bendl 1998.

[12] Konfirmatives Vorgehen: Hypothesenbestätigung, im Unterschied zu explorativem Vorgehen: Hypothesengenerierung.

[13] Anzumerken ist, daß die gewählten Kriterien nicht allen Publikationen zu entnehmen waren. Teilweise fehlten das Erhebungsjahr, die Beschreibung der Stichprobe und die Angaben zur Datenauswertung.

hebungsmethoden wurden entweder offene, strukturierte oder leitfadengestützte Interviews als Erhebungsmethoden eingesetzt oder mündliche Befragungen mittels standardisiertem Fragebogen durchgeführt (vgl. Krebsbach-Gnath/Schmid-Jörg 1985, Casper 1990, Udris/Kraft/Mussmann 1990, Hentrich/Jüngling/Knöß 1991, Riegraf/Hilf 1993, Goldmann/Meschkutat/Tenbensel 1993, Rudolph/Grüning 1993, May 1995, Sordon 1995, Pastner/Papouschek 1996, Bendl 1997).

Schriftliche (Groß-)Erhebungen mit standardisiertem Fragebogen liegen in geringerem Maße vor (vgl. Hubacher 1991, Schlaffke/Herrmann 1991, Busch 1993, Fischer 1993, Domsch/Hadler/Krüger 1994, Philipp 1997); derartige Arbeiten wurden mit der Absicht der Exploration und Bestandsaufnahme durchgeführt. Lediglich die Arbeit von Autenrieth/Chemnitzer/Domsch 1993 hat konfirmatorischen Charakter, obwohl auch die Exploration von Zusammenhängen im Mittelpunkt der Arbeit steht. Bei allen quantitativen schriftlichen Befragungen wurden zusätzlich mündliche Interviews geführt.

Einige der empirischen Erhebungen sind als Betriebsfallstudien angelegt und versuchen „Licht ins Dunkel" der Förderung der Chancengleichheit von Frauen am Arbeitsplatz zu bringen. Folgende Publikationen zählen dazu: Hentrich/Jüngling/Knöß 1991, Riegraf/Hilf 1993, Goldmann/Meschkutat/Tenbensel 1993, Rudolph/Grüning 1993, Pastner/Papouschek 1996.

Differenziert man die empirischen Erhebungen nach den untersuchten Branchen, so zeigt sich, daß der Schwerpunkt für die Implementierung von Chancengleichheitsprogrammen (unter Ausschluß des öffentlichen Sektors) in den Bereichen Handel, Banken liegt; ebenso werden aber auch Unternehmen der Branchen/Sektoren Elektrotechnik und Elektroindustrie, Energieversorgungsbetriebe, Nahrungsmittel-, Genußmittel- und Chemieindustrie, Versicherungen, verarbeitendes Gewerbe, metallverarbeitende Industrie, Bergbau, Gaststätten und Berherbergung, Dienstleistung, Investitionsgüterindustrie, Datenverarbeitungsbetriebe, Druck- und Papierindustrie, Luftverkehr und Mineralölindustrie erforscht.

Differenziert man die Publikationen weiter, z.B. nach den befragten Personengruppen, so zeigt sich, daß Personalverantwortliche, Führungskräfte und Beschäftigte im Mittelpunkt standen und bei der Auswertung eine Differenzierung nach dem Geschlecht stattfand. UnternehmerInnen, BetriebsrätInnen, VertreterInnen von Kammern und Verbänden, PolitikerInnen und WissenschafterInnen wurden in die Untersuchungen in geringerem Maße miteinbezogen (siehe aber z.B. Hentrich/Jüngling/Knöß 1991, Busch 1993, Goldmann/Meschkutat/Tenbensel 1993, Rudolph/Grüning 1993, Pastner/Papouschek 1996).

Tabelle 2a: Empirische Untersuchungen: Erhebungsjahr, Stichprobe, Auswahlverfahren, Erhebungsinstrument und Datenanalyse

AutorInnen	Erhebungsjahr	Stichprobe	Auswahlverfahren	Erhebungsinstrument	Datenanalyse
Krebsbach-Gnath/ Schmid-Jörg 1985	1983/84	28 Unternehmen, keine Angabe über Anzahl der Interviews	Auswahl nach Gutdünken	ExpertInnengespräche, Intensivinterviews	keine Angabe strukturiert nach Themenkreisen
Kraft/Mussmann/Udris 1990	1988/89	1 Unternehmen n=72 Personen (Filialleitung, Management, Rayonleiterinnen, Verkäuferinnen)	Zufallsstichprobe theoretical sampling	Fragebogen, narratives Interview, Gruppengespräche	Häufigkeiten, Matrixauswertung subjektiver Bedeutungszusammenhänge, typischer Argumentationsmuster, Dokumentenanalyse
Casper 1990	keine Angabe	1 Unternehmen n=49 Personen (16 wFK, 30 wFNK, 3 Personalleiter)	Auswahl nach Gutdünken	leitfadengestützte Intensivinterviews, Fragebogen	Häufigkeiten, über Auswertung der Interviews keine Angabe
Hentrich/Jüngling/Knöß 1991	keine Angabe	11 Unternehmen n=221 (3 Geschäftsleitung, 22 Personal- und Weiterbildungsbeauftragte, 9 Betriebsräte, 187 weibliche Beschäftigte)	Auswahl nach Gutdünken	offenes Leitfadeninterview, mündliche Interviews anhand eines Fragebogens	keine Angabe über Auswertungsverfahren, Dokumentenanalyse
Hubacher 1991	1991	6 Unternehmen n=1238 MitarbeiterInnen, n=3 Personalverantwortliche	Zufallsauswahl, theoretical sampling	standardisierte schriftliche Befragung, qualitative Interviews	Häufigkeiten, Faktorenanalyse, über die Auswertung der mündlichen Interviews keine Angabe
Schlaffke/Herrmann 1991	1990	n=674 Unternehmen, keine Angabe über Anzahl der Interviews	Quotenverfahren	Fragebogen ExpertInneninterviews	Häufigkeiten, Crosstabs, über Auswertung der Interviews keine Angabe
Autenrieth/Chemnitzer/ Domsch 1993	1992	27 Unternehmen n=770 (337 wFNK, 427 mFNK), n=58	Zufallsauswahl	standardisierte schriftliche Befragung, halbstrukturierte Interviews	Häufigkeiten, Signifikanzanalyse, Ergebnis qualitativer Interviews als Ergänzung
Busch 1993	1993	300 Unternehmen n=105 Personalverantwortliche, Mitglieder der Geschäftsführung, UnternehmerInnen, n= 40 (23 Unternehmensvertreter, 17 Mitarbeiterinnen)	gelenkte Auswahl	standardisierte schriftliche Befragung, qualitative Interviews	Häufigkeiten, interpretative Datenanalyse
Fischer 1993	1991	1 Unternehmen n=1030 weibliche Beschäftigte, n= 24 (17 wFK, 7 mFK)	Zufallsstichprobe, theoretical sampling	standardisierte Befragung, leitfadengestützte Interviews, teilnehmende Beobachtung, Gruppendiskussion	Häufigkeiten, Zusammenhangsanalyse, diskursive Datenanalyse

Legende: wFNK: weibliche Führungsnachwuchskräfte, mFNK: männliche Führungsnachwuchskräfte, wFK: weibliche Führungskräfte, mFK: männliche Führungskräfte, n: Stichprobenumfang

Tabelle 2b: Empirische Untersuchungen: Erhebungsjahr, Stichprobe, Auswahlverfahren, Erhebungsinstrument und Datenanalyse

AutorInnen	Erhebungsjahr	Stichprobe	Auswahlverfahren	Erhebungsinstrument	Datenanalyse
Goldmann/Meschkutat/ Tenbensel 1993	1987-1988	5 Unternehmen n=135 Führungskräfte, BetriebsrätInnen, PersonalrätInnen, MitarbeiterInnen und LeiterInnen von Personal- und Weiterbildungsabteilungen n=138 weibliche Beschäftigte	Auswahl nach Gutdünken	leitfadengestützte qualitative Interviews Gruppendiskussion als Rückkopplungsinstrument	keine Angabe
Riegraf/Hilf 1993	1990-1993	1 Unternehmen n=73 MitarbeiterInnen, n=15 leitende Angestellte	aus betriebsinternen Dokumenten	problemzentriertes Interviews mit Interviewleitfaden, nicht-teilnehmende Beobachtung	zusammenfassende strukturierende Inhaltsanalyse, Dokumentenanalyse
Rudolph/Grüning 1993	1990	4 Organisationseinheiten n=28 (21 Führungskräfte, 5 freigestellte Betriebsratsmitglieder, 2 Sachbearbeiter)	theoretical Sampling	mündliche Befragung	keine Angabe
Domsch/Hadler/Krüger 1994	1993/94	Unternehmen aller Branchen n=396 Unternehmen, n=12 UnternehmensverterterInnen	bei HK eingetragenen Unternehmen über 20 Beschäftigte Auswahl nach Gutdünken	standardisierte schriftliche Befragung, leitfadengestütze mündliche Interviews	Häufigkeiten, themenspezifisch mit inhaltsanalytischen Methoden
May 1995	1994	1 Unternehmen n=12 Intere und Externe	Auswahl nach Gutdünken	qualitative Interviews mit Interviewleitfaden	Grobanalyse
Sordon 1995	k.A.	n=22 Unternehmen	Theoretical sampling	schriftlicher Fragenbogen, Experteninterviews	keine Angabe
Pastner/Papouschek 1996	1996	20 Betriebe n=120 (wFK und mFK, UnternehmerInnen, Beschäftigte, InteressenvertreterInnen, PolitikerInnen, WissenschafterInnen)	theoretical sampling	leitfadengestützte problemzentrierte Interviews	reduktive inhaltsanalytische Auswertung
Bendl 1997	1995	15 Unternehmen n=15 (10 wFK und 5 mFK)	theoretical sampling	fokussierte Interviews	reduktive inhaltsanalytische Auswertung
Dudek-Marschaus 1997	-	10 Unternehmen	-	-	-
Philipp 1997	1996	47 Unternehmen n=20 n= 4 (betriebliche ExpertInnen)	theoretical sampling	schriftlicher Fragebogen, leitfadengestützte Interviews	keine Angabe

Legende: wFNK: weibliche Führungsnachwuchskräfte, mFNK: männliche Führungsnachwuchskräfte, wFK: weibliche Führungskräfte, mFK: männliche Führungskräfte, n: Stichprobenumfang, HK: Handelskammer

Betrachtet man die Zielsetzungen der Studien ganz allgemein, so liegen verschiedenste Akzentuierungen zum Objektbereich vor. Es gibt Überschneidungen bei der inhaltlichen Bearbeitung der Themenbereiche. In Tabelle 3 erfolgt eine grundsätzliche richtungsweisende inhaltliche Zusammenstellung der Studien. Die gewählten Kategorien ermöglichen eine grobe, den Überblick fördernde, Zuordnung der empirischen Arbeiten zu den bearbeiteten Inhalten. Drei Themenbereiche stehen bei den empirischen Arbeiten im Mittelpunkt des Interesses (vgl. Tabelle 3):

- die Exploration von Aufstiegshemmnissen und -barrieren wie auch das Aufdecken der organisationalen Ursachen der Benachteiligung,
- die Exploration der subjektiven Wahrnehmung und Einstellung von ArbeitgeberInnen und ArbeitnehmerInnen zu Frauenförder- und Chancengleichheitsprogrammen,
- die Maßnahmen, Empfehlungen und Leitfäden zur Umsetzung der Frauenförderung bzw. Chancengleichheit am Arbeitsplatz.

Grundsätzlich können die in den Studien aufgegriffenen Argumentationsschwerpunkte wie folgt klassifiziert werden:

- Angebots- bzw. personenzentrierte Erklärungsansätze, die die Einstellungen und das Verhalten von Frauen und Männern in bezug auf Chancengleichheit in den Mittelpunkt stellen und
- Nachfrage- bzw. unternehmenszentrierte Erklärungsansätze, die die Förderung, Be- und Verhinderung von Chancengleichheit am Arbeitsplatz an betrieblichen Strukturen und Strategien festmachen.

Es kann auch eine Schwerpunktverschiebung festgestellt werden: Zu Beginn der 90er Jahre stehen bei den empirischen Erhebungen eher

- Aufstiegs-, Karrierehemmnisse, Berufsrolle versus Familienrolle für Frauen und
- die Frage, wie zur Reduzierung der Diskriminierung von Frauen am Arbeitsplatz durch Förderpläne beigetragen werden kann,

im Mittelpunkt. Gegen Mitte der 90er Jahre wandelt sich das inhaltliche Bild der empirischen Arbeiten: Bestehende Frauenförder- und Chancengleichheitsprogramme rücken in den Mittelpunkt. Es wird erhoben, wie die bereits länger geführte gesellschaftliche und politische Diskussion und existierende Programme die Frauenförderung und Chancengleichheit in Betrieben beeinflussen.

Tabelle 3: Inhaltliche Schwerpunkte der empirischen Studien

AutorInnen	Inhaltliche Schwerpunkte der Studien					
	Subjektive Wahrnehmung und Einstellung zu Frauenförderungs- und Chancengleichheitsprogrammen	Aufstiegshemmnisse und -barrieren sowie strukturelle und organisationale Ursachen der Benachteiligung	Maßnahmen, Empfehlungen und Leitfäden zur Umsetzung	Ansätze und Förderprogramme in der Praxis	Aspekte der Vereinbarkeit von Familien- und Berufsrolle	Technisch-organisatorische Entwicklungen und dadurch veränderte Weiterbildungs-anforderungen
Krebsbach-Gnath/Schmid-Jörg 1985	•	•	•	•		
Casper 1990	•	•	•		•	
Kraft/Mussman/Udris 1990	•	•	•		•	
Busch 1991	•			•		
Hentrich/Jüngling/Knöß 1991	•	•				•
Hubacher 1991	•	•				
Schlaffke/Herrman 1991				•		
Autenrieth/Chemnitzer/Domsch 1993		•			•	
Fischer 1993	•	•				
Goldmann/Meschkutat/Tenbensel 1993						•
Riegraf/Hilf 1993	•	•				
Rudoph/Grüning 1993	•					
Domsch/Hadler/Krüger 1994	•	•	•			
May 1995	•			•		
Sordon 1995	•			•		
Pastner/Papouschek 1996				•		
Bendl 1997			•	•		
Dudek-Marschaus 1997	•			•		
Philipp 1997				•		

3.3. Bewertung der Studien

Bei diesem dritten Schritt der Meta-Analyse werden alle in Betracht gezogenen Studien auf folgende allgemein akzeptierte wissenschaftliche Kriterien hin beurteilt und bewertet: Allgemeingültigkeit, Repräsentativität, Validität und Reliabilität. Es sei aber nochmals angemerkt, daß diese Kriterien je nach methodologischem Zugang (qualitativ oder quantitativ) der Studie unterschiedlich zu betrachten und interpretieren sind.[14]

Allgemeingültigkeit und Repräsentativität

Ziel der Forschung über Frauenförderprogramme bzw. Programme zur Chancengleichheit in Unternehmen ist es, allgemeine Aussagen zum Objektbereich zu generieren. Doch das Spektrum der Aussagen ist sehr weitreichend. Einerseits liegen Untersuchungen vor, die durch den Einbezug verschiedenster Branchen einen hohen Grad an Allgemeingültigkeit aufweisen.[15] Andererseits haben jene Untersuchungen, die Fallstudien darstellen bzw. nur in einem Unternehmen durchgeführt wurden, einen sehr geringen Grad an Allgemeingültigkeit bzw. Reichweite. Einen Überblick über den Allgemeingültigkeitsgrad der Studien bietet die folgende Tabelle:

Tabelle 4: Allgemeingültigkeitsgrad der Studien

Allgemeingültigkeitsgrad	Ausrichtung der Studien[16]
sehr hoch	international ausgerichtete Studien liegen nicht vor
hoch	branchenübergreifende Studien liegen vor: Hentrich/Jüngling/Knöß 1991, Schlaffke/Herrmann 1991, Autenrieth/Chemnitzer/Domsch 1992, Busch 1993, Goldmann/Meschkutat/Tenbensel 1993, Rudolph/Grüning 1993, Domsch/Hadler/Krüger 1994, Sordon 1995, Pastner/Papouschek 1996, Philipp 1997
weniger hoch	branchenspezifische Studien liegen vor: Hubacher 1991, Bendl 1997
sehr niedrig	unternehmensspezifische Studien (Fallstudien) liegen vor: Kraft/Mussmann/Udris 1990, Casper 1990, Fischer 1991, Riegraf/Hilf 1993

Quelle: in Anlehnung an Kalka 1996

[14] Zu den verschiedenen Interpretationsmöglichkeiten im qualitativen und quantitativen Paradigma siehe: Friedrichs 1980, Bortz 1984, Lamnek 1988, Lamnek 1989 und Bortz 1993.

[15] Zu den einzelnen Branchen in den Untersuchungen siehe das vorherige Kapitel 3.2.

[16] Aufgrund teilweise fehlender Angaben können nicht alle empirischen Untersuchungen zugeordnet werden.

Wie die Tabelle zeigt, liegt zum Objektbereich keine international ausgerichtete empirische Erhebung vor. Ein großer Anteil der Studien ist branchenübergreifend durchgeführt, und daher kann von einer hohen Allgemeingültigkeit gesprochen werden. Branchenspezifisch waren nur zwei Studien angelegt: Hubacher (1991) führte die Untersuchung im schweizer Bankbereich durch und Bendl (1997) in österreichischen Handelsunternehmen. Einige unternehmensspezifische Studien, deren Allgemeingültigkeit als eher niedrig zu bewerten ist, weisen eine hohe Repräsentativität auf (z.B. Fischer). Als repräsentativ können folgende Studien gelten, wobei die Studie vom Domsch/Hadler/Krüger 1994 aufgrund der geringen Rücklaufquote die geringste Repräsentativität aufweist (siehe Tabelle 5).

Tabelle 5: Studien nach Grundgesamtheit, Stichprobe, Rücklauf und Rücklaufquote[17]

AutorIn	Grundgesamtheit	Stichprobe	Rücklauf	Rücklaufquote
Hubacher 1991	1.800	1.238	597	49%
Schlaffke/Herrmann 1991				
Autenrieth/Chemnitzer/Domsch 1993	-	-	770	53,1%
Busch 1993	-	650	114	17,5%
Fischer 1993	-	-	1.030	51,6%
Domsch/Hadler/Krüger 1994	3.327	3.327	396	12,7%

Autenrieth/Chemnitzer/Domsch 1993 und Fischer 1993 haben zwar die höchste Rücklaufquote, doch werden Grundgesamtheit und Stichprobe nur ungenau angegeben. Bei allen anderen in Tabelle 5 nicht erfaßten Studien steht aufgrund des exploratorischen Charakters sowohl bei den quantitativen als auch bei den qualitativen Untersuchungen nicht die Repräsentativität im Mittelpunkt, sondern eher das Erfassen von Zusammenhängen und von Situationen. So formuliert z.B. Casper (1990, S. 127): „Die Untersuchung erhebt keinesfallsAnspruch auf Repräsentativität, nicht einmal im Hinblick auf den untersuchten Konzern. Die Stichprobe wurde jedoch nach Kriterien zusammengestellt, die hoffen lassen, daß die Erhebung einen Überblick über die Situation, die Probleme und die Perspektiven weiblicher Führungskräfte in diesem Unternehmen erlaubt". Diese Auswahl nach Gutdünken steht sowohl bei qualitativen als auch bei quantitativen Studien im Mittelpunkt. Die Begründung dafür lautet oftmals:

[17] Es können nicht über alle Kriterien Angaben gemacht werden. Über die Ausschöpfungsquote der Stichproben gibt es nicht in allen Studien Informationen. Daher wurde dieses Kriterium nicht in die Tabelle aufgenommen. Zur Ausschöpfungsquote siehe: Kaplitza 1986, S. 169f.

„Wir untersuchten ausschließlich Betriebe, die in den vergangenen Jahren in irgendeiner Form als ‚frauenfreundlich' in der Öffentlichkeit bzw. in den Medien präsentiert worden waren. Diese Vorinformationen waren für uns von überaus großer Wichtigkeit, sonst hätten wir wohl kaum Betriebe gefunden, die schon einmal mit diesem Thema in Berührung gekommen sind" (Pastner/Papouschek 1996, S. 57; vgl. dazu auch Hentrich/Jüngling/Knöß 1991, Busch 1993, Goldmann/Meschkutat/Tenbensel 1993, Rudolph/Grüning 1993, Bendl 1997, Philipp 1997).

Abschließend ist zur Allgemeingültigkeit und Repräsentativität der vorliegenden Studien festzuhalten, daß der Schwerpunkt eher auf der Exploration von Zusammenhängen (vgl. auch Tabelle 2), denn auf deren Konfirmation liegt, und daher die Repräsentativität bei dieser Phase der Erforschung nicht so sehr im Mittelpunkt stand. Diese Tatsache kann damit begründet werden, daß es sich beim Themenbereich um ein noch eher junges Forschungsgebiet im deutschsprachigen Raum handelt; die Ergebnisse können jedoch für die Exploration der Zusammenhänge als ausreichend allgemeingültig bewertet werden.

Validität, Reliabilität und Objektivität

Die Frage nach der Validität der Studien (ob das gemessen wird, was gemessen werden sollte, vgl. Friedrichs 1980, S. 120) ist nicht für alle vorliegenden Studien zu beantworten. Teilweise werden die Fragebögen und Interviewleitfäden nicht oder nur implizit offengelegt[18] (vgl. Casper 1990, Hentrich/Jüngling/Knöß 1991, Autenrieth/Chemnitzer/Domsch 1993, Goldmann/Meschkutat/Tenbensel 1993, Riegraf/Hilf 1993, Rudolph/Grüning 1993, Sordon 1995). Daher ist eine intersubjektive Überprüfbarkeit der Validität nicht möglich.

In folgenden Publikationen wurden der Fragebogen bzw. der Interviewleitfaden explizit offengelegt: Hubacher 1991, Busch 1993, Fischer 1993, Domsch/Hadler/Krüger 1994, May 1995, Pastner/Papouschek 1996, Bendl 1997, Philipp 1997. Für diese Studien kann der Schluß gezogen werden, daß:

- in den quantitativen Studien das gemessen wurde, was gemessen werden wollte,
- die externe Gültigkeit bei den qualitativen Studien (definiert als Realitätshaltigkeit der Daten, die unter Anwendung bestimmter Erhebungsmethoden in einer bestimmten Erhebungssituation gewonnen wurden, vgl. Lamnek 1988, S. 146) gegeben ist,

---

[18] Beim Offenlegen der Interviewleitfäden liegen zwei Vorgehensweisen vor: Entweder wurde der Leitfaden im Anhang publiziert, oder innerhalb der Arbeit vorgestellt, diskutiert und das Ziel der einzelnen Fragen angegeben.

- bei den qualitativen Studien die interne Gültigkeit, die sich auf die intersubjektive Überprüfbarkeit und damit auf die Zuverlässigkeit der Erhebung bezieht (vgl. Lamnek 1988, S. 146) jedoch nur dort gegeben ist, wo neben den Leitfäden/Fragebögen auch die Auswertungsmethode, die Vorgangsweise bei der Auswertung und die Basisauswertung geben ist,
- daß jenen qualitativen Studien, die diese Schritte nicht offenlegen, keine interne Gültigkeit konzidiert werden kann.

Die obige Definition von interner Validität qualitativer Erhebungen führt zu einer differenzierten Betrachtung der Reliabilität der Studien: Bei der Offenlegung mangelt es weniger bei Fragebögen und Leitfäden als bei Auswertungsverfahren (siehe aber: Hubacher 1991, Autenrieth/Chemnitzer/Domsch 1993, Fischer 1993, Riegraf/Hilf 1993, Domsch/Hadler/Krüger 1994, May 1995, Pastner/Papouschek 1996 und Bendl 1997). Noch weniger ist die Vorgangsweise bei der Auswertung und die Basis-Daten der Auswertung sowohl bei qualitativen als auch bei quantitativen empirischen Erhebungen nachvollziehbar. Diese Schritte werden nur in den seltensten Fällen offengelegt: Lediglich Hubacher (1991), Fischer (1993) und Bendl (1997) dokumentieren diese Schritte ausführlich. Dies bedeutet daher, daß die Zuverlässigkeitsprüfung der quantitativen Untersuchungen - reliabel ist ein Verfahren dann, wenn das Ergebnis der empirischen Erhebung bei erneuter Anwendung durch eine/n andere/n WissenschafterIn reproduzierbar ist (vgl. Friedrichs 1980, S. 102) und erfaßt die Präzision bzw. den Grad der Genauigkeit der Messung eines Merkmals (vgl. Bortz 1984, S. 136) - nur bei den drei genannten Studien durchgeführt werden kann.

Für die qualitativen Studien kann zur Reliabilität festgehalten werden:

- Einerseits stellt sich das Problem der Reliabilität dem/der qualitativ vorgehenden WissenschafterIn durch die subjektiven Anteile in der offenen Gesprächssituation des kommunikativen Forschungsprozesses in noch verschärfterem Maße als bei einem quantitativen Verfahren. Das Gütekriterium der Zuverlässigkeit von qualitativen Erhebungsmethoden und Auswertungsverfahren erscheint weder als geeignetes noch anzustrebendes Gütekriterium, da eine Konzentration auf die Reliabilität in Konflikt mit dem Gütekriterium Validität geraten müßte und die, für qualitative Verfahren geforderten Prämissen - größtmögliche Offenheit, Kommunikativität, Prozeßhaftigkeit, Flexibilität des Forschungsprozesses und Explikation - in Frage gestellt werden würden (vgl. Lamnek 1988, S. 164).
- Andererseits ist aber auch festzuhalten, daß die Vorgehensweise bei der Auswertung der Daten und die Basis-Ergebnisse dennoch offenzulegen sind.

Zusammenfassend ergeben sich folgende Charakteristika der Studien:

- es liegen nur Querschnittsuntersuchungen vor,
- es handelt sich sowohl um schriftliche als auch mündliche Befragungen,
- aufgrund des neuen Forschungsfeldes steht die Exploration eindeutig im Vordergrund,
- Fragebögen bzw. Interviewleitfäden werden, obwohl nicht immer, jedoch noch häufiger veröffentlicht als Auswertungsverfahren, Auswertung und Basisdaten der empirischen Erhebungen,
- Häufigkeitsauszählungen stehen bei den schriftlichen quantitativen Erhebungen im Vordergrund.

3.4. Analyse, Interpretation und Darstellung der Ergebnisse

Der nun folgende Schritt der Meta-Analyse beinhaltet die eigentliche Besonderheit dieser Methode. Es werden nach der Sammlung, Darstellung und Bewertung der einzelnen Studien die einzelnen Ergebnisse integriert.[19] Eine rein quantitative Integration aller Studien ist, wie bereits erwähnt, aufgrund der Einbeziehung qualitativer Untersuchungen nicht möglich; ebenso verhindert das Fehlen von Datensätzen, statistischen Größen und Maßen die Integration der Ergebnisse bei quantitativen Studien. Daher muß auf die traditionelle deskriptive Vorgangsweise zur Integration empirischer Forschungsergebnisse rekurriert werden. Es wird auf die in Kapitel 2 erstellte Generalhypothese und deren Subhypothesen Bezug genommen und untersucht, welche Aussagen in den empirischen Befunden diesbezüglich gemacht werden. Zunächst werden in einem ersten Schritt die einzelnen Subhypothesen bearbeitet und geprüft, und im zweiten Schritt die Generalhypothese entweder widerlegt oder bestätigt.

Die folgende Tabelle 6 gibt einen Überblick darüber, zu welchen Zielen (Hypothesen) in den einzelnen empirischen Arbeiten Ergebnisse vorliegen.

Es ist ersichtlich, daß im Rahmen der empirischen Erhebungen Outputziele in keinerlei Zusammenhang mit Frauenförder- bzw. Chancengleichheitsprogrammen gebracht werden. Aussagen zu Systemzielen, Marketing- und organisationalen Zielen liegen in den empirischen Untersuchungen vor. Die Ergebnisse im Detail werden bei der nun folgenden Überprüfung der Subhypothesen vorgestellt.

---

[19] Dabei werden die einzelnen Studienergebnisse wie Daten der Primäranalyse behandelt. Die Wahl des geeigneten, meta-analytischen Integrationsverfahrens hängt von den veröffentlichten Datensätzen der einzelnen Studien ab. Zu den verschiedenen Integrationsverfahren siehe z.B. Fricke/Treinies 1984; Hunter/Schmidt 1990.

Tabelle 6: Vorgefundene Aspekte in den empirischen Arbeiten

AutorInnen	Ziele			
	Output-ziele (H1)	System-ziele (H2)	Marke-tingziele (H3)	organisa-tionale Ziele (H4)
Krebsbach-Gnath/Schmid-Jörg (1985)				•
Casper (1990)		•	•	•
Kraft/Mussmann/Udris (1990)				
Hentrich/Jüngling/Knöß (1991)				
Hubacher (1991)				
Schlaffke/Herrmann (1991)				
Autenrieth/Chemnitzer/Domsch (1993)				
Busch (1993)			•	•
Fischer (1993)				•
Goldmann/Meschkutat/Tenbensel (1993)				•
Riegraf/Hilf (1993)			•	•
Rudolph/Grüning (1993)		•		
Domsch/Hadler/Krüger (1994)		•		•
May (1995)				
Sordon (1995)				
Pastner/Papouschek (1996)				
Bendl (1997)			•	•
Dudek-Marschaus (1997)				
Philipp (1997)				

H1: Frauenförder- bzw. Chancengleichheitsprogramme sind in bezug auf *betriebliche Outputziele* effektivitätsfördernd.

Diese Hypothese kann weder bestätigt noch widerlegt werden, da in den empirischen Arbeiten keine Ergebnisse bzw. Aussagen ausgewiesen werden (siehe Tabelle 7).

H2: Frauenförder- bzw. Chancengleichheitsprogramme sind in bezug auf *betriebliche Systemziele* effektivitätsfördernd.

Wie die Übersichtstabelle zeigt, liegen in den folgenden empirischen Erhebungen Ergebnisse zu dieser Hypothese vor: Casper 1990, Busch 1993, Rudolph/ Grüning 1993 und Domsch/Hadler/Krüger 1994. Ökonomische Argumente, Kostenreduktion und strategische Innovationen stehen im Vordergrund.

Casper (1990, S. 162) hält als Ergebnis für die Untersuchung eines Betriebes fest: „Ein wesentliches Problem der Frauenförderung aus Unternehmenssicht sind die zusätzlich anfallenden Kosten, woraus sich die Frage ergibt, ob es auch unter Berücksichtigung dieser Kosten für Unternehmen wirtschaftlich interessant ist, Frauen besonders zu fördern? Eine positive Antwort auf eine solche Fragestellung müßte sich - ohne daß hier hinreichend auf diese Fragestellung eingegangen werden könnte - in der Regel schon daraus herleiten, daß es sich mit Sicherheit für Unternehmen nicht rechnet, betriebserfahrene, gut ausgebildete und motivierte weibliche Arbeitskräfte an andere Unternehmen mit besseren Entwicklungsmöglichkeiten oder an die Familie zu verlieren".

Nach dem Kostenfaktor gefragt, werden von den InterviewpartnerInnen von Busch (1993, S. 93), die über 100 Fragebögen in die Auswertung aufnahm, unterschiedliche Größen und Belastungen genannt: „Selbst bei kostenaufwendigen Schulungsprogrammen, Beitragszahlungen zum Erziehungsgeld oder hohen Aufwendungen für die Kinderbetreuung wird betont, daß sich die Aufwendung auszahle, vielfach nicht in monetären Größen, aber mit Sicherheit im loyalen und engagierten Einsatz für das Unternehmen".

Rudolph/Grüning (1993, S. 230), die vier Organisationseinheiten untersuchten, halten dazu fest: „Ökonomische Argumente werden oftmals von männlichen Führungskräften ungefragt angeführt als Hinweis auf die Ernsthaftigkeit und Plausibilität der jeweiligen Innovation. Dementsprechend werden auch frauenfördernde Maßnahmen ökonomisch begründet - im Zusammenhang mit Nachwuchsproblemen in „Männerberufen", bei betrieblichen Expansionsprozessen oder Strukturveränderungen. (...) Frauenförderung wird nur dann praktiziert, wenn und soweit es ins ökonomische Kalkül paßt". Weiters: „Von ökonomisch größerer Bedeutung ist die verstärkte Berufsorientierung von Frauen für jene Organisationen, die mittels Arbeitszeitflexibilisierung rationalisieren wollen" (Rudolph/Grüning 1993, S. 234). Genannt wurde auch das Argument, daß die zeitlich begrenzte Verfügbarkeit von vielen Frauen für den Arbeitsmarkt aus der Sicht der Unternehmen nicht unbedingt einen Nachteil darstellt: „Ein Teil des betrieblichen Flexibilitätsbedarfs wird vorzüglich und kostengünstig gerade durch qualifizierte Arbeitskräfte gedeckt, die nur Teilzeit oder mit (familienbedingten) Unterbrechungen arbeiten wollen. (...) Unter bestimmten Angebots- und Nachfragebedingungen ist Frauenförderung für die Betriebe rentabel, und deshalb erweisen sich Unternehmensleitungen dann sogar als Bündnispartner für eine Frauenförderungspolitik" (Rudolph/Grüning 1993, S. 233).

Aus der Sicht von Rudolph/Grüning (1993, S. 232f.) läßt sich aufgrund der Ergebnisse der empirischen Untersuchung das derzeitige ökonomische Interesse an Frauenförder- bzw. Chancengleichheitsprogrammen zu drei Aussagen zuspitzen:

1. Innovative Organisationen benötigen neue Qualifikationen. Frauen erscheinen als Begabungsreserve.
2. Innovative Organisationen benötigen Teamarbeit, Flexibilität und flache Hierarchien. Frauen erscheinen als Integrationspotential.

3. Innovative Organisationen brauchen ihre Arbeitskräfte zu wechselnden Zeiten. Frauen erscheinen als Bündnispartnerinnen für flexible Arbeitszeitkonzepte.

Sie kommen zu dem Schluß, daß der ökonomische „Nutzen gezielter Frauenförderung bislang kaum an praktischen Beispielen nachweisbar [ist], sondern [dieser] zeigt sich vielmehr als unternehmerische Plangröße. (...) Für die Gleichstellung bedeuten unsere Befunde, daß der Nachweis von ökonomischer Produktivität, von hoher Fachqualifikation und auch von verstärkter Berufsorientierung durch die Frauen keinesfalls hinreichend ist als Basis für Chancengleichheit. Von wesentlicher Bedeutung ist die ökonomisch motivierte Bereitschaft der Betriebe und Behörden zur Modernisierung und politischer Arbeitsorganisation" (Rudolph/Grüning 1993, S. 234f.).

Domsch/Hadler/Krüger (1994, S. 137) kommen zu einer eindeutigeren Aussage bei 396 befragten Unternehmen: „Insgesamt wird deutlich, daß Hamburger Wirtschaftsbetriebe mit ihren Bemühungen um mehr Chancengleichheit vor allem ökonomisch orientierte (Unternehmens-) Ziele verfolgen. Dies ist nicht nur sinnvoll und nachvollziehbar, sondern zugleich ein wichtiger Hinweis für Unternehmen mit bisher unzureichendem Engagement".

All diese Ergebnisse, basierend sowohl auf weniger allgemeingültigen Studien als auch auf repräsentativen (siehe Kapitel 3.3. Bewertung der Studien), lassen den Schluß zu, daß Hypothese 1 bestätigt werden kann: Frauenförder- bzw. Chancengleichheitsprogramme sind in bezug auf Systemziele von Unternehmen (Innovation, Gewinn, Wachstum, Rentabilität usw.) effektivitätsfördernd. Es stellt sich lediglich die Frage, ob Unternehmen bereit sind, dies auch in ihre Überlegungen zur Einführung von Frauenförder- und Chancengleichheitsprogrammen aufzunehmen, oder andere Motive gegen die Einführung dieser Programme vorhanden sind.

H3: Frauenförder- bzw. Chancengleichheitsprogramme sind in bezug auf *betriebliche Marketingziele* effektivitätsfördernd.

Was den Zusammenhang von Marketingzielen und Frauenförder- bzw. Chancengleichheitsprogrammen betrifft, finden sich in Casper 1990, Busch 1993, Riegraf/Hilf 1993 und Bendl 1997 erste Ergebnisse dazu. Es handelt sich dabei zum größten Teil um Aussagen zum Image von Betrieben.

Die von Casper (1990, S. 162) interviewte ExpertInnengruppe sagt aus, sie sei davon überzeugt, „daß Frauenförderungsmaßnahmen für das Image des Konzerns von Vorteil wären. ‚Der mit der Einrichtung von Frauenförderungsmaßnahmen verbundene Imagevorteil kann nach innen und außen genutzt werden'

(...) Oder: ,Für das Image des Unternehmens wäre es nützlich, wenn viele Frauen in höheren Positionen wären'".

Auch Bendl (1997) kommt bei ihrer Befragung in 15 Handelsunternehmen zu ähnlichen Schlüssen. Die Steigerung des Bekanntheitsgrades von Chancengleichheit fördernden Unternehmen durch kommunikationspolitische Maßnahmen kann erreichen, daß (vgl. Bendl 1997, S. 231)

- es zu einer Verbesserung des Gesamtimages des Unternehmens kommt, weil männerdominierte Unternehmen als altmodisch gelten,
- sich mehr Frauen in männerdominierten Betrieben bewerben,
- der Bekanntheitsgrad des Unternehmens im allgemeinen gesteigert wird,
- die Einstellungen von Frauen dem Unternehmen gegenüber positiv beeinflußt werden.

„Jene Befragten, die kommunikationspolitischen Maßnahmen positive Effekte für das Unternehmen zuschrieben, meinen, daß das Gesamtimage des Unternehmens sowohl bei internen als auch bei externen Anspruchsgruppen mit solchen Maßnahmen verbessert werden kann" (vgl. Bendl 1997, S. 232).

Wenn auch nur für ein Handelsunternehmen gültig, halten Riegraf/Hilf (1993, S. 48) ähnliches fest: „Ein Vertreter der Konzernleitung resümiert die Situation treffend mit den Worten: ,Wir brauchen die Frauen, ohne Frauen kommen wir in Zukunft nicht mehr aus'. Zum anderen ist das Thema ,Frauenförderung' im Zusammenhang mit der im Unternehmen unter den Schlagworten ,Corporate Identity' und ,Unternehmenskultur' geführten Diskussion ins Blickfeld geraten. So sollen vom Unternehmen an die Kundinnen Zeichen gesandt werden, daß in diesem Konzern Frauen eine Möglichkeit erhalten, ihre beruflichen Aufstiegsambitionen zu verwirklichen. Die Konzernleitung erhofft sich dadurch Marktvorteile gegenüber den Konkurrenten verschaffen zu können."

Die Untersuchung von Busch in 105 Betrieben zeigte, daß der Zusammenhang von Frauenförderung und Imagepflege als wichtig erachtet wird (vgl. Busch 1993, S. 51): „Positive Rückwirkungen sahen die Interviewpartner/innen zum einen in der Darstellung des Unternehmens in der Öffentlichkeit. Auswirkungen auf Kooperationspartner oder potentielle Kunden werden je nach Branche unterschiedlich bewertet. (...) So ist z.B. im Handel und Dienstleistungsbereich eine Wechselwirkung direkter festzumachen als in Zulieferern der Großindustrie. Hervorgehoben wurden jedoch die positiven Auswirkungen auf das Betriebsklima und die Einstellung zum Unternehmen."

Die Ergebnisse der empirischen Arbeiten zeigen, wenn auch nicht alle zitierten Studien als repräsentativ beurteilt werden können (jedoch Unternehmen befragt wurden, die sich schon mit dem Thema Frauenförderung eingehender beschäftigten), daß Hypothese 3 bestätigt werden kann: Frauenförder- bzw. Chancengleichheitsprogramme sind in bezug auf die Marketingziele von Unternehmen effektivitätsfördernd. Eine breitere Abstützung dieser Hypothese sollte jedoch durch repräsentative Untersuchungen erfolgen.

H4: Frauenförder- bzw. Chancengleichheitsprogramme sind in bezug auf *organisationale Ziele* von Betrieben effektivitätsfördernd.

Folgende AutorInnen legen Ergebnisse zur Verbindung von organisationalen Zielen und Frauenförderplänen bzw. Chancengleichheitsprogrammen vor: Krebsbach-Gnath/Schmid-Jörg 1985, Casper 1990, Busch 1993, Fischer 1993, Goldmann/Meschkutat/Tenbensel 1993, Riegraf/Hilf 1993, Domsch/Hadler/Krüger 1994 und Bendl 1997. Die Ergebnisse zeigen, daß Ziele für die Organisation und Ziele der Organisation bei Frauenförderung bzw. Chancengleichheitsprogrammen im Mittelpunkt stehen (vgl. dazu den Bezugsrahmen).

In vielen empirischen Befunden wird der *Erhalt qualifizierter weiblicher Arbeitskräfte* hervorgehoben, wobei auch die zeitliche Erstellung der Studien zu beachten ist. In der Untersuchung von Krebsbach-Gnath/Schmid-Jörg Mitte der 80er Jahre wird noch mit dem Mangel an qualifizierten Arbeitskräften in den 90er Jahren argumentiert: „Die Motivationen zur Inangriffnahme von ‚Frauenförderungsmaßnahmen' können durchaus unterschiedlich sein. Die tragfähigste, i.S.v. umsetzungsorientiert und handlungsrelevant, dürfte dabei die rein unternehmensbezogene, personalpolitische Argumentation sein, die angesichts des Mangels an qualifizierten Arbeitskräften in den 90er Jahren schon heute eine effizientere Nutzung vorhandener Personalressourcen anstrebt" (Krebsbach-Gnath/Schmid-Jörg 1985, S. 52). Ähnliche Argumentationen werden auch noch bis heute, trotz der veränderten Arbeitsmarktlage, aufgegriffen. Zunächst hält Casper (1990, S. 152) dazu fest: „Welche Vorteile bringt es, Frauen zu fördern, wenn man von abstrakten Gerechtigkeitsvorstellungen einmal absieht. Aus den Experteninterviews ist zu entnehmen, daß eine Erhöhung des Frauenanteils in Führungspositionen aus verschiedenen Gründen sinnvoll wäre. Zum einen wurde die Ansicht geäußert, daß vor allem in den Städten gute männliche Auszubildende für den Einzelhandel kaum noch zu interessieren sind. Es könnte also ein Mangel an geeigneten männlichen Nachwuchskräften drohen. Zum anderen wurde auf die hohe Leistungsfähigkeit und Leistungsbereitschaft der weiblichen Führungskräfte hingewiesen. Es wurde außerdem erwähnt, daß ein hohes Maß an Können und Erfahrungen verloren geht, wenn Frauen nicht aufsteigen können".

Auch in der Untersuchung von Riegraf/Hilf (1993, S. 48) fällt dieses Argument: „Im Zusammenhang mit einer lange vernachlässigten mittel- bzw. längerfristigen Personalplanung und -entwicklung, und vor dem Hintergrund des prognostizierten demographisch bedingten Führungskräftemangels führen diese Faktoren zu der Befürchtung, daß sich die Rekrutierungsschwierigkeiten für den mittleren und oberen Führungskräftebereich zukünftig verstärken werden. Gleichzeitig wird realisiert, daß zunehmend ambitionierte Frauen auf den Erwerbsarbeitsmarkt drängen".

Auch Domsch/Hadler/Krüger (1994, S. 137) halten fest, daß der Gedanke der Personalerhaltung bei jenen Unternehmen, die Frauenförderung betreiben, im Vordergrund steht: „Nach langjährigen Investitionen in Ausbildung und Aufgabeneinweisung sollen die Mitarbeiterinnen langfristig an das Unternehmen gebunden und - z.B nach einer Familienpause - zur Rückkehr motiviert werden. Darüberhinaus können nach Angaben der Betriebe frauenspezifische Maßnahmen infolge des damit verbesserten Unternehmensimages die Personalakquisition erleichtern".

In den Unternehmensleitlinien eines von Sordon (1995) untersuchten Betriebes steht geschrieben: „Die Entwicklung unserer Mitarbeiter gibt uns die Gewähr, daß wir auch weiterhin die notwendigen menschlichen und fachlichen Qualifikationen besitzen, um die Herausforderung des Marktes zu meistern. Die reale Gleichstellung und Chancengleichheit von Frauen und Männern sind dabei die tragenden Prinzipien unserer Personalpolitik" (Sordon 1995, S. 89).

Auch empirisch abgestützt hält Busch (1993, S. 46) dazu fest: „Als vorrangiges Ziel von Frauenförderung wird der Erhalt von Qualifikationen und die Bindung qualifizierten Fachpersonals an das Unternehmen mit 65 Nennungen[20] angeben. Diese Zielsetzung wurde auch in allen Interviews hervorgehoben". Detaillierter dazu: „Eine grundsätzliche Deckung des Personalbedarfs motiviert 37 Unternehmen, Frauenförderung zu betreiben" (Busch 1993, S. 51). Weiters versucht die Mehrzahl der Unternehmen das Know-How geschätzter Mitarbeiterinnen nicht zu verlieren (vgl. Busch 1993, S. 75).

Zu *Effizienzaspekten* halten Krebsbach-Gnath/Schmid-Jörg (1985, S. 68) fest: „Sie sind im Interesse des Unternehmens ein praktisches Bündel von Instrumentarien, um die Personalressourcen effizienter zu nutzen". Dies kann u.a. auch mit Busch (1993, S. 50) belegt werden: „Es wurden nicht nur das exaktere und präzisere Arbeiten der Frauen hervorgehoben, auch puncto Arbeitsorganisation und Arbeitseffektivität wird der Einsatz von Frauen positiv bewertet. Dies wird teilweise mit Erfahrungen belegt: ‚Das hätte ich nie für möglich gehalten, was da machbar ist.' (...) auf der Basis von Beobachtungen, in dem viel gehörten Satz zusammengefaßt. ‚Die Frauen machen die Arbeit teilweise besser als die Männer.'" Weiters führt Busch (1993, S. 59f.) aus: „In allen Interviews

[20] von 105 Betrieben

wird hervorgehoben, daß Frauen ihre Arbeiten sorgfältiger und zufriedenstellender erledigen als ihre männlichen Kollegen, natürlich immer auf den Durchschnitt sowohl der Männer als auch der Frauen bezogen. Dabei reicht die Einschätzung von der knappen Feststellung: ‚Manche Dinge können Frauen einfach besser durchziehen‘ bis hin zur fundierten Beobachtung: ‚Ich habe festgestellt in der Vergangenheit, daß auf gewissen Gebieten, gerade in der Wirtschaft, die Frauen wesentlich leistungsfähiger, wesentlich effizienter arbeiten als die Männer.‘“

Zu den Effizienz- und Effektivitätsaspekten kommt Bendl (1997), die u.a. diese Aspekte in den Mittelpunkt ihrer Untersuchung stellte, resümierend zum Ergebnis, daß der Integration von Chancengleichheit am Arbeitsplatz positive Effizienz- und Effektivitätsaspekte von den Befragten zugeschrieben werden:

- es ist eine bessere Aufgabenerfüllung durch ein größeres Potential möglich,
- durch die synergetische Wirkung weiblicher und männlicher Fähigkeiten entsteht ein größeres Leistungsspektrum,
- die Erhöhung bereits vorhandener Qualifikationen der Frauen führt zu einer schnelleren Abwicklung, und daher werden neue Ressourcen frei,
- den Frauen wird Ehrgeiz und Konsequenz in der Umsetzung, großer Einsatz, Fleiß und Leistungsfähigkeit zugesprochen.[21]

Abschließend zu dieser Hypothese soll mit Busch (1993, S. 94) belegt werden: „Insgesamt werden die Erfahrungen mit Frauenförderung als durchaus erfreulich eingeschätzt. Von den Befragten[22] geben 97, also der weitaus größte Teil, an, positive Effekte erzielt zu haben“.

Aufgrund dieser empirischen Befunde kann Hypothese 4, daß Frauenförder- bzw. Chancengleichheitsprogramme in bezug auf organisationale Ziele von Betrieben effektivitätsfördernd sind, bestätigt werden.

Im Rahmen der Meta-Analyse konnten somit drei Subhypothesen (H2, H3 und H4) bestätigt werden. Was bedeutet nun die vorgenommene Sub-Hypothesenprüfung jedoch für die Widerlegung oder Bestätigung der Generalhypothese der Meta-Analyse? Die Generalhypothese, daß Frauenförder- bzw. Chancengleichheitsprogramme einen positiven Einfluß auf die Effektivität von Unternehmen haben, kann aufgrund dreier bestätigter Subhypothesen ebenfalls als bestätigt gelten.

---

[21] Die Aspekte zu und Funktionen von Frauen als „Reservearmee“ werden hier nicht weiter ausgeführt, da sie in diesem Artikel nicht Gegenstand der Betrachtung sind.

[22] aus 105 Betrieben

Die fehlende Bestätigung bzw. Widerlegung von Subhypothese 1 kann nicht als Grund für die Ablehnung der Generalhypothese gesehen werden, da im Objektbereich Frauenförderung noch nicht begonnen wurde, den bereits in den theoretischen Publikationen postulierten Zusammenhang zwischen Outputzielen und Frauenförder- bzw. Chancengleichheitsprogrammen wissenschaftlich aufzuarbeiten. Das heißt aber auch nicht, daß grundsätzlich davon ausgegangen werden kann, daß - nur weil in den theoretischen Arbeiten postuliert - ein positiver Zusammenhang zwischen diesen Variablen vorliegt; es heißt aber auch nicht, daß ein negativer Zusammenhang besteht.

Grundsätzlich ist festzuhalten, daß die Basis, auf welcher die Bestätigung der Generalhypothese erfolgte, nicht gerade als „festes Fundament" bezeichnet werden kann, insbesondere wenn man die Ausführungen zu den Kriterien Allgemeingültigkeit, Repräsentativität, Reliabilität und Validität der Studien betrachtet. Breiter angelegte Studien, welche die Einhaltung der wissenschaftichen Kriterien gewährleisten, sollten daher weiter verfolgt werden:

- Einerseits um die Argumentation, daß Frauenförder- bzw. Chancengleichheitsprogramme für Betriebe effektivitätsfördernd und vielleicht auch effizienzfördernd sind, auf einer breiteren Basis abzustützen.
- Andererseits um von diesen doch sehr allgemeinen und eher undifferenzierten Argumenten zu differenzierteren Aussagen übergehen zu können.

4. Beantwortung der Forschungsfrage und wissenschaftlicher Ausblick

Im Rahmen der Durchführung der Meta-Analyse konnte die Hypothese, daß Frauenförder- bzw. Chancengleichheitsprogramme für Betriebe effektivitätsfördernd sind, bestätigt werden. Gleichzeitig wurde gezeigt, welche Ergebnisse in den empirischen Erhebungen zu Vorteilen und Nutzen von Frauenförder- bzw. Chancengleichheitsprogrammen für Betriebe vorliegen. Dies bedeutet für die Beantwortung der zentralen Forschungsfrage des Artikels „Welchen positiven Beitrag leisten Frauenförder- bzw. Chancengleichheitsprogramme zur Zielerreichung von Betrieben. Welchen Nutzen bzw. Vorteil bringen diese Programme für Betriebe?" folgendes:

Grundsätzlich ist festzuhalten, daß diese Aspekte in den vorliegenden Untersuchungen nicht im Mittelpunkt stehen (siehe dazu auch Kapitel 2. Beschreibung der Studien). Es stehen eher die Exploration von Karrierehemmnissen und das generelle Vorliegen von Frauenförder- bzw. Chancengleichheitsprogrammen im Vordergrund als die Exploration von Vorteilen und Nutzen von Frauenförder- bzw. Chancengleichheitsprogrammen für Betriebe. Tabelle 6 zeigt dies sehr deutlich: So gibt es in 10 von 19 empirischen Erhebungen keine Aussagen bzw.

Ergebnisse zu den im Bezugsrahmen definierten Unternehmenszielen. Trotzdem kann festgehalten werden, daß, empirisch gestützt, folgende positive Beiträge von Frauenförderprogrammen zur Zielerreichung (welche u.a. auch in den theoretischen Arbeiten postuliert werden) hervorgehen:

- Erhalt qualifizierter Arbeitskräfte für den Betrieb,
- Erhöhung des Images und Bekanntheitsgrades des Betriebes,
- Kostenvorteile durch Innovation und Flexibilisierung,
- Effizienz- und Effektivitätsaspekte aufgrund eines unterschiedlichen Problemlösungsverhaltens und höheren Loyalität dem Unternehmen gegenüber.

Dies zeigt, daß Frauenförder- bzw. Chancengleichheitsprogramme zur positiven Zielerreichung von Betrieben beitragen können, handelt es sich bei diesen Vorteilen doch um wesentliche Faktoren für Betriebe.

Diese Ergebnisse beruhen eher auf einer schmalen empirischen Basis, können aber doch als Anfang oder Anstoß für die Weiterbeschäftigung mit diesen Aspekten von Frauenförder- bzw. Chancengleichheitsprogrammen in Wissenschaft und Praxis gelten. Das Ergebnis impliziert sowohl für die Wissenschaft als auch für die Praxis Faktoren, deren Weiterverfolgung für den Objektbereich neue Resultate bringen könnte. Auch Dudek-Marschaus (1997, S. 34f.) leitet aus ihrer empirischen Erhebung in zehn Großbetrieben ähnliche Fragestellungen ab:

- „Untersuchung der Produktivität und Effizienz von Frauen und gemischten Teams - betriebswirtschaftliche Kennziffern wie Produktivität, Fluktuation, Krankenquote, Förderungsergebnisse; personalpolitische Kriterien wie Leistungsmotivation, Unternehmensbindung, Kooperation mit anderen Bereichen, Attraktivität für qualifizierte interne/externe Bewerber/innen.
- Untersuchung der Entscheidungsqualität in gemischten Teams: beispielsweise bei der Produktentwicklung, Initiierung neuer Geschäftsfelder, KundInnenorientierung".

Abschließend kann aufgrund der Meta-Analyse folgender Ausblick für die wissenschaftliche Aufarbeitung im Objektbereich gegeben werden:

- Nach der ersten Phase der Exploration des Objektbereiches sollte das Einhalten der wissenschaftlichen Kriterien bei den empirischen Erhebungen mehr in den Mittelpunkt rücken (vgl. Kapitel 3.3.). Dies nicht nur um die Aussagefähigkeit einzelner Arbeiten zu erhöhen, sondern auch um dem Objektbereich „betriebliche Frauenförderung" bzw. „Chancengleichheitsprogramme" zu einer höheren Anerkennung als selbständigem und umfassendem Schwerpunkt der Betriebswirtschaftslehre im Rahmen der Teildisziplinen Organisation und Personal zu verhelfen.

- Trotz der Bestätigung der Hypothese, daß Frauenförder- und Chancengleichheitsprogramme eine positiven Beitrag zur Zielerreichung von Betrieben leisten und nicht nur Kosten verursachen, ist es unerläßlich, den bearbeiteten Hypothesen in einer umfassenden repräsentativen Studie nachzugehen. Diesen Artikel kann man als erste Exploration betrachten, da bisher keine einschlägigen empirischen Arbeiten zu dieser Thematik vorliegen.
- Weiters hat sich gezeigt, daß es sich in den Studien doch um sehr allgemeine Annahmen zur Effektivitätssteigerung handelt. Hier würde eine differenziertere Betrachtung der Argumente sowohl die wissenschaftliche Aufarbeitung dieses Themenbereiches als auch die Diskussion in der Praxis ein großes Stück weiterführen.
- Die Bearbeitung des Themas zeigte, daß Effizienzaspekte[23] durch Frauenförder- bzw. Chancengleichheitsprogramme für Betriebe auf den ersten Blick nur sehr schwer zu erkennen sind. Die Erarbeitung von geeigneten Kennzahlen, die Vorteile dieser Programme für Unternehmen abbilden können, ist erforderlich (vgl. auch Dudek-Marschaus 1997). Dazu gibt es noch keine Ansätze im Rahmen der empirischen wissenschaftlichen Aufarbeitung. Während der Bearbeitung des Artikels drängte sich der Verfasserin immer mehr der Gedanke auf, daß Frauenförder- bzw. Chancengleichheitsprogramme von den Betrieben erst dann im großen Maße umgesetzt werden, wenn ihr Vorteil bzw. Nutzen in Kennzahlen bewiesen werden kann. Die Argumentation allein mit „weichen" Faktoren wie z.B. besseres Image, besseres Betriebsklima oder eine gesellschaftspolitische Position werden nicht ausreichen, Betriebe davon zu überzeugen, Frauenförder- bzw. Chancengleichheitsprogramme zu implementieren.

Obwohl der Nutzen bisher noch nicht in Kennzahlen abgebildet worden ist, liegt nach der Bearbeitung der Forschungsfrage auf der Hand, daß den Betrieben auf jeden Fall im Bereich der Personalpolitik und den damit verbundenen Zielen Vorteile erwachsen. Wünschenswert wäre es jedoch, ließen sich Praxis-Modelle entwickeln, die geschlechtsunabhängig sowohl die betrieblichen Erfordernisse nach Produktivität, Arbeitszeitflexibilität, Leistungsmotivation und Qualifikationsressourcen als auch die individuellen Bedürfnisse von Frauen und Männern nach Integration der Lebensbereiche Arbeit und Privatleben erfüllen.

[23] Grad der Zielerreichung

Literatur:

Autenrieth, Christine/Chemnitzer, Karin/Domsch, Michel (1993): Personalauswahl und -entwicklung von weiblichen Führungskräften. Campus Verlag, Frankfurt am Main/New York.

Becker, Jochen (1992): Marketing-Konzeption. Grundlagen des strategischen Marketing-Managements. Verlag Vahlen, 4. Aufl.

Bendl, Regine (1997): Chancengleichheit am Arbeitsplatz für Frauen. Integration in die strategische Unternehmensführung. Eine theoretische und empirische Analyse. Hampp Verlag, München-Mering.

Bendl, Regine (1998): Betriebliche Programme zur Chancengleichheit von Frauen am Arbeitsplatz - eine Literaturanalyse zum State of the Field. Erscheint 1998 in der Zeitschrift für Betriebswirtschaft (ZfB).

Bohr, Kurt (1993): Effizienz und Effektivität. In: Wittmann, Waldemar/Kern, Werner/Köhler, Richard/Küpper, Hans-Ulrich/Wysocki, Klaus (Hrsg.): Handwörterbuch der Betriebswirtschaft. Teilband 1 (A-H). Schäffer-Poeschel Verlag, Stuttgart, 5. völlig neu gestaltete Aufl., Sp. 855-869.

Bortz, Jürgen (1993): Statistik für Sozialwissenschaftler. Springer Verlag, Berlin u.a., 4. vollst. überarbeitete Aufl.

Bortz, Jürgen (1984): Lehrbuch der empirischen Forschung für Sozialwissenschaftler. Springer Verlag, Berlin u.a.

Busch, Carola (1993): Frauenförderung in Klein- und Mittelbetrieben. Ergebnisse einer Betriebsbefragung und Analyse vorhandener Ansätze. Schriftenreihe Studien zu Bildung und Wissenschaft. Band 111. Bundesministerium für Bildung und Wissenschaft, Bock, Bad Honnef.

Busch, Carola/Engelbrech, Gerhard (1997): Mit Chancengleichheit auf Erfolgskurs - TOTAL E-QUALITY. Geleitwort. In: Krell, Gertraude (Hrsg.): Chancengleichheit durch Personalpolitik. Gleichstellung von Frauen und Männern in Unternehmen und Verwaltungen. Rechtliche Regelungen-Problemanalysen-Lösungen. Gabler Verlag, Wiesbaden, S. 1-10.

Casper, Werner (1990): Frauenerwerbstätigkeit, Frauenkarrieren und Frauenförderung. MCS Verlag, Rodgau.

Cook, Thomas (1992): Meta-analysis for explanation. Rusell Sage Foundation, New York.

Cooper, Harris M. (1982): Scientific guidelines for conducting integrative research reviews. Review of Educational Research, 1982/52, S. 291-302.

Cooper, Harris M. (1993): Integrating Research. A Guide for literature reviews. Sage Publications, Newbury Park.

Domsch, Michel/Hadler, Antje/Krüger, Detlev (1994): Personalmanagement & Chancengleichheit. Betriebliche Maßnahmen zur Verbesserung beruflicher Chancen von Frauen in Hamburg. Hampp Verlag, München-Mering.

Dudek-Marschaus, Susanne (1997): Politik der Chancengleichheit in Großunternehmen: Ergebnisse einer Befragung. In: Krell, Gertraude (Hrsg.): Chancengleichheit durch Personalpolitik. Gleichstellung von Frauen und Männern in Unternehmen und Verwaltungen. Rechtliche Regelungen-Problemanalysen-Lösungen. Gabler Verlag, Wiesbaden, S. 29-35.

Eysenk, H. J. (1978): An exercis in mega-silliness. American Psychologist, 1978/Heft 33, S. 517.

Fischer, Ute Luise (1993): Weibliche Führungskräfte zwischen Unternehmensstrategien und Karrierehemmnissen. Eine Fallstudie im Einzelhandel. Rainer Hampp Verlag, München-Mering.

Fricke, Reiner/Treinies, Gerhard (1985): Einführung in die Metaanalyse. Huber, Bern.

Friedrichs, Jürgen (1980): Methoden empirischer Sozialforschung. Westdeutscher Verlag, 13. Aufl.

Glass, G. V. (1976): Primary, secondary and meta-analysis of research. Educational Researcher 5, 1976/Heft 10, S. 3-8.

Glass, G. V./Smith, M. L. (1978): Reply to Eysenk. American Psychologist, 1978/Heft 33, S. 517-519

Goldmann, Monika/Meschkutat, Bärbel/Tenbensel, Bernd (1993): Präventive Frauenförderung bei technisch-organisatorischen Veränderungen. Weiterbildung, Personaleinsatz, Arbeitsgestaltung. Westdeutscher Verlag, Opladen.

Hentrich, Jörg/Jüngling, Christiane/Knöß, Petra (1991): Innerbetriebliche Qualifizierung von Frauen. Zur Verbesserung der Berufschancen bei technologisch-arbeitsorganisatorischen Innovationen. Westdeutscher Verlag, Opladen.

Houston, M. J./Peter J. P./Sawyer A. G. (1983): The Role of Meta-Analysis in Consumer Research. In: Advances of Consumer Research, 1983/Heft 10, S. 497-502.

Hubacher, Martina (1991): Strategien zur Chancengleichheit von Frau und Mann am Arbeitsplatz. Eine empirische Untersuchung zu Frauenförderungsprogrammen in drei schweizer Dienstleistungsunternehmen im Bankenbereich. ADAG, Zürich.

Hunter, John E./Schmidt, Frank L. (1990): Methods of Meta-analysis. Correcting error and bias in research findings. Sage Publications, Newbury Park, 2. Aufl.

Hunter, John E./Schmidt, Frank L./Jackson, Gilbert (1982): Meta-analysis: cumulating research findings across studies. Sage Publications, Beverly Hills.

Kalka, Regine (1996): Marketingerfolgsfaktoren im Facheinzelhandel. Deutscher Universitätsverlag, Wiesbaden.

Kaplitza, Gabriele (1986): Die Stichprobe. In: Holm, Kurt (Hrsg.): Die Befragung I. UTB-Francke, Tübingen, 3. Aufl., S. 136-186.

Kraft, Ueli/Mussmann, Carin/Udris, Ivars (1990): Frauen im Verkauf - Qualifizierungschancen und Barrieren. In: A&O, Themenheft Frau und Karriere, 1990/1, S. 50-56.

Krebsbach-Gnath, Camilla/Schmid-Jörg, Ina (1985): Wissenschaftliche Begleituntersuchung zu Frauenförderungsmaßnahmen. Schriftenreihe des Bundesministers für Jugend, Familie und Gesundheit: Band 180. Verlag W. Kohlhammer, Stuttgart-Berlin-Köln-Mainz.

Krell, Gertraude (1997a): Vorwort. In: Krell, Gertraude (Hrsg.): Chancengleichheit durch Personalpolitik. Gleichstellung von Frauen und Männern in Unternehmen und Verwaltungen. Rechtliche Regelungen-Problemanalysen-Lösungen. Gabler Verlag, Wiesbaden, S. V.

Krell, Gertraude (1997b): Chancengleichheit durch Gleichstellungspolitik - eine Neuorientierung. In: Krell, Gertraude (Hrsg.): Chancengleichheit durch Personalpolitik. Gleichstellung von Frauen und Männern in Unternehmen und Verwaltungen. Rechtliche Regelungen-Problemanalysen-Lösungen. Gabler Verlag, Wiesbaden, S. 13-27.

Krell, Gertraude (1997c): Mono- oder multikulturelle Organisationen? „Managing Diversity" auf dem Prüfstand. In: Kadritzke, Ulf (Hrsg.): „Unternehmenskulturen" unter Druck. Neue Managementkonzepte zwischen Anspruch und Wirklichkeit. fhw forschung 30/31. Edition Sigma, Berlin, S. 47-66.

Lamnek, Siegfried (1988): Qualitative Sozialforschung. Band 1: Methodologie. Psychologie Verlags Union, München-Weinheim.

Lamnek, Siegfried (1989): Qualitative Sozialforschung. Band 1: Methoden. Psychologie Verlags Union, München-Weinheim.

Mansfield, R. S./Busse, T. V. (1977): Meta-analysis of research: a rejoinder to Glass. Educational Researcher, 1977/Heft 6, S. 3.

May, Brigitte (1995): Unterstützende und hemmende Faktoren bei der Entwicklung und Einführung von betrieblichen Frauenfördermaßnahmen. Unveröffentlichte Diplomarbeit, Wirtschaftsuniversität Wien.

Pastner, Ulrike/Papouschek, Ulrike (1996): Im Dornröschenschlaf - Betriebliche Frauenförderung in österreichischen Unternehmen. FORBA-Forschungbericht 3/1996. Forschungs- und Beratungsstelle Arbeitswelt (FORBA), Wien.

Philipp, Viola (1997): Betriebliche Maßnahmen zur Verbesserung der Chancengleichheit von Frauen. Eine empirische Untersuchung personalpolitischer Instrumente Berliner Unternehmen. fhtw-transfer: Nr. 25-97, Berlin.

Picot, Arnold (1993): Transaktionskostenansatz. In: Wittmann, Waldemar/Kern, Werner/Köhler, Richard/Küpper, Hans-Ulrich/Wysocki, Klaus (Hrsg.): Handwörterbuch der Betriebswirtschaft. Teilband 3 (R-Z). Schäffer-Poeschel Verlag, Stuttgart, 5. völlig neu gestaltete Aufl, Sp. 4194-4204.

Riegraf, Birgit/Hilf, Ellen (1993): Frauenförderung - Alibi oder Aufbruch zur Chancengleichheit. Eine empirische Untersuchung über Aufstiegsbarrieren von Frauen im Einzelhandel. Verlag A. Spitz, Berlin.

Rosenthal, Robert (1991): Meta-analytic procedures for social research. Sage Publications, Newbury Park.

Rudolph, Hedwig/Grüning, Marlies (1993): Jobs für neue Frauen. Frauenförderpläne und die Dynamik gespaltener Arbeitsmärkte. In: Strümpel, Burkjard/Dierkes, Meinhard (Hrsg.): Innovation und Beharrung in der Arbeitspolitik. Poeschel Verlag, Stuttgart, S. 209-239.

Schanz, Günther (1994): Organisationsgestaltung. Management von Arbeitsteilung und Koordination. Verlag Vahlen, München, 2. neu bearbeitete Aufl.

Schlaffke, Winfried/Herrmann, Helga (1991): Betriebliche Maßnahmen zur Vereinbarkeit von Familie und Beruf sowie zur Förderung der Berufsrückkehr nach Zeiten ausschließlicher Familientätigkeit. Materialien zur Frauenpolitik, 1991/15, Dokumentation des Bundesministeriums für Frauen und Jugend, Köln.

Schröder, Hendrik (1994): Erfolgsfaktorenforschung im Handel. Stand der Forschung und kritische Würdigung der Ergebnisse. In: Marketing ZFP, 1994/Heft 2, S. 89-104.

Sordon, Erika (1995): Frauen in Führungspositionen in Großunternehmen. Betriebliche Defizite und Perspektiven der Verwirklichung von Chancengleichheit. Reihe Wirtschaftswissenschaften: Band 82. Centaurus Verlag, Pfaffenweiler.

Staehle, Wolfgang (1994): Management. Eine verhaltenswissenschaftliche Perspektive. Verlag Vahlen, München, 7., überarbeitete Aufl.

Stamm, Hansueli/Schwarb, Thomas (1995): Metaanalyse. Eine Einführung. In: Zeitschrift für Personalforschung, 1995/Heft 1, S. 5-27.

Strell, Monika (1997): Gleichstellung und Frauenförderung an Österreichs Universitäten. Einschätzung der Maßnahmen zur Frauenförderung durch die Arbeitskreise für Gleichbehandlungsfragen. Endbericht. Bundesministerium für Wissenschaft und Verkehr, Wien.

Wolf, Frederic (1996): Meta-analysis. Quantitative methods for research synthesis. Sage Publications, Newbury Park, 9. Aufl.

Unterstützende und hemmende Faktoren bei der Entwicklung und Einführung von betrieblichen Frauenförderungsmaßnahmen

Brigitte May

Die beruflichen Rahmenbedingungen gestalten sich für Frauen heute immer noch anders als für ihre männlichen Kollegen: Obwohl immer mehr Frauen über eine qualifizierte berufliche Ausbildung verfügen, sind ihre tatsächlichen Berufschancen deutlich geringer als die der Männer, wie sich u.a. anhand der ungleichen Verteilung in den betrieblichen Hierarchien, den Gehaltseinstufungen und dem eng begrenzten Spektrum der Ausbildungsbereiche zeigt. Zur Verbesserung der Berufschancen von Frauen sind in den letzten Jahren auch in Unternehmen der Privatwirtschaft spezielle Maßnahmen und Programme initiiert worden, die häufig unter dem Schlagwort „Frauenförderung" zusammengefaßt sind. Welche Faktoren nun auf den Entwicklungs- und Umsetzungsprozeß solcher Frauenförderungsmaßnahmen unterstützend oder hemmend wirken können, wird in diesem Artikel anhand von Ergebnissen einer empirischen Untersuchung dargestellt[1]. *Neben der überblicksmäßigen Darstellung von überbetrieblichen und persönlichen Einflußfaktoren wird vor allem die betriebliche Ebene betrachtet, wobei besonders der Einfluß von innerbetrieblichen Machtstrukturen, machtpolitischen Prozessen und Interessenkonstellationen auf den Entscheidungs- und Implementationsprozeß von Frauenförderungsmaßnahmen deutlich wird.*

1. Zielsetzung des Beitrags

Seit betriebliche Frauenförderungsmaßnahmen Eingang in personalpolitisches Denken und Handeln gefunden haben, sind auch die Inhalte und Ausgestaltungen dieser Ansätze zahlreich veröffentlicht worden. Hingegen ist die Frage, welche Faktoren die Entwicklung und Einführung von betrieblichen Frauenförderungsmaßnahmen unterstützen oder hemmen, bislang nur am Rande empirisch untersucht und dokumentiert worden. Zielsetzung dieses Artikels ist es daher, Bedingungen und Faktoren darzustellen, die für die Entwicklung, Um-

---

[1] Es handelt sich um die Ergebnisse der von Frau Mag. Brigitte May verfaßten Diplomarbeit: „Unterstützende und hemmende Faktoren bei der Entwicklung und Einführung von betrieblichen Frauenförderungsmaßnahmen", unveröffentlichte Diplomarbeit, Wirtschaftsuniversität Wien, 1995.

und Durchsetzung von Frauenförderungsmaßnahmen günstig sein bzw. deren Fortgang behindern können. Dabei wird auf die Ergebnisse einer empirischen Erhebung zurückgegriffen, deren Ziel es war, unterstützende und hemmende Einflußfaktoren auf die Entwicklung und Einführung von betrieblichen Frauenförderprogrammen zu untersuchen.[2]

Im folgenden wird zunächst eine Definition von Frauenförderungsmaßnahmen geboten. Danach werden jene überbetrieblichen, betrieblichen und persönlichen Faktoren aufgezeigt, welche Einfluß auf die Entwicklung und Einführung von betrieblichen Frauenfördermaßnahmen haben können. Der Hauptschwerpunkt der Darstellung liegt dabei auf den betrieblichen Einflußfaktoren. Ergebnisse der empirischen Erhebung ergänzen diese Ausführungen.

2. Definition von Frauenförderungsmaßnahmen

Betriebliche Frauenförderungsmaßnahmen sind Aktionsprogramme, die in verschiedene Bereiche der Personalpolitik integriert sind, durch entsprechende Maßnahmen im Bereich der Unternehmenspolitik sowie der internen und externen Kommunikation des Unternehmens abgestützt sind und dadurch den EntscheidungsträgerInnen im Unternehmen helfen, bewußte oder unbewußte, willkürliche Benachteiligungen von Frauen im Arbeitsleben abzubauen (vgl. Scheinecker 1994, S. 2). Diese Maßnahmen sind eine „Sonderform der betrieblichen und überbetrieblichen Entwicklung der Organisation und des Personals“ (Zauner 1990, S. 31), die eine bewußte und gezielte Personalplanung zum Ziel haben, um breitere Personalressourcen effizienter zu nutzen. Zum einen geht es somit um die Verbesserung der individuellen Qualifikationen von Frauen, zum anderen um die Veränderung der gesamten Organisation durch die „Schaffung von strukturellen Regelungen und die Veränderung der Haltung (...) gegenüber Frauen in Führungspositionen und auf allen Hierarchieebenen“ (Zauner 1990, S. 32). Frauenförderungsmaßnahmen können u.a. folgende Bereiche umfassen: Rekrutierung, Weiterbildung, Förderung und Karriereplanung, Arbeitsbewertung, Entlohnung, Maßnahmen zur besseren Vereinbarung von Familie und Be-

---

[2] Im Rahmen der empirischen Untersuchung, welche 1994 durchgeführt wurde, wurden qualitative Interviews durchgeführt. Für die Interviews wurden zum einen Personen ausgewählt, die unmittelbar in Frauenförderungsprojektgruppen von Unternehmen mitarbeiteten, zum anderen auch Personen der Unternehmensleitung, der Personalabteilung, des Betriebsrates und unternehmensexterne ExpertInnen, um möglichst unterschiedliche Perspektiven und Sichtweisen erfassen zu können. Insgesamt wurden mit 12 Personen Leitfadeninterviews durchgeführt, davon waren acht Frauen und vier Männer. Von den 12 GesprächspartnerInnen waren acht unternehmensinterne und vier unternehmensexterne Personen. Die befragten unternehmensinternen InterviewpartnerInnen kommen aus vier Betrieben (zwei Banken, eine Versicherung, ein Industriebetrieb).

ruf und Wiedereinstieg (vgl. Krebsbach-Gnath/Schmid-Jörg 1985, S. 58ff. und Scheinecker 1991, S. 134f.).

3. Einflußfaktoren

Es gibt eine ganze Reihe von Faktoren, die einen unterstützenden oder hemmenden Einfluß auf die Entwicklung und Einführung von betrieblichen Frauenförderungsmaßnahmen haben können.[3] Die folgende Abbildung soll einen Überblick über diese Einflußfaktoren bieten und stellt den Versuch einer Kategorisierung der in der Literatur vorzufindenden Einflußfaktoren dar:

Abbildung 1: Überbetriebliche, betriebliche und persönliche Einflußfaktoren

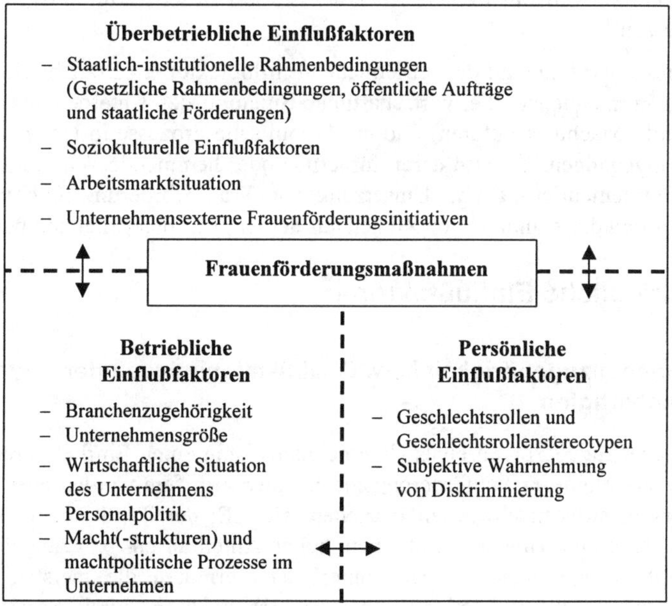

Quelle: May 1995, S. 6

Wie in der Abbildung zu erkennen ist, können die Einflußfaktoren zu drei großen Gruppen zusammengefaßt werden: überbetriebliche, betriebliche und persönliche Einflußfaktoren.

---

[3] Vgl. dazu auch Bendl 1997.

Ohne die Berücksichtigung der unternehmensrelevanten Umwelt bleiben Erklärungskonzepte für betriebliche Prozesse unvollständig. Unternehmensrelevante Umweltsegmente sind solche, „die über die Fähigkeit verfügen, Handlungen und Verhalten der Organisation (...) zu beeinflussen" (Staehle 1989, S. 387). Zu den überbetrieblichen Faktoren, welche die Implementierung von Frauenförderungsprogrammen beeinflussen, zählen daher: staatlich-institutionelle Rahmenbedingungen, soziokulturelle Faktoren, die Situation am Arbeitsmarkt und unternehmensexterne Frauenförderungsinitiativen.

Neben den überbetrieblichen Einflußfaktoren beeinträchtigen auch persönliche Faktoren die Einführung und Umsetzung von Frauenförderungsprogrammen. Als persönliche Einflußfaktoren können einerseits Geschlechtsrollen und Geschlechtsrollenstereotypen und andererseits die subjektive Wahrnehmung von Diskriminierung genannt werden. Auch der Einfluß dieser Faktoren ist nicht zu unterschätzen.[4]

Im folgenden wird nun auf die betrieblichen Einflußfaktoren - Branchenzugehörigkeit, Unternehmensgröße, wirtschaftliche Situation des Unternehmens, Personalpolitik, Macht(-strukturen) und machtpolitische Prozesse in Unternehmen - näher eingegangen. Es wird deren fördernde oder hemmende Wirkungsweise auf die Implementierung und Umsetzung von Frauenförderungsprogrammen aufgezeigt und diese anhand von Zitaten aus der empirischen Erhebung belegt.

4. Betriebliche Einflußfaktoren

4.1. Branchenzugehörigkeit bzw. Qualifikationsniveau der Beschäftigten

Die Branchenzugehörigkeit eines Unternehmens kann einen Einfluß darauf haben, ob betriebliche Frauenförderungsmaßnahmen ergriffen werden oder nicht. Besonders in strukturschwachen Branchen wie z.B. der Textil- oder Bekleidungsindustrie oder Branchen mit einem hohen Anteil an un- bzw. angelernten und damit austauschbaren ArbeitnehmerInnen vermuten die meisten InterviewpartnerInnen wenig Motivation bei den Arbeitgebern, durch Anreize wie Frauenförderungsmaßnahmen die Frauen langfristig an das Unternehmen zu binden. Diese Aussagen werden auch in der Literatur mehrfach bestätigt (vgl. z.B. Sonnenschein 1993, S. 199 und Weber 1991, S. 95ff.). Eine hohe Durchschnittsqualifikation der Belegschaft (wie beispielsweise im Banken-, Kredit- und Versicherungswesen) stellt hingegen eine unterstützende Ausgangsbedingung dar, daß Frauenförderungsmaßnahmen ergriffen werden.

[4] Zur ausführlichen Betrachtung der personalen Einflußfaktoren siehe May 1995.

4.2. Unternehmensgröße

Je nach Unternehmensgröße liegen unterschiedliche strukturelle Bedingungen für Frauenförderungsmaßnahmen vor (vgl. Weber 1991, S. 95ff.): Großbetriebe haben in der Regel einen größeren finanziellen Spielraum vorzuweisen als kleinere und verfügen überdies großteils über eine Personalentwicklungsabteilung. Daher können sie eher eine geeignete organisatorische Infrastruktur für Frauenförderungsmaßnahmen bereitstellen als kleinere Betriebe. Großbetriebe können z.B. die Planung von Rückkehrregelungen aufgrund einer höheren MitarbeiterInnenanzahl mit größerer Flexibilität angehen und RückkehrerInnen eher in das Unternehmen reintegrieren. Hingegen sind kleinere Betriebe bei der Maßnahmenergreifung eher in der Lage, auf individuelle Bedürfnisse einzugehen als bürokratische durchreglementierte Großbetriebe. Die oftmals persönlicheren Beziehungen zu den MitarbeiterInnen in Klein- und Mittelbetrieben können zudem einen Einfluß auf das Interesse haben, Frauenförderungsmaßnahmen zu initiieren und dadurch Mitarbeiterinnen an das Unternehmen zu binden.

4.3. Wirtschaftliche Situation des Unternehmens

Auch die wirtschaftliche Situation des Unternehmens ist als wichtiger Einflußfaktor auf Frauenförderungsmaßnahmen einzuschätzen (vgl. Busch 1993, S. 93ff.). Konkret zeigte sich dies laut Aussagen einiger GesprächspartnerInnen bei Unternehmen, deren wirtschaftliche Situation sich aufgrund der Rezession Anfang der neunziger Jahre verschlechtert hat. Unter dem Druck der schlechten Konjunktur wurden die Budgets für die Personalentwicklung gekürzt[5], was auch die Initiierung bzw. den Verlauf von Frauenförderungsmaßnahmen negativ beeinträchtigte. Auch das angespannte Klima wurde von den InterviewpartnerInnen als Hemmnis genannt, weil sich aufgrund von Personaleinsparungen die Konkurrenz zwischen den MitarbeiterInnen verschärft, sodaß es nur noch um das eigene Überleben geht und dadurch Machtkämpfe ausgefochten werden:

> *„... und da kämpft eben jeder mit allen möglichen Mitteln um's Überleben (lacht). Und da werden viele Männer nicht unbedingt noch versuchen, große Vorteile für Frauen zu erkämpfen, sondern um die eigene Position sich Sorgen machen müssen." (I 1)*

Frauenförderungsmaßnahmen werden hier als zusätzliche Sozialleistungen verstanden, die nur in einer wirtschaftlich prosperierenden Phase gewährt werden,

---

5 Zur Kürzung der Budgets vgl. eine Erhebung in Deutschland (n=71) für das Rezessionsjahr 1993, in der festgestellt wurde, daß das Personalentwicklungsbudget in 40% der Unternehmen gekürzt wurde (vgl. Kailer/Scheff 1994, S. 101).

wenn ohnehin viel Personal gesucht wird und dadurch die (Macht-) Positionen der Männer nicht gefährdet werden.

4.4. Personalpolitik

Damit der Fortgang der Maßnahmen auch in wirtschaftlich schlechten Zeiten ungestörter verlaufen kann, ist eine enge Integration von Frauenförderungsmaßnahmen an die generelle Personalpolitik empfehlenswert. Als personalpolitische Maßnahmen sind Frauenförderungsmaßnahmen in ihrer Effizienz in großem Maße an die Qualität und die Entwicklung der gesamten Personalpolitik gebunden. Je höher das Entwicklungsniveau der Personalpolitik des Unternehmens ist, desto wahrscheinlicher ist es auch, daß die zur Anwendung kommenden personalpolitischen Instrumente und Verfahren geeignet sind, zur Realisierung von Chancengleichheit beizutragen. „Objektive und transparente Verfahren der Personalauswahl, ein hoher Stellenwert betrieblicher Personalentwicklung, personalpolitische Grundsätze, MitarbeiterInnen langfristig an das Unternehmen zu binden, die menschlichen Ressourcen zu entwickeln und Investitionen in das Humankapital für den Betrieb langfristig zu erhalten, sind in diesem Sinne als System von allgemeinen personalpolitischen Prinzipien und Maßnahmen zu betrachten, die gute Voraussetzungen für die Verwirklichung von Chancengleichheit bieten" (Scheinecker 1994, S. 5).

Auch die InterviewpartnerInnen betonen, daß Instrumente wie Assessment-Center (AC), Mitarbeiterorientierungs- und Zielvereinbarungsgespräche (Management by Objectives) die Willkür und die Diskriminierungen bei Einstellungen, Beurteilungen und Beförderungen verringern.

> *„Wir haben zum Beispiel ein AC, das sehr objektiv ist, das hat unsere Projektgruppe festgestellt durch den Vergleich von aufgenommenen Frauen und Männern. Das Gute ist, daß es keine Einzelentscheidungen mehr sind, wer nun aufgenommen wird oder nicht." (I 1)*

> *„Förderlich war und ist sicherlich die Tatsache, daß Mitarbeiterbeurteilungen bei uns jetzt transparent und objektiv gestaltet werden. Im Rahmen der Mitarbeiterorientierungsgespräche legen Führungskräfte und Mitarbeiter gemeinsam ein Ziel fest und kommen nach einem Jahr wieder zusammen, um festzustellen, was erreicht wurde und was nicht. So ist eine objektivere Beurteilung möglich, und das ist auch für die Frauen ein Vorteil, da man schwarz auf weiß zeigen kann, das und das habe ich im letzen Jahr geleistet, das und das erreicht." (I 6)*

Transparente Einstellungs- und Beförderungspraktiken sind ein Schritt hin zu einer Personalpolitik, die Chancengleichheit von Frauen und Männern fördert. Es muß in diesem Zusammenhang aber auch die Frage gestellt werden, wie das Anforderungsprofil festgelegt wird, an dem die MitarbeiterInnen gemessen werden. Die Anforderungen an Führungskräfte beispielsweise orientieren sich immer noch vorwiegend an einem männlichen Erwerbsmodell. Dieses umfaßt ein starkes zeitliches Engagement ohne Rücksicht auf familiäre Belange, berufliche Mobilität und Kontinuität und schließt die Erfüllung von Familienarbeit - die vorrangig Frauen zugeordnet wird - weitgehend aus (vgl. u.a. Beck-Gernsheim 1990, S. 73ff.). Ein deutliches Symptom dafür, daß die Zuschneidung der Arbeitsplätze erhalten bleibt, auch wenn die offene Diskriminierung aufgegeben wird, ist die Tatsache, daß heute erfolgreiche Karrierefrauen fast ausnahmslos auf eine Familie verzichten (müssen):

> *„... da ist vielfach überwiegend grundsätzlich die Haltung da, was der Manager zu haben hat, den 12-, 14-, oder 16-Stundentag, das ergibt also dann die 60-Stunden-Woche, und wenn das einer nicht aufbringen kann, dann kann er das leider nicht werden ... damit ist ja die Tür für die Frau automatisch zu ...“ (I 10)*

Als weiteren Problembereich nennen die interviewten Personen die Einteilung der Sitzungen und Weiterbildungsveranstaltungen, die oft am Abend oder am Wochenende, teilweise auch weit entfernt vom Wohnort angesetzt werden, so daß sie für MitarbeiterInnen mit Familienpflichten schwer wahrzunehmen sind.

Neben den bisher genannten Punkten wurden von einigen InterviewpartnerInnen auch die Arbeitsformen im Unternehmen als Einflußfaktor auf die Entwicklung und Einführung von betrieblichen Frauenförderungsmaßnahmen genannt. Die Interviewten schätzen Unternehmen, in denen Teamarbeit in Form von Projektgruppen, Qualitätszirkeln, Lernstätten und teilautonomen Arbeitsgruppen gefördert wird, Frauenförderungsprogrammen gegenüber eher als aufgeschlossen ein, weil im Team einerseits *„andere Führungsqualitäten wie Sozialkompetenz gefragt sind, die vor allem auch Frauen zugeschrieben werden“ (I 5)* und dadurch Frauen gefördert würden[6], andererseits die Konkurrenz nicht so stark sei wie in stärker hierarchisch geführten Betrieben, *„wo es mehr um dieses Machtstreben, um Machtpositionen geht“ (I 9).*

4.5. Macht(strukturen) und machtpolitische Prozesse im Unternehmen

Der Entscheidungs- und Implementationsprozeß von betrieblichen Frauenförderungsmaßnahmen wird neben den bisher genannten Rahmenbedingungen in besonderem Maße auch von innerbetrieblichen Machtstrukturen, Machtprozessen und Interessenkonstellationen beeinflußt[7]. Machthandlungen reproduzieren und

---

[6] Für Hoets (1993, S. 130) dient der „Mythos der weiblichen Sozialkompetenz“ hingegen der Aufrechterhaltung und Stabilisierung einer geschlechtsspezifischen Rollentrennung, was zur Fortschreibung der Reduzierung von Frauen auf gesellschaftlich nützliche „Gefühlsarbeit“ führen würde.

[7] Zu den Begriffen der Macht und Politik siehe insb. Pfeffer 1992, Crozier/Friedberg 1979, Giddens 1984 und 1988 sowie Ortmann/Windeler/Becker/Schulz 1990.

verändern Strukturen, wobei Macht nicht nur durch den Gebrauch *autoritativ-administrativer Ressourcen* (Fähigkeiten und Fertigkeiten, Autorität, Administration und im Rahmen der Organisation insbesondere Arbeitsorganisation und der bürokratische Herrschafts- und Verwaltungsapparat) und *allokativer Ressourcen* (Geld, Investitionen, Rohstoffe, Produktionstechnik, Informations- und Kommunikationstechnik) ausgeübt wird, sondern auch durch *sinnlich-ästhetische* oder *kognitive Deutungsschemata* (Wahrnehmungsmuster, Statussymbole, Architektur, Design in Organisationen und Organisationsvokabular, Mythen, Slogans und Leitbilder) und *rechtliche Normen* bzw. formelle und informelle organisatorische *Regeln.* Auch das Expertenwissen ist eine Quelle der Macht und der Herrschaftsstrukturen und bezieht sich auf alle genannten Dimensionen, besonders auf die normative, autoritativ-administrative, ökonomische und technische (vgl. Ortmann/Windeler/Becker/Schulz 1990, S. 23 ff.). Nachdem Machthandlungen Strukturen reproduzieren und verändern, stellt sich die Frage, *wie* solche sozialen Prozesse in Organisationen ablaufen. Soziale Prozesse in Organisationen werden in hohem Maße durch die Existenz unterschiedlicher Interessen und Realisierung dieser Interessen durch Organisationsmitglieder beeinflußt: „Versteht man Politik in Unternehmen als Verfolgung und Realisierung von Interessen, so sind Organisationen als soziale Systeme zu sehen, die sich primär durch miteinander verknüpfte Interessen strukturieren, in denen es auf Grund von Aushandlungsprozessen um Ressourcen- und Wertverteilungen geht" (Sandner 1989, S. 68). Aushandlungsprozesse finden in „asymmetrischen, aber auch in symmetrischen Konstellationen statt, Politik wird ‚von oben', von unten' und ‚von gleich zu gleich' gemacht" (Jüngling 1993, S. 178). Die Akteure handeln dabei begrenzt rational, d.h. ihr Verhalten kann als „eine in den Grenzen ihrer Sozialisation und Wirklichkeitswahrnehmung vernünftige und immer kontingente Antwort auf die Gelegenheiten und Zwänge ihrer Zusammenarbeit mit anderen" (Friedberg 1988, S. 47) angesehen werden.

Sollen nun Neuerungen wie Frauenförderungsmaßnahmen im Unternehmen implementiert werden, werden Strukturen, die sich als Ergebnis von früheren Aushandlungsprozessen verfestigt haben, verändert: Es kommt zu neuen Ressourcen- und Wertverteilungen, zu Machtverschiebungen. Im Laufe des Prozesses formieren sich aufgrund unterschiedlicher Interessenlagen Unterstützung und Widerstand, die sich individuell oder kollektiv zu politischen Strategien verdichten können. Im folgenden werden nun verschiedene Phasen - die Initiierung, Planung, Umsetzung und Kontrolle - bei der Entwicklung und Einführung von betrieblichen Frauenförderungsmaßnahmen dargestellt. Die Erarbeitung und Durchsetzung von betrieblichen Regelungen zur Frauenförderung ist ein schrittweise zu realisierender Entwicklungsprozeß. In Abhängigkeit von der jeweiligen Phase der Implementierung lassen sich dabei nach Aussagen der InterviewpartnerInnen verschiedene machtpolitisch relevante Konfliktpunkte ausmachen, auf die im folgenden näher eingegangen wird:

Initiierung des betrieblichen Frauenförderungsprojektes

In einem ersten Schritt wurde laut unternehmensinternen InterviewpartnerInnen in jenen Unternehmen, die Frauenförderungsmaßnahmen einführen wollten, das Ziel des Projektes festgelegt, Verantwortungen zugewiesen und ein grober Zeitplan aufgestellt. Die Zielsetzung des Frauenförderungsprojektes (d.h. Reichweite und Geltungsbereich) hing davon ab, welche Personen oder Interessengruppen die Initiative für Frauenförderungsmaßnahmen ergriffen und welche MachtträgerInnen das Frauenförderungsprojekt unterstützen. InitiatorInnen waren nach den Aussagen der Interviewten von vier Unternehmen der Vorstand, einflußreiche Einzelpersonen wie der Personalchef, Direktor bzw. Generaldirektor, Betriebsrat und interessierte Frauen aus der Belegschaft.

Kam der Anstoß von externen BeraterInnen oder Frauenförderungsinitiativen, versuchten die BeraterInnen von Anfang an, die zentralen Politik- und Machtinstanzen Unternehmensleitung und Betriebsrat miteinzubinden (was nicht immer gelang), um die Kooperation der beiden Interessengruppen von Beginn an zu fördern, d.h., „von oben" und „von unten" genügend Unterstützung für das Projekt zu bekommen. Nur so ist zu gewährleisten, daß es zu wenig Widerstand kommt und die Frauenförderung und deren Ziele von allen Beteiligten mitgetragen werden (vgl. auch Lück/Boes 1990, S. 48):

> *„Also unser Bemühen war immer, die beiden Gruppen Unternehmensleitung und Betriebsrat zusammenzubringen. Also, wenn wir z.B. über die Unternehmensleitung eingestiegen sind, dann haben wir uns bemüht, den Betriebsrat einzubeziehen ..." (I 8)*

> *„... wenn zuerst vom Betriebsrat Interesse kam, haben wir sozusagen versucht, ihnen zu helfen, wie sie's angehen können und auch zu schauen, wen müssen sie da einbinden, zu welchem Zeitpunkt, und da ist es sicherlich wichtig gewesen, zu schauen, wann bindet man die Führungskräfte, sprich jetzt, also Personalchef oder auch noch die Ebene drüber, d.h. Geschäftsführer oder Direktoren mit ein." (I 12)*

Die Motive der innerbetrieblichen InitiatorInnen waren unterschiedlich. Während die weiblichen und männlichen Promotoren aus der Belegschaft und der Betriebsrat nach Aussagen der InterviewpartnerInnen sozial- und gleichstellungspolitische Zielvorstellungen hatten, war die Zielsetzung auf Seiten der Unternehmensleitung eine Imageverbesserung bzw. der Wunsch, das weibliche Qualifikationspotential besser zu nutzen:

> *„Ich glaube, dem Vorstand ist einfach bewußt geworden, daß sogar etwas mehr als die Hälfte der Beschäftigten der Bank Frauen sind, und daß dieses Potential eigentlich relativ ungenutzt und brach liegt, also ich glaub' im wesentlichen keine humanitären Erwägungen, sondern einfach eine Ausnutzung von Humanressour-*

cen, die eigentlich nicht so ganz gefördert werden oder nicht so ganz ausgeschöpft werden, wie man das eigentlich könnte. Weil vom Ausbildungsstand der Mitarbeiter her ja kein Unterschied ist zwischen Frauen und Männern." (I 7)

Planung von Frauenförderungsmaßnahmen

Da Frauenförderungsmaßnahmen eine Sonderform der Personalentwicklung darstellen, beauftragte die Unternehmensleitung in zwei Betrieben die Personalabteilung, eine(n) Projektverantwortliche(n) zu finden und eine innerbetriebliche Projektgruppe von MitarbeiterInnen zu bilden, die Vorschläge für Frauenförderungsmaßnahmen ausarbeiten sollte. Die Vorgehensweise bei der Gründung dieser Projektgruppen war in den beiden Unternehmen unterschiedlich. Drei InterviewpartnerInnen, die in einer unternehmensinternen Projektgruppe mitarbeiteten, berichten, daß in ihren Unternehmen sowohl Frauen als auch Männer von der Personalabteilung zur Mitarbeit in den Projektgruppen eingeladen wurden, *„damit das Projekt von einer möglichst breiten Basis getragen wird" (I 7).* Anders wird der Zugang zum Frauenförderungsprojekt von zwei anderen Projektgruppenmitarbeiterinnen geschildert: In ihrem Unternehmen waren die Projektgruppen reine Frauengruppen, weil sie unter sich ihre Probleme fokussieren und vermeiden wollten, daß ihnen in einer gemischten Gruppe von den männlichen Kollegen vielleicht eine Sichtweise aufgedrängt werden würde, die nicht ihren wirklichen Bedürfnissen entspricht. Die dadurch erreichte positive sozialpsychologische Binnenwirkung wird jedoch durch den niedrigeren Status einer Frauengruppe und der damit verbundenen geringeren Akzeptanz in der gesamten Belegschaft (teilweise) wieder aufgehoben (vgl. auch Jüngling 1993, S. 200f.). Die Projektgruppen versuchten aber nach den Aussagen der Befragten jeweils, diesen Widerspruch abzuschwächen und einen Kompromiß zu finden. Während die gemischten Projektgruppen das Team in Untergruppen teilten, wobei eine der Untergruppen eine reine Frauengruppe war, luden die Frauenprojektgruppen bisweilen auch Männer zu Diskussionsveranstaltungen ein, um zusätzliche Anregungen zu bekommen. MitarbeiterInnen, die in einer Projektgruppe Maßnahmenkataloge zur betrieblichen Frauenförderung erstellten, waren bei beiden Unternehmen neben engagierten Mitarbeiterinnen vor allem Männer, die sich aufgrund ihrer familiären Situation (berufstätige Partnerin, Töchter) der Diskriminierung von Frauen bewußt sind und daher auch Verständnis und Interesse für die Anliegen der Frauen haben:

„Ich habe selbst vier Kinder, darunter drei erwachsene Töchter, da befaßt man sich sicherlich schon anders mit der Problematik und sieht die Dinge aus einem anderen Blickwinkel." (I 2)

„Es gibt einige Männer, Geschäftsführer, Personalchefs, die entweder eine Gattin haben, die sie in Kontakt bringt mit diesem Gedankengut oder eine Tochter haben, ... diese Männer müssen dann mal erleben, daß eine Frau, von der sie irrsinnig

> *viel halten, die sie als sehr kompetent und gut einschätzen, daß so eine plötzlich nicht solche Entwicklungsmöglichkeiten vorfindet wie ein vergleichbarer Mann. Erst wenn sie das erleben, dann glauben sie, daß was dran ist an struktureller Diskriminierung. Erst wenn sie das erlebt haben, dann setzen sie sich ein für so eine Strategie, die versucht, strukturelle Diskriminierung ein Stück weit aufzuheben. So lange die dieses Erlebnis nicht haben, glauben die: ‚Wir brauchen so etwas nicht. Eine Frau, die gut ist, setzt sich durch.'"* (I 8)

In den Projektgruppen arbeiteten jedoch nur wenige Führungskräfte und damit EntscheidungsträgerInnen und MachtpromotorInnen mit.

Nach einer Bestandsaufnahme der Ist-Situation durch Befragung und Personalstatistiken, die in beiden Unternehmen gleichermaßen ergab, daß die beruflichen Chancen von Frauen deutlich geringer sind als die von Männern, wurden laut Aussagen der Interviewten in den Projektgruppen verschiedene Maßnahmen ausgearbeitet: Eine von den Projektgruppen gewünschte Maßnahme war beispielsweise, im Rahmen der Personalauswahl, -entwicklung und Beförderung verstärkt auch Frauen als Beobachterinnen im Assessment-Center einzusetzen, damit Frauen eher einen Zugang zu Führungspositionen (und dadurch zu autoritativ-administrativen und allokativen Ressourcen) bekommen können. Weiters wurden Vorschläge zur Veränderung der Arbeitsorganisation (flexible Arbeitszeiten, Teilzeitmodelle, familienfreundlicheres Sitzungswesen, Führungspositionen in Teilzeit) gemacht. Auch die Institutionalisierung einer Frauenbeauftragten in der Personalabteilung, die als Zentrum eines Frauennetzwerkes agieren soll, wurde vorgeschlagen. Als weitere wichtige Maßnahme zur Verbesserung der Chancengleichheit wurde laut Aussagen der InterviewpartnerInnen die Netzwerkfunktion in den Projektgruppen als wichtige Strategie und Machttaktik angesehen, die eigenen Interessen durchzusetzen. Auch in der Literatur wird vielfach bestätigt, daß indirekte Machttaktiken wie die *Bildung von Netzwerken* und *Koalitionen* gerade bei Frauenförderungsprojekten erfolgversprechender sind als andere offensivere Taktiken, weil ihnen mit weniger Widerstand begegnet wird (vgl. dazu Jüngling 1993, S. 198f. und Sandner 1990, S. 148ff.). Durch diese Maßnahme kann ein Gegengewicht zu den existierenden *„old-boys-networks"* (I 3) aufgebaut werden, durch das die existierenden Machtkonstellationen zu Gunsten der Frauen verändert werden und sie in einflußreiche Positionen gelangen können (und dadurch den Zugang zu autoritativ-administrativen und allokativen Ressourcen erhalten). Zwei Projektgruppenmitarbeiterinnen dazu:

> *„... ich muß sagen, ein soziales Phänomen, das es unter Männern gibt, nämlich das Zusammenhalten auf einer gewissen Ebene und dieses Verbünden und gegenseitig Fördern, und es müssen nicht einmal offene Netzwerke sein, das ist eine Tatsache, die Männer relativ gut beherrschen und einhalten, während bei Frauen eine Solidarität in der Hinsicht eigentlich wenig gegeben ist. Und es ist ja auch so, daß z.B., wenn ein Mann ein Stück in der Karriereleiter heraufzieht, er immer*

irgendwelche Leute, die ihm also auf dem Weg aufgefallen sind, mitnimmt. Und Männer nehmen meistens Männer. Und deswegen haben wir uns gesagt, wir müssen uns ebenso verbünden ...“ (I 7)

„Einer unserer Punkte war der, daß es für Frauen wichtig ist, sich gegenseitig zu informieren, daß es wichtig ist, so ein Netzwerk zu bilden mit Damen aus verschiedensten Bereichen, weil man sich dann auch gegenseitig helfen und fördern kann. So ein informelles Netzwerk, das ist ein Hauptpunkt des Ganzen.“ (I 1)

Die berufliche Gleichstellung von Frauen verlangt organisationale und personale Veränderungsprozesse und erfordert damit auch die Einführung von Kontrollinstrumenten. In den Projektgruppen wurde im Maßnahmenkatalog daher vorgeschlagen, Kontrollverfahren wie Gratifikationen bei Erfolg oder Sanktionen bei Mißerfolg festzulegen („normative Machtdimension“):

„Quantitative Zielvorgaben im Sinne eines ‚Management by objectives‘, das haben wir auch drinnen in unseren Maßnahmen, daß z.B. Vorgesetzte danach bemessen werden, ob sie auch entsprechend dem Anteil der Frauen in ihrer Gruppe Frauen in den Nachwuchsführungskräftepool hineinrekrutieren ...“ (I 8)

Eine weitere Maßnahme, nämlich die Festlegung von Quoten, wurde laut InterviewpartnerInnen in den Projektgruppen begrüßt und im Maßnahmenkatalog mit dem Zusatz festgehalten, daß es nur bei gleicher Qualifikation zu bevorzugter Einstellung bzw. Beförderung von Frauen kommt.

Um Wahrnehmungs- und Kommunikationsmuster zu verändern („sinnlich-ästhetische und kognitive Machtdimension“), wurde in den Projektgruppen, die einen Maßnahmenkatalog zur Verbesserung der Chancengleichheit von Frauen im Unternehmen erarbeiten sollten, beispielsweise vorgeschlagen, ins Unternehmensleitbild die Elemente „Chancengleichheit“ und „bewußte Förderung von Frauen“ aufzunehmen oder *„die Kompetenz der Frauen immer wieder unter Beweis zu stellen, zum Beispiel durch Vorträge von bekannten und gescheiten Frauen in der Firma“ (I 1).* Diese letztgenannte Maßnahme trifft auf weniger Widerstand als beispielsweise Quoten und andere Zielgrößen, allerdings ist sie auch unverbindlicher und kann daher nur langfristig Veränderungen mit sich bringen. Hier zeigt sich der Konflikt zwischen einer im Sinne der Frauenförderung geschlechtspolitisch optimalen und organisationspolitisch opportunen Gestaltung von Frauenförderungsmaßnahmen.

Umsetzung und -kontrolle von betrieblichen Frauenförderungsmaßnahmen

Von den Frauenförderungsmaßnahmen, die in den beiden Unternehmen ausgearbeitet wurden, hatte die Umsetzung der Maßnahmen zum Zeitpunkt der geführten Interviews nicht in dem Maße stattgefunden, wie es sich die InterviewpartnerInnen gewünscht hätten. Dies lag vor allem an der mangelnden Unterstützung der Frauenförderungsmaßnahmen durch einflußreiche PromotorInnen. Die *Unternehmensleitung* gab laut Aussagen der Interviewten nicht immer unterstützende Signale über die Notwendigkeit der Umsetzung, auch wenn sie im engeren Kreis ein generelles Interesse an Frauenförderungsmaßnahmen äußerte. So bedauerten einige InterviewpartnerInnen, die im Rahmen der Projektgruppe an der Entwicklung eines Maßnahmenkataloges beteiligt waren, daß in ihren Unternehmen die Unterstützung und Kontrolle „von oben“ fehlte:

> *„Nach der Erarbeitung eines Konzepts haben wir unsere Vorschläge schriftlich weitergeleitet und dann, soweit ich dann gehört habe, ist das dann im Vorstand diskutiert worden, und die haben das zurückgegeben an den Personalbereich und haben den Herrn X beauftragt, das weiter zu bearbeiten, also, sie haben sich nicht so..., also ganz klar ausgedrückt, daß das jetzt unbedingt gemacht werden soll. (...) Einer der ersten Punkte, die wir gewünscht hätten, war, daß der Vorstand sich definitiv irgendwo in einem Papier oder so, daß er sagt, ja, er steht für die Förderung der Frauen und er unterstützt unsere Maßnahmen eindeutig, das ist noch nicht geschehen.“ (I 1)*

Die Zurückhaltung der Geschäftsleitung bei der Unterstützung der Maßnahmenimplementierung wurde von den GesprächspartnerInnen folgendermaßen interpretiert: Einerseits sei die Unternehmensleitung ausschließlich mit Männern besetzt, was das geringe Interesse an Machtveränderungen zugunsten der Frauen erklären würde, andererseits hätte man auch Angst, bei zu großem Engagement zugunsten der Frauenförderungsmaßnahmen bei den männlichen Mitarbeitern anzuecken und suchte deswegen einen unverbindlichen Mittelweg. Wie zu erkennen ist, steht die Unternehmensleitung also im Spannungsfeld zwischen allgemeinen Effizienzinteressen, Imageaufbesserung und den Erwartungen gegenüber Frauenförderung ablehnend eingestellter Organisationsmitglieder. Bekannte sich die Unternehmensleitung trotzdem eindeutig zu einem Frauenförderplan und sendete sie deutliche Signale über die Notwendigkeit der Umsetzung, wie es im Unternehmen eines Interviewpartners der Fall war, gab es bei der Implementierung nur wenige Probleme (vgl. dazu auch Richelmann 1991, S. 75f.).

Insbesondere auch von den Männern des *mittleren Managements*, die selbst um ihre Aufstiegsperspektiven zu kämpfen haben und sich gegen mögliche weibliche Konkurrenz wehren wollen, wurde wenig Unterstützung bei der Maßnahmenumsetzung geleistet:

> *„Vor allem der Skeptizismus in den mittleren Führungsebenen war ein hemmender Faktor bei der Umsetzung, also: 'Können wir nicht, brauchen wir nicht, haben wir noch nie gemacht ...'“ (I 7)*

Auch in der Literatur wird darauf hingewiesen, daß vor allem im mittleren männerdominierten Management mit der Ablehnung von Frauenförderungsmaßnahmen zu rechnen ist, weil die hier tätigen Männer um ihre Aufstiegsperspektiven kämpfen und sich gegen die neue weibliche Konkurrenz wehren (vgl. Michel-Alder 1988, S. 293; Weg 1986, S. 569; Hennig/Jardim 1978, S. 176ff.).

Wird nun aufgrund von Enthierarchisierungsprozessen (z.B. Lean-Management) auch noch die Zahl der Hierarchiestufen abgebaut und damit insbesondere auch die Zahl der Beschäftigten im mittleren Management, ist noch mehr Widerstand gegenüber Frauenförderungsmaßnahmen zu erwarten, weil die mittleren Führungskräfte dann befürchten müssen, daß ihre Chancen zweifach beschnitten werden.

Ablehnung und Unverständnis gegenüber Frauenförderungsmaßnahmen gab es auch bei der bezüglich der Geschlechterrollen traditionell eingestellten *Belegschaft,* auch bei einigen Frauen:

> *„Das Echo, sag' ich, unter den Mitarbeitern, ist unterschiedlich gewesen, zum Teil muß ich gestehen, auch unter den Frauen. Also, es hat doch viele Frauen gegeben, die das für überflüssig gehalten haben, d.h., ich sag' einmal, die Frauen bei uns (...) sind zum Großteil nicht die fortschrittlichsten, würd' ich einmal behaupten. Und jeder hat gesagt: ‚Naja, das is' halt a Kaffeehausclub' und weiß ich was alles, und, ob der wirklich notwendig ist, ob wir nicht andere Sorgen haben im Haus, auch stark von Frauen ist das Argument gekommen." (I 5)*

Auch der *Betriebsrat* engagierte sich laut Aussagen der unternehmensinternen InterviewpartnerInnen der vier Betriebe mehrheitlich nur sehr zurückhaltend für die Implementierung und Kontrolle von Frauenförderungmaßnahmen. Als Grund dafür wird angegeben, daß sich der Betriebsrat als Interessenvertretung der gesamten Belegschaft sieht und daher befürchtete, daß ihm beim Einsatz von Maßnahmen zur Verbesserung beruflicher Chancen von Frauen eine Benachteiligung der Männer nachgesagt wird. War der Betriebsrat Initiator von Frauenförderungsmaßnahmen, beschränkte sich die Zielsetzung daher auch auf wenig kontroverse Maßnahmen zur besseren Vereinbarung von Familie und Beruf (flexiblere Arbeitszeiten, Betriebskindergarten). Durch ein solches Vorgehen wurde zwar der Widerstand der männlichen Belegschaft gering gehalten, es kam aber auch zu keinen substantiellen Machtveränderungen im Unternehmen.

Insgesamt wurden in den Unternehmen vor allem Maßnahmen zur besseren Vereinbarung von Familie und Beruf gesetzt, die sich insbesondere an Frauen richten und somit die geschlechtsspezifische Rollenteilung eher verfestigen als aufweichen. Solche Maßnahmen sind weniger kontrovers und rufen damit weniger Widerstand hervor als Maßnahmen zur Förderung der Karriere von Frauen. Zu substantiellen Veränderungen in der Verteilung der Machtpositionen kam es daher bislang auch in keinem der vier Unternehmen. Unabhängig vom bisherigen Erfolg der offiziellen Projektarbeit der MitarbeiterInnen bei der Umsetzung der erarbeiteten Maßnahmenkataloge zur Frauenförderung sehen jedoch die InterviewpartnerInnen einen inoffiziellen Erfolg der unternehmensinternen Projektgruppentreffen: Sie sind der Meinung, daß diese Zusammentreffen eine erste Vernetzung von Frauen bewirkt haben.

Was die verbindliche Verankerung von Frauenförderungmaßnahmen betrifft, sind die Ergebnisse nach Aussagen der Befragten folgende: *In keinem der vier Betriebe wurde eine Betriebsvereinbarung getroffen, lediglich Unternehmensgrundsätze zur Verwirklichung der Chancengleichheit und individuelle Absprachen sind in zwei Betrieben zu finden.* Gerade aber nur diejenigen Vereinbarungen, die ein hohes Maß an Verbindlichkeit aufweisen (Kollektiv- und Betriebsvereinbarungen), gewährleisten Frauen gesicherte Ansprüche und sind daher anzustreben (vgl. dazu Busch 1993, S. 54 und Jüngling 1993, S. 184).

Insgesamt zeigt die vorangegangene Analyse, daß der Entwicklungs- und Einführungsprozeß von betrieblichen Frauenförderungsmaßnahmen in hohem Maße auf die Akzeptanz aller Betroffenen und insbesondere der MachtträgerInnen angewiesen ist, um erfolgreich implementiert werden zu können. Die Umsetzung der Maßnahmen gleicht dabei „einer Quadratur des Kreises, sollen doch systematische strukturelle und personelle Wettbewerbsvorteile und Privilegien der männlichen Beschäftigten mit ihrer Zustimmung abgebaut werden, noch dazu bei gleichzeitiger Dominanz der männlichen Entscheidungsträger“ (Jüngling 1993, S. 192). Aber nicht nur Männer sind als Gegner von Frauenförderungsmaßnahmen auszumachen, sondern auch Frauen, wie die Interviewaussagen zeigen. Organisationsinterne Maßnahmen zur Förderung der Chancengleichheit müssen daher vor allem auch bei der Veränderung der Unternehmenskultur, also dem System von Normen, Werten und damit Einstellungen der Organisationsmitglieder ansetzen. Erst im Anschluß daran kommt es zu substantiellen Veränderungen zugunsten der Frauen im Unternehmen.

5. Schlußbetrachtung

Die Betrachtung von Einflußfaktoren bei der Entwicklung und Einführung von betrieblichen Frauenförderungsmaßnahmen zeigte, daß auf unterschiedlichen Ebenen angesetzt werden muß: Überbetriebliche, betriebliche und persönliche Einflußfaktoren hemmen bzw. fördern die Implementierung von Frauenförderungsmaßnahmen. Erst wenn diese Hemmnisse abgebaut oder verringert werden, können sich die Zugangs- und Aufstiegsbedingungen von Frauen und Männern im Berufsleben allmählich annähern. Eine veränderte Haltung zur Thematik „Berufliche Chancengleichheit von Frauen“ ist Voraussetzung dafür, daß Maßnahmen zur Förderung der Chancengleichheit nicht nur von wenigen unternehmensinternen und -externen AkteurInnen verfolgt werden. Ausgangspunkt hierfür ist das Wissen um eine wechselseitige Beeinflussung zwischen betriebsinternen und -externen Gleichheitsauffassungen, entsprechenden Arbeitsteilungen zwischen Frauen und Männern und persönlichen Einflußfaktoren.

Zur Verbesserung und Herstellung einer Chancengleichheit im Sinne freier Wahlmöglichkeiten eines beruflichen und/oder familiären Engagements sind staatliche und nichtstaatliche Stellen gefordert, auf einen Einstellungswandel in bezug auf geschlechtsstereotype Arbeitsteilungen hinzuwirken. Im betrieblichen Bereich kann langfristig vor allem über konkrete Vorbilder zu einem Abbau stereotyper Wahrnehmungen von männlichen und weiblichen Erwerbsmustern und Aufstiegsorientierungen beigetragen werden. Wichtig ist dabei im Sinne einer mitarbeiterorientierten Personalpolitik beispielsweise die aktive Unterstützung von Entscheidungen von Männern für einen Erziehungsurlaub bzw. von weiblichen Mitarbeitern für untypische Tätigkeitsbereiche.

Es kommt auch den überbetrieblichen staatlichen und nicht-staatlichen Institutionen eine bedeutende Rolle zu, Unternehmen zur Initiierung betrieblicher Frauenförderungsmaßnahmen zu ermutigen. Die Wirkung von Appellen an Unternehmen, Frauen verstärkt Chancen zu eröffnen, würde dabei durch Zusammenarbeit und gemeinsames Agieren von staatlichen Institutionen, Kammern und Verbänden verstärkt werden. Wichtig wäre auch die Schaffung einer überbetrieblichen Anlaufstelle, die gezielt Informationen vermittelt und zu allen Fragestellungen im Zusammenhang mit Frauenförderungsmaßnahmen berät. Hierzu würde auch die Kontaktvermittlung zu Unternehmen gehören, die zu den jeweiligen Fragestellungen bereits Erfahrungen gesammelt haben.

Nicht zuletzt sind - wie bereits ausgeführt - auch die Frauen selbst gefordert, auf betrieblicher und überbetrieblicher Ebene Netzwerke zu bilden, um die bestehenden Macht- und Einflußkonstellationen allmählich zu ihren Gunsten verändern zu können.

Literatur:

Beck-Gernsheim, Elisabeth (1990): Das halbierte Leben. Männerwelt Beruf, Frauenwelt Familie. Fischer Taschenbuch Verlag, Frankfurt a.M.

Bendl, Regine (1997): Chancengleichheit am Arbeitsplatz für Frauen - Integration in die strategische Unternehmensführung. Eine theoretische und empirische Analyse. Rainer Hampp Verlag, München-Mering

Busch, Carola (1993): Frauenförderung in Klein- und Mittelbetrieben: Ergebnisse einer Betriebsbefragung und Analyse vorhandener Ansätze. Bundesministerium für Bildung und Wissenschaft (Hrsg.). Schriftenreihe Studien zu Bildung und Wissenschaft: Band 111, Bock Verlag, Bad Honnef.

Crozier, Michel/Friedberg, Erhard (1979): Macht und Organisation. Die Zwänge kollektiven Handelns. Sozialwissenschaft und Praxis. Buchreihe des Wissenschaftszentrums Berlin, Band 3. Athanäum Verlag, Königstein.

Friedberg, Erhard (1988): Zur Politologie in Organisationen. In: Küpper, Willi/Ortmann, Günther (Hrsg.): Mikropolitik. Rationalität. Macht und Spiele in Organisationen. Westdeutscher Verlag, Opladen, S. 39-52.

Giddens, Anthony (1984): Interpretative Soziologie. Eine kritische Einführung. Campus Verlag, Frankfurt am Main/New York.

Giddens, Anthony (1988): Die Konstitution der Gesellschaft. Grundzüge einer Theorie der Strukturierung. Campus Verlag, Frankfurt am Main/New York.

Hennig, Margaret/Jardim, Anne (1978): Frau und Karriere. Erwartungen, Vorstellungen, Verhaltensweisen. Rowohlt Verlag, Reinbeck.

Hoets, Anna (1993): Förderung sozialer Kompetenzen als Aufgabe der Personalentwicklung - Instrument der Anpassung, insbesondere von Frauen? In: Zeitschrift für Personalforschung 1993/Heft 1, Rainer Hampp Verlag, München und Mering, S. 115-133.

Jüngling, Christiane (1993): Geschlechterpolitik in Organisationen. In: Krell, Gertraude/ Osterloh, Margit (Hrsg.): Personalpolitik aus der Sicht von Frauen, Frauen aus der Sicht der Personalpolitik. 2. verb. Auflage. Rainer Hampp Verlag, München und Mering, S. 173-205.

Kailer, Norbert/Scheff, Josef (1994): Personalentwicklung in Krisenzeiten. Empirische Ergebnisse und Schlußfolgerungen. In: Scholz, Christian/Oberschulte, Hans (Hrsg.): Personalmanagement in Abhängigkeit von der Konjunktur. Sonderband der Zeitschrift für Personalforschung. Rainer Hampp Verlag, München und Mering, S. 89-108.

Krebsbach-Gnath, Camilla/Schmid-Jörg, Ina (1985): Wissenschaftliche Begleituntersuchung zu Frauenförderungsmaßnahmen. Kohlhammer Verlag, Stuttgart.

Lück, Rosemarie/Boes, Andreas (1990): Wege zu einer frauenfreundlichen Personalpolitik. RKW-Materialien für kleine und mittlere Unternehmen. Rationalisierungs-Kuratorium der Deutschen Wirtschaft e.V. , Eschborn.

May, Brigitte (1995): Unterstützende und hemmende Faktoren bei der Entwicklung und Einführung von betrieblichen Frauenförderungsmaßnahmen. Unveröffentlichte Diplomarbeit, Wirtschaftsuniversität Wien.

Michel-Alder, Elisabeth (1988): Eine schweizerische Initiative: „Taten statt Worte". In: Demmer, Christiane (Hrsg.): Frauen ins Management: Von der Resevearmee zur Begabungsreserve. Gabler Verlag, Wiesbaden, S. 280-296.

Ortmann, Günther/Windeler, Arnold/Becker, Albrecht/Schulz, Hans-Joachim (1990): Computer und Macht in Organisationen. Mikropolitische Analysen. Westdeutscher Verlag, Opladen.

Pfeffer, Jeffrey (1992): Power-Management. Endlich wieder wirkungsvoll führen. Ueberreuter, Wien.

Richelmann, Doris (1991): Gleichstellungsstellen, Frauenförderung, Quotierung. Entwicklung und Diskurs aktueller frauenpolitischer Ansätze. Kleine Verlag, Bielefeld.

Sandner, Karl (1989): Unternehmenspolitik - Politik im Unternehmen. Zum Begriff des Politischen in der Betriebswirtschaftslehre. In: Sandner, Karl (Hrsg.): Politische Prozesse in Unternehmen. Springer Verlag, Berlin/Heidelberg, S. 45-72.

Sandner, Karl (1990): Prozesse der Macht. Zur Entstehung, Stabilisierung und Veränderung der Macht von Akteuren im Unternehmen. Springer Verlag, Berlin/Heidelberg.

Scheinecker, Martina (1991): Frauen ins Management - Betriebliche Frauenförderung - Personalentwicklung zur Gleichstellung. In: Bendl, Regine/Buber, Renate/Grisold, Andrea (Hrsg.): Wenn zwei das gleiche tun, ist das noch lange nicht dasselbe. Schriftenreihe Frauen, Forschung und Wirtschaft: Band 1, Service Fachverlag, Wien, S. 129-147.

Scheinecker, Martina (1994): Personalpolitik zur Förderung der Chancengleichheit. Referat zum Workshop vom 4.3.1994 an der Wirtschaftsuniversität Wien. „Personalmanagement und Weiterbildung für Frauen".

Schubert, Renate (1993): Ökonomische Diskriminierung von Frauen. Eine volkswirtschaftliche Verschwendung. Fischer Taschenbuch Verlag, Frankfurt.

Sonnenschein, Gabriele (1993): Frauenförderung - ein Männerlernprogramm. In: Zeitschrift für Frauenforschung, 1993/Heft 1+2, S. 198-202.

Staehle, Wolfgang (1989): Management. 5. Auflage. Verlag Franz Vahlen, München.

Weber, Susanne (1991): Frauenförderung - Akteure, Diagnosen und Therapievorschläge. Analyse und Kritik am Beispiel betrieblicher Weiterbildung. Schriftenreihe des Instituts Frau und Gesellschaft: Band 16. Kleine Verlag, Bielefeld.

Weg, Marianne (1986): Das Ende der Bescheidenheit, Probleme und Perspektiven von Frauenförderplänen. In: WSI-Mitteilungen, 1986/8, S. 566-575.

Zauner, Margrit (1990): Förderung von Managerinnen - Frauenförderpläne als Mittel zur Erschließung weiblicher Führungskräfteressourcen. Rainer Hampp Verlag, München und Mering.

Personalcontrolling und Programme zur Chancengleichheit - eine integrative Perspektive

Gabriela Riedl

Im vorliegenden Beitrag wird eine Annäherung an das wenig erforschte Themenfeld Personalcontrolling und Programme zur Chancengleichheit versucht. Nach konzeptionellen Grundlegungen wird ein idealtypischer Personalcontrollingprozeß für Chancengleichheitsprogramme nachgezeichnet. Dabei wird kritisch auf den Nutzen einer solchen Annäherung und auf ihre Grenzen eingegangen.

1. Eine erste Annäherung

In privaten und öffentlichen Organisationen werden zunehmend institutionalisierte Programme zur Chancengleichheit[1] eingeführt. Gingen zu Beginn der 80er Jahre die meisten Regelungen in der Privatwirtschaft noch auf unverbindliche Beschlüsse der Geschäftsleitung zurück, so werden diese nun, wenn auch in eingeschränktem Ausmaß und recht zögerlich, in Kollektivverträgen und Betriebsvereinbarungen verankert (vgl. Krell 1997, S. 22). Diese Entwicklung ist u. a. darauf zurückzuführen, daß die gesetzlichen Bestimmungen relativ unverbindlich und sanktionslos sind, womit die Ausgestaltung der Chancengleichheitsprogramme bzw. Frauenförderungsmaßnahmen dem Aushandlungsprozeß der Betriebe überantwortet wird. In öffentlichen Organisationen führen dagegen das Bundesgleichbehandlungsgesetz (B-GBG 100/1993) und einschlägige Verordnungen[2] zur intensiveren Auseinandersetzung mit Gleichbehandlungsthemen. Die Konkretisierung von Maßnahmen erfolgt dann meist über spezifische Frauenförderungspläne in den einzelnen Dienststellen.[3]

Den meisten Programmen bzw. Maßnahmen zur Gleichstellung von Frauen und Männern am Arbeitsplatz, sei es in der Privatwirtschaft oder im öffentlichen

---

[1] Zur Definition der Begriffe Chancengleichheit, Frauenförderung sowie Vereinbarkeit von Beruf und Familie vgl. Bendl 1997, S. 9-23.

[2] Beispielsweise die Verordnung des Bundesministers für Wissenschaft und Verkehr betreffend Maßnahmen zur Förderung von Frauen im Wirkungsbereich des BMWV (BGBl. Teil II/Nr. 131 vom 28. April 1998).

[3] Als Beispiel dafür sei auf den ersten universitätsspezifischen Frauenförderungsplan verwiesen, der am 28. Jänner 1998 von der Wirtschaftsuniversität Wien beschlossen wurde.

Dienst, ist gemeinsam, daß eingehendere Evaluierungen zur Effektivität, Effizienz und Kostenstruktur fehlen (vgl. Scheinecker 1994, S. 205, Bendl 1997, S. 138). Dies ist umso erstaunlicher, als mittlerweile eine breite Literatur- und Erfahrungsbasis im Bereich von Frauenförderungs- und Chancengleichheitsprogrammen vorliegt. Es fehlen also nicht die Anregungen für mögliche gleichstellungspolitische Zielsetzungen und Maßnahmen, vielmehr mangelt es an eingehenderen Definitionen über Inhalte, Ausmaß und Zeitbezug der angestrebten Maßnahmen und an einer abgesicherten empirischen Datenbasis. Am ehesten noch werden in Großunternehmen Evaluierungen nach Abschluß der Maßnahmen durchgeführt (vgl. Dudek-Marschaus 1996, S. 8). Defizitär ist auch die Diskussion über eine mögliche Anreizgestaltung zur Erfüllung von gleichstellungspolitischen Zielen oder die Festlegung von Sanktionen und Konsequenzen bei deren Nichterreichung. Die meist unzureichende Einbeziehung von relevanten AkteurInnen, und hier insbesondere der betroffenen Frauen, in den Planungs- und Umsetzungsprozeß ist ebenso als kritischer Punkt anzumerken (vgl. Sensi 1991, S. 55). Darüberhinaus ist zu erwähnen, daß Programme häufig als punktuelle Aktionen ohne eingehendere Vorerhebungen im Betrieb durchgeführt werden. So ist die Einbeziehung der Maßnahmen in das strategische (Personal-)Management kaum gegeben (vgl. Bendl 1997), womit sie als Sonder- oder Notprogramme einem erhöhten Legitimationsaufwand unterliegen und Gefahr laufen, bei knapper werdenden Budgets gekürzt oder ersatzlos gestrichen zu werden.

Vor diesem Hintergrund wird die Forderung nach gesicherten empirischen Ergebnissen bzw. Daten, auf deren Grundlage Programme zur Chancengleichheit entwickelt werden sollen, verständlich (vgl. Dudek-Marschaus 1996, S. 10). Personalcontrolling wird dabei als geeignetes Instrument zur Planung, Koordination und Kontrolle derartiger Programme erachtet. Trotz dieser attestierten Eignung finden sich in der einschlägigen Literatur kaum Überlegungen, wie (Personal-)Controlling die Einführung und Umsetzung von Chancengleichheitsprogrammen unterstützen soll. Desgleichen ist in der organisatorischen Praxis die Integration von Chancengleichheitsprogrammen in das (Personal-) Controlling kaum vorzufinden. Ein Grund dafür mag in der Schwierigkeit der Operationalisierbarkeit ihrer Ziele und im Controllingaufwand an sich zu suchen sein. Da diese Argumentation jedoch auch auf andere organisatorische Projekte und Programme zutrifft, die ihrerseits auf das Instrument des Controllings zurückgreifen, stellt sich die Frage nach weiteren Ursachen für diese fehlende Integration. Die nachfolgenden Ausführungen sollen zumindest ansatzweise diese Frage beantworten. Im Mittelpunkt stehen jedoch konzeptionelle und kritische Überlegungen dazu, wie beide Bereiche integriert werden könnten, welchen Zweck diese Integration für wen erfüllen kann und wo die

Grenzen von Personalcontrolling in Verbindung mit Chancengleichheitsprogrammen zu suchen sind.

2. Personalcontrolling und Programme zur Chancengleichheit: Grundsätzliche Überlegungen

Der Begriff (Personal-)Controlling ist keineswegs abschließend definiert. Es werden sowohl funktionale als auch institutionelle Aspekte diskutiert. Einig ist man sich lediglich darüber, daß Kontrolle eine Teilfunktion von Controlling darstellt (vgl. Hentze/Kammel 1993, S. 19). Personalcontrolling soll, im Gegensatz zu Unternehmenscontrolling, dem Management geeignete Instrumente sowohl für die Unternehmensführung als auch für die Personalführung in die Hand geben. Als begrifflichen Minimalkonsens schlägt Kieper vor, „Personalcontrolling als faktorspezifisches Subsystem eines umfassenden Controllinggesamtssystems anzusehen, das arbeitskraftbezogene Planungen, Koordinationen und Kontrollen mit einer adäquaten Informationsversorgung zur Steuerung der betrieblichen Personalwirtschaft eröffnet“ (Kieper 1996, S. 9).

Controlling orientiert sich also an einem zielgerichteten, methodisch-systematischen Vorgehen, wobei die Steuerung auf das Verhalten und die Handlungen von Organisationsmitgliedern nach Maßgabe der Organisationsziele und -zwecke ausgerichtet ist. Die Ziele können vielfältig sein. Vorrangigstes Ziel von Personalcontrolling ist die Optimierung des Personaleinsatzes in örtlicher, zeitlicher, quantitativer und qualitativer Hinsicht. Viele facheinschlägige AutorInnen und ManagerInnen heben dabei ökonomische Grundsätze als prioritär hervor (vgl. Kieper 1996, S. 10f). Meines Erachtens ist für Chancengleichheitsprogramme zusätzlich zu überlegen, welcher Stellenwert dem ökonomischen Optimierungsziel im Vergleich zu anderen, hier vor allem den sozialen Zielen eingeräumt wird. Da das Personal anderen Einflüssen und Kontrollmöglichkeiten unterliegt als Investitionsgüter, Waren und Kapital stellen ökonomische Ziele jedenfalls nicht die allein bestimmende Größe für den Erfolg von Chancengleichheitsprogrammen dar (vgl. Kieper 1996, S. 10; Marr 1989, S. 702). Es ist mittlerweile aus unterschiedlichsten Forschungsbereichen[4] und aus dem alltäglichen Leben hinreichend bekannt, daß sich Menschen nicht immer so (rational) verhalten, wie die Organisation bzw. ControllerInnen es von ihnen erwarten, daß also der Steuerung enge Grenzen gesetzt sind. Bei einer umfassenderen Betrachtung sind daher immer auch die Beziehungen innerhalb und zwischen den relevanten Systemen bzw. Systemumwelten und deren wechselseitigen Interessen, Erwartungen und Befürchtungen im Rahmen eines Control-

[4] Vgl. für viele Herkner 1991; Sandner 1992.

lingansatzes von Chancengleichheitsprogrammen zu berücksichtigen. Als „relevant" werden hier alle jene organisationsinternen und -externen Systeme und AkteurInnen definiert, die den Erfolg des Programmes beeinflussen können und von der Organisation als relevant wahrgenommen werden.

Personalcontrolling primär als Steuerungs- und Analyse*instrument* zu betrachten, mit dem bewiesen werden kann, daß sich bestimmte Maßnahmen oder Leistungen „rechnen", ist daher zu einseitig (vgl. Marr 1989, S. 702). Personalcontrolling kann allerdings leisten, daß durch dessen Einsatz ein organisationsspezifisches Analyse- und Steuerungs*verständnis* erarbeitet wird (vgl. Marr 1989, S. 702). Der Erfolg von Personalcontrolling ist daher daran zu prüfen, ob es gelingt,

- die Systemkomplexität und -dynamik mit der notwendigen Transparenz abzubilden,
- die relevanten Umwelten bzw. AkteurInnen und ihre Erwartungen an das Programm ausreichend zu berücksichtigen und rechtzeitig einzubeziehen,
- die relevanten Erfolgs- und Mißerfolgsindikatoren zur Zielerreichung zu identifizieren,
- mögliche Konflikte und Potentiale rechtzeitig zu erkennen und
- fundierte, lösungsadäquate Maßnahmen abzuleiten und begleitend umzusetzen.

Eine detaillierte Analyse der kritischen Punkte und der Potentiale und die Erarbeitung von fundierten Maßnahmen zur Chancengleichheit setzt eine Informationsbasis voraus. Ihr können sowohl quantitative als auch qualitative Daten aus der Vergangenheit und Gegenwart sowie prognostische Daten zugrundegelegt werden. Desgleichen ist zu überlegen, ob interne und/oder externe Arbeitsmarktdaten erhoben und vergleichend herangezogen werden. Neuere Ansätze[5] gehen von vergangenheitsorientierten Kontroll- und Überwachungsfunktionen zunehmend ab und betonen stärker die zukunftsorientierte Informations- und Steuerungsfunktion von Personalcontrolling (vgl. Pastner/ Papouschek 1997, S. 225). Konsequenterweise wird bei einem solchen Verständnis Personalcontrolling als fortlaufender Lern- und Aushandlungsprozeß mit häufigen Rückmeldeschleifen definiert, der auf zukünftig gewünschte Zustände ausgerichtet ist (vgl. Hentze/Kammel 1993, S. 20).

[5] In der Literatur werden verschiedene Personalcontrollinganätze diskutiert, auf deren umfassende Darstellung hier verzichtet werden muß (vgl. im Überblick Hentze/Kammel 1993, S. 20-27).

Nach diesen konzeptionellen Grundlegungen soll nun ein idealtypischer Personalcontrollingprozeß für Chancengleichheitsprogramme nachgezeichnet werden. Idealtypisch deswegen, weil zum einen die Abbildung der Komplexität und Prozeßhaftigkeit im Rahmen eines Beitrages nur begrenzt gelingen kann und zum anderen, weil Personalcontrolling, verstanden als evolutionärer Lern- und Aushandlungsprozeß jeweils organisationsspezifisch den aktuellen Gegebenheiten anzupassen und ständig weiterzuentwickeln ist (vgl. Marr 1989, S. 694ff.). Jedenfalls sollen kritische Punkte angesprochen und Grenzen von Personalcontrolling aufgezeigt werden.

3. Idealtypischer Controllingprozeß

3.1. Grundsatzentscheidungen über Rahmenvorgaben und die Festlegung von Zielvorstellungen

Wie bereits ausgeführt, werden Chancengleichheitsprogramme neben gesetzlichen Normen nun auch zunehmend an kollektivvertragliche und organisatorische Vereinbarungen gebunden. Als Orientierungshilfe für Entscheidungen und Handlungen empfiehlt Krell darüberhinaus die Verankerung gleichstellungspolitischer „Solls“ in Unternehmensleitbildern (vgl. Krell 1996, S. 13; Krell 1997, S. 22). Eine Festlegung in den beschäftigungspolitischen Grundsätzen ist ebenso denkbar. Reine Absichtserklärungen und positive Einstellungen der ArbeitnehmerInnenvertretungen garantieren allerdings noch keine Veränderung von bestehenden Strukturen, allerdings können sie als symbolischer Akt ein wichtiger Verstärker für die Einleitung solcher Veränderungsprozesse darstellen (vgl. Krebsbach-Gnath/Schmid-Jörg 1985, S. 53, 63).

Zur Umsetzung der Sollvorgaben sind daher als nächstes konkrete *Zielvorstellungen* zu formulieren, die neben dem *Inhalt* auch das *Ausmaß* und den *Zeitbezug* der Maßnahmen festlegen. Ein diesbezügliches Ziel könnte beispielsweise lauten: Der Anteil der weiblichen Beschäftigten in der Produktion ist innerhalb der nächsten fünf Jahre von 20 % auf mindestens 40 % zu erhöhen. Gegenstand einer betrieblichen Gleichstellungspolitik können prinzipiell alle personalwirtschaftlichen Felder, von der Personaleinstellung bis hin zur Personalentwicklung (Aus- und Weiterbildung, Laufbahn- und Karriereplanung) sein. Als Ansatzpunkte hebt Krell besonders die Erhöhung des Frauenanteils in Fach- und Führungspositionen, die Gestaltung und Bewertung herkömmlicher Frauenarbeitsplätze, die Erleichterung der Vereinbarkeit für beide Geschlechter und auf (männliche) Führungskräfte bezogene Maßnahmen hervor (vgl. Krell 1996, S. 17ff.; vgl. auch Sensi 1991, S. 63ff.).

Als problematisch kann sich hierbei die Mehrdeutigkeit und die Komplementarität von Zielen herausstellen. So ist denkbar, daß neben dem Management auch potentielle TeilnehmerInnen, InitiatorInnen, ArbeitnehmerInnenvertretungen, Gleichstellungsbeauftragte, der Gesetzgeber und v.a.m. jeweils ihre spezifischen Interessen und Zielsetzungen geltend machen, wobei deren Durchsetzbarkeit wesentlich von den Machtverhältnissen und von der Bewertung der *Nützlichkeit* durch die AkteurInnen abhängt. So könnte sich die *Organisation* durch die Realisierung von Gleichstellungszielen die Nutzung zusätzlicher Ressourcen, den Zugriff auf ein breiteres Spektrum an Handlungskompetenzen, ein größeres Innovationspotential, eine erhöhte Attraktivität als ArbeitgeberIn bei (qualifizierten) Frauen oder auch die Erhöhung der Produktivität durch Aus- und Weiterbildungsmaßnahmen u.a.m. erwarten. Der potentielle Nutzen für *beschäftigte Frauen* besteht bspw. in einem besseren Zugang zu Positionen mit höherem sozialen Status, in größeren Aufstiegsmöglichkeiten, in vermehrten Handlungs- und Kontrollmöglichkeiten, in einer besseren Bezahlung, der erleichterten Vereinbarkeit von Beruf und Familie oder auch in einer größeren Ressourcennutzung. Der Nutzen für *beschäftigte Männer* ist eher dort gegeben, wo nicht nur Frauen sondern auch Männer als Zielgruppe von Maßnahmen vorgesehen sind (z.B. bei Arbeitszeitmodellen oder Vereinbarkeitsmaßnahmen). Nicht bzw. kaum gegeben ist er dort, wo knappe und allgemein begehrte Ressourcen wie Führungspositionen oder Einkommenszuwächse von Arbeitnehmern zu Arbeitnehmerinnen umverteilt werden. So ist auch verständlich, daß in der Literatur die Aufzählung von Nutzenaspekten für Männer meist auf die Entwicklung eines breiteren Spektrums an Verhaltensmöglichkeiten beschränkt bleibt (vgl. u. a. Sensi 1991, S. 45ff.; Scheinecker 1991, S. 143; Schreilechner 1993, S. 160ff.; Pastner/Papouschek 1997, S. 228f.).

Folglich ist, nach dem „was" auch das „wer", also die *Zielgruppe*, festzulegen. Dem Verständnis von Chancengleichheitsprogrammen würde entsprechen, daß sich diese prinzipiell an alle Beschäftigten richten. Die Beschäftigten sollen entsprechend ihren Qualifikationen und Interessen bezahlt, eingesetzt und gefördert werden. Frauenförderung würde dagegen eine nach dem Geschlecht differenzierende Personalpolitik meinen (vgl. Krell 1996, S. 16). Hier ist letztlich die Entscheidung darüber zu treffen, welchem Verständnis gefolgt wird und welche Beschäftigtengruppe(n) in welcher Anzahl in die im Anschluß an die Zielformulierung noch zu planenden Maßnahmen einbezogen werden soll(en).

3.2. Die Entwicklung von Prüfkriterien und die Feststellung von Diskriminierung

Konsequenterweise leitet sich aus der Ziel(gruppen)formulierung die Frage ab, wie die Ungleichbehandlung in der Organisation festzustellen ist. Es sind folglich Prüfkriterien zu entwickeln und Daten zu sammeln, an denen sich die Zielerreichung und eine eventuelle Diskriminierung feststellen läßt. Die Ermittlung des Ist-Zustandes ist die zentrale Ausgangsbasis zur Entwicklung und Umsetzung von gleichstellungspolitischen Maßnahmen. Sie erfordert ein entsprechendes Informations- und Berichtssystem. Es sind Statistiken für quantitative Daten zu erstellen und Informationen über subjektive Tatbestände zu erheben. Ersteres kann über ein bestehendes Personalinformationssystem erfolgen und zweiteres durch quantitative oder qualitative Befragungen innerhalb der Organisation (vgl. Krell 1996, S. 13). Daran sollte sich eine systematische Gegenüberstellung von Soll- und Ist-Größen personalwirtschaftlicher Sachverhalte anschließen, wobei die vergleichende Einbeziehung von externen Arbeitsmarkt- bzw. Unternehmensdaten in manchen Fällen ebenfalls nützliche Ergebnisse liefern kann.

Eine gängige Methode der internen Erhebung ist die Anleihe bei Personalkennzahlensystemen (vgl. Pastner/Papouschek 1997, S. 225f.). Beispielhaft kann hier die quotenmäßige Verteilung der Frauen und Männer nach Hierarchie, Positionen, Tätigkeitsfeldern, Auszubildenden (Lehrlingen) etc. angeführt werden. Dazu gehört auch die Erfassung von geschlechtsspezifischen Einstellungs- und Entlassungsquoten. Die geschlechtsspezifische Verteilung des Entgelts bei gleichwertiger Arbeit ist ebenfalls eine anerkannte Datenbasis, wobei häufig nur der übliche Grund-/Mindestlohn oder -gehalt verglichen wird, ohne zusätzliche Vergütungen, die auf Grund des Arbeitsverhältnisses in bar oder in Sachleistungen ausbezahlt werden, zu berücksichtigen. Ebenso kann die Teilnahmequote von Frauen und Männern bei betrieblichen oder außerbetrieblichen Aus- und Weiterbildungsveranstaltungen erhoben werden. Zudem sind als Kennzahlen die Weiterbildungskosten pro Person sowie Fluktuations- und Krankenstandsraten differenziert nach Geschlecht und Lebensalter denkbar (weitere Ausführungen vgl. u.a. Scheinecker 1994, S. 206; Krebsbach-Gnath/Schmid-Jörg 1985, S. 54ff.).

Diskriminierung wird bei einer solchen Betrachtungsweise als eine am Geschlechtskriterium festgemachte Ungleichbehandlung definiert und in Untersuchungen typischerweise anhand der angeführten Unterschiede in der organisationsinternen Entlohnung, in den erreichbaren/erreichten Karrierepositionen, in den Beschäftigungsverhältnissen und bei der Zugänglichkeit von Aus- und Weiterbildungsprogrammen identifiziert und quantifiziert. Daran schließt sich dann meist ein Qualifikationsvergleich zwischen Männern und Frauen an, bei dem nicht nur Qualifikationszertifikate als Beleg herangezogen werden, sondern auch subjektive Einschätzungen der fachlichen und sozialen Qualifikationen durch die BeurteilerInnen. Die angebotsseitige, also aus dem Qualifikationsvergleich nicht erklärbare Ungleichbehandlung von Frauen in den oben angeführten Bereichen wird schließlich als Diskriminierung definiert (vgl. Sturn 1993, S. 117).

Die Kritik an dieser Ermittlungsmethode richtet sich primär darauf, daß viele Faktoren als exogene Größen nicht in die Erklärung von Diskriminierung einfließen, wie zum Beispiel die mangelnde räumliche und zeitliche Mobilität aufgrund von außerbetrieblichen Betreuungspflichten oder mögliche höhere Krankenstände aufgrund von Mehrfachbelastungen durch Haushalt, Familie und Beruf. Unberücksichtigt bleiben häufig auch Lohnunterschiede aufgrund der Verschiedenartigkeit von Männer- und Frauenarbeitsplätzen. So gut wie gar nicht findet man in der betrieblichen Praxis geschlechtsspezifische Aufschlüsselungen von Budgetmitteln, die über den üblichen (Grund)Lohnvergleich hinausgehen. Zu denken ist hier etwa an die Verteilung von Budgetmitteln, die für Qualifizierungsmaßnahmen von Frauen und Männern jeweils aufgewendet werden. Oder auch an die Zuteilung von Sach- und Finanzmitteln für vergleichbare Projekte und Ressorts, die von Männern oder Frauen geleitet werden sowie ähnliches mehr. Zu berücksichtigen wären zudem karenzbedingte Berufsunterbrechungen durch Frauen und Männer oder auch die Austrittsraten nach Ablauf der gesetzlichen Karenzzeit von Müttern und Vätern.

Generell ist daraus abzuleiten, daß Frauendiskriminierung in den angeführten personalwirtschaftlichen Bereichen kein isoliertes Phänomen ist. Vielmehr wären zusätzliche qualitative Prüfkriterien zu entwickeln, welche die kulturelle und strukturelle Ungleichbehandlung von Männern und Frauen näher in das Blickfeld der Betrachtung rücken. So könnten die Leistungsergebnisse und -qualität ebenso wie die Karriereverläufe geschlechtsspezifisch analysiert werden. Erfolg von Personalcontrolling bedeutet dann im Zusammenhang mit Chancengleichheitsprogrammen, daß neben den zu schaffenden Grundlagen für personalwirtschaftliches Entscheidungsverhalten auch Denkhaltungen geschaffen werden, die zur strukturellen Offenlegung von und Sensibilisierung gegenüber Diskriminierungen von Frauen beitragen können (vgl. Marr 1989, S. 702; Pastner/Papouschek 1997, S. 231). Als qualitative Prüfkriterien für die Wirksamkeit von Chancengleichheitsprogrammen könnten die Arbeitszufriedenheit, die Bindung an die Organisation, die Motivation der Frauen im Vergleich zu Männern oder auch die Kultur der Zusammenarbeit und Kommunikation in heterogenen Teams im Vergleich zu homogenen Gruppen herangezogen werden (vgl. Schreilechner 1993, S. 157ff., Scheinecker 1994, S. 206, Dudek-Marschaus 1996, S. 10). Im Bereich der Aus- und Weiterbildung wären zudem die bereitgestellten Inhalte hinsichtlich ihres Zugangs für Frauen und Männer zu überprüfen (z.B. Traineeprogramme, Führungskräftetrainings etc.). Ein Prüfkriterium wäre auch die subjektive Einschätzung des Ausmaßes der Vereinbarkeit von Beruf und Familie. Genauso könnten die Verwendung bzw. Nichtverwendung einer geschlechterdifferenzierenden Schreibweise sowie die Umgangsformen qualitative Kriterien für die Zielerreichung darstellen. All dies setzt eine differenzierte empirische Datenbasis voraus, die eine problemadäquate und systematische Interpretation der Daten und Befunde erlaubt, wobei periodische Datensammlungen auch Trendanalysen ermöglichen würden.

3.3. Die Festlegung von personalwirtschaftlichen Maßnahmen unter Kosten- und Erfolgsgesichtspunkten

Die aus dem Soll-Ist-Vergleich abzuleitenden Maßnahmen sind in ihrem Inhalt, Ausmaß und Zeitbezug abhängig von der Vermutung der Ursache der Ungleichbehandlung und Diskriminierung. Wie bereits ausgeführt, kommen als Ansatzpunkte für Maßnahmen prinzipiell alle Personalmanagementfelder, aber auch alle Prinzipien und Instrumente der betrieblichen Personalpolitik in Betracht (vgl. Krell 1996, S. 13). Neben der Dauer der Maßnahme und deren Häufigkeit, nämlich „einmal“, „wiederholt“ oder „laufend“, ist auch der AdressatInnenkreis der Maßnahmen und die Zuständigkeit für deren Umsetzung festzulegen. Darüberhinaus ist zu klären, wer die Zielerreichung kontrollieren soll, welche Anreize zur Erreichung der Maßnahmen und welche Sanktionen bei Nichteinhaltung zu setzen sind.

Die Auswahl der Maßnahmen wird aber auch davon abhängig sein, wie hoch die Kosten der Umsetzung zu veranschlagen sind. Bspw. wären hier die verlorenen Arbeitsstunden, das laufende Entgelt der TeilnehmerInnen bei Aus- und Weiterbildungsveranstaltungen, die Zuschüsse für firmeneigene Kinderbetreuungseinrichtungen u.a.m. im Rahmen der laufenden oder zukünftigen Budgets zu kalkulieren. Die betriebliche Praxis zeigt, daß in jenen Betrieben, die Personalcontrolling systematisch eingeführt haben (in der BRD waren das 22 % der befragten Unternehmen), eindeutig eine Kostenorientierung vorzufinden ist (vgl. Wunderer/Schlagenhaufer 1994, S. 22, zit. in: Pastner/ Papouschek 1997, S. 226). Ein Kosten-Nutzen-Vergleich auf rein ökonomischer Basis kann allerdings nur im begrenzten Rahmen durchgeführt werden. Bei vielen Maßnahmen entzieht sich der Nutzen der direkten Meßbarkeit. Dies mag ein Grund dafür sein, daß in der Literatur vielfach die Effizienz/Effektivität von Maßnahmen behauptet wird, ohne sie ausreichend begründen oder belegen zu können (vgl. Krebsbach-Gnath/Schmid-Jörg 1985). Hier müßte das Personalcontrolling zum einen die Basis für ein Kosten- bzw. Kalkulatorisches Controlling schaffen. Darüberhinaus wären allerdings die Maßnahmen zur Chancengleichheit auch und vor allem in ihrem Beitrag zum Unternehmenserfolg zu berücksichtigen (sog. Effektivitäts-, Rentabilitäts- bzw. Erfolgscontrolling)[6].

3.4. Die Evaluierung von Programmen zur Chancengleichheit als mikropolitischer Aushandlungs- und Zuschreibungsprozeß

Die Zurechenbarkeit der Wirkungen zu den getroffenen und umgesetzten Maßnahmen kann sich sowohl in inhaltlicher als auch in zeitlicher Hinsicht als äußerst komplexes und schwieriges Unterfangen erweisen. So stellt sich bei manchen Maßnahmen der Erfolg erst in einer längerfristigen Perspektive ein (vgl. Bendl 1997, S. 139; Pastner/Papouschek 1997, S. 227). Steigt z.B. im Beobachtungszeitraum die Frauenquote in bestimmten Tätigkeitsbereichen an, kann dies die Folge der frauenfördernden Personalaufnahme- oder Karrierepolitik sein. Genauso könnte die Ursache aber auch in einer Expansion dieses Bereiches bei gleichzeitig zu wenigen männlichen Bewerbern zu suchen sein. Einen weiteren Grund könnte eine Statusabwertung des Bereichs innerhalb der Organisation bzw. in der Gesellschaft bilden, demzufolge die Männer aus diesem Bereich abwanderten, und die freigewordenen Stellen durch Frauen besetzt wurden/werden usw.

Der Erfolg von Maßnahmen im Bereich der Chancengleichheit kann also nicht von vornherein objektiv gemessen werden, vielmehr ist er anhand von vorab festgelegten Erfolgs- bzw. Mißerfolgskriterien objektivierbar zu machen. Immer sind es die (subjektiven) AkteurInnen, die den Erfolg überprüfen und die Abweichungen vom geplanten Ziel deuten. Die Festlegung von Kriterien ist damit ebenso wie die Überprüfung der Zielerreichung ein komplexer mikropolitischer Aushandlungsprozeß zwischen den beteiligten AkteurInnen. Die Art und der Inhalt der Erklärung von Abweichungen ist wiederum bedeutsam für die daraus abgleiteten Konsequenzen (vgl. Sandner 1992; Krell 1997, S. 24ff.). Bei der Zuschreibung der Nichterreichung einer Frauenquote an externe Umweltfaktoren (wie dem fehlenden Angebot am Arbeitsmarkt) wird man möglicherweise organisationsintern wenig Handlungsbedarf sehen. Vermutet man dagegen die Ursache im individuellen „Versagen“ von (männlichen) Führungskräften oder PersonalistInnen, so wird man eher, wenn auch nicht notwendigerweise, individuelle Konsequenzen ableiten. Solche Konsequenzen könnten Gehaltseinbußen oder der Abzug von anderen Ressourcen sein oder bei Erfüllung von Förderkriterien auch Belobigungen, Prämien und dergleichen mehr umfas-

[6] Zu den Instrumenten und Verfahren des Personalcontrollings vgl. u.a. Wunderer/Sailer 1987; für den Bereich der Evaluierung von Programmen zur Beratung und Unterstützung der MitarbeiterInnen (sog. Employee Assistance Programms) vgl. Eckardstein/Niedl/Schuster 1995, S. 311-329.

sen. Denkbar ist auch, daß sich die Organisation selbst die Ursache für die Nichterfüllung von Zielen zuschreibt und dementsprechende organisatorische Konsequenzen für die nächste Planungsperiode ableitet.

4. Abschließende Überlegungen

Bei einer Integration von Chancengleichheitsprogrammen in das Personalcontrolling stellt sich zentral die Frage, wer die Macht hat, die Ziele, Maßnahmen und Erfolgs- bzw. Mißerfolgskriterien zu definieren, welche Kausalitäten bei Evaluierungen hergestellt und welche Schlußfolgerungen daraus gezogen werden. Die Funktionalität von gefundenen Problemlösungen, in unserem Fall von festgelegten Programmen zur Chancengleichheit, sind in einem solchen Verständnis immer ein Resultat von Interaktionsprozessen. Einmal gefundene und „eingerastete" Maßnahmen und Regelungen müssen sich immer wieder in Hinblick auf ihre Funktionalität bewähren. Sie können sich ab einen bestimmten Punkt durchaus als nicht (mehr) funktional oder sogar als dysfunktional erweisen. Für die beteiligten AkteurInnen erwächst daraus wiederum die Notwendigkeit zur Modifikation.

Vielfach liegt das Problem aber nicht darin, welche Ziele und Maßnahmen von wem und für wen entwickelt werden, sondern darin, daß bei der Begründung der Auswahl nicht auf eine ausreichende Informationsbasis zurückgegriffen werden kann. So sind Personalkennzahlen selbst bei (Groß-)Unternehmen mit professionellem Personalwesen nur sehr rudimentär ausgebildet, geschlechtsspezifisch aufgeschlüsselte Daten fehlen entweder völlig oder sind von zweifelhaftem Aussagegehalt. Die Orientierung an Kennzahlensystemen und die Schaffung einer entsprechenden Datenbasis ist daher eher in solchen Organisationen erwartbar, die damit bereits Erfahrungen gemacht haben. Darüberhinaus ist eine eindeutige Kostenorientierung bei der Bewertung des Nutzens von Chancengleichheitsprogrammen vorfindbar. Qualitativen Analysen im Bereich der Führung, Kooperation, Motivation und Identifikation wird kaum Bedeutung beigemessen (vgl. Pastner/Papouschek 1997, S. 226). Dies mag neben dem damit verbundenen Aufwand auch daran liegen, daß nicht alle AkteurInnen ein gleich großes Interesse daran haben, strukturelle Ungleichheiten transparent zu machen, kann doch mit der „genaueren Einsicht in die Entstehungs- und Wirkungsweise sozialer Ungleichheitsverhältnisse auch deren vermeintliche Selbstverständlichkeit und Unantastbarkeit ins Wanken gebracht werden (...)" (Kreckel 1992, S. 13) Wird von den organisationsrelevanten Systemen bzw. AkteurInnen allerdings diese Einsicht und eine strukturelle Veränderung angestrebt, so kann Personalcontrolling zu einem organisationsspezifischen Analyse- und Steuerungsverständnis beitragen. Hierbei ist eine Rationalisierungs- und Effizienzsteigerungsfunktion in einer langfristig angelegten, umfassenden

Perspektive erwartbar, die über eine kurzfristige, rein ökonomische Betrachtung hinausgeht (vgl. Marr 1989, S. 702). So können neben den informatorischen Grundlagen für personalwirtschaftliches Entscheidungsverhalten auch Denkhaltungen geschaffen werden, die zur strukturellen Offenlegung von und Sensibilisierung gegenüber Diskriminierungen von Frauen beitragen können (vgl. Marr 1989, S. 702; Pastner/Papouschek 1997, S. 231).

Literatur:

Bendl, Regine (1997): Chancengleichheit am Arbeitsplatz für Frauen - Integration in die strategische Unternehmensführung. Eine theoretische und empirische Analyse. Rainer Hampp Verlag, München.

Dudek-Marschaus, Susanne (1996): Frauenpolitik im Aufwind. In: Personalwirtschaft, 1996/Heft 11, S. 8-10.

Eckardstein, Dudo v./Lueger, Günter/Niedl, Klaus/Schuster, Brigitte (1995): Psychische Befindensbeeinträchtigungen und Gesundheit im Betrieb. Rainer Hampp Verlag, München.

Hentze, Joachim/Kammel, Andreas (1993): Personalcontrolling. Verlag Paul Haupt, Bern.

Herkner, Werner (1991): Lehrbuch Sozialpsychologie. Verlag Hans Huber, Bern, 5. Aufl.

Kieper, Frank (1996): Dynamisches Erfolgs-Controlling als Lösungsansatz für das betriebliche Personalkosten-Management. Rainer Hampp Verlag, München.

Krebsbach-Gnath, Camilla/Schmid-Jörg, Ina (1985): Wissenschaftliche Begleituntersuchung zu Frauenförderungsmaßnahmen, Schriftenreihe des Bundesministers für Jugend, Familie und Gesundheit. Verlag Kohlhammer, Stuttgart.

Kreckel, Reinhard (1992): Politische Soziologie der sozialen Ungleichheit. Campus, Frankfurt.

Kreisky, Eva/Walther, Ingrid (1990): Quantitative und qualitative Evaluierung des „Förderungsprogrammes für Frauen im Bundesdienst" für den Zeitraum 1981/1988. Erstellt im Auftrag des Bundeskanzleramtes. Wien.

Krell, Gertraude (1996): Gleichstellungscontrolling. In: Personalwirtschaft, 1996/Heft 11, S. 12-14.

Krell, Gertraude (1997): Chancengleichheit durch Gleichstellungspolitik - eine Neuorientierung. In: Krell, Gertraude (Hrsg.): Chancengleichheit durch Personalpolitik. Gleichstellung von Frauen und Männern in Unternehmen und Verwaltungen. Gabler Verlag, Wiesbaden, S. 13-27.

Marr, Rainer (1989): Personalcontrolling. Argumente zur konzeptionellen Entwicklung eines neuen Ansatzes personalwirtschaftlicher Steuerung und Kontrolle. In: Personalführung, 1989/Heft 7, S. 694-702.

Pastner, Ulli/Papouschek, Ulrike (1997): Im Dornröschenschlaf: Betriebliche Frauenförderung in Österreich. Herausgegeben vom Arbeitsmarktservice Österreich. Wissenschaftsverlag, Wien.

Sandner, Karl (1992): Politische Prozesse in Unternehmen. Physica-Verlag, Heidelberg. 2. Aufl.

Scheinecker, Martina (1991): Frauen ins Management. Betriebliche Frauenförderung - Personalentwicklung zur Gleichstellung. In: Bendl, Regine/Buber, Renate/Grisold, Andrea (Hrsg.): Wenn zwei das gleiche tun, ist das noch lange nicht dasselbe. Schriftenreihe Frauen, Forschung und Wirtschaft: Band 1. Service Fachverlag, Wien, S. 129-148.

Scheinecker, Martina (1994): Personalpolitik zur Förderung der Chancengleichheit. In: Buch, Christiane/Frech, Monika/Mayerhofer, Helene/Pachlinger, Ilse (Hrsg.): Bildungsfrauen-Frauenbildung. Gemeinsamkeiten und Unterschiede von Frauen in Forschung und Praxis. Schriftenreihe Frauen, Forschung und Wirtschaft: Band 5. Service Fachverlag, Wien, S. 201-208.

Schreilechner, Michaela (1993): gleich(be)handeln. Frauenförderung als neue Wertschöpfungsform. Das Ende eines Mythos? Wirtschaftsbetriebe an der Universität für Bodenkultur, Wien.

Sensi, Dina (1991): Chancengleichheit und Berufsbildung. Auswertung betrieblicher Aus- und Weiterbildungsprogramme für Frauen. In: CEDEFOP - Europäisches Zentrum für die Förderung der Berufsbildung (Hrsg.), Berlin.

Sturn, Dorothea (1993): Quotal Gleich? Entdiskriminierende Maßnahmen im Vergleich. In: Goldberg, Christine/Kubin, Ingrid/Scheer, Doris/Schmid, Waltraud/Sturn, Dorothea (Hrsg.): Sozial- und wirtschaftswissenschaftliche Aspekte: Frauen im Erwerbsleben (SOFIE). Bundesministerium für Arbeit und Soziales, Wien, S. 117-125.

Teil II
Internationale Erfahrungen

TOTAL E-QUALITY Management
Vergabe des Prädikats und erste Erfahrungen

Gerhard Engelbrech

Mit einem Prädikat hat der Verein TOTAL E-QUALITY Deutschland e.V. erstmals 1997 Unternehmen für eine an Chancengleichheit orientierte Personalpolitik ausgezeichnet. Der Verein hat sich zum Ziel gesetzt, die Begabungen, Fähigkeiten und Qualitäten von Frauen in Unternehmen zu fördern. Dies kann geschehen, wenn Frauen angemessen und entsprechend ihrer Kenntnisse und Qualifikation eingesetzt sind und auf allen betrieblichen Ebenen partizipieren können. Voraussetzungen dazu sind eine auf Chancengleichheit ausgerichtete Unternehmenskultur sowie Maßnahmen zu ihrer Umsetzung. Dies begründet vielfach einen Paradigmenwechsel in der Personalführung. Die TOTAL E-QUALITY setzt sich dafür ein, diese Maßnahmen bekannt zu machen, sie zu fördern und voranzutreiben. Als sichtbares Zeichen für bereits umgesetzte Aktivitäten wurde das TOTAL E-QUALITY Prädikat entwickelt. Was das TOTAL E-QUALITY Prädikat bedeutet und welche Chancen es den Unternehmen bietet, wird in diesem Beitrag aufgezeigt.

1. Beschäftigungssituation von Frauen

Die Zahl der westdeutschen Frauen, die berufstätig sein wollen, nahm unabhängig von der wirtschaftlichen Entwicklung seit Mitte der 60er Jahre kontinuierlich zu und blieb in Ostdeutschland, trotz anhaltend hoher Arbeitslosigkeit, auf hohem Niveau erhalten. Obwohl westdeutsche Frauen von der verschärften Arbeitsmarktlage und dem Anstieg der Arbeitslosigkeit in den 90er Jahren weniger stark betroffen waren als Männer, wurde es auch für sie immer schwieriger, ihre Erwerbswünsche zu realisieren. In Ostdeutschland blieb bei weiterhin schwieriger ökonomischer Situation von Familien und dem fortbestehenden Selbstverständnis zur eigenen Berufstätigkeit die hohe Erwerbsorientierung von Frauen nahezu unverändert. Arbeitsplatzabbau, verschärfte Konkurrenz am Arbeitsmarkt zu Lasten der Frauen und Probleme bei der Berufsrückkehr nach Arbeitslosigkeit oder Kinderbetreuungszeiten brachten jedoch einen stärkeren Rückgang der Erwerbstätigkeit ostdeutscher Frauen als ostdeutscher Männer.

Nach wie vor führen - zusätzlich zur konjunkturellen und strukturellen Entwicklung - tradierte gesellschaftliche Rollenmuster zur Arbeitsteilung in Familie und Beruf, zu geringeren beruflichen Möglichkeiten von Frauen auf geschlechtsspezifisch segregierten Arbeitsmärkten (vgl. Engelbrech 1994, S. 852ff.). Nach wie vor gilt (Rudolph 1997, S. 30ff.):

- Niedrigere Entlohnung der Frauenarbeit bei zunehmender Verschiebung von Voll- zu Teilzeitbeschäftigung,
- geringere Chancen für Frauen bei der Weiterbildung,
- Unterrepräsentanz in Leitungs- und Gestaltungsfunktionen,
- höhere Arbeitsmarktrisiken bei diskontinuierlichen Berufsverläufen.

Demgegenüber werden zunehmende Individualisierung weiblicher Lebensläufe, ein verändertes öffentliches Bewußtsein zur Erwerbsbeteiligung von Frauen und bessere Humankapitalausstattung weiblicher Mitarbeiter zur gesellschaftlichen und ökonomischen Herausforderung, Frauen in allen Lebensbereichen stärker zu beteiligen.

1.1. Frauenförderung im öffentlichen Dienst und in der Privatwirtschaft

Oberste rechtliche Rahmenbedingung zur Gewährleistung der Gleichberechtigung von Frauen und Männern in Deutschland ist der Artikel 3 Absatz 2 des Grundgesetzes, der 1994 um folgenden Zusatz ergänzt wurde: „Der Staat fördert die tatsächliche Durchsetzung der Gleichberechtigung von Frauen und Männern und wirkt auf die Beseitigung bestehender Nachteile hin". Daneben gibt es in den Verfassungen aller Bundesländer Normen zur Gleichstellung von Frau und Mann. Ebenfalls im Jahr 1994 trat das 2. Gleichberechtigungsgesetz in Kraft. Mit dem Gesetz sollte u.a. das Gleichbehandlungsgebot von Frauen und Männern am Arbeitsplatz bei der Gründung, Durchführung und Beendigung des Arbeitsverhältnisses wirksamer durchgesetzt werden.

Anwendungsbereich des 2. Gleichberechtigungsgesetzes ist vor allem die Bundesverwaltung, für die u.a. folgende Instrumente verbindlich vorgesehen sind: Einsetzung von Frauenbeauftragten, Erstellung von Frauenförderplänen, frauenfreundliche Stellenausschreibungspraxis, stärkere Frauenbeteiligung bei Fortbildungsmaßnahmen, Wiedereingliederungshilfen während und nach Unterbrechungen, flexiblere Arbeitszeitangebote, Benachteiligungsverbot bei Teilzeitarbeit und nach familienbedingter Unterbrechung sowie die Erstellung eines Erfahrungsberichts nach drei Jahren. Weniger verbindlich sind die Auswirkungen des 2. Gleichberechtigungsgesetzes für die private Wirtschaft. Es beschränkt sich hier überwiegend auf Entschädigungsansprüche bei nachgewiesener Diskriminierung, Mitwirkungsrechte der Betriebsräte bei Fragen der Frauenförderung und auf das Verbot geschlechtsspezifischer Stellenausschreibung.

Damit geschieht Frauenförderung in der privaten Wirtschaft vor allem auf freiwilliger Basis. Obwohl die Zahl der Betriebs- und Firmentarifverträge mit „familienfreundlichen Regelungen" in den 80er Jahren anstieg und Wiedereinstellungsvereinbarungen in Branchentarifverträgen aufgenommen wurden (vgl. Bäcker/Stolz-Willich 1994, S. 796ff.; Brumlop/Hornung 1994, S. 836ff.), wird insgesamt von Unternehmen in noch unzureichendem Umfang spezifische Hilfestellung zur beruflichen Förderung von Frauen geleistet. So hatte Anfang der 90er Jahre lediglich jedes zehnte Unternehmen mit mehr als 20 Beschäftigten betrieblich vereinbarte Regelungen zur beruflichen Eingliederung oder Förderung ihrer weiblichen Mitarbeiter, in weiteren 6% der Betriebe bestanden tarifvertragliche bzw. in 5% sonstige frauenspezifische Regelungen. In acht von zehn Betrieben gab es somit nach wie vor keine verbindlichen Maßnahmen (vgl. Engelbrech/Kraft 1992). Trotz breiter öffentlicher Diskussion sowie arbeitsmarkt-, familienpolitischer und tariflicher Intervention hat sich die Zahl der in Sachen Frauenförderung aktiven Unternehmen seit Ende der achziger Jahre kaum noch erhöht. Die vorhandenen Vereinbarungen waren überwiegend als „Mutter-Kind-Programme" konzipiert und sahen keine Sanktionsmöglichkeiten bei Nichterreichung der Zielsetzung vor.

Trotz vergleichbarer Qualifikationsniveaus bestehen somit immer noch unterschiedliche Voraussetzungen für Männer und Frauen in der Arbeitswelt. Das weibliche Beschäftigtenpotential wird weiterhin unzureichend genutzt, sodaß zunehmend ein Umdenken in der betrieblichen Personalpolitik zum qualitativ besseren Einsatz weiblicher Personalressourcen erforderlich wird. Um vorbildliche betriebliche Aktivitäten für die eigenen MitarbeiterInnen, aber auch für andere Betriebe sowie KundInnen transparent zu machen und weitere Maßnahmen zu fördern, werden Prädikate an Unternehmen, die eine an Chancengleichheit orientierte Personalpolitik verfolgen, vergeben.

2. Das TOTAL E-QUALITY Prädikat

Mit einem „Prädikat für eine an Chancengleichheit orientierte Personalpolitik" zeichnete der Verein TOTAL E-QUALITY Deutschland e.V. erstmals Anfang 1997 Unternehmen aus, die in ihrer Personalpolitik gleiche berufliche Möglichkeiten für Frauen und Männer im Betrieb schaffen. Der TOTAL E-QUALITY Deutschland e.V. gehören VertreterInnen der Wirtschaft, der Sozialpartner, zweier Bundesministerien, des Bildungswerks der Hessischen Wirtschaft sowie des Instituts für Arbeitsmarkt- und Berufsforschung der Bundesanstalt für Arbeit an. Eine zweite Prämierung fand im Juli 1997 auf der Frauenmesse „TOP 97" in Düsseldorf statt. Gegenwärtig liegen weitere Bewerbungen von Unternehmen vor. Ziel des Prädikats ist es, die Selbstverpflichtung und die Aktivitäten der Unternehmen zur Umsetzung von Chancengleichheit nach innen und außen transparent zu machen und die Vorbildfunktion dieser Betriebe zu fördern. Grundlage für die Vergabe des Prädikats sind Qualitätskonzepte wie Total Quality Management (TQM), in deren Mittelpunkt gleichermaßen Mitarbeiterinnen und Mitarbeiter und deren Kenntnisse und Fertigkeiten stehen.

Bisher wurde folgenden Firmen das TOTAL E-QUALITY Prädikat verliehen: Bayer AG, Comet Computer, Commerzbank AG, Deutsche Telekom AG, Flughafen AG Frankfurt, Frilich-Zapfsysteme GmbH, Hoechst AG, Laboklin GmbH, Lufthansa AG, Modehaus Erna Schneider, Philips GmbH, Schering AG, Städtische Wirtschaftsschule Ansbach, Steuerbüro Schulz, Volkswagen AG, Wüstenrot Holding GmbH, Zentrum für Weiterbildung GmbH.

3. Teilnahme und Prädikatsverleihung

Die Bewerbung um das TOTAL E-QUALITY Prädikat ist freiwillig und basiert auf einer Selbsteinschätzung der Unternehmen. Bewerben können sich Betriebe aller Art, die mehr als fünf MitarbeiterInnen beschäftigen und einen Jahresumsatz von mehr als einer Million DM erwirtschaften. Neben Wirtschaftsunternehmen können auch Institutionen der Forschung und Verwaltung am Vergabeverfahren teilnehmen. Bei letzteren werden jedoch nur freiwillige Aktivitäten, die über die vom Gesetz geforderten Maßnahmen hinausgehen, bewertet. Zur Bewerbung wurde von der TOTAL E-QUALITY Deutschland e.V. in Zusammenarbeit mit Vertreterinnen und Vertretern aus der Betriebspraxis eine Checkliste gestaltet.

Die BewerberInnen reichen die ausgefüllten Checklisten sowie ergänzende Unterlagen bei der TOTAL E-QUALITY Deutschland e.V. ein. Eine unabhängige Jury, die aus fünf Personen der folgenden Institutionen besteht, prüft die Bewerbungsunterlagen:

- Bildungswerk der Hessischen Wirtschaft e.V.,
- Bundesvereinigung der Deutschen Arbeitgeber e.V.,
- Deutscher Gewerkschaftsbund e.V.,
- Institut für Arbeitsmarkt- und Berufsforschung der Bundesanstalt für Arbeit,
- Institut für Management des Fachbereichs Wirtschaftswissenschaft der Universität Berlin.

Die Jury hat ein Bewertungsverfahren erarbeitet, das einen - je nach Unternehmensgröße unterschiedlichen - Mindeststandard fordert und Branchenspezifika berücksichtigt. Unternehmen, die diesen Mindeststandard überschreiten, werden mit dem TOTAL E-QUALITY Prädikat ausgezeichnet. Sie können dieses Prädikat uneingeschränkt in der Werbung verwenden. Es ist zwei Jahre gültig und muß danach erneut beantragt werden. In der Pilotphase waren die Bewerbungen kostenlos, jetzt wird eine nach Unternehmensgröße gestaffelte Gebühr erhoben.

4. Vorteile des TOTAL E-QUALITY Prädikats für Betriebe

Im Betrieb wird in der tagtäglichen Praxis nicht notwendigerweise und automatisch die Verbindung zwischen Human Ressource Management und den abzubauenden Barrieren zur quantitativ und qualitativ stärkeren Beteiligung von Frauen im Unternehmen wahrgenommen (vgl. Wuppertaler Kreis 1994, S. 19). Dies liegt u.a. auch daran, daß Kosten-Nutzen-Analysen kaum durchgeführt werden. So bleiben die Produktivitätserträge (Kundenimage, Arbeitsbedingungen, geringerer Labour Turnover, betriebliche Kosten familienbedingter Ausfallzeiten) wenig transparent und operationalisierbar (vgl. Holtermann 1995, S. 137). Dabei sind durch das TOTAL E-QUALITY Vorteile in der Wirkung nach innen und außen zu erwarten:

Wirkung nach innen

Das TOTAL E-QUALITY Prädikat

- macht personalpolitische Grundsätze der Chancengleichheit in Unternehmen sichtbar,
- spiegelt die Reaktion des Betriebs auf veränderte Wertvorstellungen sowie ein neues Selbstverständnis von Frauen und Männern wider und
- trägt zur Verbesserung des Firmenimages nach innen bei.

Mitarbeiterinnen können sich auf verbindliche Unternehmensziele berufen. Dies ist Voraussetzung für engagierte Mitarbeit, Identifikation mit den Unternehmenszielen und bessere Integration der einzelnen Mitarbeiterinnen und Mitarbeiter. Durch die stärkere Berücksichtigung des veränderten beruflichen Selbstverständnisses und individueller Lebensentwürfe von Frauen wird der Betrieb für Mitarbeiterinnen attraktiver. Insbesondere Erleichterungen bei der Vereinbarkeit von Familie und Beruf helfen, Dequalifizierung während der Unterbrechung oder Teilzeitarbeit sowie „hire and fire costs" bei Aufgabe der Berufstätigkeit zu vermeiden und das Potential qualifizierter Mitarbeiterinnen längerfristig zu sichern. Innovative Arbeitszeitgestaltung verringert familienbedingten Absentismus, und mit zunehmender Beschäftigung von Frauen in gemischten Teams können Synergieeffekte zur Effizienzsteigerung führen. Mehr Frauen in mittleren und höheren Managementfunktionen tragen zum Abbau geschlechtsspezifischer Ressentiments bei, haben Vorbildfunktion für jüngere Mitarbeiterinnen und erhöhen deren berufliche Motivation. Das TOTAL E-QUALITY Prädikat ist somit Ausdruck eines Personalführungskonzepts, das Vorstellungen und Bedürfnisse von Frauen einbezieht und Engagement, Qualifizierung und Leistungsfähigkeit weiblicher Mitarbeiter fördert.

Wirkung nach außen

Mit dem TOTAL E-QUALITY Prädikat werden innovative Unternehmen ausgezeichnet, die ihre Qualitätsmanagement-Konzepte nicht nur auf Mitarbeiterinnen, sondern auch auf Kundinnen ausrichten. Der Betrieb gewinnt dadurch in der Öffentlichkeit an Attraktivität und gesellschaftlicher Wertschätzung. Das hat

- erstens positive Effekte für die Gewinnung und Sicherung von qualifiziertem externen Personal und
- zweitens trägt es zur Verbesserung des Firmenimages bei.

Mit zunehmendem Selbstverständnis eigener Lebensplanung und besserer Verfügbarkeit über das Haushaltseinkommen (70% der Haushaltsausgaben werden von Frauen getätigt) werden Frauen eine immer bedeutendere Zielgruppe. Zunehmende Integration weiblicher Mitarbeiter schafft frauenfreundliches Image bei potentiellen Kundinnen. Beteiligung von Mitarbeiterinnen in allen Betriebsbereichen und auf allen Hierarchiestufen fördert die Gestaltung von Produkten und Dienstleistungen, die auf die Verbraucherin ausgerichtet sind und fördert die Umsetzung neuer Marketingstrategien. Durch die Auszeichnung mit dem E-QUALITY Prädikat können sich somit die Absatzchancen bei potentiellen Kundinnen erhöhen und neue Märkte eröffnen.

5. Gesellschaftliche und betriebliche Akzeptanz für E-QUALITY Aktivitäten

In Zeiten wirtschaftlicher Rezession und des Abbaus von Arbeitsplätzen ist auf dem ersten Blick nicht selbstverständlich, daß das Thema Frauenförderung und deren betriebliche Umsetzung Hochkonjunktur hat bzw. erhält. Dies nicht zuletzt auch vor dem Hintergrund, daß es mit dem wirtschaftlichen Einbruch Anfang der 90er Jahre bei Frauenförderplänen, die mehrheitlich bis Ende der 80er Jahre eingeführt waren, bereits Tendenzen zu einer Rücknahme bestehender Maßnahmen gab (vgl. Brumlop/Hornung 1994, S. 836ff.); Diskontinuitäten im Erwerbsleben wurden - insbesondere bei weniger qualifizierten Frauen - zunehmend als Selektionsmöglichkeit benutzt. Doch zeigt sich gerade auch in den gegenwärtig wirtschaftlich schwierigen Zeiten, daß die Diskussion von qualitativ anderen Managementkonzepten - neben Produktivitäts- und Effizienzsteigerungsforderungen durch technikzentrierte Rationalisierung - zunehmend Priorität bekommt (vgl. Reuther 1993, S. 11).

Damit führen die ökonomischen, strukturellen und gesellschaftlichen Veränderungen (vgl. Klauder 1994, S. 45ff.) gegenwärtig bei einer Reihe von Unternehmen - wenn auch quantitativ und qualitativ in sehr unterschiedlichem Ausmaß - zu einer Renaissance tradierter, aber auch zur Einführung alternativer Managementphilosophien. Herausforderung für die zukünftige betriebliche Personalpolitik sind (vgl. Beck/Beck-Gernsheim 1994, S. 10ff.):

(a) die weiter zunehmende Bedeutung qualifizierter Arbeitskräfte und ein auch zukünftig verschärfter globaler Wettbewerb sowie

(b) ein verändertes gesellschaftliches Bewußtsein mit stärkerer Individualisierung der Lebensentwürfe von Männern und Frauen.

Die stärkere Integration von Frauen in die Arbeitswelt, vor allem die Erschließung neuer Berufs- und Tätigkeitsfelder sowie die weitere Verbesserung der Aufstiegschancen und Erleichterung der Vereinbarkeit von Familie und Beruf werden nicht nur von ArbeitnehmerInnen- bzw. FrauenvertreterInnen, sondern zunehmend auch von ArbeitgeberInnenseite „als wichtige Aufgaben betrieblicher Personalpolitik" (Bundesvereinigung der Arbeitgeberverbände 1989, S. 30) genannt:

- So erklären beispielsweise Vorstand und Hauptpersonalrat der Deutschen Telekom gemeinsam: „In einem zukunftsgerichteten Unternehmen wirken Frauen auf allen Ebenen gleichberechtigt am Unternehmenserfolg mit" (Ihlefeld-Bolesch 1995, S. 3).
- „Wir praktizieren die Gleichstellung von Mann und Frau, fordern Leistung und bieten Chancen der Selbstentfaltung", lautet ein Kaufhaus-Unternehmensgrundsatz (vgl. Dick/Osse 1995, S. 352).
- In der Präambel eines Banken-Frauenförderkonzepts heißt es: „Um die Begabungsreserven in unserer Mitarbeiterschaft stärker auszuschöpfen, sind auch die Talente und Begabungen unter den Frauen gezielter als in der Vergangenheit zu fördern" (Klinge-Hagenauer 1990, S. 156ff.).
- „Als modernes, weltoffenes Unternehmen sehen wir uns in der Verpflichtung, einen Beitrag zur Gleichberechtigung von Frauen und Männern im Berufsleben zu leisten. Chancengleichheit soll Teil unserer Unternehmenskultur werden und damit das Bild unseres Unternehmens in der Öffentlichkeit prägen" steht in „Hoechst weiblich" (Hoechst AG 1995, S. 1).

Auf Betriebsseite wächst somit die Überzeugung, daß den zunächst auftretenden Kosten einer stärkeren Frauenförderung, mittel- und längerfristig betrieblicher Nutzen durch ein größeres Potential qualifizierter Mitarbeiterinnen und damit ein vergrößertes Problemlösungspotential in der Organisation gegenübersteht (vgl. Zauner 1990, S. 39). Vielfach mangelt es gegenwärtig jedoch an der faktischen Umsetzung betrieblicher Chancengleichheitsbestrebungen, sodaß es häufig bei Absichtserklärungen bleibt. Befragungsergebnisse und zum Teil auch mit Prädikats-BewerberInnen gemachte Erfahrungen zeigen ebenfalls, daß Intention und tatsächliche Effizienz vorhandener frauen- bzw. chancengleichheitsfördernder Maßnahmen sehr divergierend sein können (vgl. Hadler 1995, S. 333ff.).

6. Unterschied von Total E-QUALITY Aktivitäten zu traditioneller Frauenförderung

Oberster Maßstab bleibt bei den E-QUALITY Aktivitäten nach wie vor die Leistung der MitarbeiterInnen, was aber nicht ausschließt, spezifische Fördermaßnahmen für Frauen zu initiieren, um erkannte personale Schwächen zu reduzieren und dadurch erst die Grundlage für einen gleichberechtigten Wettbewerb zu schaffen (vgl. Domsch/Regnet 1990, S. 101). So wird in den Grundsätzen der Frauenförderung bei VW auch für die Privatwirtschaft formuliert, daß „bei gleichwertigen Qualifikationen, die zur Erfüllung einer ausgeschriebenen Stelle notwendig sind, Frauen vorrangig zu berücksichtigen sind".[1]

Anders als die überwiegend in den 80er Jahren entstandenen und eingeführten Frauenförderkonzepte, die häufig von außen in die Betriebe eingebracht und durch engagierte Mitarbeiterinnen von „unten" initiiert wurden, sind Bestrebungen zur Verbesserung der Chancengleichheit im Betrieb innerhalb eines Qualitätsmanagements als top-down Strategie über Linienvorgesetzte an die Mitarbeiterinnen und Mitarbeiter weiterzuleiten (vgl. Dick/Osse 1995, S. 352). So werden in den „Hoechst targets" Führungskräfte explizit angesprochen: "Hoechst will Chancengleichheit dauerhaft und überall im Unternehmen verwirklichen. Sie sind als Führungskraft aufgefordert, in Ihrem Arbeitsbereich einen Beitrag zu den Zielen des Aktionsprogramms zu leisten" (Hoechst AG 1995, S. 1).

Während Frauenförderbestrebungen traditionell als Defizitkonzepte mit problemgruppenspezifischen Maßnahmen angelegt waren und häufig lediglich als „Mutter-Kind-Programm" gesehen wurden, muß zeitgemäße Chancengleichheitspolitik zum integrierten Bestandteil einer von der Unternehmensleitung mitgetragenen Managementpolitik der kontinuierlichen Qualitätsverbesserung werden (vgl. Hefftner 1990, S. 141). Leitidee ist, daß sich unter verschärften internationalen Wettbewerbsbedingungen für qualitativ hochwertige Produkte, veränderten Produktionsabläufen und neuen Marketingstrategien die Förderung von Mitarbeiterinnen und Mitarbeitern über vorhandene geschlechtsspezifische

---

[1] Hier werden gesetzliche Regelungen auch auf die Privatwirtschaft übertragen.

Arbeitsmärkte hinweg zum Schlüsselinstrument der Personalführung entwickeln wird bzw. muß (vgl. Shapiro/Austin 1995, S. 81).

Da sich ein erfolgreiches Unternehmen kontinuierlich und vorausschauend an den KundInnenbedürfnissen orientieren muß, wird auch intern ein Paradigmenwechsel in der Personalführung erforderlich. War es bisher der Mensch, der sich der Organisation anpaßte, so soll sich nun die Organisation den Interessen, Fähigkeiten und Möglichkeiten des Menschen anpassen. Anders als bei traditionellen Qualitätsmanagementtheorien steht bei TQM die betriebliche Integration der männlichen und weiblichen Mitarbeiter als Individuen im Mittelpunkt (Crosby 1990). Somit ist einerseits für die Durchführung von TQM-Strategien betriebliche Chancengleichheitspolitik notwendiger integraler Bestandteil. Andererseits wird eine erfolgreiche Chancengleichheitspolitik davon abhängen, inwieweit es gelingt, diese im Rahmen des Managementinstrumentariums mit den Unternehmenszielen zu verknüpfen (Kommission der Europäischen Union 1995, Nr. 1). Wird der Erfolg von Total Quality Management auch dadurch gesehen, daß es innerhalb des Unternehmens allen Beschäftigten auf allen Ebenen gleichermaßen ermöglicht wird, ihre Kenntnisse und Fähigkeiten voll zu nutzen und in das Unternehmen einzubringen, sind die Voraussetzungen einer E-QUALITY Management Strategie (Equality und Quality) geschaffen (Shapiro/Austin 1995).

7. Prädikatsträger als Vorbilder

Die Angaben in den ausgefüllten Checklisten zeigten, daß in den einzelnen Aktionsbereichen von prämierten Großbetrieben überwiegend und von Kleinbetrieben zum Teil folgende Maßnahmen bereits durchgeführt wurden oder für die nächste Zeit verbindlich geplant sind:

Aktionsbereich: Bestandsaufnahme und -fortschreibung zur Beschäftigungssituation der Mitarbeiterinnen und Mitarbeiter im Betrieb

Für die interne Analyse der Betriebe zur Beschäftigungssituation und -entwicklung ihrer Mitarbeiterinnen und Mitarbeiter in den letzten Jahren wurden Statistiken nach folgenden Merkmalen erstellt bzw. vorgesehen: Qualifikation, Alter, Voll-/Teilzeittätigkeit, Berufsbereiche, hierarchische Funktionen, Entgeltstufen bzw. Tarifbereiche, Dauer der Betriebszugehörigkeit, Teilnahmen an Weiterbildung und Inanspruchnahme des Erziehungsurlaubs. Darüberhinaus wurden in einzelnen Unternehmen

- Möglichkeiten und Realisierung beruflicher Weiterqualifizierung, Aufstiegschancen und -hemmnisse aus den persönlichen Erfahrungen der Mitarbeiterinnen erhoben ebenso wie ihre Arbeitszufriedenheit,

- die Arbeitsplätze bzw. Tätigkeiten, für die Teilzeitarbeit nicht möglich ist, identifiziert und damit alle anderen Arbeitsplätze als potentielle Teilzeitstellen definiert,
- im Rahmen der Zertifizierung nach ISO 9001 differenzierte quantitative und qualitative Personalbestandsanalysen durchgeführt.

Aktionsbereich: Personalbeschaffung, Stellenbesetzung, Nachwuchswerbung und -beschaffung

Beispiele hierfür waren geschlechtsneutrale Stellenanzeigen und -ausschreibungen sowie die Auswahl der Bewerber und Bewerberinnen für alle Berufs- und Tätigkeitsbereiche ausschließlich nach qualifikations- und sachorientierten Kriterien. Zur Gewährleistung der Gleichbehandlung von Männern und Frauen wurden die Verfahren der Eignungsfeststellung überprüft und darauf abgestimmt. Ein weiterer Schwerpunkt lag bei den prämierten Großbetrieben in der Aufklärungs- und Überzeugungsarbeit bei Führungskräften (z.B. durch Managementseminare) zur Realisierung von Chancengleichheit. Daneben gab es in verschiedenen Betrieben spezifische Informationen für Frauen über technische Berufe, speziell auf diese Personengruppe ausgerichtete Berufsinformationen in Broschüren und Veranstaltungen (Mädchen-Technik-Tage), und es kam zur Öffnung aller betrieblichen Ausbildungsplätze auch für junge Frauen.

Aktionsbereich: Weiterbildung/Personalplanung

Die prämierten Betriebe berücksichtigten explizit in der konkreten Personalplanung und den darauf abgestellten Weiterbildungsangeboten die Diversität der Mitarbeiterinnen und Mitarbeiter. In diese Maßnahmen wurden nicht nur Mitarbeiter und Mitarbeiterinnen in „Vollzeit-Normalarbeitsverhältnissen", sondern überwiegend auch teilzeitbeschäftigte sowie zwischenzeitlich nicht beschäftigte Frauen einbezogen. Voraussetzungen für eine auf Chancengleichheit orientierte, zielgerichtete Personalpolitik waren vor allem in Großbetrieben längerfristige Potentialanalysen und Nachfolgeplanungen. Die Umsetzung chancengleichheitsorientierter Personalplanung erfolgte durch die Teilnahme von Mitarbeiterinnen an allen Personalentwicklungsmaßnahmen, der Ermittlung von frauenspezifischem Weiterbildungsbedarf, internen und externen Qualifizierungsangeboten, zunehmender Beteiligung von Frauen an „neuen" Arbeitsformen, -prozessen und -tätigkeiten und Stellvertretungen für höhere Positionen. Darüberhinaus wurden in einzelnen Unternehmen

- Mitarbeiterinnen für ein berufsintegriertes Studium als berufliche Parallelqualifizierung, wie zum Beispiel mit Abschluß Diplom Betriebswirt, freigestellt,

- spezifische Weiterbildung bei der Einrichtung eines „Homeoffice“ zur Arbeit von zuhause angeboten,
- Möglichkeiten zu verkürzter Arbeitszeit bei externer Fortbildung bzw. beim Nachholen eines höheren Bildungsabschlusses geschaffen,
- „professionelles” Lehr- und Filmmaterial zu beruflichen Aufstiegsmöglichkeiten von Frauen entwickelt.

Aktionsbereich: Vereinbarkeit von Beruf und Familie

Maßnahmen zur besseren Vereinbarkeit von Beruf und Familie erfolgten durch, an den Bedürfnissen der Mitarbeiterinnen orientierte, vielfältige Regelungen zur flexiblen Arbeitszeitgestaltung, die über traditionelle Teilzeitbeschäftigung bzw. Gleitzeitregelungen hinausgingen. Weiterhin gewährten sowohl Groß- als auch Kleinbetriebe für Mütter und Väter mit Kleinkindern eine zeitlich längere Freistellung als beim gesetzlichen Erziehungsurlaub vorgesehen, einschließlich einer Weiterbeschäftigungsgarantie, die nicht zum Verlust betrieblicher Sozialleistungen, wie z.B. Anrechnungszeiten für Betriebsrente, Prämien etc., führte. Der qualifizierte Wiedereinstieg wurde als explizites Unternehmensziel formuliert. Während der Unterbrechung wurden persönliche Kontakte aufgenommen und schriftliches Informationsmaterial, spezifische Programme für Wiedereinsteigerinnen, Teilzeitmöglichkeiten sowie Urlaubs- und Krankheitsvertretungen und unterschiedliche mittelbare und unmittelbare Hilfen zur Verbesserung der Kinderbetreuung angeboten. Darüberhinaus wurden in einzelnen Unternehmen

- Mitarbeiterinnen nach der Familienphase bzw. Teilzeitbeschäftigte bei Stellenbesetzungen gegenüber externen Bewerbern oder Bewerberinnen bevorzugt berücksichtigt,
- Teilzeitarbeit auch in Führungspositionen gefördert,
- spezifische Projekte zur Vereinbarkeit von Familien- und Erwerbsarbeit in Kooperation mit kommunalen Stellen, wie Kindergärten, Schulen, Tagesmüttervereinen, Familienbildungsstätten, schulpsychologischen Beratungsstellen und den jeweiligen Wirtschaftsreferaten durchgeführt.

Aktionsbereich: Förderung partnerschaftlichen Verhaltens am Arbeitsplatz

Von den Betrieben wurden konkrete Maßnahmen zur Förderung partnerschaftlichen Verhaltens am Arbeitsplatz durchgeführt und negative Auswirkungen von Mobbing und diskriminierendem Verhalten in jeglicher Form, inklusive sexueller Belästigung, thematisiert. Dies geschah im persönlichen Gespräch, durch Veröffentlichung von Informationsmaterialien, in Rundschreiben, Gesprächskreisen, Diskussionsveranstaltungen und Stammtischen, Seminaren bzw. Workshops, in Personalversammlungen und zum Teil auch in Arbeitsordnungen und Betriebsvereinbarungen. Hierzu wurden AnsprechpartnerInnen benannt bzw. dieses Thema in Kleinbetrieben zur „Chefsache" erklärt.

Aktionsbereich: Institutionalisierung der Aktivitäten zur Chancengleichheit

Die innerbetriebliche Institutionalisierung der Aktivitäten zur Chancengleichheit erfolgte z.B. durch die Einrichtung einer Stabsstelle zur Umsetzung der Chancengleichheit von Frauen und Männern bzw. zur Frauenförderung oder durch die Einrichtung eines zuständigen Referates innerhalb der Personalabteilung. In Klein- und Mittelbetrieben erklärte sich zum Teil die Geschäftsführung explizit und nachweislich selbst zuständig und gab Richtlinien an die Belegschaft weiter. Arbeitsrechtliche und personalpolitische Grundlagen waren in Großbetrieben Betriebsvereinbarungen, Arbeits- sowie Geschäftsordnungen.

Aktionsbereich: Bekenntnis zur Chancengleichheit als unternehmens- und sozialpolitisches Ziel, Öffentlichkeitsarbeit, Bewußtseinsbildung

Chancengleichheit wurde explizit als Unternehmensziel in die interne und zum Teil auch externe Öffentlichkeitsarbeit aufgenommen. Instrumente hierfür waren Veröffentlichungen in Unternehmensleitlinien bzw. -grundsätzen, Informationsmaterialien und Broschüren. Insbesondere in Großbetrieben wurde Überzeugungsarbeit bei Führungskräften geleistet, und die Umsetzung von Chancengleichheit als deren Aufgabe definiert. Darüberhinaus erfolgte in einem Unternehmen eine Mitarbeiter- und Mitarbeiterinnenbefragung über die Notwendigkeit und den weiteren Handlungsbedarf zum Thema Chancengleichheit. Erfreulicherweise zeigte sich, daß bereits zwei Großbetriebe mit ihrer an Chancengleichheit orientierten Personalpolitik in öffentlichen Anzeigen Public Relations Aktivitäten betreiben. Ein Unternehmen stellt gegenwärtig das erworbene E-QUALITY Prädikat als wichtigen Wegweiser ihrer weiteren Unternehmensstrategien in ganzseitigen Anzeigen zur Imagewerbung dar.

8. Probleme bei der Bewertung betrieblicher Aktivitäten?

Um das E-QUALITY Prädikat bewarben sich bisher sowohl Groß- als auch Kleinbetriebe aus unterschiedlichen Branchen, Betriebe mit unterdurchschnittlichem und überdurchschnittlichem Frauenanteil, stark technisierte bzw. automatisierte ebenso wie personalintensive Betriebe, expandierende und schrumpfende Betriebe, sowie Betriebe mit umfassendem oder wenig Informationsmaterial und Betriebe, deren Image nach innen und außen durch ein Prädikat mehr oder weniger aufgewertet werden kann. Allein aufgrund dieser Heterogenität mußten bei der Bewertung anhand der ausgefüllten Checklisten und der, von den Betrieben beigefügten Informationsmaterialien, die Besonderheiten der jeweiligen Unternehmen miteinbezogen und mitberücksichtigt werden. Hinzu kommt, daß die für eine unabhängige, externe Jury zum Teil unzureichende Transparenz der tatsächlich umgesetzten betrieblichen Aktivitäten in einzelnen Punkten kritisch zu hinterfragen waren. Dies machte häufig gezielte Erkundigungen erforderlich, die insgesamt von den Betrieben bereitwillig und sachdienlich gegeben wurden. Diskrepanzen zwischen der Selbstdarstellung der Unternehmen und der tatsächlichen praktischen Umsetzung führten aber auch dazu, daß es in Einzelfällen zu einer Verschiebung der Prämierung kam.

Wo außerhalb des standardisierten Bewertungsverfahrens in den einzelnen Aktionsbereichen Probleme bei der Begutachtung auftreten können, soll an folgenden Beispielen verdeutlicht werden:

- Wie sind Betriebe mit deutlichen Beschäftigungsverlusten in den letzten Jahren, aber gestiegenen Frauenanteilen in den einzelnen Hierarchiestufen zu bewerten?
- Kommt es bei der Nachwuchswerbung und Einstellung von jungen Frauen in ehemals männerdominierten und technikzentrierten Bereichen zu einem geschlechtsspezifisch unterschiedlichen Einsatz der Technikanwendung, anderen Tätigkeiten und damit zu einer Resegregation?
- Besteht die Gefahr, daß steigende Frauenanteile in höheren Hierarchiestufen überwiegend auf „Glorified Secretary Effekte" (vgl. Jacobs 1995, S. 152ff.) zurückzuführen sind?
- Welche Bedeutung hatten bei zunehmender Arbeitszeitflexibilisierung die Wünsche und Bedürfnisse der Mitarbeiterinnen?
- Werden Weiterbildungsmöglichkeiten nicht nur geschlechtsneutral angeboten, sondern sind auch die Voraussetzungen geschaffen, die Frauen wie Männern vergleichbaren Zugang und gleichermaßen die Teilnahme erlauben?
- Sind die personellen und finanziellen Mittel, die den zur Förderung der Chancengleichheit zuständigen Institutionen zur Verfügung stehen, meß- und operationalisierbar?
- Stimmen die Bekenntnisse zur Chancengleichheit in der Öffentlichkeitsarbeit der Konzernzentralen mit der praktischen Umsetzung in den einzelnen Tochterunternehmen überein?
- Wie sind Unternehmen zu bewerten, die in einzelnen Aktionsbereichen außerordentlich vorbildlich sind, Maßnahmen auf anderen Gebieten aber vernachlässigen?

9. Personalpolitische Ansatzpunkte für zukünftige Prädikatsträger

Insgesamt konnte bei den bisherigen betrieblichen Nachfragen und Bewerbungen festgestellt werden, daß sich gegenwärtig Unternehmen häufig eher zögerlich und inaktiv verhielten. Eine Reihe von Betrieben wollte erst die Öffentlichkeitswirkung des Prädikates abwarten. Andere übten sich im „understatement" und schätzten - trotz guter Chancen - ihre eigenen Aktivitäten als nicht ausreichend ein. Insgesamt ist davon auszugehen, daß Frauen zwar in Groß-, Mittel- und Kleinbetrieben - auch bei anspruchsvollen Tätigkeiten - besser als früher integriert waren, den Betrieben aber der Nutzen von frauenfreundlichen Maßnahmen häufig nicht bewußt war. Damit gab es betrieblicherseits keine systematische, an Chancengleichheit orientierte Personalpolitik als Unternehmensstrategie, mit der Folge defizitärer Aufstiegsmöglichkeiten von Frauen. Wo konkrete personalpolitische Entscheidungen für eine stärkere Implementierung von E-QUALITY Aktivitäten in die betriebliche Praxis ansetzen können, soll anhand der folgenden Beispiele gezeigt werden:

„How do you go about achieving employment equal opportunities results in a company? The same way you achieve any other results. You analyse the problem carefully, determine what you need to do, and then set up an overall management planning and control system to make very sure that it happens - and on schedule" (Powell 1993, S. 244). Dies kann umgesetzt werden, durch

- Analyse der Ziele, Interessen und Möglichkeiten von Mitarbeiterinnen, Vorgabe eines klar definierten betrieblichen Wertesets mit konkreten Vorgaben und Strategien zur Vereinbarung betrieblicher und Mitarbeiterinnen-Anforderungen.
- Analyse betrieblicher Personalpolitik auf bestehende Hemmnisse zur Überwindung überkommener Geschlechterstereotypologie und bessere Integration von Frauen im Betrieb.
- Priorität der Sicherung von Humankapital als wichtigsten Produktionsfaktor, Verhinderung von Qualitätsverfall und Vermeidung von hire and fire costs.
- Veränderung der betrieblichen Organisation zu mitarbeiterInnenorientierter Personalpolitik. Verpflichtung seitens des Management als Impuls für alle Beschäftigungsebenen. Überprüfung der Arbeitsabläufe, Produktgestaltung und Marketingstrategie nach deren Orientierung auf Mitarbeiterinnen und Kundinnen.

Erfolgreiche Frauenförderung muß somit auf der Ebene der Organisation mit der Schaffung einer pluralistischen Unternehmenskultur verbunden sein, welche die Arbeitsbedingungen und -abläufe an den divergierenden Wünschen und

Möglichkeiten der Mitarbeiter und Mitarbeiterinnen orientiert. Dadurch kann es gelingen, daß ungewollte Diskontinuität der Berufsverläufe und Dequalifizierung bei Frauen vermieden werden, und sie ihre Fähigkeiten besser nutzen können. Der oder die Einzelne kann sich stärker mit der Unternehmensstrategie identifizieren und somit wiederum einen Beitrag zur Erreichung der Unternehmensziele leisten.

Literatur:

Bäcker, Gerhard/Stolz-Willich, Brigitte (1994): Optimale Arbeitszeitverkürzung und –gestaltung und Defizite sozialer Sicherung. In: Beckmann, Petra/Engelbrech, Gerhard (Hrsg.): Arbeitsmarkt für Frauen 2000 - Ein Schritt vor oder ein Schritt zurück? Kompendium zur Erwerbstätigkeit der Frauen. Beiträge aus der Arbeitsmarkt- und Berufsforschung: Band 179, Nürnberg, S. 796-811.

Beck, Ulrich/Beck-Gernsheim, Elisabeth (1994): Riskante Freiheiten - Individualisierung in modernen Gesellschaften. Suhrkamp, Frankfurt.

Brumlop, Eva/Hornung, Ursula (1994): Betriebliche Frauenförderung - Aufhebung von Arbeitsmarktbarrieren oder Verfestigung traditioneller Rollenmuster? In: Beckmann, Petra/Engelbrech, Gerhard (Hrsg.): Arbeitsmarkt für Frauen 2000 - Ein Schritt vor oder ein Schritt zurück? Kompendium zur Erwerbstätigkeit der Frauen. Beiträge aus der Arbeitsmarkt- und Berufsforschung: Band 179, Nürnberg, S. 836-851.

Bundesvereinigung der Arbeitgeberverbände (1989, Hrsg.): Chancen für Frauen in der Wirtschaft. Deutscher Institutsverlag, Köln.

Engelbrech, Gerhard/Kraft, Hermine (1992): Frauenbeschäftigung und betriebliche Personalpolitik in den alten Bundesländern. IAB Werkstattbericht Nr. 5, Nürnberg.

Engelbrech, Gerhard (1994): Die Wiedereingliederung von Frauen ins Berufsleben im Konflikt zwischen Humankapitalverwertung und vorsorglicher betrieblicher Personalpolitik. In: Beckmann, Petra/Engelbrech, Gerhard (Hrsg.): Arbeitsmarkt für Frauen 2000 - Ein Schritt vor oder ein Schritt zurück? Kompendium zur Erwerbstätigkeit der Frauen. Beiträge aus der Arbeitsmarkt- und Berufsforschung: Band 179, Nürnberg, S. 852-875.

Crosby, Philip (1990): The Eternally Successful Organisation. McGraw-Hill, New York.

Dick, Petra/Osse, Maren (1995): Frauen bei Hertie - ein Konzept zur Förderung der Chancengleichheit. In: Wunderer, Rolf/Kuhn, Thomas (Hrsg.): Innovatives Personal Management. Luchterhand, Neuwied, S. 352-382.

Domsch, Michel/Regnet, Erika (1990): Personalentwicklung für weibliche Fach- und Führungskräfte. In: Domsch, Michel/Regnet, Erika (Hrsg.): Weibliche Fach- und Führungskräfte - Wege zur Chancengleichheit. Schäfer, Stuttgart, S. 101-121.

Hadler, Antje (1995): Frauen & Führungspositionen - Prognosen bis zum Jahr 2000. Frankfurt.

Hefftner, Susanne (1990): Chancengleichheit statt spezifische Frauenförderung - Praxisbeispiel Bayer AG. In: Domsch, Michel/Regnet, Erika (Hrsg.): Weibliche Fach- und Führungskräfte - Wege zur Chancengleichheit. Schäfer, Stuttgart, S. 141-155.

Hoechst AG (1995): Hoechst weiblich und Hoechst Targets. Höchst.

Holtermann, Sally (1995): The Costs and Benefits to British Employers of Measures to Promote Equality of Opportunity. In: Humphries/Rubery (Hrsg.): The Economics of Equal Opportunities. Equal Opportunities Commission, Manchester, S. 137-154.

Ihlefeld-Bolesch, Heli (1995): Die Gleichstellung von Mann und Frau im Unternehmen mit dem Ziele der Qualitätsverbesserung. Telekom Generaldirektion, Bonn.

Jacobs, Jerry (1995): Women's Entry Into Management: Trends in Earnings, Authority, and Values Among Salaried Managers. In: Jacobs, Jerry (Hrsg.): Gender Inequality at Work. Sage Publications, Thousand Oaks-California, S. 152-177.

Klauder, Wolfgang (1994): Tendenzen und Bedeutung der Frauenerwerbstätigkeit heute und morgen. In: Beckmann, Petra/Engelbrech, Gerhard (Hrsg.): Arbeitsmarkt für Frauen 2000 - Ein Schritt vor oder ein Schritt zurück? Kompendium zur Erwerbstätigkeit der Frauen. Beiträge aus der Arbeitsmarkt- und Berufsforschung: Band 179, Nürnberg, S. 45-72.

Klinge-Hagenauer, Dagmar (1990): Fördern und Fordern - Frauenförderung in der Bank für Gemeinwirtschaft. In: Domsch, Michel/Regnet, Erika (Hrsg.): Weibliche Fach- und Führungskräfte - Wege zur Chancengleichheit. Schäfer, Stuttgart, S. 156-164.

Kommission der Europäischen Union (1995/96): Positive Aktionen, Bulletin der Koordinierungsgruppe Positive Aktionen der Kommission der Europäischen Union. Nr. 1, 2 und 3, Nürnberg.

Powell, Gary (1993): Women & Men in Management. Sage Publications, London.

Reuther, Eberhard (1993): Aspekte des Strukturwandels und der Einfluß auf die Unternehmen. In: Senat für Gleichstellung (Hrsg.): Mit Frauen rechnen! Personalentwicklung in Zeiten des Wandels. Hamburg, S. 11-23.

Rudolph, Hedwig (1997): Frauenförderung - Notwendigkeit, Ansatzpunkte, Erfolge. In: Hanns Seidel Stiftung (Hrsg.): Politische Studien Nr. 355, Heft 9/10, S. 30-38.

Shapiro, Gillian/Austin, Shara (1994): Equality Driven Total Quality. University of Brighton Business School, Academic Press, Brighton.

Volkswagen AG (1989): Grundsätze der Frauenförderung bei VW. Wolfsburg.

Wuppertaler Kreis e.V. (1992): Weibliche Mitarbeiter fördern: Eine Chance der Personalentwicklung für mittelständische Unternehmen. Deutscher Wirtschaftsdienst, Köln.

Zauner, Margrit (1990): Förderung von Managerinnen. Rainer Hampp Verlag, München-Mering.

Equality in Europe. A cross analysis of good practice case examples from across the fifteen E.U. Member States - a short summary

Etta Olgiati and Gillian Shapiro

This paper intends to present and share some evidence from a cross-analysis of fifty equality case examples collected during two different initiatives that were strictly linked to one-another. The first 19 case studies were collected and illustrated during the European Forum on Positive Action, "Equality and Quality: New Moves for Women and Business" which took place in 1994.[1] *The snapshots of the positive action programmes undertaken by the companies attending the Forum were pieced together within a report collectively providing a useful survey of the complex objective of improving the quality of women's working lives.*[2] *The other case examples have been collected in carrying out a new project which draws its roots in the results of the Forum. The objective of the project is setting up and disseminating a CD-ROM on "Equality policies and practices in Europe".*[3] *The analysis of the new case examples confirmed and enriched the major results of the European Forum report.*

---

[1] The Forum was organised in Italy by the Fondazione Regionale Pietro Seveso and marked the first annual conference of the European Positive Action Co-ordinating Group (PACG) established by the European Commission (EC) within the framework of Community Third Action Programme on Equal Opportunities (1991-1995).

[2] The authors of the report are: Gillian Shapiro, Centre for Research in Innovation Management, University of Brighton (UK); Etta Olgiati, Fondazione Regionale Pietro Seveso (Italy); Lotte Valbjiorn, Athene International Human Resource Development (Denmark). The report was produced with the support of the European Commission and the University of Brighton (UK).

[3] The project is being carried out by the Fondazione Regionale Pietro Seveso and supported by the European Commission within the framework of the Fourth Medium Term Community Action Programme on Equal Opportunities. The CD-Rom will include: (i) an overview on Employment, legislation, institutions and programmes both in the European Union and in the 15 European countries, (ii) fifty case examples from across the EU state members, (iii) a problem-setting/problem-solving section aimed to support companies in analysing their procedures and practises from a gender perspective and setting up equality programmes.

1. Positive Action: a tool for achieving gender equality, innovation and change within organisation

Equality is not just an ethical issue. An increasing number of organisations in Europe consider equality to be linked directly with improving overall performance and recognise it as a powerful tool for achieving innovation and change. Evidence from cross analysis of the case studies[4] shows how positive action presents a powerful tool for achieving innovation and change within organisations. It illustrates how positive action can help establish equal opportunities for men and women not only in the present and future, but also overcome past inequalities. Furthermore, it details how positive action initiatives can increasingly result in beneficial returns for women, men and the organisation as a whole. Many of the case examples show that, whilst positive action helps to develop women's skills and improve the quality of their working lives, it also enables the full potential of a company's human resources to be realised, thereby increasing its efficiency and effectiveness.

The figure below provides a summary drawn from the cases of the key factors involved in organisations' development and implementation of positive action.

Picture 1: The Equality Machine

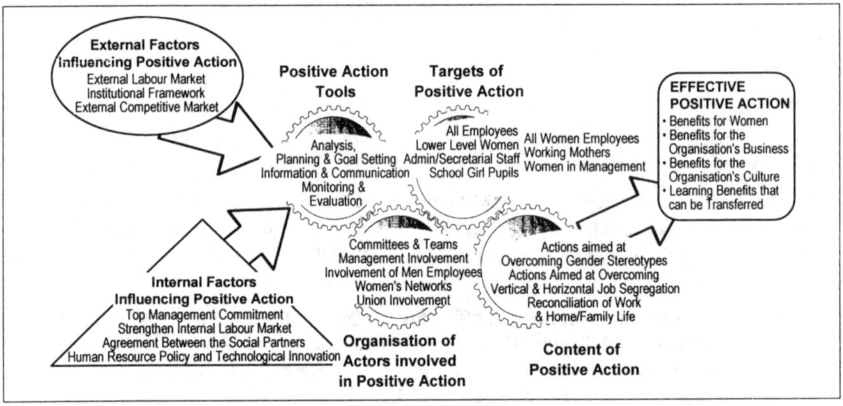

4 The analysis of the case examples was based on written case study material provided by the organisations and by experts in the fifteen E.U. countries. Some of the material illustrated details overall company-wide positive action programmes whilst others referred to a specific positive action initiative. Thus, in some cases, comprehensive details of organisational case histories were not available.

In using a machine analogy, the figure illustrates the range of factors that were found to influence and motivate companies to initiate equality programme action as the *inputs*. The actors and steps involved in the process of implementing positive action, the major content areas of the programmes/initiatives as well as the various groups targeted by the positive action programmes and initiatives presented at the Forum are represented as *cogs* turning inside the machine. Finally, shown as *outputs*, the figure highlights that organisations have experienced benefits from positive action, not only in improving the quality and quantity of women's work, but also increasing product and service quality and efficiency.

The following sections show the external and internal factors influencing the development of equality programmes, the equality tools, the equality actors, the factors and content of programmes and the target groups. Finally the results and the impacts of equality programmes will be shown and an overall recipe for successful equality programmes outlined. It should be noted that the arguments listed here are based on case studies of the two projects mentioned above.

2. External and internal factors influencing the development of equality programmes

2.1. External factors[5]

Three relevant external factors are identified as influencing equality programmes:

- the competitive market,
- the external labour market,
- the institutional framework.

The competitive market

Description of the background to the majority of the cases refers either explicitly or implicitly to market conditions influencing the development of equality or, more generally speaking, to innovative approaches to human resource management. Increased market competition requires organisations to improve product and service quality and customer satisfaction. Achieving these im-

---

[5] External factors are defined as those within the environment outside the organisation and recognised as influencing company's strategic choices and actions.

provements depends on the contribution of resources. Therefore, both men's and women's skills and potential must be fully developed and utilised.

Moreover, the customer base of more and more product and service markets is becoming feminised. In the competitive challenge to meet customers' needs this highlights the importance of achieving a balanced workforce that reflects the changing customer base.

The external labour market

Another powerful factor found to influence the development of equality is the external labour market. Statistics show the increased participation of women in the labour market across Europe. Predictions indicate that women will continue to make up a growing proportion of the workforce in the future. Developing equality programmes will help organisations ensure that they are able to attract and recruit the best people from the widest pool of talent available, and the best includes women. Skill shortages in certain areas of the external labour market add urgency to the need for equality initiatives aimed at retaining existing skills within an organisation as well as recruiting and re-deploying women into non-traditional jobs and areas of work.

The institutional framework

The institutional framework refers to all institutions and bodies external to the organisation which exert influence on the development and implementation of equality policies. In particular this refers to national legislation, public and private institutions which may be national or supranational. The majority of the cases were found to be influenced in developing equality programmes by this factor.

On the one hand, European and national legislation exerts legal pressure on organisations not to discriminate and to undertake actions to promote equality. On the other, the European Union and more and more public and private institutions at the national level are devoting resources to programmes and actions aimed to encourage equal opportunities inside organisations. In many cases these include technical and financial assistance and/or monetary incentives and non monetary awards.

2.2. Internal factors[6]

In general the internal factors found within the cases to motivate equality programmes appears closely linked with achieving business success. These support the approach, fully shared by the authors, which considers positive action to promote equality not only as a matter of ethics, but also being an important factor in organisations achieving their strategic objectives. Evidence from the cases shows that segregation by gender into different job areas remains a core concern for the organisations. Indeed overcoming segregation appears as one of the strongest factors influencing the development of equality programmes. Overall the internal factors identified as influencing the development of equality specifically includes:

- innovative approaches to human resource management,
- managing the internal labour market,
- agreement between the social partners.

Innovative approaches to human resource management

Analysis of the cases shows that the development of equality programmes often occurs within organisations which place an emphasis on the importance of innovative approaches to human resource policy in achieving strategic objectives.

Human-centred approaches to innovation represent a key factor in ensuring organisational success. Case examples illustrate how equal opportunities develop women's skills, improve their quality of working life and enable their full potential to be tapped. In this way the goals and contributions made by both equal opportunities and human-centred approaches to innovation complement and support each other.

Managing the internal labour market

Impetus for equality programmes come from policies aimed at stabilising and strengthening the internal labour market in a relevant number of cases. Many organisations organise their internal labour market so as to capitalise on the value of their human resources. This enables them to retain know-how within the organisation by continually developing and re-deploying their staff. However, it has been shown that unless equality is explicitly built into this process, segments of the internal labour market may be excluded, leading to the subse-

---

6 Internal factors are defined as resources and constraints operating within an organisation's structure and are recognised as influencing company's strategic choices and actions.

quent waste of talent. Integrating an equality approach into managing the internal labour market helps organisations ensure that they are able to retain and develop the best people from the widest pool of talent available and the best includes women.

Agreement between the social partners

A significant number of case examples illustrate how equality programmes are promoted following agreements between the social partners. Collaboration between unions and employers is linked to participative industrial relations models in a wide number of cases. The cases also show how social dialogue can contribute to this by establishing a context in which the potentially conflicting needs of employees and the employer are balanced.

3. The equality tools

This section considers the methods and the tools used in implementing equality programmes. Evidence from the cases highlight the relevance of three key tools that can help ensure the success of an equality programme:

- analysis, goal setting and action planning,
- information and communication,
- monitoring and evaluating.

Analysis, goal setting and action planning

Experience from companies across Europe shows the importance of gathering information and data as a starting point in planning and setting goals for company-wide equality programmes. Important sources of data include quantitative analysis of the number and position of men and women within the organisation, analysis of organisational policies, procedures, practices, behaviours and culture.

Different approaches to analysis, planning and setting goals were found amongst cases relating to the implementation of initiatives tailored to specific needs and working environments of the target group of women. Attention to the needs women themselves say they have, is a focal point for a significant number of companies.

Information and communication

This step was often shown to be taken in parallel with the implementation of the programmes. Case examples show that informing and communicating is an important tool in ensuring that equality programmes have visibility, that all members of the organisation are aware of the programme and in some cases it contributes to bring about cultural change. Several ways to inform and communicate about equality were found. Strategies including a specific equality communication campaign and/or integrating equality issues and news within other core company communications appear to offer the most effective results.

Monitoring and evaluating

Case examples demonstrate the importance of regularly monitoring and evaluating the progress and the outcomes of equality programmes. This step not only enables companies or organisations to identify the progress and problems resulting from equality actions, but also shows where to adjust or extend the scope of the approach being adopted as required.

4. The equality actors

Involving and consulting all relevant actors (including managers at different levels, men and women employees and trade union representatives) during the initiation, implementation and evaluation of an equality programme enables an organisation to develop and build understanding and support for equality. It can also trigger positive behaviour and actions from each of these different set of actors.

A range of approaches to the organisation of actors involved in implementing an equality programme was shown within the cases. The number, type and organisation of actors appear to be influenced by the scope of the programme (whether it is an initiative aimed at a specific targeted group or a company-wide programme). The national industrial relation system and legislative framework has also been found to affect the extent of collaboration between employers and unions. Here are a few examples drawn from companies' experiences:

- management,
- equality committees and groups,
- women,
- men.

Management

Many cases highlight the importance of management involvement and commitment - particularly middle and top managers - in successful programmes. *Middle managers* play a crucial role in ensuring equality values and procedures are followed in the everyday practices of the organisation. They also hold an important position in helping to raise awareness of equality amongst staff. In some case examples, companies appointed a specific *Equality Manager* to help direct, champion and maintain equal opportunities. In many of the case histories *top managers* have been shown to play a crucial role - in some cases initiating the equality programmes and in others playing a driving force in promoting its adoption and implementation.

Equality committees/groups

Company experience has shown the important role committees, groups or teams can play in initiating and maintaining equality programmes. In many cases, these groups themselves reflect different actors within the organisation, by including men and women, managers and union representatives from different functions and levels. Evidence shows that the major activities undertaken by equality groups and joint committees include:

- raising awareness of the equality programme throughout the organisation,
- setting the equality agenda – in some cases through joint negotiation,
- monitoring the progress and outcome of the equality programme.

Women

Many case examples show how involving women - particularly women targeted by equality initiatives - in the different stages of the equality process can help to increase the effectiveness of the programme. Cases illustrate that involvement may take place at different stages:

- at the *analysis stage* to identify women's experiences within the organisation and their development needs,
- at the *objective setting* stage to ensure they meet both the organisation's and women's needs,
- at the *monitoring and evaluation* stage to check whether the programme has been effective or requires adjustments.

Companies sometimes favour setting up women's networks as a mechanism to support them in developing their careers and encourage women to enter non-traditional and managerial jobs.

Men

Some case examples refer to the importance of involving male employees in equality programmes. Such involvement is not just aimed at raising their awareness about equality, but also represents an extremely effective way to gain co-operation, avoid backlash, facilitate a dialogue between men and women and ensure all employees adopt values, attitudes and behaviour consistent with equal opportunities.

5. Focus and content of programmes

Equality programmes can be designed in many different ways. Three elements are common to many programmes:

- overcoming vertical and horizontal job segregation,
- reconciling work with family and social life,
- overcoming stereotypes.

Overcoming vertical and horizontal job segregation

Overcoming vertical and horizontal job segregation is a challenge facing every organisation. Almost all of the cases refer to equality objectives to achieve a balance between men and women throughout the organisation. This is considered crucial in order to ensure that the best people are employed in the right places. A balanced workforce can enable an organisation to better meet customers' needs, helping it to improve its competitive position and ensuring discrimination does not occur. Equality programmes aimed at overcoming job segregation focus on recruitment and selection, professional development, work organisation and the equality environment. Programmes may be applied to specific groups or areas within the organisation and/or to the organisation as a whole.

Reconciling work with family and social life

Evidence shows that organisations are facing increasing pressure to become more flexible and responsive to both customers' and employees' needs. The demand for faster response time and customised products and services is leading to a growth in the need for flexible forms of work organisation, working hours and job contracts. The growing number of women in the workforce also adds urgency to the need for flexible working practices to enable them to reconcile work with care responsibilities. At the same time, more and more men and women are demanding a greater balance between work and family and social life. The challenge for companies today, therefore, is to try and reconcile these potentially conflicting needs in order to remain competitive. The case examples provide a wide number of different approaches and solutions to the reconciliation challenge. They include:

- flexible working hours,
- maternity leave provisions beyond legal requirements,
- childcare provisions,
- part-time work for men and women, also at managerial level,
- career break schemes,
- individually negotiated working hours,
- job share schemes,
- homeworking.

Overcoming gender stereotypes

Gender stereotypes reflected in company policies, procedures, practices and culture and in employees' attitudes and behaviours poses a significant barrier to achieving established equality objectives. Case examples confirm the importance of building programmes that are rooted in an equality environment. Such an environment can result from a combination of communication and organisational initiatives such as:

- measures aimed at sharpening the organisation's perception of women's skills and potential,
- actions aimed at recruiting and developing women within traditionally male roles,
- developing female role models in non-traditional areas,
- employing training, development and communication techniques to challenge stereotypical attitudes and behaviours and build a corporate culture based on equality values.

6. Target groups

The range of groups targeted by equality programmes is influenced by whether a company-wide programme or initiative focused on specific groups was illustrated in the cases. The case examples illustrate actions aimed at:

- junior level women - often semi- or unskilled blue collars in order to improve their professional development, involvement/participation and opportunities for re-deployment - often into non-traditional areas,
- women in management in order to increase their access to and development within decision-making positions,
- secretarial and clerical women in order to re-evaluate their skills and abilities and widen opportunities for professional development,
- women students in order to encourage them to undertake technical education and enter jobs in traditionally male areas,
- mothers and fathers in order to enable parents to better combine work and family responsibilities.

7. The results and the impact of equality programmes

The results and impact of equality programmes were not dealt with in detail in all case examples. However a large number of cases explicitly referred to the results and impact of the programmes. In particular four aspects of the outcomes have been referred to within the cases:

- impacts on women,
- impacts on the organisation's business,
- impacts on organisation's culture,
- recognition by external institutions.

Results and their impacts on women

The beneficial effects equality programmes had on the quantity and the quality of women's working lives has been referred to in the majority of the cases. Where specific initiatives were described, the results show that the organisations succeeded in fulfilling the original objectives set.

In a significant number of cases, more general improvements were referred to as a result of company-wide programmes.

Results and impacts on organisation's business

In general, the cases highlight the beneficial impact of equality programme on organisation's business in qualitative terms. Some cases show in particular the important relationship that is developing between equality and the achievement of strategic objectives. Other cases show how new forms of work organisation, such as men and women, skilled and unskilled staff working together and the implementation of autonomous work teams, are increasingly being adopted as a way to achieve strategic aims. Companies recognise that women have a crucial role to play in these new forms of work organisation, where their contribution is vital to their success. Organisations have increasingly come to regard the development of appropriate analytical, decision making and supervisory skills amongst all their staff at all levels and all parts of the business as a priority.

Results and their impacts on organisation's culture

A significant number of cases highlight the beneficial impact that equality programmes have made on their organisational culture. For example, some companies which had undertaken positive action to increase the number of women entering traditionally male jobs, referred to the effects this had in overcoming negative gender stereotypes held by employees. They described positive changes in both men's and women's expectations and perceptions of traditional male and female roles and skills.

Recognition by external institutions

Evidence shows that awards and prizes for undertaking actions towards achieving equality objectives not only give an incentive to organisations to initiate or continue programmes, they can also provide an indication of the quality of the initiative. Some case examples underline the positive impact on company's image. For instance, whilst some case examples had not received an award for their equality efforts, their approach became a role model followed by other companies in the same industry or country.

8. An overall recipe for successful equality programmes

The cross-analysis of the cases enabled the authors to develop an overall recipe for successful positive action. The experience of the different cases has shown that the choice of ingredients in implementing positive action tends to be linked to the organisations' national political, economic and social framework, as well as its competitive environment and associated core strategy. The following factors were referred to in the cases as important in leading to successful positive action:

- Knowledge of successful positive action that has been implemented in other organisations can help a company plan and implement its own equality programme.
- Beginning an equality programme with a "safe" focused initiative that is likely to demonstrate success and benefits for women, men and the organisation as a whole in a short space of time provides a powerful catalyst for motivating further activity, success and change.
- Involving and consulting all relevant actors (including managers, men and women employees, trade union representatives as well as shareholders, customers and representative of the local community) when gathering data and information on equal opportunities enables an organisation to develop and build understanding and support for equality.
- To identify and marry the needs of women and the organisation so that the outcomes of the equality policy are beneficial for both.
- A successful equality programme is often brought about by key organisational member(s) taking a lead in the process and ensuring equality is given a high profile within the organisation.
- A successful equality programme is often characterised by the full and demonstrated (rather than just verbal or written) commitment of top management. Emphasis placed by top management on the strategic imperative of equality also benefits the process.
- Ensuring the inclusion of activities within an equality programme that are directed at changing the organisational culture to overcome gender stereotypes and ensure employees adopt values, attitudes and behaviour that are consistent with equal opportunities.
- An equality programme should be regularly evaluated and monitored in order to ascertain the extent and nature of progress and results and to ensure the continuous improvement of the development and implementation process.
- Mainstreaming equality can help to build a sustainable environment by explicitly considering the gender dimension of every policy, procedure and practice at each stage of development - from design to evaluation through implementation and monitoring. This helps to ensure an equality environment in which equal opportunity objectives are both fully supported and furthered - not contradicted.

Arbeitsbewertung und Lohngleichheit
ABAKABA, ein geschlechtsunabhängiges Arbeitsbewertungsinstrument

Marianne Geisser

Die Festlegung von Lohnsystemen mit Arbeitsbewertungssystemen in Betrieben gewährt noch lange nicht, daß Frauen lohnmäßig nicht diskriminiert werden. Im folgenden wird aufgezeigt, wie traditionelle Arbeitsbewertungsverfahren in der Praxis eingesetzt werden und warum sie sich nachteilig auf Löhne von typischen Frauentätigkeiten auswirken können. Mit ABAKABA (Analytische Bewertung der Arbeit nach Katz und Baitsch) wird ein differenziertes Arbeitsbewertungssystem vorgestellt, das gerade auch typische Frauen- und Männertätigkeiten geschlechtsneutral beurteilt. Es ermöglicht Betrieben, Verwaltungen und Organisationen, ein diskriminierungsfreies Lohnsystem aufzubauen.

1. Einleitung

Der in der schweizerischen Bundesverfassung seit 1981 verankerte Anspruch von Frauen und Männern auf gleichen Lohn für gleichwertige Arbeit ist noch lange nicht verwirklicht.[1] Am 1. Juli 1996 trat in der Schweiz das Bundesgesetz über die Gleichstellung von Frau und Mann in Kraft. Dieses stellt für ArbeitgeberInnen und ArbeitnehmerInnen eine neue Herausforderung dar. Mit diesem Gesetz werden den Arbeitnehmerinnen bessere Mittel in die Hand gegeben, ihren Anspruch auf gleichen Lohn für gleichwertige Arbeit durchzusetzen.

Im Erwerbsleben verdienen Frauen für vergleichbare Arbeit wesentlich weniger als ihre männlichen Kollegen (vgl. Reis 1988; Baitsch/Mussmann/Ulich 1988; Zingg-Schrupkowski 1994). Typische Frauenarbeitsplätze werden geringer bewertet, und Qualifikationen, die für viele Frauentätigkeiten erforderlich sind (z.B. Einfühlungsvermögen und Organisationsfähigkeit), werden in der Arbeitswelt und Berufspraxis zu wenig wahrgenommen und lohnmäßig nicht erfaßt (vgl. Baitsch/Mussmann/Ulich 1988; Semmer/Tomasi/Wägli/Regenass 1991).

---

[1] Vgl. auch offizielle Lohnstatistiken, in der Schweiz z. B. Bundesamt für Statistik (1996): Die Schweizerische Lohnstrukturerhebung 1994.

Trotz der Bedeutung von Lohndiskriminierung bei gleichwertiger Arbeit fehlten lange wissenschaftlich begründete Kriterien für die Beurteilung der Gleichwertigkeit von Arbeitstätigkeiten. Arbeitsbewertungsverfahren waren für Gerichte, aber auch für viele ArbeitgeberInnen und ArbeitnehmerInnen oft das einzige Instrument, zwei Tätigkeiten miteinander zu vergleichen.[2]

Sowohl eine Untersuchung[3] im Auftrag der Arbeitsgruppe „Lohngleichheit von Frau und Mann“ des Eidgenössischen Justiz- und Polizeidepartements als auch ein Gutachten[4] des Eidgenössischen Büros für die Gleichstellung von Frau und Mann haben gezeigt, daß bekannte Arbeitsbewertungsverfahren (z.B. Hay-Verfahren, Funktionsbewertung des Betriebswirtschaftlichen Institutes der ETH Zürich) wichtige Merkmale von typischen Frauentätigkeiten stark vernachlässigen, Anforderungen an Tätigkeiten, die vorwiegend von Männern ausgeführt werden, jedoch überbewerten. Die erwähnten Studien wiesen aber auch darauf hin, daß diese Mängel der Instrumente bei ihrer Anwendung noch verstärkt werden; einerseits weil manche Arbeitsbewertungsverfahren sehr komplex sind, andererseits weil die AnwenderInnen die speziellen Diskriminierungsquellen der Arbeitsbewertung nicht kennen.

2. Arbeitsbewertung in der Praxis

Es gibt in der Praxis viele Verfahren und Systeme der Arbeitsbewertung. Mit diesen werden die verschiedenen Arbeitstätigkeiten in einem Betrieb „unabhängig“ von den Personen bewertet und miteinander verglichen. Arbeitsbewertungsverfahren sind in der Schweiz vor allem in öffentlichen Verwaltungen und in mittleren und größeren Unternehmen bedeutsam, denn die Durchführung ist mit erheblichem Aufwand verbunden. In kleinen Betrieben werden die Löhne oft anhand von wenigen Kriterien und/oder Vergleich zwischen verschiedenen Arbeitsplätzen festgelegt. Die Aufgabe dieser Bewertungssysteme liegt u.a. darin, den Schwierigkeitsgrad einer Arbeit anhand von im voraus zu bestim-

[2] Vgl. z.B. Bundesgerichtsurteil vom 14. Mai 1987 (Krankenschwestern im Kanton Zürich) und den Bundesgerichtsentscheid vom 25. Februar 1994 (Kindergärtnerinnen im Kanton Basel-Stadt).

[3] „Gleicher Lohn für gleichwertige Arbeit. Arbeitspsychologische Untersuchung“ (1988), durchgeführt unter der Leitung von Prof. Dr. Eberhard Ulich, Lehrstuhl für Arbeits- und Organisationspsychologie, Eidgenössische Technische Hochschule Zürich.

[4] „Arbeitsbewertung und Lohndiskriminierung von Frauen“ (1991), durchgeführt unter der Leitung von Prof. Dr. Norbert Semmer, Professor für Arbeitspsychologie am Psychologischen Institut der Universität Bern.

menden Merkmalen (wie Anforderungen und Belastungen) zu ermitteln und diesem einen Zahlenwert zuzuordnen (vgl. Ridder 1982). Die Durchführung der verschiedenen Arbeitsbewertungsverfahren erfolgt in der Regel in den folgenden Schritten (vgl. Kappel 1993; Semmer/Tomasi/Wägli/Regenass 1991, S. 23 ff. und S. 29ff. und Katz/Baitsch 1996, S. 16):

- Bestimmung der Kriterien bzw. Merkmale, anhand derer die Tätigkeiten bewertet werden sollen,
- Gewichtung der Kriterien bzw. Merkmale,
- Beschreibung der Arbeitsaufgaben der zu bewertenden Tätigkeit,
- Bewertung der Arbeitsaufgaben aufgrund des im voraus festgelegten Kriterien- bzw. Merkmalskatalogs,
- Berechnung des Gesamtarbeitswertes durch Zusammenzählen der gewichteten Merkmalspunkte.

Aufgrund von Verfahren der Arbeitsbewertung werden die Grundlöhne festgelegt, d.h. es werden nur die tätigkeitsbezogenen Kriterien berücksichtigt. Personenbezogene Kriterien, wie beispielsweise die Leistung, das Alter und die Betriebszugehörigkeit einer Person, werden bei der Arbeitsbewertung nicht berücksichtigt und sind nicht Teil des Grundlohns.

3. Arbeitsbewertung auf dem Prüfstand

3.1. Vorbemerkung

Wie eingangs erwähnt, sind die meisten Arbeitsbewertungsverfahren mit Mängeln behaftet und wirken sich nicht selten diskriminierend auf Löhne von typischen Frauenarbeitsplätzen aus. Dies nicht zuletzt, weil Kriterien und Merkmale analytischer Arbeitsbewertungssysteme oft auf dem „Genfer Schema"[5] (vgl. Gehle 1950 und Böhrs 1980) beruhen. Dieses Schema unterscheidet zwischen geistigen und körperlichen Anfordcrungen, Verantwortung und Arbeitsbedingungen. Bei den Kriterien wird zwischen Können und Belastungen unterschieden, wobei zu beachten ist, daß Verantwortung und Arbeitsbedingungen nur unter dem Aspekt der Belastung betrachtet werden (vgl. Maier 1988, S. 52; REFA 1989, S. 44; Semmer/Tomasi/Wägli/Regenass 1991, S. 27).

[5] Resultat anläßlich einer internationalen Konferenz, die 1950 in Genf stattfand.

Entsprechend dem Zeitpunkt der Entstehung des Genfer Schemas findet man neben den geistigen Anforderungen sehr stark auf körperliche Tätigkeiten ausgerichtete Merkmale. Psycho-soziale Dimensionen, wie sie vor allem in der heutigen Arbeitswelt und für Führungsfunktionen und soziale Berufe[6] sehr wichtig sind, kommen im Genfer-Schema nicht vor.

3.2. Problematik der Merkmalsauswahl

In den traditionellen Arbeitsbewertungsverfahren ist die Merkmalsauswahl sehr stark von Wertvorstellungen beeinflußt. Bei vielen Merkmalskatalogen besteht die Tendenz, daß sie mit einer großen Anzahl von Merkmalen den Anschein geben, sehr genau sein zu wollen (vgl. Katz/Baitsch 1996, S. 20). Um mit einer Arbeitsbewertung eine Geschlechtsdiskriminierung zu verhindern, muß der Merkmalsauswahl besondere Beachtung geschenkt werden. Aus Untersuchungen (vgl. Baitsch/Mussmann/Ulich 1988, S. 22; Semmer/Tomasi/Wägli/ Regenass 1991, S. 53f.; Katz/Baitsch 1996, S. 21) ist bekannt, daß gerade Merkmale bestimmter Positionen, die überdurchschnittlich von Männern besetzt sind, am häufigsten in den Arbeitsbewertungsinstrumenten vertreten sind. Bewertungsmerkmale wie Anforderungen an Ausbildung, Führungsverantwortung, Durchsetzungsvermögen, aber auch Anforderungen an Muskelkraft kommen meistens vor. Daneben fehlen darin aber oft Merkmale, die gerade für typische Frauenberufe (z. B. Einfühlungsvermögen, Handfertigkeit, Bewegungspräzision) von großer Bedeutung sind. Dabei ist zu bedenken, daß Merkmale, die nicht in eine Liste aufgenommen wurden, auch nicht bewertet werden können und deshalb nicht lohnwirksam sind.

3.3. Problematik der Merkmalsüberlappung

Eine Ursache, warum sich Verfahren der Arbeitsbewertung diskriminierend auswirken können, ist die starke Überlappung bzw. Überschneidung von Merkmalen. Diese Gefahr besteht vor allem bei Katalogen mit einer großen Anzahl von Kriterien. Dahinter steckt folgende Problematik: Eine Liste enthält verschiedene Merkmale, die miteinander verwandt sind. Dies führt in der Folge dazu, daß dann ein und derselbe Sachverhalt mehrfach bewertet wird. So stellen zum Beispiel Kriterien wie „Management", „Führung", „Denkleistung" und „Verantwortung" sich sehr überschneidende Aspekte dar. Sie messen sozusagen die intellektuellen Anforderungen einer Arbeitstätigkeit. In aller Regel ist eine

6 Berufe, die zu einem Großteil von Frauen ausgeführt werden.

hohe Einstufung in einem Merkmal zugleich mit einer hohen Einstufung im zweiten und dritten Merkmal verbunden (vgl. Baitsch/Mussmann/Ulich 1988, S. 23 f.).

3.4. Problematik der Merkmalsgewichtung

Unter Gewichtung wird der mögliche prozentuale Anteil eines Merkmals an der Gesamtpunktezahl einer bewerteten Tätigkeit verstanden (vgl. Katz/Baitsch 1996, S. 23). Wissenschaftlich läßt sich die Gewichtung nicht begründen. Sie wird beeinflußt von traditionellen Einstellungen, gesellschaftlichen Normen und subjektiven Wertungen (vgl. Jochmann-Döll 1990, S. 58). Baitsch/Mussmann/Ulich (1988) weisen in ihrer Untersuchung von verschiedenen Arbeitsbewertungsverfahren[7] auf die folgenden Tendenzen bei der Gewichtung hin: Stark gewichtet werden die Anforderungen an Ausbildung, an Wissen, an geistige Fähigkeiten und daraus resultierende Belastungen. Gering gewichtet werden Anforderungen an emotionale Fähigkeiten sowie an körperliche Fähigkeiten und Fertigkeiten (vgl. Baitsch 1996).

3.5. Problematik des Bewertungsprozesses

Üblicherweise wird die Bewertung von Arbeitstätigkeiten in Gruppen, sogenannten Bewertungskommissionen, vorgenommen. Bei der Durchführung der Bewertung ist es deshalb besonders wichtig, daß die verschiedenen Interessengruppen (Frauen und Männer, ArbeitnehmerInnen und ArbeitgeberInnen) vertreten sind. Auch wenn dieses Kriterium erfüllt ist, ergeben sich viele Fehlerquellen bei der Durchführung der Arbeitsbewertung in einer Gruppe. Hier wird auf einige der größten Schwierigkeiten bei der Beurteilung in Gruppen hingewiesen:

- Der Halo-Effekt (vgl. Semmer/Tomasi/Wägli/Regenass 1991, S. 43f.; Jochmann-Döll 1990, S. 65) kommt dadurch zustande, daß die einzelnen Merkmale „ausstrahlen" und daher nicht unabhängig voneinander beurteilt werden, sondern jeweils von einem Gesamteindruck der Tätigkeit beeinflußt werden.

---

[7] In dieser Untersuchung wurden verschiedene in der Schweiz gebräuchliche Arbeitsbewertungsverfahren von 8 Unternehmen analysiert.

- Allgemeine Antworttendenzen (vgl. Semmer/Tomasi/Wägli/Regenass 1991, S. 44) ergeben sich, weil viele Personen dazu neigen, Extremeinstufungen zu vermeiden, eine Tendenz zur Mitte haben und weder zu Ja-Antworten noch zu Nein-Antworten tendieren.
- In den meisten Gruppen entsteht über kurz oder lang ein Machtgefüge, wodurch die Meinungen gewisser Gruppenmitglieder von anderen übernommen werden (vgl. Semmer/Tomasi/Wägli/Regenass 1991, S. 44f.).

Es ist deshalb unverzichtbar, Schulungen durchzuführen, in welchen die Mitglieder einer Bewertungsgruppe auf die verschiedenen Beurteilungsfehler und Diskriminierungsquellen von Arbeitsbewertungsinstrumenten aufmerksam gemacht werden.

4. ABAKABA - ein geschlechtsunabhängiges Arbeitsbewertungsinstrument

Es hat sich also gezeigt, daß Arbeitsbewertungsverfahren nicht per se ein probates Mittel sind, zwei verschiedene Tätigkeiten ohne Diskriminierung von typischen Frauenarbeitsplätzen zu vergleichen. Diese Tatsache veranlaßte das Eidgenössische Büro für die Gleichstellung von Frau und Mann, Prof. Dr. Christof Baitsch und Dr. Christian Katz[8] ein geschlechtsunabhängiges Arbeitsbewertungsinstrument entwickeln zu lassen. Mit ABAKABA (Analytische Bewertung von Arbeitstätigkeiten nach Katz und Baitsch[9]) haben sie ein Arbeitsbewertungsinstrument geschaffen, das Merkmale von typischen Männer- und Frauentätigkeiten gleich stark enthält und gewichtet.[10] Für die Entwicklung des Instruments waren drei Punkte wichtig:

---

[8] Die Verfasser arbeiteten mehrere Jahre als wissenschaftliche Mitarbeiter am Institut für Arbeitspsychologie an der ETH Zürich. Christof Baitsch war zwischen 1992 und 1995 hauptamtlicher Dozent für Arbeits- und Organisationspsychologie an der Hochschule St. Gallen. Seit 1995 ist er Professor für Management des technischen Wandels und Personalentwicklung an der Technischen Universität Chemnitz. Christian Katz ist heute Teilhaber an der Beratergruppe KATZ SCHILLING SPINAS.

[9] Siehe: Katz/Baitsch (1996): Lohngleichheit für die Praxis - zwei Instrumente der geschlechtsunabhängigen Arbeitsbewertung.

[10] Siehe dazu auch Jochmann-Döll (1997).

- Zum ersten wurden die in den Arbeitswissenschaften zur Verfügung stehenden, wissenschaftlich sorgfältig und ausgiebig geprüften Arbeitsanalyseverfahren (z.B. PAQ, RHIA/VERA)[11] beigezogen.
- Zum zweiten wurden bestehende Merkmalskataloge auf ihre Überschneidungen und generelle Tauglichkeit überprüft.
- Zum dritten sollten die in anderen Ländern (mit längerer Gleichstellungspraxis als die Schweiz) gemachten Erkenntnisse bei der Anwendung von diskriminierungsfreien Bewertungsmethoden berücksichtigt werden.

1.1. Merkmalsbereiche von ABAKABA

Das Konzept von ABAKABA unterscheidet zwischen den folgenden vier Merkmalsbereichen:

- Intellektueller Bereich,
- Psycho-sozialer Bereich,
- Physischer Bereich,
- Verantwortung.

Die Auswahl der ersten drei Bereiche orientiert sich an arbeitswissenschaftlich begründeten Kriterien. Die in der Arbeitswissenschaft bewährten Methoden zeigen ein wiederkehrendes Muster der drei Merkmalsdimensionen. Verantwortung wird als getrennter Bereich angeführt, weil sie je nach Tätigkeit intellektuelle, psycho-soziale und/oder physische Qualität hat.

1.2. Blickwinkel bei ABAKABA

Die vier Merkmalsbereiche werden unter folgendem Blickwinkel bewertet (vgl. Katz/Baitsch 1996, S. 37f.):

- Anforderungen,
- Beeinträchtigung,
- Zeitanteil.

Die Anforderungen werden auf das für eine einwandfreie Ausübung der Tätigkeit notwendige Maß beurteilt. Daneben gibt es in jedem Bereich Merkmale, die spezifische Beeinträchtigungen erfassen, die sich auf Gesundheit oder Wohlbe-

[11] Vgl. Frieling 1997, S. 963.

finden der Arbeitstätigen negativ auswirken können. Unter dem Blickwinkel Zeitanteil wird sodann für die meisten Merkmale beurteilt, wie oft die betreffenden Anforderungen im Arbeitsalltag entstehen.

1.3. Gewichtung der Bereiche

Wie in Kapitel 3.4 vermerkt, ist eine Gewichtung der einzelnen Merkmale eines Arbeitsbewertungsintrumentes nicht wissenschaftlich begründbar. Die Gewichtung der einzelnen Bereiche von ABAKABA soll deshalb klar als lohnpolitischer Entscheid von den AnwenderInnen deklariert und offen gelegt werden (vgl. Katz/Baitsch 1996, S. 43).

Um eine geschlechtsdiskriminierende Wirkung von ABAKABA zu vermeiden, schlagen Katz/Baitsch (1996), unter Berücksichtigung des aktuellen Wissensstandes, folgende Bandbreiten für die Gewichtung (%-Anteile am Gesamtwert) der Bereiche vor:

- 25-50% intellektueller Bereich,[12]
- 20-40% psycho-sozialer Bereich,[13]
- 5-25% physischer Bereich,
- 20-30% Verantwortung.

1.4. ABAKABA und seine Merkmale

Die Merkmale stellen für die zu bewertenden Arbeitstätigkeiten relevante Anforderungen und Beeinträchtigungen dar. Die Auswahl bei ABAKABA erfolgt in erster Linie nach arbeitswissenschaftlichen Kriterien. Es geht darum, einerseits das ganze Spektrum möglicher Anforderungen und Beeinträchtigungen zu berücksichtigen, andererseits die verschiedenen Merkmale nicht zu „überlappen" (vgl. Katz/Baitsch 1996, S. 41) (siehe Kapitel 3.3.). Tabelle 1 zeigt die 16 Merkmale bei ABAKABA und ihre Zuordnung zu den Bereichen und Blickwinkeln.

---

[12] Der intellektuelle Bereich wird in Anlehnung an gesellschaftliche Konventionen relativ hoch gewichtet. Die in diesem Bereich enthaltenen Merkmale können sowohl von Frauen als auch von Männern erfüllt werden.

[13] Eine höhere Gewichtung wird dadurch gerechtfertigt, weil in der heutigen Arbeitswelt Anforderungen und Belastungen in diesem Bereich an Bedeutung zunehmen.

Tabelle 1: Die Merkmale und ihre Zuordnung nach Bereichen und Blickwinkeln

Bereich	Blickwinkel	
	Anforderungen kombiniert mit Zeitanteil	Beeinträchtigungen kombiniert mit Zeitanteil
Intellektueller Bereich	- Fachliche Anforderungen - Anforderungen an organisatorische Fähigkeiten	- Beeinträchtigungen von Handlungs- und Entscheidungsspielräumen - Beeinträchtigende Arbeitsunterbrechungen
Psycho-sozialer Bereich	- Anforderungen an die mündliche Kommunikationsfähigkeit - Anforderungen an die Kooperationsfähigkeit - Anforderungen an das Einfühlungsvermögen	- Beeinträchtigende psychosoziale Bedingungen
Physischer Bereich	- Anforderungen an die Muskelkraft - Anforderungen an die Bewegungspräzision	- Beeinträchtigende zeitliche Bedingungen - Beeinträchtigende Umgebungsbedingungen
Verantwortung	- Verantwortung für die Arbeitsergebnisse anderer Personen	- Verantwortung für menschliches Leben - Verantwortung für wertvolle Materialien und Güter - Verantwortung für den Schutz der Umwelt

Quelle: Katz/Baitsch 1996, S. 42

1.5. Bewertungsprozeß

Als Grundlage für die Bewertung einer Arbeitstätigkeit mit ABAKABA steht ein detaillierter Fragebogen zur Verfügung, der zu jedem Merkmal konkrete Fragen enthält. Dieser Fragebogen soll von der/dem StelleninhaberIn beantwortet werden und anschließend mit der vorgesetzten Person und einem Mitglied der Bewertungskommission diskutiert werden. Der Bewertungskommission fällt im nachhinein die Aufgabe zu, die verschiedenen Tätigkeiten anhand eines vorgegebenen Formulars aufgrund der ausgefüllten Fragebogen zu bewerten. Bei der Zusammensetzung der Bewertungskommission ist zu beachten (vgl. Katz/Baitsch 1996, S. 115), daß

- Frauen und Männer in je gleicher Anzahl,
- VertreterInnen der verschiedenen Interessengruppen (ArbeitgeberInnen- und ArbeitnehmerInnenseite) sowie
- eine externe, neutrale Fachperson, die mit ABAKABA vertraut ist und den Bewertungsprozeß moderieren kann,

vertreten sind.

2. Abschließende Bewertung

ABAKABA wurde in fünf Betrieben ausgetestet. Aufgrund der Testerfahrungen wurden verschiedene Merkmale modifiziert und ergänzt. Es hat sich gezeigt, daß ABAKABA die Erwartung erfüllt, Arbeitstätigkeiten nicht geschlechtsdiskriminierend zu bewerten. Denn einerseits wurden diskriminierungssensible Funktionen (z.B. Pflegebereich) im Vergleich zu den bestehenden Lohnklassen höher bewertet, andererseits hat sich gezeigt, daß einige traditionell (zu) hoch bewertete Funktionen offensichtlich weniger anforderungsreich sind als bisher angenommen.

Aufgrund der Testerfahrungen hat eine Einrichtung der öffentlichen Verwaltung die Überprüfung des Salärsystems in Angriff genommen. Eine weitere öffentliche Verwaltung in einem Kanton hat bis heute rund 1.000 Schlüsselfunktionen mit ABAKABA bewertet. Da das Instrument gut handhabbar ist und in Hinblick auf Lohnverhandlungen eine große Transparenz vermitteln kann, werden in dieser Verwaltung insgesamt ca. 2.000 Arbeitsplätze bewertet werden.

Mit ABAKABA liegen erste Schritte über Kriterien zur Definition von gleichwertiger Arbeit von Frau und Mann vor. Das Arbeitsbewertungsinstrument ABAKABA hat gerade in Betrieben und Verwaltungen mit dazu beigetragen, daß wieder und weiterhin über die Lohngleichheit von Frau und Mann diskutiert wird. Diese Tatsache und das neue Bundesgesetz über die Gleichstellung von Frau und Mann haben gerade Beschäftigte in typischen Frauenberufen (z.B. Kindergärtnerinnen) ermutigt, eine Lohnklage einzureichen. Dabei wirkte die formulierte Kritik an traditionellen Arbeitsbewertungsverfahren und die Entwicklung eines geschlechtsunabhängigen Arbeitsbewertungsinstrumentes unterstützend.

Zur Zeit ist eine ForscherInnengruppe daran, mit ABAKABA die Schlüsselqualifikationen zu eruieren, die aus der Familienarbeit in die Arbeitswelt transferiert werden könnten.

Abschließend ist zu bemerken, daß Lohndiskriminierung sicher nicht mit einem Arbeitsbewertungsinstrument allein vermindert bzw. verhindert werden kann. Eine Diskussion darüber, welche Anforderungen und Belastungen typische Frauentätigkeiten beinhalten und diese transparent zu machen, ist dringend notwendig. Dazu trägt ABAKABA auf jeden Fall bei.

Literatur:

Baitsch, Christof (1996): Lohndiskriminierung bei gleichwertiger Arbeit? Verfahren der Arbeitsbewertung auf dem Prüfstand. Referat auf der Tagung vom 16. Januar 1996 zum Gleichstellungsgesetz, organisiert von der Stiftung für die Weiterbildung schweizerischer Richter und vom Eidgenössischen Büro für die Gleichstellung von Frau und Mann (EBG), Bern.

Baitsch, Christof/Mussmann, Carin/Ulich, Eberhard (1988): Gleicher Lohn für gleichwertige Arbeit. Band 2. Forschungsbericht unter der Leitung von Herrn Prof. Eberhard Ulich, Lehrstuhl für Arbeits- und Organisationspsychologie ETH Zürich, zuhanden der vom Eidgenössischen Justiz- und Polizeidepartement eingesetzten Arbeitsgruppe „Lohngleichheit“. EDMZ, Bern.

Böhrs, Hermann (1980): Leistungslohngestaltung. Gabler Verlag, Wiesbaden, 3. Aufl.

Bundesamt für Statistik (1996): Die Schweizerische Lohnstrukturerhebung 1994. EDMZ, Bern.

Frieling, Ekkehart (1996): Anforderungsanalyse. In: Luczak, Holger/Volpert, Walter (Hrsg.): Handbuch der Arbeitswissenschaft. Schäffer/Poeschel. Stuttgart, S. 963-968.

Gehle, F. (1950): Internationale Tagung über Arbeitsbewertung. In: REFA Nachrichten 3, 1950/2, S. 32-34.

Jochmann-Döll, Andrea (1990): Gleicher Lohn für gleichwertige Arbeit. Ausländische und deutsche Konzepte und Erfahrungen. Rainer Hampp Verlag, München-Mering.

Jochmann-Döll, Andrea (1997): Rezension zu: Lohngleichheit für die Praxis. Zwei Instrumente zur geschlechtsunabhängigen Arbeitsbewertung. In: ZfP 1997/4, S. 460-463.

Kappel, Heinz (1990): Organisieren, führen, entlöhnen. Handbuch der Funktionsbewertung und Mitarbeiterbeurteilung. Verlag Industrielle Organisation, Zürich.

Katz, Christian/Baitsch, Christof (1996): Lohngleichheit für die Praxis. Zwei Instrumente zur geschlechtsunabhängigen Arbeitsbewertung. Hrsg. vom Eidgenössischen Büro für die Gleichstellung von Frau und Mann, vdf-Verlag, Zürich.

Maier, Walter (1988): Arbeitsanalyse und Lohngestaltung. Enke Verlag, Stuttgart.

REFA (1989): Methodenlehre der Betriebsorganisation. Teil 4: Anforderungsermittlung (Arbeitsbewertung). Karl Hanser Verlag, München.

Reis, Hans (1988): Die Lohndifferenzen zwischen Männern und Frauen in der Schweiz. Peter Lang Verlag, Bern-Frankfurt-New York-Paris.

Ridder, Hans-Gerd (1982): Funktionen der Arbeitsbewertung. Ein Beitrag zur Neuorientierung der Arbeitswissenschaft. Verlag Neue Gesellschaft, Bonn.

Semmer, Norbert/Tomasi, Romana/Wägli, Theres/Regenass, Alex (1991): Arbeitsbewertung und Lohndiskriminierung von Frauen. In: Eidgenössisches Büro für die Gleichstellung von Frau und Mann (Hrsg.): Arbeitsbewertung und Lohndiskriminierung von Frauen. EDMZ, Bern, S. 13-85.

Zingg-Schrupkowski, Tarja (1994): Geschlechtsspezifische Lohndifferenzen. Eine kritische Analyse der Theorie und Empirie unter besonderer Berücksichtigung der Sozialisationseffekte. Verlag Hans Schellenberg, Winterthur.

Teil III
Rechtliche Aspekte

Das Gleichbehandlungsgesetz

Neda Bei

Der Schwerpunkt der legistischen Entwicklung des Gleichbehandlungsgesetzes (GleichbG)[1] *liegt im Ausbau des Gleichbehandlungsgebotes. Die Bestimmungen über den Geltungsbereich des Gleichbehandlungsgesetzes sind gänzlich, die Bestimmungen über die Gleichbehandlungskommission im wesentlichen unverändert geblieben. Die Einschätzung der Wirksamkeit des Gesetzes ist schwierig, da eine wissenschaftliche Evaluierung fehlt. Aus Sicht der Praxis kann die Institutionalisierung der Anwältin für Gleichbehandlungsfragen und der Berichtspflichten an den Nationalrat vorweg als positiv eingeschätzt werden. Das formalrechtliche Gleichbehandlungsparadigma ist ebenso unverzichtbar wie kritisch daraus abgeleitete Strategien (Frauenförderung, Mainstreaming, universelle Frauenparität). Ziel des Beitrags ist es, einen Überblick über die grundlegenden Inhalte des Gleichbehandlungsgesetzes zu geben.*

1. Zum Inhalt des Gleichbehandlungsgesetzes

1.1. Der Geltungsbereich des Gleichbehandlungsgesetzes

Der Geltungsbereich des Gleichbehandlungsgesetzes ist umfassend. Es gilt für „Arbeitsverhältnisse aller Art, die auf privatrechtlichem Vertrag beruhen" und für HeimarbeiterInnen, also - wie gerne gesagt wird - für die „Privatwirtschaft". Für die Gleichbehandlung der land- und forstwirtschaftlichen ArbeiterInnen gelten die Grundsatzgesetzgebung des Gleichbehandlungsgesetzes (Teil II) und die sie ausführenden Landesgesetze, für Bundesbedienstete das Bundes-Gleichbehandlungsgesetz (B-GBG; BGBl. 1993/100 idgF), das ein Frauenförderungsgebot und eigene Durchsetzungsmechanismen vorsieht. Bei Ausgliederungen aus dem Bund gilt das Bundes-Gleichbehandlungsgesetz nur dann weiter, wenn dies in der Ausgliederungsnorm ausdrücklich vorgesehen ist, wie beispielsweise beim Arbeitsmarktservice und bei der Post.

---

1 Das Bundesgesetz (BG) vom 23.2.1979 über die Gleichbehandlung von Frau und Mann bei Festsetzung des Entgelts (Gleichbehandlungsgesetz; GBG), BGBl. 108, in der Fassung BGBl. 1980/577 (Druckfehlerberichtigung), BGBl. 1985/290, 1990/410, und 1992/833 sowie der Kundmachung BGBl. 1994/370, ist am 1.7.79 in Kraft getreten und 1985, 1990 und zuletzt 1992 novelliert worden. Genaue Angaben finden sich in der jeweils aktuellen Textausgabe der Arbeiterkammer Wien und in der umfassenden Darstellung, die ich gemeinsam mit R. Novak erarbeitet habe (Bei/Novak 1997). Die am 1.5.98 in Kraft getretene vierte Novelle BGBl. I 1998/44 konnte hier noch nicht durchgehend berücksichtigt werden.

Die *sprachliche Gleichbehandlung* ist im geltenden Gesetzestext unzureichend. Die ausschließlich weibliche Funktionsbezeichnung der Anwältin für Gleichbehandlungsfragen und ihrer Stellvertreterin ist sachlich gerechtfertigt.

1.2. Das Gleichbehandlungsgebot

Der materiellrechtliche Kern des Gleichbehandlungsgesetzes ist das Gleichbehandlungsgebot (§ 2). Es ist als Diskriminierungsverbot formuliert und richtet sich an jede Person, die auf Arbeitgeberseite verantwortlich tätig wird (§ 2 Abs 1 Z 1-7). Organisatorischer Bezugsrahmen ist grundsätzlich der Betrieb. Im Sinne des arbeitsrechtlichen Schutzprinzips kann zumindest im Einzelfall ein Vergleich zwischen Arbeitnehmerinnen und Arbeitnehmern auf Unternehmensebene geboten sein.

„Diskriminierung" ist ein vieldeutiger Begriff, der in die Alltagssprache eingegangen ist. Der Rechtsinhalt des Diskriminierungsverbots muß in Übereinstimmung mit der Verfassung, mit bestehenden völkerrechtlichen Verträgen und mit dem Europarecht, insbesondere mit den Gleichbehandlungsrichtlinien 75/111 und 76/207 sowie mit der Rechtsprechung des Europäischen Gerichtshofes (EuGH) bestimmt werden. Das Diskriminierungsverbot des Gleichbehandlungsgesetzes sieht vor, daß niemand im Zusammenhang mit einem Arbeitsverhältnis auf Grund des Geschlechtes mittelbar oder unmittelbar diskriminiert werden darf. Widersprechende Vertragsinhalte sind sowohl in individuellen Arbeitsverträgen als auch in Kollektivverträgen und Betriebsvereinbarungen nichtig (§ 879 ABGB; Teilnichtigkeit). Die geschlechtsspezifische Schutzrichtung des Diskriminierungsverbots ist im Zusammenhang mit dem Überwiegen der Diskriminierung von Frauen in der gesellschaftlichen Wirklichkeit zu sehen.

Das vom Gleichbehandlungsgesetz verpönte Differenzierungsmerkmal ist das Geschlecht. Damit sind beide Geschlechter im Vergleich zum jeweils anderen Geschlecht angesprochen, aber auch Transsexualität bzw. die Vorbereitung einer operativen Geschlechtsumwandlung.[2] Schutzbestimmungen, die an die Gebärfähigkeit der Frauen, das heißt an Schwangerschaft und Geburt anknüpfen, stellen keine Diskriminierung von Männern dar.

Das Gleichbehandlungsgesetz definiert Diskriminierung allgemein als jede benachteiligende Differenzierung, die ohne sachliche Rechtfertigung vorgenommen wird, sowie als sexuelle Belästigung. Die sachliche Rechtfertigung einer benachteiligenden Differenzierung ist als Ausnahme des Diskriminierungsverbots eng auszulegen. Positive Aktionen gelten nicht als Diskriminierung. Die Parteien der kollektiven Rechtsgestalt und einzelne ArbeitgeberInnen, letztere

---

[2] Vgl. EuGH Urteil 30.4.96, Rs C-13/94 (P gegen S und Cornwall County Council).

im Rahmen ihrer Direktionsgewalt, können generelle Rahmenbedingungen für positive Aktionen sowie konkrete Frauenförderungsmaßnahmen festlegen (§ 2 Abs 3).

Entgeltdiskriminierung

Die Gleichbehandlungskommission beschäftigte sich zwischen 1979 und 1987 generell mit der Einhaltung des Gleichbehandlungsgebotes in Kollektivverträgen. Dabei standen Generalklauseln in Kollektivverträgen und - als solche bezeichneten – „Frauenlohngruppen" im Vordergrund. Die Beseitigung solcher unmittelbar diskriminierender Bestimmungen durch die Kollektivvertrags-Parteien konnte in der Folge als abgeschlossen gelten (vgl. Österreichische Studiengruppe Automation und industrielle Arbeitnehmer 1978[3]).

Seit 1990 gilt ein ausdrückliches Verbot der mittelbaren Entgeltdiskriminierung in Kollektivverträgen und Betriebsvereinbarungen insbesondere bei den sogenannten Leichtlohngruppen („Hilfsarbeiten leicht“). Nicht-diskriminierende Kriterien (z.B. Verantwortung) treffen auf beide Geschlechter zu. Als diskriminierend untersagt ist jedoch das Heranziehen geschlechtsbezogener Bewertungskriterien, d.h. das Anknüpfen an Belastungsmerkmale, die verstärkt auf Männer zutreffen und eine höhere Einstufung begründen, während gleichzeitig für Frauen charakteristische Belastungsmerkmale nicht berücksichtigt werden (z.B. Nässe, Dampf, scharfe Chemikalien). 1992 wurde das diesbezügliche Diskriminierungsverbot auf betriebliche Einstufungsregelungen ausgedehnt. Ebenfalls 1992 wurde präzisiert, daß sich das Gleichbehandlungsgebot für die Entgeltfestsetzung durch Kollektivverträge und Betriebsvereinbarungen nicht nur auf „gleiche“ sondern auf „gleichwertige“ Arbeit bezieht. Die Gleichbehandlungskommission hat in zwei Gutachten 1980 und 1992 zu Kollektivverträgen aus dem Banken- und Sparkassenbereich unsachliche Differenzierungen bei verschiedenen Zulagen, Familien- sowie Hinterbliebenenleistungen festgestellt und festgehalten, daß ein Mehraufwand des Arbeitgebers für Personalkosten bei Beseitigung der unterschiedlichen Behandlung nicht als sachliche Rechtfertigung sowie eine Diskriminierung nicht dadurch als beseitigt gelten kann, daß die neuen Regelungen zu einer allgemeinen Schlechterstellung führen. Im Rahmen von Verfahren vor der Gleichbehandlungskommission, jedoch ohne for-

[3] An der Studiengruppe nahmen teil: Eva Cyba (Institut für Höhere Studien), Christine Haager (Arbeiterkammer NÖ), Richard Kellner (Bundeswirtschaftskammer), Paul Kolm und Ilse Kucera (beide Gewerkschaft der Privatangestellten), Hans Margulies (Österreichischer Gewerkschaftsbund) und Eva Schwarz-Regner (Arbeiterkammer Wien). Die 1988 zur Publikation vorgesehene aktualisierte Fassung der Studie blieb unveröffentlicht.

melle Erstellung eines Gutachtens, wurden Diskriminierungen in zwei weiteren Kollektivverträgen sowie in einer Reihe von Betriebsvereinbarungen beseitigt.

Das Gleichbehandlungsgesetz enthält keine Definition der „mittelbaren Diskriminierung", verbietet diese jedoch seit 1992 ausdrücklich für alle Diskriminierungstatbestände des Gleichbehandlungsgesetzes. Nach der umfangreichen Rechtsprechung des Europäischen Gerichtshofes - insbesondere zur Teilzeitbeschäftigung - wird „mittelbare Diskriminierung" durch scheinneutrale Kriterien verursacht, die sich auf unverhältnismäßig mehr Frauen als Männer auswirken, wobei die volle Beweislast den Arbeitgeber trifft (Transparenzgebot). Ob die Differenzierung aufgrund des Ehe- oder Familienstandes als unmittelbare oder mittelbare Diskriminierung aufgrund des Geschlechtes anzusehen ist, ist umstritten.

Die Einzeltatbestände erfassen die diskriminierungsanfälligsten Inhalte des Arbeitsvertrages und sind weit auszulegen:

- *Begründung des Arbeitsverhältnisses*[4]: Die Frage nach der mittelbaren Diskriminierung bei der Begründung des Arbeitsverhältnisses stellt sich überall dort, wo im Ergebnis Frauen von einem ganzen Berufszweig ausgeschlossen werden. Die Verpflichtung von Stellenwerberinnen, Schwangerschaftstests vorzunehmen, und die Frage nach dem Vorliegen einer Schwangerschaft in Personalfragebögen sind unmittelbar diskriminierend.
- *Entgeltfestsetzung*: Vorausgesetzt ist der im österreichischen Arbeitsrecht anerkannte weite Entgeltbegriff, der insbesondere Betriebspensionen umfaßt. Im Einzelfall stellte die Gleichbehandlungskommission eine mittelbare Entgeltdiskriminierung durch funktionsgebundene Anspruchsvoraussetzungen für Zulagen fest.
- *Gewährung von Sozialleistungen*, die kein Entgelt darstellen, Benützung betrieblicher Freizeiteinrichtungen, Freizeitpauschalen („fringe benefits").
- *Maßnahmen der betrieblichen Aus- und Weiterbildung*: Sowohl quantitative als auch qualitative Gesichtspunkte sind zu berücksichtigen, da die Erscheinungsformen der Benachteiligung von Frauen hier vielfältig sind und eng

---

[4] Eine Diskriminierung bei der Begründung des Arbeitsverhältnisses liegt vor, wenn eine Bewerberin unter Berufung auf ein diskriminierendes Inserat abgelehnt wird. Das Anführen rollenstereotyper Vorstellungen und unzutreffende Behauptungen über die Anwendung des Verwendungsschutzes für Frauen sind diskriminierend (vgl. Gutachten der Gleichbehandlungskommission über diskriminierende Ablehnungsgründe, die Lehrstellenwerberinnen gegenüber ins Treffen geführt werden: ABl WrZ 10.12.94; ARD 4615/1/95, 4616/39/95, 4616/40/95).

mit den vorgelagerten Prinzipien der Personalplanung sowie mit der Aufstiegsdiskriminierung zusammenhängen.

- *Beruflicher Aufstieg, insbesondere Beförderungen*: Hier sind alle Maßnahmen eines Arbeitgebers erfaßt, die sich auf Aufstieg oder Beförderung auswirken können (z.B. verschlechternde Versetzung, Entzug von Tätigkeitsbereichen).
- *Sonstige Arbeitsbedingungen* (weit auszulegender Auffangtatbestand).
- *Beendigung des Arbeitsverhältnisses*: Kündigung, Entlassung.

Sexuelle Belästigung

„Sexuelle Belästigung“ ist ein neuer Name für ein altes Problem. Daß es dabei weniger um Sexualität als um sexualisierte Erscheinungsformen von Gewalt geht, ist noch nicht allgemeines Bewußtsein. Ein entsprechender Diskriminierungstatbestand wurde 1992 im Gleichbehandlungsgesetz verankert (§ 2 Abs 1a, 1b)[5]. Das Verbot der Diskriminierung durch sexuelle Belästigung ist an den Arbeitgeber adressiert. Dieser verletzt seine Fürsorgepflicht, wenn er selbst belästigt oder im Fall der sexuellen Belästigung durch Dritte (Arbeitnehmer, Kunden) keine angemessene Abhilfe schafft. Angemessen ist eine Abhilfemaßnahme dann, wenn sie geeignet ist, die belästigte Person vor weiteren Übergriffen zu schützen. Die Verpflichtung des Arbeitgebers zur angemessenen Abhilfe setzt voraus, daß bei objektiver Betrachtung keine begründeten Zweifel am Vorliegen einer tatbestandsmäßigen sexuellen Belästigung bestehen. Beim konkreten Sachverhalt ist im ersten Schritt zu prüfen, ob eine sexuelle Belästigung im Sinne der Legaldefinition vorliegt. Erforderlich ist zunächst ein der sexuellen Sphäre zugehöriges Verhalten[6], die Beeinträchtigung der persönlichen Würde (geschütztes Rechtsgut) sowie ein für die betroffene Person unerwünschtes, unangebrachtes oder anstößiges Verhalten[7]. Es muß für den Belästiger erkennbar sein, daß sein Verhalten unerwünscht ist. Unerheblich ist jedoch,

---

[5] Unterstützend können zur Auslegung neben den Motiven die praktischen Verhaltensregeln und Maßnahmen zur Bekämpfung sexueller Belästigungen („Verhaltenskode“; EG Abl Nr C 27/6 vom 4.2.92) herangezogen werden.

[6] Damit ist ein Verhalten gemeint, das jedenfalls mit der sexuellen Sphäre im Zusammenhang steht und als sexualbezogen oder anzüglich aufgefaßt werden kann. Nach dem Verhaltenskode kann das verpönte Verhalten körperlich, verbal oder gestisch sein.

[7] Unangebrachtheit und Anstößigkeit enthalten den Hinweis auf allgemein anerkannte Verhaltensmaßstäbe und somit objektive Momente. Durch die Voranstellung der Worte „für die betroffene Person“ ist klargestellt, daß die situationsabhängige Wahrnehmung der betroffenen Person zu berücksichtigen ist, und der Tatbestand nicht auf eine starre Verhaltenstypologie zielt.

ob er die Absicht zu belästigen hatte. Der geschützte Personenkreis ergibt sich daraus, daß in der gesellschaftlichen Wirklichkeit die sexuelle Belästigung von Frauen durch Männer überwiegt, erfaßt ist jedoch auch der umgekehrte Fall sowie die Belästigung durch Personen des gleichen Geschlechts. Entspricht ein Verhalten den bisher genannten allgemeinen Kriterien, sind im nächsten Schritt die nachteiligen Folgen des sexuellen Übergriffs zu prüfen, und zwar, ob die Arbeitsumwelt für die betroffene Person einschüchternd, feindselig oder demütigend geworden ist (Fallgruppe 1) oder eine sexuelle Nötigung („quid pro quo harassment"; Fallgruppe 2) oder beides vorliegt. In der Praxis ist Fallgruppe 1 von weitaus größerer Bedeutung.

1.3. Rechtsfolgen der Verletzung des Gleichbehandlungsgesetzes

Das Gleichbehandlungsgesetz sieht als Rechtsfolgen der Verletzung des Gleichbehandlungsgebotes folgende Ansprüche vor,

- bei Entgeltdiskriminierung den Anspruch auf Zahlung der Differenz zum nicht diskriminierenden Entgelt[8]. Die Verjährungsfrist beträgt 3 Jahre (eine Einschränkung durch Kollektivvertrag ist möglich);
- bei Einstellungs- bzw. Aufstiegsdiskriminierung der Höhe nach begrenzte Ansprüche auf den entgangenen Gewinn (Schadenersatz für Verdienstentgang) im Ausmaß von bis zu zwei Monatsentgelten für die diskriminierende Nichtbegründung des Arbeitsverhältnisses bzw. im Ausmaß der Entgeltdifferenz zwischen tatsächlichem und nicht-diskriminierendem Engelt für vier Monate bei Aufstiegsdiskriminierung. In beiden Fällen ist bei Diskriminierung mehrerer Personen der Schadenersatz nach Köpfen aufzuteilen. Die Verjährungsfrist beträgt 6 Monate;
- bei Diskriminierung hinsichtlich betrieblicher Sozialleistungen ohne Entgeltcharakter, hinsichtlich Maßnahmen der Aus- und Weiterbildung und hinsichtlich der sonstigen Arbeitsbedingungen jeweils einen Gleichstellungsanspruch. Dafür ist eine Verjährungsfrist von drei Jahren vorgesehen (eine Einschränkung durch Kollektivvertrag ist möglich);

---

[8] Verstößt ein Kollektivvertrag gegen das Gleichbehandlungsgesetz, ist die betreffende Bestimmung des Kollektivvertrages, nicht jedoch der gesamte Kollektivvertrag nichtig („Teilnichtigkeit"). Irreführenderweise folgen die Motive zum Gleichbehandlungsgesetz einem anderen Verständnis von Teilnichtigkeit. Demnach sollten Verletzungen des Gleichbehandlungsgebotes lediglich im Einzelfall, d.h. im Leistungsstreitverfahren, zur Nichtanwendung der betreffenden Bestimmung eines Kollektivvertrages, nicht jedoch zu deren Vernichtung führen.

- bei sexueller Belästigung einen Schadenersatzanspruch gegen den Belästiger sowie gegen Arbeitgeber und Belästiger, wenn der Arbeitgeber gegen die Belästigung durch einen Arbeitskollegen oder Kunden („Dritten") die angemessene Abhilfe unterlassen hat. Der Anspruch umfaßt den Ersatz des erlittenen Schadens[9]. Dafür besteht eine Verjährungsfrist von 6 Monaten.

Kündigungen oder Entlassungen wegen des Geschlechts oder der offenbar nicht unberechtigten Geltendmachung von Forderungen nach dem Gleichbehandlungsgesetz können innerhalb von 14 Tagen angefochten werden. Die Einbringung eines Antrags bei der Gleichbehandlungskommission hemmt die Fristen zur Klagseinbringung. Eine Arbeitnehmerin muß ihre Benachteiligung glaubhaft machen, d.h. das Gericht von der Wahrscheinlichkeit der tatbestandsbegründenden Tatsachen überzeugen. Im Gegenzug muß der beklagte Arbeitgeber glaubhaft machen, daß nicht das Geschlecht Motiv für eine Benachteiligung war bzw. eine ausreichende sachliche Rechtfertigung für die Ungleichbehandlung gegeben ist. Es entscheidet die höhere Wahrscheinlichkeit („Wahrscheinlichkeitsbeweis").

1.4. Der Durchsetzungsmechanismus

Das Gleichbehandlungsgesetz enthält eine Reihe von Bestimmungen und Institutionen mit verwaltungs- und verfahrensrechtlicher Anknüpfung („Durchsetzungsmechanismus"). Die einzelne Arbeitnehmerin hat grundsätzlich mehrere Rechtsschutzmöglichkeiten: Die gerichtliche Geltendmachung, die Antragstellung bei der Gleichbehandlungskommission oder eine Verbindung beider Mittel.

Die Förderungsrichtlinien des Bundes dürfen Förderungen nur für Unternehmen vorsehen, die das Gleichbehandlungsgesetz beachten (Selbstbindung).[10]

Das an Arbeitgeber, private Arbeitsvermittler im Sinne des Arbeitsmarktförderungsgesetzes[11] oder juristische Personen, die mit der Arbeitsvermittlung betraut

---

9 Der erlittene Schaden (vgl. § 1323 ABGB) umfaßt die durch eine infolge der sexuellen Belästigung eingetretene Vermögenseinbuße und den durch die Verletzung der Würde entstandenen Schaden. Für letzteren gebührt angemessener Schadenersatz, d.h. von mindestens S 5.000. Aufgrund von Vergleichen im arbeitsgerichtlichen Verfahren wurden je nach den Umständen des Einzelfalls Beträge im Bereich von S 15.000 bis S 100.000 als Schadenersatz geleistet.

10 § 2b Gleichbehandlungsgesetz richtet sich an die Organe, die die Richtlinien für die Förderungsverwaltung aus Bundesmitteln gestalten. Das Erkenntnis des Verfassungsgerichtshofes (VfSlg 13.699) läßt die Selbstbindung des Bundes in ihrer Substanz unberührt.

sind, gerichtete Gebot der geschlechtsneutralen Stellenausschreibung verbietet die Ausschreibung von Arbeitsplätzen nur für Frauen oder nur für Männer, es sei denn, ein bestimmtes Geschlecht ist unverzichtbare Voraussetzung für die Ausübung der vorgesehenen Tätigkeit (diese Ausnahme ist eng auszulegen). Für Verstöße ist eine Verwaltungsstrafe bis zu S 5.000 vorgesehen, die jedoch nur auf Antrag der diskriminierten Stellenwerberin oder der Anwältin für Gleichbehandlungsfragen zu verhängen ist.

Die Gleichbehandlungskommission

Die Gleichbehandlungskommission ist beim Bundeskanzleramt errichtet. Vorsitzende ist die mit den Angelegenheiten der Gleichbehandlungskommission betraute Ministerin im Bundeskanzleramt oder eine mit dem Vorsitz betraute Bedienstete des Bundeskanzleramtes. Die Gleichbehandlungskommission ist dreigliedrig - aus BeamtInnen und VertreterInnen der Sozialpartner - zusammengesetzt[12]. Die Tätigkeit in der Gleichbehandlungskommission ist ehrenamtlich[13] und unterliegt der Amtsverschwiegenheit[14]. Arbeitgeber und alle Beschäftigten der betroffenen Betriebe sind gegenüber der Gleichbehandlungskommission auskunftspflichtig. Die Tätigkeit der Gleichbehandlungskommission ist materiell und organisatorisch Verwaltung. Eine Weisungsgebundenheit der nicht beamteten Mitglieder ist bloß hinsichtlich der äußeren Rahmenbedingungen wie Terminfestsetzungen und dergleichen, nicht jedoch hinsichtlich des Inhalts der Tätigkeit anzunehmen.

---

[11] Vgl. §§ 17 ff. Arbeitsmarktförderungsgesetz (BGBl. 1969/31 idgF). Die Anwendbarkeit der Strafbestimmung auf das aus der Arbeitsmarktverwaltung ausgegegliederte Arbeitsmarktservice ist in der Praxis umstritten.

[12] Die Gleichbehandlungskommission besteht aus elf Mitgliedern. Außer der Vorsitzenden haben ihr je zwei von den gesetzlichen und je zwei von den auf freiwilliger Mitgliedschaft beruhenden Interessenvertretungen der Arbeitgeber und ArbeitnehmerInnen vorgeschlagene Mitglieder anzugehören. Die Seite der Arbeitgeber ist somit in der Gleichbehandlungskommission durch die Wirtschaftskammer Österreich und die Vereinigung Österreichischer Industrieller , die Seite der ArbeitnehmerInnen durch die Bundesarbeitskammer und durch den Österreichischen Gewerkschaftsbund vertreten. Außerdem haben ihr je ein/e VertreterIn des Bundesministeriums für Arbeit und Soziales und des Bundeskanzleramts anzugehören.

[13] Auch VertreterInnen der Kollektivvertrags-Parteien und sonstige Fachleute sind im Rahmen der Gleichbehandlungskommission ehrenamtlich tätig. Entgeltlich ist nur die Erstellung eines Fachgutachtens im Auftrag der Kommission.

[14] Die notwendige Weitergabe von Informationen im Rahmen der Interessenvertretungstätigkeit, insbesondere bei konkreten Schlichtungsbemühungen zur Vorbereitung einer Entscheidung der Gleichbehandlungskommission, unterliegt nicht der Amtsverschwiegenheit.

Die *Anwältin für Gleichbehandlungsfragen* ist zuständig für die Beratung und Unterstützung von Personen, die sich nach dem Gleichbehandlungsgesetz diskriminiert fühlen. Im Fall einer behaupteten Diskriminierung kann sie den Arbeitgeber zur Stellungnahme auffordern und Auskünfte im Betrieb einholen. Dabei besteht Auskunftspflicht von Arbeitgebern, Betriebsrat und Beschäftigten. Gegenüber der Gleichbehandlungskommission hat sie Initiativrechte. In der Gleichbehandlungskommission hat sie Sitz, aber keine Stimme.

Die Gleichbehandlungskommission hat sich mit allen die Diskriminierung (§ 2) berührenden Fragen und mit Verstößen gegen die Beachtung der Förderungsrichtlinien des Bundes zu befassen („Generalklausel"). Auf Antrag einer der Gleichbehandlungskommission angehörenden Interessenvertretung, auf Verlangen der Anwältin für Gleichbehandlungsfragen oder von Amts wegen hat die Gleichbehandlungskommission Gutachten über Fragen der Verletzung des Gleichbehandlungsgebotes zu erstatten, wobei der Begriff „Gutachten" jegliche Bindungswirkung ausschließt (§ 5). Auf Antrag[15], auf Verlangen der Anwältin für Gleichbehandlungsfragen oder von Amts wegen muß die Gleichbehandlungskommission im Einzelfall prüfen, ob eine Verletzung des Gleichbehandlungsgebotes vorliegt (§ 6). Ist sie der Auffassung, daß dies der Fall ist, muß sie dem Arbeitgeber schriftlich einen Vorschlag zur Verwirklichung der Gleichbehandlung übermitteln und ihn auffordern, die Diskriminierung zu beenden. Dies erfolgt durch Beschluß. Der Beschluß ist hinsichtlich der Feststellung der Diskriminierung als Gutachten, hinsichtlich des Vorschlags und der Aufforderung zur Beseitigung der Diskriminierung als Empfehlung zu werten und hat keine Rechtskraft. Aus der Kompetenz zur Überprüfung einer Diskriminierung im Einzelfall läßt sich der gesetzliche Auftrag der Gleichbehandlungskommission, die Vermittlung zwischen Arbeitgeber und ArbeitnehmerIn, ableiten. Weiters kann die Gleichbehandlungskommission ein betriebsbezogenes Berichtsverfahren durchführen (§ 6a).

Die Gleichbehandlungskommission entscheidet mit einfacher Mehrheit[16]. Die Sitzungen sind nicht öffentlich. Die Geschäftsordnung der Gleichbehandlungskommission sieht relativ formfreie und flexible Bestimmungen vor.

Das Gleichbehandlungsgesetz sieht seit 1990 die jährliche Berichterstattung an den Nationalrat über die Vollziehung des Gleichbehandlungsgesetzes vor. Be-

---

[15] Beantragen können ArbeitnehmerInnen, Arbeitgeber, Betriebsrat oder eine der Gleichbehandlungskommission angehörende Interessenvertretung. Für einen Antrag an die Gleichbehandlungskommission gelten keinerlei Formvorschriften.

[16] Die Gleichbehandlungskommission ist bei Anwesenheit von mehr als der Hälfte der (Ersatz-)Mitglieder beschlußfähig. Bei Stimmengleichheit gibt die Stimme der/s Vorsitzenden den Ausschlag („Dirimierungsrecht").

schrieben werden die Tätigkeit und die Wahrnehmungen der Anwältin für Gleichbehandlungsfragen, die Verfahren und sonstige Tätigkeiten der Gleichbehandlungskommission. Weiters ist ein fünfjährlicher Bericht über Zustand und Entwicklung der Gleichbehandlung in Österreich vorgesehen (vgl. Bundesministerium für Arbeit und Soziales 1995).

2. Legistische Weiterentwicklung

Eine vierte „kleine" Novelle wurde nach langen Verzögerungen im Jänner 1998 im Nationalrat beschlossen (RV 22.8.1997 842 BlgNR 20. GP) und ist am 1. Mai 1998 in Kraft getreten (BGBl. I 1998/44). Damit wurden für die Praxis wichtige technische Details sowie die Regionalisierung der Anwältin für Gleichbehandlungsfragen geregelt[17].

Das Bundesministerium für Arbeit und Soziales plant derzeit eine fünfte Novelle, die spätestens im Juli 1998 in Kraft treten soll. Im wesentlichen vorgesehen sind Anpassungen an die Entsenderichtlinie, an die Rechtsprechung des Obersten Gerichtshofes zur Beweislast bei sexueller Belästigung und an die Rechtsprechung des Europäischen Gerichtshofes sowie eine Bereinigung hinsichtlich Sprach- und Kompetenzregelungen. Die Bundesarbeitskammer hat darüber hinausgehende Forderungen wie beispielsweise die Ausdehnung des Geltungsbereiches auf atypische Arbeitsverhältnisse und arbeitnehmerähnliche Verhältnisse; die Berücksichtigung der betrieblichen Frauenförderung bei der Vergabe öffentlicher Aufträge; den Viktimierungsschutz v.a. bei sexueller Belästigung; die Beweislastverschiebung sowie rechtsverbindliche Entscheidungsbefugnisse und Weisungsfreiheit der Gleichbehandlungskommission bei Einzelfalldiskriminierung (Einrichtung als weisungsfreies Kollegialorgan mit richterlichem Einschlag; Art 133 Z 4 B-VG).

3. Institutionen

Die Rahmenbedingungen für die Vollziehung des Gleichbehandlungsgesetzes haben sich 1991 durch den Kompetenzübergang der Angelegenheiten der Gleich-

---

[17] Dazu zählen beispielsweise: Die Einbeziehung der sexuellen Belästigung durch Dritte in die Diskriminierungsdefinition; die Festlegung des Zeitpunkts, in dem die Hemmung der Fristen zur Klagseinbringung bei Anträgen an die Gleichbehandlungskommission wieder aufgehoben ist (Lückenschließung); die Vertraulichkeit des Gleichbehandlungskommission-Verfahrens; der Kostenersatz für Auskunftspersonen; die direkte Entsendung der Gleichbehandlungskommission-Mitglieder durch die Interessenvertretungen; sowie die Errichtung von Außenstellen der Gleichbehandlungsanwaltschaft in den Bundesländern durch Verordnung des Bundeskanzlers.

behandlungskommission vom Bundesministerium für Arbeit und Soziales an das Bundeskanzleramt geändert. Die legistische Zuständigkeit ist beim Bundesministerium für Arbeit und Soziales geblieben.

Über die Inanspruchnahme der Beratung durch die Anwältin für Gleichbehandlungsfragen und deren Tätigkeit geben die jährlichen Berichte an den Nationalrat und der 1995 vorgelegte fünfjährliche Gleichbehandlungsbericht Auskunft (vgl. Bundesministerium für Arbeit und Soziales 1995, S. 47-52). Seit der Einführung der Anwältin für Gleichbehandlungsfragen 1990 hat sich die Inanspruchnahme der Gleichbehandlungskommission sprungartig erhöht. Die Gleichbehandlungskommission hat von 1979 bis Mai 1995 insgesamt 75 Verfahren durchgeführt – im Zeitraum von 1979 bis 1990 waren es nur 18 Verfahren. Die Einzelfalldiskriminierung überwiegt dabei bei weitem. Seit Inkrafttreten der dritten Novelle wurden bis Ende 1995 allein 24 Anträge zur sexuellen Belästigung gestellt. Die durchschnittliche Verfahrensdauer vor der Gleichbehandlungskommission beträgt rund 9 Monate. Die Entscheidungen der Gleichbehandlungskommission wurden erstmals 1997 aufgearbeitet (vgl. Bei/Novak 1997), nunmehr liegt auch eine Loseblattsammlung der Anwältin für Gleichbehandlungsfragen vor (vgl. Feigl 1997). Über die Verfahren bei den Arbeitsgerichten führt das Bundesministerium für Justiz keine Statistik und erfaßt auch die Entscheidungen zum Gleichbehandlungsgesetz nicht (zur Rechtsprechung vgl. Bundesministerium für Arbeit und Soziales 1995, S. 28-39; Bei/Novak 1997). Eine systematische kritische Würdigung der bisher vorliegenden Rechtsprechung ist deswegen erschwert.

Über die Rechtsschutztätigkeit von Arbeiterkammern und Gewerkschaften liegt keine Statistik vor. Aus den Erfahrungen der Arbeiterkammer Wien läßt sich sagen, daß sehr wenige - in der Frauenabteilung schätzungsweise jährlich maximal 20 Arbeitnehmerinnen - persönlich und telefonisch eine Beratung zu geschlechtsbedingter Diskriminierung in Anspruch nehmen. Grundsätzlich werden auch der sexuellen Belästigung geziehene Arbeitnehmer beraten. Die Arbeiterkammer Wien betreute seit 1992 (Einführung des Rechtsschutzes) jedes Jahr zumindest ein bis drei Fälle nach dem Gleichbehandlungsgesetz im Rechtsschutz und stellte in weiteren Fällen parallel Anträge an die Gleichbehandlungskommission.

4. (Miß-)Erfolgsbericht

Die Effektivität des Gleichbehandlungsgesetzes ist nicht ohne weiteres einzuschätzen. Die Entwicklung von Einkommen aus unselbständiger Arbeit scheint völlig unberührt von der Existenz einer Gleichbehandlungsgesetzgebung vor sich gegangen zu sein. Die Lohnschere hat seit 1979 sogar zugenommen (vgl. Krämer 1992). Die Beurteilung des Ausmaßes an Verrechtlichung im Gleichbehandlungsgesetz ist allerdings kontrovers. In Österreich gibt es keine Ansätze zu einer wissenschaftlichen Evaluierung des Gleichbehandlungsgesetzes - auch nicht in den Frauenberichten 1975, 1985 und 1995. Vorhandene Evaluierungsstudien zu Gleichbehandlungsgesetzen im internationalen Vergleich zeigen, daß

- die Auswirkungen von Gleichstellungsgesetzen geringer sind als die Erwartungen, die in sie gesetzt werden. Gleichstellungspolitik stößt wie Datenschutz oder Umweltpolitik als innovatives Politikfeld auf Unsicherheiten und Widerstände bei der Rechtsanwendung (vgl. Meuser 1989).
- für die Wirksamkeit von Gleichstellunginstitutionen die Akzeptanz durch nichtstaatliche Akteure, vor allem durch die Gewerkschaften ausschlaggebend ist (vgl. Gelb 1989). In diesem Zusammenhang ist zu berücksichtigen, daß Gleichbehandlung einen Konflikt zwischen lohnabhängigen Frauen und lohnabhängigen Männern bedeutet, und die Ursprünge der Verrechtlichung im Zusammenhang mit dem Bestreben stehen, den durch die verstärkte Frauenbeschäftigung im Zweiten Weltkrieg entstandenen Druck auf die Männerlöhne aufzufangen (International Labour Office 1949). Die Frauenabteilung des Österreichischen Gewerkschaftsbundes wird allerdings in den nächsten Jahren das Thema „Arbeitsbewertung“ forcieren.

Das in den Medien und in der politischen Öffentlichkeit vorherrschende, quantifizierende und „output-orientierte“ Interesse ist jedenfalls im Vergleich zu einem prozeßorientierten und qualitativen Zugang nicht geeignet, ein adäquates Bild der Tätigkeit der Gleichbehandlungskommission zu geben (vgl. Bei 1996)[18].

Für die rechtliche Konstruktion und die mögliche Reichweite wichtiger Bestimmungen - wie die Feststellungsklage der Anwältin für Gleichbehandlungsfragen als Amtspartei im Anschluß an ein Kommissionsverfahren (§ 3a Abs 6), die Verbandsklage (§ 6 Abs 3), die Bestimmungen über die Veröffentlichung solcher Urteile oder die Veröffentlichung der Tatsache, daß ein Unternehmen keinen von der Gleichbehandlungskommission angeforderten Bericht erstellt hat (§ 6a Abs 4) - sind bisher kein einziges Mal zur Anwendung gekommen.

---

[18] Eine rechtssoziologische Evaluierung der Rechtsanwendung durch die Gleichbehandlungskommission ist mit nicht unerheblichen Methodenproblemen verbunden, wie sie sich aus der Nicht-Öffentlichkeit des Verfahrens und aus der teilnehmenden Beobachtung von Verwaltungsprozessen ergeben. Was die Indikatoren zum Output (Anzahl der Anträge) betrifft, könnte etwa die an der Vermeidung von Beschlüssen und am Konsens orientierte (im Sinn einer sozialpartnerschaftlichen Willensbildung) „erste Zeit“ der Gleichbehandlungskommission zu Unrecht derart ungünstig beurteilt worden sein, da schließlich bei Zurückziehung des Antrags auf informellem Weg ebenso zufriedenstellende Lösungen erreicht wurden, in einem Fall sogar innerhalb von zwei Tagen nach Antragstellung.

Kaum angewendet wurden die Bestimmungen über das betriebsbezogene Berichtsverfahren (§ 6a). Für die Subventionierung von Frauenförderungsmaßnahmen (§ 2 Abs 3) und die Selbstbindung der Förderungsverwaltung (§ 2b) ist Gleiches anzunehmen. Eine indirekte Wirkung etwa auf die politische Willensbildung kann aber nicht völlig ausgeschlossen werden.

Ambivalent einzuschätzen ist die verwaltungsstrafrechtliche Sanktion bei gesetzeswidrigen Stellenausschreibungen. In der Praxis zeigen sich die beschränkte Wirksamkeit und geteilte Akzeptanz dieser Konstruktion (teilweise starke Umgehungstendenz).

Die vorliegende Rechtsprechung der Arbeitsgerichte, des Obersten Gerichtshofes und des Verfassungsgerichtshofes zum GleichbG ist jedenfalls in den Ergebnissen nicht einheitlich und teilweise aus Sicht eines effektiven Diskriminierungsschutzes problematisch.

Vorweg uneingeschränkt positiv einzuschätzen ist die Einführung der Anwältin für Gleichbehandlungsfragen und der Berichtspflichten an den Nationalrat durch die zweite Novelle 1990. Kritisch anzumerken ist, daß mit der Verankerung der Berichtspflichten (§ 10a) die gesetzliche Grundlage für die Vergabe sozialwissenschaftlicher Forschungsaufträge zur Schaffung und Darstellung eines umfassenden Datenfundus geschaffen wurde, die staatliche Verwaltung diese Bestimmung jedoch nicht optimal genützt hat[19]. Weitere - sowohl innerstaatliche als auch internationale - Berichtspflichten schaffen jedenfalls einen ständigen Daten- und auch Legitimationsbedarf.

5. Einschätzung der Entwicklung

Gleichheit ist nicht teilbar. Sie kann in einem generellen Klima von Ungleichheit weder entstehen noch gefördert werden. Wird Ungleichheit sehr groß oder derart groß, daß sie Lebenschancen entscheidend vermindert oder vernichtet, sprechen wir von „struktureller Gewalt". Die Entwicklungen auf dem Arbeitsmarkt und im Bereich der sozialrechtlichen Absicherung geben begründeten Anlaß zur Vermutung, daß die aktuellen Budgetkonsolidierungsgesetzgebungen die strukturelle Diskriminierung von Frauen im Sozialrecht nicht beseitigen, sondern tatsächlich zu vermehrter Ungleichheit sowie zur Ausgrenzung von Frauen führen. Das auch dem Gleichbehandlungsgesetz zugrundeliegende formalrechtliche Paradigma der Antidiskriminierung bedeutet und intendiert - unabhängig von den Grenzen seiner Wirksamkeit - die Integration der Frauen ins Berufsleben und die Änderung grundlegender Arbeitsmarktmechanismen. Das

---

[19] Nach wie vor werden die vom Bundesstatistikgesetz vorgeschriebenen, monatlichen branchenspezifischen Lohnstatistiken (Industriestatistik) nicht geschlechtsspezifisch erhoben.

ist der Grund für den teilweise erbitterten Widerstand der Wirtschaft gegen den von Gleichbehandlungsgesetzen angestrebten Eingriff in ihre Entscheidungsautarkie (Klein 1984, 168). Gleichzeitig ist dies aber auch der Grund für ihre Unverzichtbarkeit. Zudem sind aus der Kritik am formalen Gleichbehandlungsparadigma abgeleitete Strategien wie Frauenförderung, Mainstreaming oder paritätische Beteiligung von Frauen an allen Entscheidungsprozessen ebenso notwendig wie unverzichtbar.

Literatur:

Bei, Neda (1996): Wie real ist die gesetzlich verankerte Gleichberechtigung? In: AUF 92, S. 22-32.

Bei, Neda/Novak, Renate (1997): Das Gleichbehandlungsgesetz. In: Aichhorn, Ulrike (Hrsg): Frauen & Recht. Springer, Wien, S. 83–157.

Bundesministerium für Arbeit und Soziales/Bundesministerin für Frauenangelegenheiten (1995, Hrsg.): Bericht an den Nationalrat über Zustand und Entwicklung der Gleichbehandlung in Österreich. Bundesministerium für Arbeit und Soziales, Wien.

Feigl, Susanne (1997): Anträge an die Gleichbehandlungskommission. Verfahren, Entscheidungen, Gutachten. In: Anwältin für Gleichbehandlungsfragen bei der Bundesministerin für Frauenangelegenheiten und Verbraucherschutz (Hrsg.), Loseblattsammlung. Bundeskanzleramt, Wien.

Gelb, Joyce (1989): Feminism and politics. A comparative perspective. University of California Press, Berkeley.

International Labour Office (1949): International Labour Conference, 33rd Session 1950, Report V (1), Equal Remuneration for Men and Women Workers for Work of Equal Value. Internationale Arbeitsorganisation, Genf.

Kammer für Arbeiter und Angestellte für Wien (1997): Gleichbehandlungsgesetz. Textausgabe Stand 1.3.1997.

Klein, Ethel (1984): Gender Politics. From Consciousness to Mass Politics. Harvard University Press, Cambridge/Massachusetts/London.

Krämer, Herbert (1992): Lohnunterschiede zwischen Männern und Frauen. Eine Datenanalyse. Kammer für Arbeiter und Angestellte für Wien/Abteilung Statistik, Wien.

Meuser, Michael (1989): Gleichstellung auf dem Prüfstand. Frauenförderung in der Verwaltungspraxis. Centaurus, Pfaffenweiler.

Österreichische Studiengruppe Automation und industrielle Arbeitnehmer (1978): Differenzierende Bestimmungen für Männer- und Frauenarbeit in den österreichischen Kollektivverträgen. Bundesministerium für Arbeit und Soziales, Wien.

Wie Recht und Betriebspraxis aneinandergeraten ... Einige Erfahrungen der Gleichbehandlungsanwaltschaft mit dem Gleichbehandlungsgesetz

Ingrid Nikolay-Leitner

Nach wie vor werden Frauen in der Arbeitswelt diskriminiert. Das Gleichbehandlungsgesetz für die Privatwirtschaft bietet eine rechtliche Grundlage, gegen diese Benachteiligungen vorzugehen. Die Anwältin für Gleichbehandlungsfragen ist zuständig für die Beratung und Unterstützung von Personen, die sich nach dem Gleichbehandlungsgesetz diskriminiert fühlen. Die Arbeitsweise der Gleichbehandlungsanwaltschaft und ihre Erfahrungen - Erfolge und Schwierigkeiten - in der Umsetzung des Gleichbehandlungsgesetzes werden in diesem Beitrag behandelt.

„Auf Grund seines Geschlechtes darf im Zusammenhang mit einem Arbeitsverhältnis niemand unmittelbar oder mittelbar diskriminiert werden, insbesondere nicht bei ... "

So beginnt der wohl bekannteste Paragraph des „Bundesgesetzes über die Gleichbehandlung von Frau und Mann im Arbeitsleben". Abgesehen davon, daß die Formulierung „auf Grund *seines* Geschlechtes" irreführend ist, weil das Gleichbehandlungsgesetz 1979 beschlossen wurde, um innerbetriebliche Diskriminierungen zu bekämpfen, die fast immer Frauen treffen, ist diese Bestimmung als Basis für praktische Gleichbehandlungsarbeit durchaus brauchbar. Sie drückt aus, daß die unternehmerische Dispositionsfreiheit dort endet, wo das gesetzliche Gleichbehandlungsgebot für männliche und weibliche ArbeitnehmerInnen verletzt wird - und das ist dann der Fall, wenn es für eine ungleiche Behandlung keine sachliche Rechtfertigung gibt. Eine solche sachliche Rechtfertigung ist oft schwerer zu finden, als es für viele Menschen auf den ersten Blick scheint.

Das Gleichbehandlungsgesetz wurde nämlich nicht zuletzt deshalb beschlossen, um gerade den Benachteiligungen entgegenzuwirken, die sich daraus ergeben, daß männliche Arbeitskräfte aus den verschiedensten Gründen auf dem Arbeitsmarkt als „wertvoller" behandelt werden. Das hat die Gleichbehandlungskommission schon 1990 in einer richtungsweisenden Entscheidung ausdrücklich festgehalten.[1]

---

[1] Vgl. Entscheidung der Gleichbehandlungskommission beim Bundesministerium für Arbeit und Soziales, Dezember 1990 (GBK 1/89).

Viele ArbeitgeberInnen betrachten es beispielsweise als sachliche Rechtfertigung, Frauen für bestimmte Tätigkeiten nicht zu beschäftigen, weil sie „dafür nicht geeignet sind“, überhaupt nicht zu beschäftigen, weil sie „unsichere Arbeitskräfte sind“, ihnen weniger zu bezahlen, weil sie „weniger schwere Arbeit machen“ und „Männer eine Familie erhalten müssen“, sie von Aufstiegsmöglichkeiten auszuschließen, weil sie „ohnehin keine Führungsposition anstreben“ und sie als erste und als „versorgt“ zu kündigen. Gerade solche traditonellen Vorurteile, die vielen von uns hoffnungslos antiquiert erscheinen, sobald sie ausgesprochen oder niedergeschrieben werden, wirken nach wie vor - unausgesprochen und damit unangreifbar - in der betrieblichen Realität. Um es gleich vorweg zu sagen: Traditionelle Vorurteile gegenüber Frauen sind keine sachliche Rechtfertigung nach dem Gleichbehandlungsgesetz, selbst dann nicht, wenn sie nicht so „plump daherkommen“ wie in den oben genannten Beispielen:

Das Gleichbehandlungsgesetz gestattet es beispielsweise nicht, für den Schalterdienst in einer Bankfiliale, in der nur eine Person arbeitet, aus Sicherheitsgründen ausschließlich nach einem „männlichen Schaltermitarbeiter“ zu suchen. Auch wenn es für viele Menschen vielleicht tatsächlich sicherer „aussieht“, wenn hinter dem Schalter ein Mann steht, erschien der Gleichbehandlungskommission, die diesen Fall zu beurteilen hatte, das Argument nicht stichhaltig, daß weibliche Bankangestellte weder sich noch Kunden und Kundinnen ausreichend schützen könnten, männliche hingegen offensichtlich schon. Zum einen gebe es in allen Banken und Sparkassen weibliche Schalterbedienstete, die prinzipiell dem Risiko eines Überfalls ausgesetzt sind, zum anderen zeige die Aufnahme von Frauen in den Dienst der Polizei und der Gendarmerie, daß es keine sachlichen Argumente gegen eine Beschäftigung von Frauen in Berufen mit erhöhtem Sicherheitsrisiko gebe, hielt die Gleichbehandlungskommission fest. Überdies habe der Arbeitgeber im Rahmen seiner Fürsorgepflichten und der Arbeitsschutzbestimmungen für die Sicherheit männlicher und weiblicher Beschäftigter zu sorgen.[2]

Ebensowenig konnte die Gleichbehandlungskommission der Argumentation eines Handelsunternehmens folgen, das für Kassatätigkeiten nur Frauen beschäftigen wollte. Begründet wurde dies damit, daß sich Frauen erfahrungsgemäß für die Tätigkeit des Kassierens besser eigneten als Männer, weil sie belastbarer seien. Darüber hinaus wurde argumentiert, es handle sich bei der Kassatätigkeit um eine Teilzeitarbeit und es entspreche der Firmentradition, daß

---

[2] Vgl. Stell. 2 (1996), Lose-Blatt-Sammlung Anträge an die Gleichbehandlungskommission, Verfahren, Entscheidungen, Gutachten; hrsg. Bundesministerin für Frauenangelegenheiten und Verbraucherschutz.

Männer einen Vollzeitarbeitsplatz haben, damit sie eine Familie ernähren können.[3]

Vielen Menschen wird erst bei dem Argument, daß - vice versa - Frauen keinen Vollzeitarbeitsplatz brauchen, weil sie angeblich keine Familie ernähren müssen, deutlich, daß es sich bei dem, was viele ArbeitgeberInnen für eine „sachliche Rechtfertigung" für Ungleichbehandlung in der Berufswelt halten, um traditionelle Einschätzungen von männlicher und weiblicher Rolle in der Gesellschaft handelt.

Durch den Einsatz des Gleichbehandlungsgesetzes in der Praxis, durch Frauen, die es ablehnen, sich weiterhin benachteiligen zu lassen und Betriebsrätinnen und Betriebsräte oder die Gleichbehandlungsanwaltschaft, die sie dabei unterstützen, wird daher oft erst sichtbar, daß die Gewohnheit, Frauen in der Arbeitswelt in jeder Beziehung schlechter - oder genauer, Männer unter allen Umständen besser - zu behandeln, völlig unabhängig von einer möglichen oder tatsächlichen Begründung dafür aufrecht erhalten wird. So ist eine der auffallendsten und eine immer noch sehr weit verbreitete Benachteiligung im Bereich der angelernten Arbeit die direkte Entgeltdiskriminierung durch niedrigere Stundenlöhne.

Die Gleichbehandlungsanwaltschaft wird von engagierten Betriebsräten und Betriebsrätinnen häufig um Unterstützung bei innerbetrieblichen Verhandlungen gebeten und findet dabei immer wieder sehr ähnliche Situationen vor: Die Unterschiede in den Stundenlöhnen werden dadurch verursacht, daß Frauen in niedrigere Kollektivvertrags-Lohngruppen eingestuft werden, sowie dadurch, daß sie geringere oder keine Überzahlungen erhalten. Das kann bedeuten, daß Frauen beispielsweise in der Metallindustrie in jeder Arbeitsstunde ihren männlichen Kollegen gegenüber dreißig bis fünfzig Schilling weniger verdienen. Begründet werden die Unterschiede meist mit nicht mehr als drei Argumenten:

- Frauen würden nicht die gleiche Arbeit machen wie Männer,
- die Arbeit der Frauen sei nicht gleichwertig und
- Männer würden Nachtarbeit leisten.

Dabei ist zu berücksichtigen, daß Nachtarbeit durch eine Nachtarbeits-Zulage und nicht durch eine höhere Entlohnung abgegolten wird, sodaß dieses Argument (auch abgesehen von den Fällen, in denen Männer nur fallweise oder gar keine Nachtarbeit leisten und trotzdem höhere Stundenlöhne erhalten) zu ver-

---

[3] Vgl. Beg 5 (1995), Lose-Blatt-Sammlung Anträge an die Gleichbehandlungskommission, Verfahren, Entscheidungen, Gutachten; hrsg. Bundesministerin für Frauenangelegenheiten und Verbraucherschutz.

nachlässigen ist. Die Entlohnungsunterschiede sind aber auch dann nicht geringer, wenn Frauen und Männer exakt die gleiche Tätigkeit ausüben. Sie bleiben sogar dann bestehen, wenn Mann und Frau an derselben Maschine arbeiten.

Vor allem aber erfährt der Begriff der Gleichwertigkeit eine seltsame Umkehrung, wenn es um die Bezahlung der Arbeit von Frauen geht: Fast alle ArbeitgeberInnen berichten unaufgefordert, daß sie für bestimmte Arbeiten nur Frauen einsetzen könnten, weil Männer einfach nicht geschickt genug seien und nicht präzise genug arbeiten würden. Trotz dieser selbst festgestellten (mindestens) Gleichwertigkeit der Arbeit der bei ihnen beschäftigten Frauen bezahlen sie diesen Frauen weiterhin wesentlich weniger als ihren männlichen Beschäftigten. An diesem Punkt der Diskussion ist der Austausch der Argumente meist zu Ende. Die finanzielle Zurücksetzung von Frauen ist nicht begründbar, und sie ist auch rechtlich nicht aufrecht zu erhalten, weil es mit dem Gleichbehandlungsgesetz eine Grenze unternehmerischer Dispositionsfreiheit in bezug auf die Behandlung von weiblichen und männlichen Arbeitskräften gibt. Diese Grenze, die viele ArbeitgeberInnen schwer akzeptieren können, weil sie in ihrem Verantwortungsbereich selbstverständlich unbeschränkte Dispositionsfreiheit beanspruchen, mehr und mehr ins Bewußtsein zu bringen, ist eine der Hauptaufgaben der praktischen Arbeit mit dem Gleichbehandlungsgesetz.

Die Gleichbehandlung von Frauen beim Entgelt faktisch auch durchzusetzen, ist in vielen Fällen dennoch schwierig: Oft kommt es dabei zu einer seltsamen Interessenallianz zwischen ArbeitgeberIn und dem männlichen Teil der Belegschaft, der an einer Veränderung des Entlohnungsgefüges, das ihn bevorzugt, auch nicht interessiert ist. Die Irritationen, die ein Rütteln am traditionellen Lohngefüge hervorruft, können sehr weit gehen: Eine Hotelbesitzerin berichtete bei einer Podiumsdiskussion kürzlich sogar, die in ihrem Betrieb beschäftigten Ehepaare seien fast alle in massive, private Auseinandersetzungen verstrickt worden, sobald von einer möglichen Lohnangleichung der Frauen die Rede war.

Diese Interessengleichheit von ArbeitgeberInnen (Kosten sparen) und Arbeitnehmern (den Abstand nach unten wahren) wird verstärkt durch Bedrohungen für Arbeitnehmer, die den eindeutig stärkeren Teil dieser Allianz bilden: Auslagerung des Betriebs, Betriebsschließung, Angleichung nach unten (Männer würden dann wie Frauen behandelt!), Gefährdung von Sozialleistungen durch die Ansprüche der Frauen - es gibt viele Möglichkeiten, den Männern vor Augen zu führen, wieviel besser es im Interesse „aller“ ist, die Dinge so zu belassen, wie sie sind. Mit diesem Kunstgriff wird nämlich zugleich das Interesse der Frauen an gleicher Bezahlung für gleichwertige Arbeit zum Sonderinteresse erklärt, dem das gemeinsame Interesse aller - am Betrieb, am wirtschaftlichen Erfolg, am Überleben des Betriebes, am friedlichen Umgang der Geschlechter miteinander usw. - entgegengehalten wird. Im Interesse „aller“ stellen dann die

Frauen ihre „Sonderinteressen“ oft und immer wieder zurück. Immer weniger oft allerdings - und das nicht zuletzt deshalb, weil im Bereich der ArbeitnehmerInnenvertretung die Sensibilität in bezug auf einen Gerechtigkeitsbegriff, der die Interessen beider Geschlechter gleichermaßen berücksichtigt, stark zugenommen hat: Es gibt immer weniger BetriebsrätInnen, die sich damit zufrieden geben, daß sich „noch keine Frau über ihr Einkommen beschwert hat“ oder die glauben, daß Männer „einfach ein bißchen mehr Lohn haben müssen.“

Wenn allerdings die Schlechterstellung der Frauen beim Entgelt durch die ArbeitgeberInnen nicht auf Unkenntnis der Grenzen der unternehmerischen Dispositionsfreiheit beruht, sondern eine bewußte Gesetzesverletzung gegenüber Frauen darstellt, die als angelernte Arbeiterinnen auf dem Arbeitsmarkt mangels Alternativen eine sehr schwache Position haben, sind innerbetriebliche Verhandlungen mit Unterstützung der Gleichbehandlungsanwaltschaft oder sogar ein Gutachten der Gleichbehandlungskommission meist nur vor dem Hintergrund eines möglichen - und drohenden - Gerichtsverfahrens sinnvoll.

Wenn Verhandlungen keinen Erfolg bringen, muß die Angleichung in der Entlohnung bei den Arbeits- und Sozialgerichten durchgesetzt werden, weil nur Gerichte über finanzielle Ansprüche entscheiden können. Ein Gutachten der Gleichbehandlungskommission klärt zwar inhaltlich die Frage einer Verletzung des Gleichbehandlungsgesetzes, kann aber die finanzielle Angleichung selbst wieder nur auf freiwilliger Basis bewirken.

Die ausführliche Darstellung der Probleme der Arbeiterinnen bedeutet nicht, daß es im Bereich weiblicher und männlicher Angestellter keine Einkommensdiskriminierung gäbe. Sie ist dort allerdings versteckter: Die unterschiedliche Bewertung von Tätigkeiten im Außen- und Innendienst, die Anrechnung von Vordienstzeiten, Ein- und Umstufungen nach der Bewertung der Tätigkeit, Einbeziehung in Betriebspensionen, ... es gibt viele Möglichkeiten, die Lohnschere auch in diesem Bereich und auch innerbetrieblich offen zu halten.

Einer der wesentlichsten Gründe für die Einkommensunterschiede im Angestelltenbereich ist aber die Tatsache, daß Frauen auf der Karriereleiter sehr bald zurückbleiben. Die gläserne Decke für aufstiegswillige Frauen hängt nicht in allen Bereichen gleich niedrig, aber sie ist immer vorhanden. Die Vorgänge, nach denen die Führungspositionen von der gläsernen Decke aufwärts von einer Männergeneration zur nächsten weitergegeben werden, haben mit rationalen Entscheidungen zum Zeitpunkt der Vergabe einer Position weit weniger zu tun, als dies von außen den Anschein hat. Sie sind nach den praktischen Erfahrungen der letzten Jahre viel eher eine Mischung aus selektiver Wahrnehmung (Frauen werden als Aufstiegskandidatinnen übersehen), schlechter Gewohnheit (Männern werden Aufstiegspositionen oft schon zu einem Zeitpunkt zugesichert, zu dem überhaupt noch nicht absehbar ist, ob dann nicht vielleicht eine

Frau für den Posten wesentlich besser qualifiziert sein wird), Männerseilschaften (hilfst Du meinem Kandidaten, helfe ich Deinem Kandidaten), und gezielter Vorbereitung junger Kollegen im Rahmen der innerbetrieblichen Weiterbildung bis hin zur ganz persönlichen Unterstützung und Förderung durch Vorgesetzte, sozusagen als Mentoren.

Wie sich diese „Melange" auf die Situation aufstiegswilliger Frauen auswirken kann, soll an einer konkreten Beratung, die die Gleichbehandlungsanwaltschaft 1996 ausführlich beschäftigt hat, dargestellt werden:

4.3.1996: Frau S. wendet sich telefonisch an die Gleichbehandlungsanwaltschaft. Frau S. ist bei einem Selbstverwaltungskörper beschäftigt und seit einigen Jahren stellvertretende Leiterin einer Landesstelle. Sie hat Matura und ein nebenberuflich fast absolviertes Studium aufzuweisen. Da ihr Vorgesetzter mit Ende des Jahres in Pension gehen wird, ist die Stelle des Leiters/der Leiterin der Landesstelle demnächst vakant. Da sie seit mehr als zehn Jahren beschäftigt ist und die Stellvertretung bereits über mehrere Jahre erfolgreich wahrgenommen hat, glaubt sie, gute Chancen auf die Position zu haben.

Der Betriebsrat hat bereits urgiert, daß die Leitungsposition intern ausgeschrieben werden muß, was aber offensichtlich nicht geplant ist. Frau S. erfährt, daß für die Position bereits ein männlicher Kollege (Herr P.) vorgesehen ist, der schlechter qualifiziert sein dürfte als sie.

Die Gleichbehandlungsanwaltschaft rät Frau S. zunächst, der Betriebsrat möge sich weiter für die Ausschreibung des Postens einsetzen und das genaue Qualifikationsprofil des Mitbewerbers erheben. Die Gleichbehandlungsanwaltschaft bietet an, auf Vorstandsebene, auf der die Entscheidung getroffen wird, zu intervenieren und auf eine mögliche Verletzung des Gleichbehandlungsgesetzes hinzuweisen, falls Frau S. übergangen würde.

4.3.1996: Telefongespräch der Gleichbehandlungsanwaltschaft mit dem Betriebsrat. Es gibt im gesamten Selbstverwaltungskörper lediglich eine Frau in einer Führungsposition. Nach seiner Kenntnis der Qualifikationen und der bisherigen Tätigkeiten des Bewerbers und der Bewerberin wäre die Zurücksetzung von Frau S. eine klare Diskriminierung. Herr P. ist zwar zehn Jahre länger betriebszugehörig, hat aber lediglich einen Handelsschulabschluß und nie eine Tätigkeit ausgeübt, die als Vorqualifikation für die Landesleitung gelten könnte.

8.3.1996: Neuerliches Telefonat mit dem Betriebsrat. In der Vorstandssitzung ist beschlossen worden, daß Herr P. der neue Landesstellenleiter wird. Der Betriebsrat würde Frau S. bei einer Antragstellung an die Gleichbehandlungskommission unterstützen.

8.3.1996: Telefonat mit dem Vater von Frau S.: Er möchte seine Tochter unterstützen, die große Angst vor Repressalien hat, wenn sie sich für ihre Rechte einsetzt. Die Gleichbehandlungsanwaltschaft bietet an, mit seiner Tochter bzw. mit dem Betriebsrat persönlich zur Beratung zu kommen.

8.5.1996: Persönliches Beratungsgespräch mit Frau S. und dem Betriebsrat: Der Betriebsrat informiert darüber, daß Herr P. die Leitung vor allem seinen innerbetrieblichen Kontakten zu verdanken habe. Er hatte vor Jahren einen Abteilungsleiterposten inne, der durch eine Umstrukturierung verloren ging, und man hatte ihm damals die Leitung der Landesstelle versprochen. Seit damals war Herr P. als einfacher Referent tätig.

Die Situation in der Landesstelle stellt sich folgendermaßen dar: Frau S. übernimmt interimistisch die Leitung und Herr P. wird von ihr eingeschult. In der Folge wird Herr P. die Leitung übernehmen und Frau S's Vorgesetzter sein. Selbst vom Arbeitgeber wird Frau S. attestiert, daß sie auf keinen Fall weniger qualifiziert wäre als Herr P., diesem wäre der Posten jedoch versprochen worden.

Ein Vergleich der Qualifikation, beruflichen Situation und des Einkommens von Frau S. und Herrn P. (dieser verdient trotz einfacher Referententätigkeit etwa doppelt so viel wie Frau S. als stellvertretende Landesstellenleiterin) läßt eine geschlechtsspezifische Diskriminierung dringend vermuten. Frau S. wird über ihre Möglichkeiten, einen Antrag bei der Gleichbehandlungskommission zu stellen, bzw. eine Klage beim Arbeits- und Sozialgericht einzubringen, informiert. Aufgrund des zu erwartenden geringen Schadenersatzes nach dem Gleichbehandlungsgesetz bietet die Gleichbehandlungsanwaltschaft an, beim Arbeitgeber bezüglich einer innerbetrieblichen Kompensationslösung zu intervenieren.

15.5.1996: Besprechung mit Frau S., ob eventuell ein anderer Posten für sie in Frage käme. Frau S. informiert darüber, daß in der nächsten Zeit kein ihrer Qualifikation entsprechender Posten vakant würde.

15.5.1996: Der Betriebsrat sieht in naher Zukunft keine Kompensationsmöglichkeit durch eine den Qualifikationen von Frau S. entsprechende Position.

12.6.1996: Neuerliche Intervention beim Arbeitgeber durch die Vertreterin einer ArbeitnehmerInnenvertretung, die auf Ersuchen der Gleichbehandlungsanwaltschaft ihre Vermittlung angeboten hat.

13.6.1996: Der Arbeitgeber bleibt bei der Haltung, er könne nichts ändern, die Position wäre dem Herrn P. versprochen.

19.6.1996: Gespräch mit der „Vermittlerin" aus der ArbeitnehmerInnenvertretung. Nachdem Frau S. bei der Postenbesetzung des Leiters/der Leiterin der Landesstelle nicht berücksichtigt wurde, obwohl sie den vorliegenden Unterlagen nach besser qualifiziert war, wird eine Verletzung des Gleichbehandlungsgesetzes vermutet. Da der Posten bereits vergeben ist, könnte Frau S. nach dem Gleichbehandlungsgesetz lediglich Anspruch auf Schadenersatz geltend machen. Ein entsprechender anderer Posten ist offenbar nicht vakant. Besprochen wird daher die Möglichkeit einer finanziellen Kompensation. Anzustreben wäre dabei jene Einstufung, die für Frau S. erfolgt wäre, hätte sie die Leitungsposition bekommen.

Dies wird zunächst kategorisch abgelehnt.

19.6.1996: Die Gleichbehandlungsanwaltschaft informiert Frau S. über das negative Ergebnis der Vermittlung, sie ist zwei Wochen auf Urlaub und wird sich überlegen, ob sie einen Antrag an die Gleichbehandlungskommission stellen möchte.

27.6.1996: Auf Wunsch der Gleichbehandlungsanwaltschaft findet ein persönliches Gespräch mit dem Arbeitgeber statt. Es zeigt sich, daß die Vermittlungsbemühungen doch nicht vergeblich waren. Nach dem ausführlichen Gespräch stimmt der Arbeitgeber zu, daß Frau S. ein entsprechendes finanzielles Angebot gemacht werden wird und sowohl Frau S. als auch die Gleichbehandlungsanwaltschaft zu einem weiteren Gespräch eingeladen werden.

Ausschlaggebend dafür ist nicht zuletzt, daß eine mögliche Beschwerde wegen Diskriminierung beim Entgelt zur Diskussion steht, bei der Frau S. ein Vielfaches der Schadenersatzansprüche im Vergleich zu einer Beförderungsdiskriminierung geltend machen könnte.

2.7.1996: Es findet ein persönliches Gespräch mit dem Geschäftsführer, dem Betriebsrat, Frau S. und der Gleichbehandlungsanwaltschaft statt. Es geht um eine mögliche Umstufung von Frau S. als Ersatz für die Nichtberücksichtigung bei der Leitungsfunktion. Die Gleichbehandlungsanwaltschaft besteht auf einer möglichst baldigen endgültigen Anbotstellung, um für Frau S. die Frist zur Antragstellung an die Gleichbehandlungskommission zu wahren.

Mit Schreiben vom 4.7.1996 urgiert die Gleichbehandlungsanwaltschaft noch einmal eine Anbotstellung bis spätestens 8.8.1996, andernfalls ein Antrag bei der Gleichbehandlungskommission eingebracht werden würde.

Mit 7.8.1996 wird Frau S. schriftlich die Umreihung in eine höhere Verwendungsgruppe zugesagt.

13.8.1996: In einem Schreiben an den Arbeitgeber akzeptiert Frau S. die Höherreihung als Kompromiß und verzichtet auf ein Verfahren vor der Gleichbehandlungskommission.

Auch wenn das Ergebnis, gemessen sowohl am Aufwand, als auch gemessen am Unrechtsgehalt der Ausgangssituation, gering ist, im Bewußtsein aller Beteiligten hat sich doch etwas ganz Wichtiges verändert: Bis zu dem Zeitpunkt, da eine Frau den Anspruch auf Kompensation für erlittenes Unrecht durchgesetzt hatte, wurde das Ignorieren aufstiegswilliger Frauen in diesem Betrieb überhaupt nicht als Unrecht gesehen. Frauen wurden nicht einmal bewußt ignoriert, nur einfach nicht als überhaupt denkbare Konkurrenz gesehen. Das hat sich für den ganzen Bereich geändert.

Die Auswirkungen eines solchen „Einzelfalles“ gehen sogar über den Bereich eines einzelnen Betriebes weit hinaus: Auseinandersetzungen um Führungspositionen erregen immer viel Aufsehen und werden von Kolleginnen und Kollegen genau beobachtet. Es spricht sich - auch ohne Zutun der Beteiligten - sehr schnell herum, daß sich eine Frau die übliche Zurücksetzung aller Frauen bei Beförderungen nicht mehr hat bieten lassen. Eine Frau, der es gelingt, nach einer für sie negativen Entscheidung trotz eindeutig besserer Qualifikation eine Kompensationsmaßnahme durchzusetzen, ist überdies selbstverständlich nicht zum Stillschweigen über diese Tatsache verpflichtet, anders als die Gleichbehandlungsanwaltschaft, die über Beratungen und Verhandlungen nur in strikt anonymisierter Form berichten darf.

Die Tatsache, daß die Verteilung der Führungspositionen unter Männern gesetzliches Unrecht sein kann, verändert die gewohnte gedankliche Balance, nach der Männer leiten und Frauen zuarbeiten. Viele Männer setzen sich nach einem solchen „Einzelfall“ erstmals damit auseinander, daß Frauen überhaupt Konkurrentinnen sein können. Das kann für die einzelne Frau - besonders in einer Pionierinnenrolle in der Branche oder im Betrieb - persönlich sehr negative Auswirkungen haben. Die erste Frau, die auf die gedankenlose Zurücksetzung eines Geschlechts aufmerksam macht, wenn es um den beruflichen Aufstieg geht, indem sie etwa Vorgesetzte und Kollegen im Rahmen eines Verfahrens vor der Gleichbehandlungskommission dazu zwingt, ihre Entscheidungen gleichbehandlungskonform zu begründen, wird häufig auch bei bester Qualifikation selbst keinen Aufstieg mehr schaffen.

Gerade beim Problem der Aufstiegsdiskriminierung, bei dem Frauenfreundlichkeit im allgemeinen („selbstverständlich sollen Frauen alle Positionen erreichen können, für die sie qualifiziert sind ...") und Abwehr im Einzelfall („ ... aber *diese* Frau ist einfach nicht geeignet") so nah beieinander liegen, ist daher der volle Einsatz der rechtlichen Mittel oft nicht die beste Lösung für die Betroffene, zumal das Gleichbehandlungsgesetz die Durchsetzbarkeit der zweifellos besten Lösung - die besser qualifizierte Frau muß die Führungsposition anstelle des schlechter qualifizierten Mannes erhalten - nicht ermöglicht. Viele Frauen können mit einer gut überlegten und begleiteten Strategie der „größtmöglichen Kompensation zum gegebenen Zeitpunkt" sowohl für sich selbst, als auch für den Bewußtseinswandel ihrer beruflichen Umgebung, mehr erreichen. Das gilt übrigens ganz generell und für fast alle Diskriminierungstatbestände: Gleichbehandlungsrecht als innerbetriebliches Druckmittel führt dazu, daß berechtigte Ansprüche von Frauen nicht mehr ignoriert bzw. oft erstmals ernst genommen werden.

Der konsequente Einsatz von Gleichbehandlungsrecht hat aber gleichzeitig eine Verrechtlichung der Auseinandersetzung zur Folge in dem Sinn, daß in erster Linie - immer häufiger unter Beteiligung von vor allem an kontradiktorische Gerichtsverfahren gewöhnten Rechtsanwältinnen und Rechtsanwälten - eine Entscheidung herbeigeführt wird, die dann zwar gesetzesgemäß und vielleicht sogar rechtlich durchsetzbar ist, für die Frauen, die ihre Gleichbehandlungsansprüche durchsetzen wollen, aber nicht den maximalen persönlichen Erfolg bringt. Gerade die Schadenersatzansprüche bei einer Diskriminierung beim beruflichen Aufstieg etwa (ebenso bei einer Diskriminierung bei einer Bewerbung) sind so gering, daß ihr durchsetzbarer Zuspruch finanziell - und damit wohl auch emotional - in den allermeisten Fällen weniger Genugtuung bedeuten dürfte als ein Ausgleich in anderer Form.

Hier die Balance zu wahren und nicht so sehr die Eindeutigkeit der Entscheidung, als vielmehr die inhaltliche Auseinandersetzung und die Veränderung in den Köpfen der Menschen in den Vordergrund zu stellen, gelingt einer Einrichtung wie der Gleichbehandlungskommission, die sich spezialisierterweise ausschließlich mit „die Diskriminierung berührenden Fragen" zu befassen hat, wesentlich besser als Gerichten, die nur selten mit Gleichbehandlungsfragen zu tun haben.

Das gilt umso mehr, je weniger eine Diskriminierungsform bislang diskutiert wurde und je geringer die finanziellen Folgen für denjenigen sind, der möglicherweise das Gleichbehandlungsgesetz verletzt hat. Zwar gibt es auch 1997 noch Kommentatoren, die es für „dreiste Demagogie (halten), mit der die niederen Durchschnittseinkommen der Frauen als Indiz für eine schlechtere Bezahlung gleicher Leistung herangezogen werden ...".[4] Der überwiegenden Mehrheit

---

[4] Vgl. Jens Tschebull: „Zur Sache", Kommentar im Wirtschaftsblatt, 29.11.1997.

aber gilt Entgeltdiskriminierung - zumindest in ihrer direkten Form - mittlerweile als Unrecht gegenüber Frauen. Bei den anderen Tatbeständen des Gleichbehandlungsgesetzes sind die Bewußtseinsstandards der meisten Menschen keineswegs so eindeutig.

Die Klage einer Frau, die zunächst zur Frage der Weiterbildungs- und Aufstiegsdiskriminierung eine Überprüfung durch die Gleichbehandlungskommission beantragt hatte, hat sich beispielsweise eher als entmutigend für Frauen erwiesen. Während die Gleichbehandlungskommission darin, daß einer Arbeitnehmerin, die beruflich aufsteigen wollte, die Teilnahme an über den unmittelbaren Arbeitsbereich hinausgehenden Weiterbildungsveranstaltungen nicht ermöglicht wurde, eine Verletzung des Gleichbehandlungsgebotes sah, konnte der Oberste Gerichtshof eine solche nicht erblicken.[5] Das entspricht dem Stand der inhaltlichen Diskussion, die insgesamt in der Gesellschaft über die Frage geführt wird, ob nun die Gründe dafür, daß Frauen in allen Aufstiegs- und Führungsfunktionen unterrepräsentiert sind, etwas mit Diskriminierung zu tun haben - oder doch ausschließlich bei den Frauen selbst zu suchen sind.

Die aktuelle Debatte um innerbetriebliche Aufstiegsförderung von Frauen, um entsprechende gesetzliche Bestimmungen, wie es sie etwa für den Bundesdienst gibt und um die Notwendigkeit von Quoten zeigt wohl deutlich genug, welcher der beiden Maßstäbe für die Beurteilung eines Diskriminierungsvorwurfs derzeit noch der gängigere ist.

Fast alle Frauen, die sich um eine Führungsposition bewerben, stellen daher an sich eine seltsame Verwandlung fest: Voller beruflicher Einsatz wird da plötzlich zur Verbissenheit, Durchsetzungsfähigkeit zur Machtgier, jahrzehntelang anerkannt gute Leistungen zu problematischen Leistungen und Frauen überhaupt zu problematischen Persönlichkeiten, denen verantwortungsvolle Männer verantwortungsvolle Positionen guten Gewissens nicht anvertrauen können.

Die Mitglieder der Gleichbehandlungskommission, die solche „Verwandlungen" viel häufiger als andere Menschen miterleben und daher viel eher in der Lage sind, das Diskriminierungsmuster zu erkennen, nach dem Frauen in dieser Situation abgewertet werden, leisten mit ihren inhaltlichen Stellungnahmen dringende, bewußtseinsbildende Arbeit - sowohl bei der Aufstiegsdiskriminierung, als auch beim Zugang zu allen Berufen und Tätigkeitsbereichen, den es für Frauen nach wie vor nicht gibt, und bei dem Frauen mit ganz ähnlichen Diskriminierungsmustern „draußen" gehalten werden. Erschwerend kommt bei der Bewerbungsdiskriminierung hinzu, daß Bewerberinnen um einen Arbeitsplatz

---

[5] Vgl. OGH 30.6.1994, 8 ObA 271/94, Ausb 1 (1992), Lose-Blatt-Sammlung.

über viel weniger Informationen verfügen als Frauen, die - oft jahrzehntelang im Betrieb tätig - eine Führungsposition anstreben.

Die Geltendmachung von Schadenersatzansprüchen, die das Gesetz vorsieht, scheitert daher meist an der praktischen Unmöglichkeit, Diskriminierung bei einer Bewerbung zu beweisen. Formal verteilt das Gleichbehandlungsgesetz die Beweislast gleichermaßen auf die beschwerdeführenden Frauen, die ihre Benachteiligung glaubhaft machen müssen und Arbeitgeber, die glaubhaft machen müssen, daß es keine Ungleichbehandlung gegeben habe oder „nur" eine solche, für die es eine sachliche Rechtfertigung gibt. Faktisch gleiche Beweislast bei einer Beschwerde wegen Diskriminierung beim Zugang zum Beruf wird es aber (aufgrund des so ungleichen Informationstandes und der meist nur telefonisch mitgeteilten Begründung für die Ablehnung von Frauen) erst geben, wenn die Anforderungen an die Arbeitgeber bei diesem Diskriminierungstatbestand strenger sind, die Beweislast also formal ungleich verteilt wird.

Zur Zeit stellen daher Beratungen wegen Bewerbungsdiskriminierung zwar die häufigsten von allen (!) in der Gleichbehandlungsanwaltschaft dar, aufgrund der ungünstigen Beweissituation sind aber Beschwerden an die Gleichbehandlungskommission äußerst selten. Verschärft wird dieses Problem dadurch, daß immer mehr Frauen in Arbeits- und Vertragsformen beschäftigt werden, die aufgrund ihrer vertraglichen Ausgestaltung einen Einsatz des Gleichbehandlungsgesetzes gar nicht mehr ermöglichen. Dort, wo Frauen den Zugang zu einem Arbeitsverhältnis als Arbeitnehmerin - in der jetzt schon fast als „traditionell" zu bezeichnenden Form - nicht mehr schaffen, hat auch das Gleichbehandlungsgesetz seine Wirkung verloren. Umso schwerwiegender wirkt auf der anderen Seite, daß es nach wie vor eine Gruppe von Frauen gibt, die aufgrund von Diskriminierung ihren Arbeitsplatz fast immer verliert.

Die Befürchtung, daß es im Zuge von Beschwerden aufgrund des Gleichbehandlungsgesetzes zu Kündigungen von Frauen kommen würde, die sich wegen Diskriminierung beschweren, ist seit Beschluß des Gleichbehandlungsgesetzes oft geäußert worden und besteht bis heute. In der Praxis sind Kündigungen bei innerbetrieblichen Beschwerden selten und nach Einschaltung der Gleichbehandlungskommission kaum je vorgekommen. Seit der Verankerung der Anfechtbarkeit einer Kündigung „wegen der Geltendmachung von offenbar nicht unberechtigten Ansprüchen nach dem Gleichbehandlungsgesetz" im Jahr 1993 existiert dieses Problem bei fast allen Diskriminierungstatbeständen so gut wie nicht mehr - mit leider einer üblen Ausnahme:

Nur eine Beschwerde wegen sexueller Belästigung löst nach den Erfahrungen der Gleichbehandlungsanwaltschaft mit einigen hundert Beratungen aus diesem Grund offenbar eine spezifische Panikreaktion aus, die neben der auch hier zu beobachtenden Verrechtlichung - vor allem in Form von Retorsionsklagen wegen übler Nachrede - fast immer den Verlust des Arbeitsplatzes für die Frau zur Folge hat, die sich beschwert. Es würde den Rahmen dieses Beitrags sprengen, auf die vielfältigen und massiven Probleme einzugehen, mit denen speziell Frauen zu kämpfen haben, die an ihrem Arbeitsplatz an einen Belästiger geraten sind. Es scheint aber doch immer offensichtlicher, daß sexuelle Belästigung als Gewaltausübung gegenüber berufstätigen Frauen eine eindeutige Funktion hat: Die Funktion des „Platzverweises", sei es aus Bereichen, in denen Frauen generell nicht erwünscht sind, sei es, daß Frauen ihre Verwundbarkeit als Angehörige des Geschlechts, demgegenüber Übergriffe - trotz aller beruflichen Kompetenz und Selbständigkeit - jederzeit möglich sind, bewußt gemacht wird. Daher wohl die betriebliche Tabuisierung und die heftige Reaktion gegenüber derjenigen, die in einem Betrieb als erste das Stillschweigen bricht.

Bei diesem Diskriminierungstatbestand wird man daher - im Interesse aller - an einem besseren Schutz von Frauen, die sich beschweren, nicht vorbeikommen. Die konkrete Ausgestaltung eines solchen Kündigungsschutzes (etwa in Form eines mehrmonatigen „Moratoriums", während dessen keine Kündigungen ausgesprochen werden dürfen und in einem innerbetrieblichen Verfahren eine bessere Lösung als die Kündigung der Frau gesucht wird), soll im Zuge der nächsten - fünften - Novelle des Gleichbehandlungsgesetzes gesucht werden.

Die ExpertInnengespräche für diese Novelle, bei der von der sprachlichen Gleichbehandlung über die Frage der Beweislast bis hin zur institutionellen Weiterentwicklung der speziell für Fragen der beruflichen Gleichbehandlung ins Leben gerufenen Einrichtungen umfassende Lösungen zu suchen sind, beginnen gerade. Die Diskussionen und Verhandlungen werden vor dem Hintergrund der Erfahrungen geführt, die Frauen in der Betriebspraxis mit dem Gleichbehandlungsgesetz machen und vor dem Hintergrund der Anforderungen, die die Gleichbehandlungsanwaltschaft als jährliches Resümee aus diesen praktischen Erfahrungen formuliert. Denn: So wie das Gleichbehandlungsgesetz lange Jahre aufgrund sehr geringer Inanspruchnahme in der Praxis recht wirkungslos geblieben ist, würden auf der anderen Seite auch die Durchsetzungsbestrebungen in der Praxis ohne Weiterentwicklung der rechtlichen Grundlagen in vielen Fällen an den aufgezeigten Schwachpunkten scheitern.

Teil IV
Initiativen und überbetriebliche Erfahrungen

Eine gewerkschaftliche Initiative zur Frauenförderung: Leitfaden zur Förderung der Chancengleichheit im Betrieb

Sandra Frauenberger

Durch die Erstellung und Publikation des Leitfadens zur Förderung der Chancengleichheit im Betrieb[1] *durch die Gewerkschaft der Privatangestellten (GPA) im Jahr 1993 ist es gelungen, Frauenförderung bei Betriebsrätinnen und Betriebsräten zum Thema zu machen. Obwohl bisher nur relativ wenige konkrete Abschlüsse zu Chancengleichheitsthemen durchgesetzt werden konnten, ist trotzdem Optimismus angesagt. Speziell im Dienstleistungssektor verzeichnen Betriebsrätinnen mit der Gründung von Frauenausschüssen die ersten Erfolge. Damit ist der Grundstein für Betriebsvereinbarungen zur Förderung der Chancengleichheit gelegt. Im folgenden Beitrag wird erläutert, wie sich der Leitfaden konkret zusammensetzt, welche Erfahrungen bisher beim Versuch der Implementierung von Chancengleichheitsprogrammen gemacht wurden und welche Rahmenbedingungen geschaffen werden müssen, um letztendlich Frauenförderung in den Betrieben erfolgreich zu etablieren.*

Zu Beginn der neunziger Jahre wurde das Thema Frauenförderung in den Gewerkschaften nur zaghaft diskutiert. Die Diskussion verlief eher orientierungslos und war wenig von konkreten Inhalten geprägt. Zum einen fehlten wesentliche Informationen, und zum anderen stellten sich viele die Frage, ob in Zeiten von Arbeitsplatzangst Frauenförderung überhaupt ein vorrangig zu behandelndes Thema sein kann und darf. Gerade letzteres ist ein häufig gebrauchtes Argument, das sehr gerne eingesetzt wird, wenn es darum geht, Frauenanliegen abzuwehren. In den wenigen Anträgen, die es innergewerkschaftlich dazu gab, wurden die Themen betriebliche Frauenförderung sowie die ausgewogene Beteiligung von Frauen an politischen Entscheidungsprozessen „in einem Aufwaschen" behandelt.

Schon 1993, als ich als Frauensekretärin in der Gewerkschaft der Privatangestellten (GPA) tätig wurde, reizte mich das Thema Frauenförderung. Ich war - und bin - tief davon überzeugt, daß hier äußerst vielfältige Gestaltungsmöglichkeiten für gewerkschaftliche Frauenarbeit existieren. Nach genaueren Recher-

---

[1] Der in diesem Beitrag behandelte Leitfaden zur Förderung der Chancengleichheit im Betrieb ist erhältlich bei der Gewerkschaft der Privatangestellten, Deutschmeisterplatz 2, 1013 Wien, Telefon: 01/313 93 DW 341.

chen in Österreich, Deutschland und den USA (sowohl in Deutschland und erst recht in den Staaten gab es zu diesem Thema sehr viel mehr an Literatur zu finden) entstand die Idee, einen Leitfaden für Betriebsrätinnen und Betriebsräte zu verfassen, der eine genaue Anleitung zur Einrichtung von Frauenförderungsprogrammen in den Betrieben liefern sollte.

1. Dem Kind einen Namen geben ...

Interessanterweise war eines der Hauptprobleme zu Beginn des Projekts die Benennung dieser Aktionen und die Titulierung des Leitfadens. Zu viele Interpretationen des Begriffes *Frauenförderung* wurden von allen Seiten angeboten. Natürlich hatten die männlichen Kollegen die „originellsten“ Einfälle. Es stellte sich jedoch zunehmend heraus, daß auch für die Betriebsrätinnen der Begriff „Frauenförderung“ eher einen schalen Geschmack hatte. Häufig wurde unter „Frauenförderung“ allgemein soziales Engagement verstanden, wobei Frauen wie so oft in einem Atemzug mit Jugendlichen, Behinderten und sozial Schwachen genannt wurden. Tatsächlich wurde Frauenförderung unter anderem als Sozialprogramm für Frauen im Betrieb, nach dem Muster des Behinderteneinstellungsgesetzes, verstanden. Um von vornherein klarzustellen, daß unser Anliegen nicht dem Abdecken von weiblichen Schwachstellen, sondern zur Verbesserung der Situation von Frauen im Berufsleben dient, nannte ich das Projekt „Leitfaden zur Förderung der Chancengleichheit im Betrieb“. Heute frage ich mich, ob ich mich zu rasch von meinem Prinzip, die Dinge beim Namen zu nennen, verabschiedet habe. Schließlich steckt in dem Titel nirgendwo das Wort Frau und ist nicht sofort nachvollziehbar, welche und wessen Chancen der Leitfaden fördern will. Doch ging es hier letztendlich nicht um den Mut, das Kind beim Namen zu nennen, sondern um die erfolgreiche Durchsetzung eines Projekts. Der Begriff „Förderung der Chancengleichheit“ bewirkt in den Köpfen der Betriebsratsvorsitzenden und PersonalistInnen eine größere Gesprächsoffenheit als es der Begriff „Frauenförderung“ tut. Der Begriff „Frauenförderung“ führt oftmals zu unberechtigten Ängsten vor radikalen positiven Diskriminierungsmaßnahmen und verhindert dadurch oft bereits zu Beginn von Erstkontakten die Bereitschaft zum Zuhören.

Die Akzeptanz des Leitfadens war zwar ein erster großer Schritt, an Umsetzung konnte in dieser Phase jedoch noch nicht gedacht werden. Noch mehr als bei anderen Anliegen fehlt(e) es der Frauenförderung absolut an Lobby. In dieser Phase hatte das Finden von ZuhörerInnen daher absolute Priorität. Hier ging es zunächst um den Start für einen größeren „Sickerungsprozeß“. Sowohl die Arbeitgeber als auch die Betriebsratsvorsitzenden (in der Regel Männer) mußten von einem differenzierten Personalmanagement überzeugt werden.

2. Konzipieren eines Leitfadens

Hinter der Erstellung des Leitfadens stand die Idee, einmal von der Betriebsratsseite her personalpolitische Vorschläge zu machen, die einen Nutzen für den Betrieb darstellen. In einer Zeit, in der „innovative Personalpolitik“ bereits zum Schlagwort geworden war, vertraten wir den Standpunkt, daß eine Personalpolitik ohne Förderung der Chancengleichheit nicht den Anspruch erheben darf, innovativ zu sein.

Es war tatsächlich der Beginn eines Sickerungsprozesses, denn in den ersten zwei Jahren bedeutete es bereits einen Erfolg, von den Zuständigen angehört zu werden. Die Sache war zu dieser Zeit noch weit entfernt von den Vorstellungen, wie im betriebsspezifischen Fall konkret vorgegangen werden sollte, gar keine Rede von der Einrichtung eines Frauenausschusses oder Ähnlichem. Uns wurde klar, daß der Leitfaden speziell für Betriebsrätinnen konzipiert werden mußte. Nur über diese Schiene gab es realistische Möglichkeiten, zu einer Umsetzung zu gelangen. Zwar müssen die Betriebsrätinnen die Auseinandersetzung zuerst in ihren Betriebsratsgremien führen, doch ist die Bereitschaft einmal erkämpft, ist dies die beste Gelegenheit, das Thema Frauenförderung überhaupt in die Betriebe zu bringen. Damals hatte noch die Initiative „Frauen 2000“ bestanden. Es wurde die Idee verfolgt, daß einerseits die Vertreterinnen von „Frauen 2000“ die Personalchefinnen und Personalchefs der Unternehmen ansprechen sollten und die Gewerkschaft der Privatangestellten andererseits das Thema über die Betriebsrätinnen und Betriebsräte vorantreibt. Leider konnte die Kooperation nicht darüber hinaus entstehen, da sich die Initiative „Frauen 2000“ bald danach auflöste. Das war jedoch für uns kein Grund, den Kopf in den Sand zu stecken. Der Leitfaden wurde erstellt, und die Umsetzung begann.

3. Der Leitfaden

Der Leitfaden zur Förderung der Chancengleichheit gliedert sich in folgende Bereiche:

- GPA-Frauen zur Chancengleichheit,
- Situation der Frauen am Arbeitsmarkt,
- Was ist unter Chancengleichheit zu verstehen?,
- Rahmen der betrieblichen Förderung,
- Handlungsmöglichkeiten für Betriebsrätinnen und Betriebsräte,
- Beispiel für einen internen Fragebogen,
- Musterbetriebsvereinbarung.

Da mehr als die Hälfte aller Angestellten Frauen[2] sind, ist die Verwirklichung der Chancengleichheit von Frauen und Männern eine zentrale gewerkschaftliche Aufgabe. Selbst die Existenz des Gleichbehandlungsgesetzes (mit der sich nur allzuviele aus der Verantwortung stehlen wollen) hat faktisch nur marginal die Benachteiligung von Frauen in der Arbeitswelt verändert. Im Gegenteil, Frauen sind von konjunkturellen Schwankungen überproportional betroffen - und zwar bei der Einstellung, dem Aufstieg, bei der Einstufung und im Fall von Kündigungen. Auch in der Berufsausbildung, Umschulung, Fortbildung und beim Wiedereinstieg unterliegen sie den allseits bekannten Benachteiligungen. Genau an diesen Punkten setzt der Leitfaden an. Das Personalmanagement und der Betriebsrat müssen sich damit auseinandersetzen, daß immer mehr Frauen berufstätig sind, daß die Qualifikationen von Frauen und Mädchen trotz aller Widerstände steigen, daß die Anforderungen an die Qualifikationen der Arbeitskräfte zunehmen, und daß nicht zuletzt Frauen und Männer Familie und Beruf besser vereinbaren wollen.

Sehr zu Hilfe kam bei der Erstellung des Leitfadens die Erfahrung der deutschen Gewerkschafterinnen. Sowohl die Deutsche Angestellten Gewerkschaft (vgl. DAG, o.J.) als auch die Gewerkschaft Handel, Banken, Versicherungen (vgl. HBV 1992) hatten bereits Publikationen hiezu erstellt. In erster Linie wurden in diesen Arbeiten die Arbeitgeberpositionen zur Frauenförderung zusammengefaßt und kommentiert sowie ein Fazit zum bisherigen Stand der Frauenförderung gezogen. Die Tatsache, daß sich nach Untersuchungen bereits 1990 70 Prozent der Frauen am Arbeitsplatz sexuell belästigt gefühlt hatten (vgl. HBV 1992), veranlaßte die deutschen Kolleginnen dazu, das Thema „Sexuelle Belästigung" in einen Leitfaden zur Frauenförderung mitaufzunehmen. Ein Gedankenansatz, der von uns sehr rasch wieder verworfen wurde, da dieses Thema meines Erachtens eine eigene, sensiblere Behandlung verdiente, und die Zielgruppe für ein derartiges Thema sehr sorgfältig auszuwählen wäre. Den Leitfaden zur betrieblichen Frauenförderung hingegen wollten wir sehr weit streuen, und daher gaben wir dem Spezialproblem der sexuellen Belästigung in unserem Papier mit Handlungsanleitungen zur Chancengleichheit von Frauen und Männern keinen Platz. Die deutschen Kolleginnen hatten uns gegenüber einen großen Vorteil: Sie hatten bereits betriebliche Erfahrungen gemacht und konnten auf einige bereits installierte Frauenförderprogramme verweisen. Diese Programme hatten zum damaligen Zeitpunkt einen Schwerpunkt im Bereich der Familienförderung. Das war für uns Anlaß, näher auf die Differenzierung

---

[2] Im März 1998 waren in Österreich von den insgesamt 1,414.390 Angestellten 790.610 weiblich, was einem Frauenanteil von knapp 56% entspricht (Hauptverband der österreichischen Sozialversicherung; Statistikdatenbank).

Frauenförderung - Familienförderung einzugehen. Damit werde ich mich im Zusammenhang mit den „Maßnahmen“ noch detaillierter auseinandersetzen.

Jeder Teilbereich, der im Leitfaden behandelt wurde, liefert den Betriebsrätinnen Argumente für die Diskussion und leitet gleichzeitig an. So ist zum Beispiel die Beschreibung der Situation der Frauen am Arbeitsmarkt eine wichtige Information und auch gleichzeitig eine Argumentationshilfe für die Installierung eines Programmes im Betrieb. Dies hat die praktische Anwendung des Leitfadens in den letzten vier Jahren gezeigt, waren doch seine Inhalte wichtige Basis für viele Gespräche und sogar für Gewerkschaftsanträge.

Nach der Fertigstellung war es die Intention, den Leitfaden sowohl den einzelnen Sektionen der GPA[3] vorzustellen als auch potentielle Betriebe und deren Verantwortliche kennenzulernen - wobei bisher allerdings nur in sehr großen Dienstleistungsbereichen (speziell im Geld- und Kreditbereich) eine ernstzunehmende Plattform zur Diskussion geboten wurde. Nach und nach eröffneten sich auch in der Sektion Industrie einige interessante Möglichkeiten. In fast allen Betrieben sind wir jedoch bisher über das Stadium des Erstkontaktes nicht hinausgekommen. Die Förderung der Chancengleichheit und ihre Anliegen wurden in den Unternehmen zwar nicht negiert, sie wurden sogar akzeptiert, jedoch erhielten sie im betrieblichen Alltag der Personalplanung keine Priorität. Das ist genau der Punkt. Mittlerweile sind kaum noch Gegner dieses Themas zu finden, es gibt aber auf der anderen Seite nur selten Opinionleader, die sich das Ziel „Frauenförderung im Betrieb“ auf ihre Fahnen heften wollen. Nach wie vor fehlt es an einer hartnäckigen Lobby. Allzuoft verliert sich das Thema in innerbetrieblichen Aktivitäten und gerät in Vergessenheit.

4. Bildungsarbeit für Betriebsrätinnen

Da unser Anliegen schon nach der ersten Vorstellung ins Stocken geriet, versuchten wir gemeinsam mit interessierten Betriebsrätinnen den bisherigen Verlauf des Vorhabens, Frauenförderung in den Betrieben umzusetzen, zu evaluieren. Eine der Folgen dieses Nachdenkprozesses war die Erstellung eines spezifischen Bildungsangebots. Seither veranstalten wir zwei mal jährlich Seminare für Betriebsrätinnen und Ersatzbetriebsrätinnen. Mit großen Erfolg. Pro Seminar finden sich jeweils zwei bis drei Frauen, die tatsächlich mit der Umsetzung des Leitfadens im Betrieb beginnen wollen. Die Seminare haben den von uns entwickelten Leitfaden zum Inhalt, und es wird versucht, in erster Linie Hand-

[3] Die GPA gliedert sich in die Sektionen Industrie und Gewerbe; Handel, Verkehr, Vereine und Fremdenverkehr; Geld und Kredit; Versicherungen; Sozialversicherung sowie Land- und Forstwirtschaft.

werkzeug und Argumentationshilfen zu vermitteln. Aber auch die Möglichkeit zur Vernetzung wird von den Teilnehmerinnen sehr positiv bewertet. So bleiben häufig nach dem Seminar Kontakte zum Gedanken- und Erfahrungsaustausch bestehen, die jedoch noch besser zu pflegen und fördern wären. Neben den genannten Inhalten sind weiters arbeitsrechtliche Belange und die beiden wichtigen im Arbeitsverfassungsgesetz verankerten Maßnahmen „Frauenausschuß" und „Betriebsvereinbarung" inhaltliche Schwerpunkte in den Seminaren.

Prinzipiell geht es darum, zu erkennen, daß es für Chancengleichheitsmaßnahmen kein Patentrezept gibt und Betriebsrätinnen mit einem solchen Anspruch vollkommen die Realität verkennen würden. Chancengleichheitsprogramme sind in erster Linie Aktionsprogramme. So ist zu Beginn die Situation der Kolleginnen und Kollegen im Betrieb zu überprüfen und sind Vorschläge zu deren Verbesserung zu erarbeiten. Genau hier können die Frauen mit ihren reichen Erfahrungen ansetzen, und darüber hinaus erhalten sie mit den vorgeschlagenen Konzepten in den männerdominierten Betriebsratsgremien eine gewichtige Position. Schließlich ist auch im Betriebsrat gelebte Chancengleichheit gefragt.

5. Praktische Schritte in Richtung Chancengleichheit

Die praktische Umsetzung beginnt mit einer Situationsanalyse, für deren Erstellung eine konkrete Anleitung im Leitfaden angeboten wird. Aufbauend auf dieser Analyse werden Ansatzpunkte für die gezielte berufliche Förderung von Frauen ermittelt und geeignete Maßnahmen in diese Richtung entwickelt. Obwohl sich Situationen und Bedingungen von Betrieb zu Betrieb unterscheiden, können bestimmte allgemeine Aussagen darüber gemacht werden, was ein Unternehmen tun sollte, um die Situation der Mitarbeiterinnen in quantitativer und qualitativer Hinsicht zu verbessern. Für die Umsetzung ist im Leitfaden ein Vier-Phasen-Plan enthalten. Bedauerlicherweise sind wir nur in einigen wenigen Betrieben über die dritte Phase dieses vierstufigen Plans hinausgekommen.

Für die erste Phase - die *Planungsphase* - empfehlen wir die Einrichtung eines Frauenausschusses im Betrieb. Hierfür gibt es, wie bereits erwähnt, eine wichtige gesetzliche Rückendeckung. Das Arbeitsverfassungsgesetz sieht im § 69, Abs. 2 die Gründung folgendermaßen vor: „Der Betriebsrat kann im Einzelfalle die Vorbereitung und Durchführung seiner Beschlüsse einem Ausschuß übertragen. Einem Ausschuß sollen insbesondere die Vorbereitungen und Durchführung von Beschlüssen in den Angelegenheiten der Gleichbehandlung, der Frauenförderung, der Wahrnehmung der Interessen von Arbeitnehmerinnen und Arbeitnehmern mit Familienpflichten sowie der Maßnahmen gegen sexuelle Belästigung übertragen werden." Diese Bestimmung enthält damit eine der ganz wenigen konkreten Werkzeuge für die Arbeit der Betriebsrätinnen. Dazu muß gewußt sein, daß das Arbeitsverfassungsgesetz bei Betriebsräten einen sehr hohen Stellenwert hat, und selbst hartnäckige Betriebsräte mit dem „Paragraphenbacking" überzeugt werden konnten. So kam es erfreulicherweise speziell im letzten Jahr zu einer regen Gründung von Frauenausschüssen. Es gibt wohl kaum eine Betriebsrätin, die ein Seminar besucht hat, und es noch nicht versucht hat - immer mehr mit gutem Erfolg. „Es ist wichtiger denn je, auf betrieblicher Basis über Chancengleichheits- oder Frauenförderungsprogramme zu diskutieren. Gerade in Zeiten eben, in denen Frauen immer öfter in den Haushalt abgeschoben werden bzw. die Unternehmer den Frauen nahelegen, nach der Karenzzeit doch gar nicht erst wiederzukommen" (Frauenberger/Kypta 1996, S. 26). Kurz und gut - die Betriebsrätinnen sprühen nur so vor Ideen und Tatendrang. Sie wollen auf diesem demokratischen, wenn auch ein wenig unkonventionellen Weg intensiv an der Gestaltung des gemeinsamen Firmenalltages mitarbeiten. Sie gehen davon aus - und sie erleben es auch langsam -, daß Kolleginnen und Kollegen plötzlich mit mehr Engagement und Elan mit ihnen in Kontakt treten. Die Gründerinnen erkennen in Frauenausschüssen somit eine durchaus zeitgemäße Form der Betriebsarbeit.

Wichtig ist, bereits in dieser Planungsphase klarzustellen, daß die Verantwortung für die Durchführung der notwendigen Maßnahmen die Geschäftsleitung übernimmt, und zwar in Kooperation mit dem Betriebsrat und den einzelnen Vorgesetzten.

In der zweiten Phase, der *Analyse*, haben die Erfahrungen gezeigt, daß es den Betriebsrätinnen und der Geschäftsführung meist gar nicht bewußt ist, daß in ihrem Betrieb Frauen tatsächlich diskriminiert werden. Die Bestandsaufnahmen führen meist zu interessanten Ergebnissen und auch Überraschungen. Genau an diesem Punkt gelingt es dem Betriebsrat am häufigsten, den „richtigen Kick" zur Motivation zu finden und die gesamte Körperschaft hinter das Programm zu stellen. Ziel der Analyse bzw. der detaillierten Darstellung der betrieblichen Situation ist letztendlich die Feststellung von Veränderungsmöglichkeiten. Gleichzeitig sind die Zahlen und Fakten eine wichtige Hilfe in der Argumentation gegenüber der Geschäftsleitung.

Auf Basis der Analyse sieht der Leitfaden in der dritten Phase - *Maßnahmen* - die Ausarbeitung von konkreten Ansatzpunkten für Programme zur Förderung der Chancengleichheit vor. Zur Veranschaulichung dafür wurden im Leitfaden viele exemplarische Beispiele erarbeitet und zusammengetragen. Sie sollen als Vorschläge dienen und sind für den jeweiligen Betrieb zu modifizieren. Zu finden sind grundsätzliche Maßnahmen wie: „Thematisierung der Chancengleichheit in allen Fortbildungsseminaren für Personen, die Personalentscheidungen zu treffen haben", allgemeine Vorschläge wie: „Stellenausschreibungen für alle Positionen mit einer ausdrücklichen Aufforderung an Frauen, sich zu bewerben", aber auch ganz spezifische Punkte wie: „Schaffung von Aufstiegswegen in typischen Frauen-Tätigkeitsfeldern, wo bisher kein Aufstieg möglich war (z.B. Schreibkräfte zu Sachbearbeiterinnen, Sachbearbeiterinnen zu Assistentinnen, Assistentinnen zu Referats- oder Abteilungsleiterinnen, usw.)" (Leitfaden S. 8f.).

Unter Frauenförderungsmaßnahmen muß unserer Auffassung nach weit mehr als bloße Karriereförderung verstanden werden. Es gilt, die Lebens- und Arbeitsbedingungen aller Frauen im Betrieb zu verbessern, egal ob es sich um Voll- oder Teilzeitbeschäftigte handelt. Es geht nicht nur um bessere Aufstiegschancen und mehr Gehalt, sondern auch um qualifizierte Ausbildung, humane Arbeitsbedingungen, Wiedereinstiegshilfen und um bessere Möglichkeiten zur Vereinbarkeit von Beruf und Familie.

Auf den Problemkreis Vereinbarkeit von Beruf und Familie zeichnet sich in den meisten Programmen eine klare Schwerpunktsetzung ab, seien es Formen von Freistellungsregelungen, Angebote zur Teilzeitarbeit oder die immer populärer werdenden Betriebskindergärten. Diese Regelungen verbessern zwar unserer Ansicht nach die Vereinbarkeit, nehmen jedoch den Betrieb aus der Verantwortung, sich darüber Gedanken zu machen, wie Mütter und Väter mit Kleinkindern grundsätzlich Beruf und Familie vereinbaren können. Richten sich Vereinbarkeitsregelungen „nur" an Frauen, werden die traditionellen Geschlechterrollen manifestiert. Möglicherweise dient diese Vorgangsweise den Betrieben in erster Linie sogar dazu, sich ein beliebig rekrutierbares, weibliches Arbeitskräftepotential verfügbar zu halten. Auf der anderen Seite sind solche Vereinbarkeitsmaßnahmen unumgänglich, da sie die notwendige Basis dafür sind, daß Frauen überhaupt in ihre berufliche Entwicklung investieren können. Es geht also nicht darum, diese Maßnahmen zur Vereinbarkeit grundsätzlich auszusparen, sondern vielmehr darauf zu achten, daß nach langen Verhandlungen nicht alleine diese Art von Maßnahmen übrig bleiben und somit aus einem komplexen Frauenförderungsprogramm letztendlich ein einfaches „Familienförderungsprogramm" wird.

Das Kernproblem der Umsetzung stellt die Freiwilligkeit der Etablierung von Maßnahmen zur Förderung von Chancengleichheit dar. Daher wird der Festlegung von Förderungsmaßnahmen nur in jenen Betrieben zugestimmt, in denen aktive Betriebsrätinnen und weibliche Angestellte nicht locker lassen. Bisher sind Frauenfördermaßnahmen auf eher ökonomisch und gewerkschaftlich starke Branchen konzentriert.

Eine wesentliche Voraussetzung für die Durchsetzung ist, daß die Betriebe bei Chancengleichheitsmaßnahmen auch einen betriebswirtschaftlichen Nutzen sehen - oder zumindest keine Kostenbelastung. Um Unternehmen zu überzeugen, ist es deshalb notwendig, den Nutzen für den Betrieb aufzuzeigen. Auch hierfür liefert der Leitfaden die Argumente, wie z.B. die größere Auswahl bei der Rekrutierung und Stellenbesetzung, die effizientere Nutzung von getätigten Ausbildungsinvestitionen, eine Erhöhung der Leistungsbereitschaft und Loyalität durch Förderung karriereorientierter Mütter und Väter und ein positives Unternehmensimage durch ein modernes und aufgeschlossenes Personalmanagement.

Vorsicht ist meiner Erfahrung nach geboten bei Maßnahmen, die auf den angeblich vorhandenen „frauenspezifischen Führungsstil" ausgerichtet sind. Die eher Frauen zugeschriebenen Kompetenzen werden nicht dauerhaft aufgewertet bleiben. Die Frage ist, ob Betriebe hier nicht einfach versuchen, die zahlreichen hochqualifizierten Frauen, die noch keine Managementfunktionen erreicht haben, zu motivieren, um für die Zukunft nicht nur ein qualifizierteres sondern auch genügsameres Personalreservoir zu erhalten. Eine derartige Strategie, die letztendlich nur weitere Weiblichkeitsklischees manifestiert, kann nicht als ernstgemeinte Frauenförderung bezeichnet werden.

Im Rahmen von Frauenförderung wird des öfteren die positive Diskriminierung bei der Stellenvergabe und Aufstiegsentscheidung als Maßnahme genannt. So findet sich auch in einem der jüngeren, beschlossenen Anträge der GPA Frauen zur Förderung der Chancengleichheit folgender Formulierungsvorschlag: „Bei der Vergabe von Stellen müssen Frauen bevorzugt werden, wenn sie die erforderlichen Qualifikationen nachweisen, und zwar so lange, bis sie in allen Bereichen und Hierarchiestufen nicht mehr unterrepräsentiert sind" (GPA 1998 S. 2). Diese Maßnahme stößt in der Praxis jedoch auf aggressive Ablehnung. Selbst die vernünftigsten Argumente dafür werden in der Diskussion meist sofort abgeschmettert. Niemand konnte bisher für eine Quotierung gewonnen werden, selbst die Betriebsrätinnen sind nicht dafür. So stehen wir bei immens divergierenden Beschäftigungschancen von Frauen und Männern vor einem schier unlösbaren Rätsel: Selbst wenn in männerdominierten Bereichen andere Maßnahmen als bisher gesetzt würden, könnten die Frauen der heutigen „Arbeitsgeneration" wegen der Langsamkeit der Umsetzung die Chancengleichheit niemals erleben.

Für die vierte Phase - die Phase der *Realisierung* - gibt es bislang nur sehr wenig Erfahrung. Beispielhaft für die wenigen Programme steht der bisher größte Erfolg - die Umsetzung eines Programmes zur Förderung der Chancengleichheit im Bereich der Sektion Sozialversicherung. In diesem gewerkschaftlich durchaus gut organisierten Bereich ist es gelungen, ein Frauenförderungsprogramm auf der Ebene der Dienstordnung (Kollektivvertrag) festzuschreiben. Da es sich bei der Umsetzung eines Programmes zur Förderung der Chancengleichheit nicht nur um „normale" personalpolitische Maßnahmen handelt, darf die Dauer des Umdenkprozesses - der ohne Zweifel stattfinden muß - jedoch nicht unterschätzt werden. In der ersten Zeit wird es oft nur bei leeren Willenskundgebungen bleiben.

Die rechtlichen Handlungsmöglichkeiten für Betriebsrätinnen und Betriebsräte sind in zwei Gesetzen verankert, dem Gleichbehandlungsgesetz[4] und dem Arbeitsverfassungsgesetz. Die im Gleichbehandlungsgesetz festgehaltenen Möglichkeiten zielen zwar auf die individuellen Arbeitnehmerinnen ab, sie können jedoch gut als Vorlage bzw. Argumentation für kollektive Regelungen herangezogen werden. Das Arbeitsverfassungsgesetz sieht neben den Frauenausschüssen zusätzlich den Abschluß von fakultativen Betriebsvereinbarungen vor (§97 Abs. 25: „Maßnahmen zum Abbau der Benachteiligung von Frauen - Chancengleichheitspläne - sowie Maßnahmen zur Berücksichtigung von Familienpflichten der Arbeitnehmerinnen und Arbeitnehmer"). Vor diesem gesetzlichen Hintergrund ist auch die Musterbetriebsvereinbarung des Leitfadens aufgebaut.

Die angesprochene Betriebsvereinbarung diente bereits mehrmals als Vorlage für die Erstellung eines betriebsspezifischen Vorschlages. Die Vorreiterrolle spielte hier der bereits erwähnte Kollektivvertrag der Sozialversicherung. Doch leider ist dies die einzige verbindliche Vereinbarung, die bereits abgeschlossen wurde. Anhand der Durchsetzung dieses Beispiels konnten wir vieles lernen: Und zwar, daß selbst dem Beschluß und der Festschreibung von Frauenförderung „schwarz auf weiß" noch lange keine unmittelbare Umsetzung folgen muß. Im Gegenteil: Die Mammutarbeit beginnt hier erst. Für die Umsetzung der schriftlichen Vereinbarung müssen alle Betriebsrätinnen und Betriebsräte das Programm tragen. Jedes einzelne Betriebsratsmitglied muß motiviert werden. Dieser Prozeß geht nur sehr schleppend voran, zu viele sähen das Programm gerne in Vergessenheit geraten. Die *ständige Evaluierung und Kontrolle* sind unverzichtbar, worauf der Leitfaden in der vierten Phase hinweist. Welche praktische Dimension Berichtspflichten, Kontrollen, regelmäßige Zusammenkünfte mit der Geschäftsführung und fixe Evaluierungstermine tatsächlich haben, zeigt erst die Zeit nach dem ersten Beschluß. Im Kollektivvertrag der Sozialversicherungen wurde festgeschrieben, daß die Geschäftsleitung mit dem Betriebsrat einmal im Jahr zu diesem Thema Beratungen abzuhalten hat, in denen vergangene und zukünftige Aktivitäten zu besprechen sind. Wir können gespannt darauf warten.

[4] Siehe dazu den Beitrag von Neda Bei in diesem Buch.

6. Förderung der Chancengleichheit ist kein „Fantasy-Abenteuer"

Zu oft bei der Diskussion des Themas Chancengleichheit verfallen die Diskutantinnen in tiefe Frustration. Ein Zustand, der ganz sicher nicht angebracht ist. Selbstverständlich kann auch von gewerkschaftlicher Seite kein überwältigender Erfolgsbericht geliefert werden. Ein grundsätzlicher Erfolg konnte jedoch bereits verzeichnet werden: Vorbei ist die Zauderei, vergessen die vielen (männlichen) Gegenargumente und Grabreden für den im November 1993 veröffentlichten Leitfaden zur Förderung der Chancengleichheit im Betrieb.

Die Akzeptanz des Themas ist heute weitgehend erreicht, doch der Kraftaufwand und die erforderliche Zeit, Chancengleichheit auch umzusetzen, werden sehr oft unterschätzt, sodaß viele Initiatorinnen mit Startproblemen zu kämpfen haben. Mit den genannten gezielten Bildungsmaßnahmen gelang es jedoch, eine immer größere Anzahl von Frauen und Betriebsrätinnen für die Durchsetzung der Chancengleichheit auf betrieblicher Ebene zu gewinnen.

Im Herbst 1995 war in der Akzeptanz zwar gewissermaßen die kritische Masse[5] erreicht, der Beginn einer Umsetzung wurde in den Betrieben jedoch noch nicht besonders sichtbar. Nach wie vor haben wir mit Gegenkräften zu kämpfen, welche die gesellschaftlichen Notwendigkeiten ignorieren. Die ansehnliche Anzahl von Frauenausschüssen in den Betrieben zeigt jedoch, wie unumgänglich es geworden ist, die Frage der Chancengleichheit in der Wirtschaft zu behandeln. Wirtschaft wie Politik können sich ein Planen ohne Frauen nicht mehr leisten.

Es hat sich weiters gezeigt, daß neben den innerbetrieblichen Bemühungen wichtige flankierende Maßnahmen gesetzt werden müssen, z.B. sollte für die Vergabe von öffentlichen Aufträgen bzw. Subventionen das Vorhandensein von Chancengleichheitsprogrammen in die Vergabekriterien aufgenommen werden. Leider werden von einer Politik, die uns Frauen an die männlichen Berufsnormen anpaßte, die bestehenden Ungleichheiten der Geschlechter nicht angegriffen. Zu einer Politik der kleinen Schritte für Gleichberechtigung - nicht nur auf dem Arbeitsmarkt - gibt es allerdings keine Alternative. Die Veränderung der Rahmenbedingungen muß weiter in Angriff genommen werden, auch wenn dies nicht so einfach zu bewerkstelligen ist. Frauenförderungsmaßnahmen müssen aus der „kontrollierten Isolation" geholt werden, sie müssen sanktio-

---

[5] Der Begriff der kritischen Masse stammt aus der Kernphysik, wo er als die (kleinste) Masse an radioaktivem Material definiert wurde, die notwendig ist, um eine nukleare Reaktion hervorzurufen. Mit anderen Worten: Wichtig ist nicht nur die Menge des zugeführten Materials - es kommt auch auf seine Qualität und auf die Umgebungsbindung an (vgl. dazu Aburdene/Naisbitt (1993).

nierbar werden. Erst wenn es gelingt, die Förderung der Chancengleichheit von der Freiwilligkeit zu befreien, wird sie in den Betrieben ernstgenommen werden und so letztendlich zur Umsetzung gelangen.

Literatur:

Aburdene, Patricia/Naisbitt, John (1993): Megatrends: Frauen, ECON Verlag. München.

DAG (Deutsche Angestellten-Gewerkschaft) (o.J.): Frauen in Banken, Sparkassen, Versicherungen – Handlungshilfe zur Frauenförderung. Informationen und Materialien für die Praxis. Hamburg.

Frauenberger, Sandra/Kypta, Gabriele (1996): Frauen an die Macht. In: Kompetenz 1996/7-8.

GPA (1998): Lust auf mehr... Mitwirkung, Mitbestimmung, Macht. Anträge. GPA Frauen. Wien.

HBV (Gewerksschaft Handel, Banken, Versicherungen) (1992): Betriebliche Frauenförderung I. Ein Leitfaden der HBV Frauen. Düsseldorf.

Taten statt Worte
Eine österreichische Initiative zur Verbesserung der Chancengleichheit von Frauen in der Arbeitswelt

Ridi Steibl

Die seit Beginn der 90er Jahre in Österreich tätige Initiative Taten statt Worte *bemüht sich um Frauen- und Familienförderung in Betrieben. Welche Aufgaben und Ziele die Initiative verfolgt, wie der von der Initiative veranstaltete Wettbewerb „Frauen- und familienfreundlichster Betrieb" abläuft, welche frauen- und familienfreundlichen Maßnahmen in Betrieben gesetzt werden können, und was die Initiative schon bewirkt hat, ist Gegenstand dieses Beitrags.*

1. Aufgaben und Ziele der Initiative *Taten statt Worte*

Taten statt Worte ist eine private Initiative und wurde mit dem Ziel ins Leben gerufen, die betriebliche Frauen- und Familienförderung zu verbessern. Als primärer Handlungsbedarf werden die Karriereplanung für Frauen in Unternehmen, die Erleichterung des Wiedereinstiegs nach der Karenz und die Vereinbarkeit von Beruf und Familie mit einer breiten Palette von Mobilzeitangeboten auf allen Ebenen, insbesondere auch für Führungspositionen definiert.

Mit dem Schwerpunkt der Initiative, dem Wettbewerb zum frauen- und familienfreundlichsten Betrieb, haben engagierte Unternehmen die Chance, ihre Fördermaßnahmen untereinander zu vergleichen. Durch die gezielte Medienarbeit seitens der Initiative haben die Betriebe auch die Möglichkeit, ihre Konzepte und Maßnahmen einem breiten Publikum vorzustellen.

Taten statt Worte will sowohl private als auch öffentliche Unternehmen dazu motivieren, mit gezielten Maßnahmen die Situation von Frauen in der Arbeitswelt zu verbessern. Nicht die Personalabteilung alleine, sondern gerade die Vorgesetzten in ihren Führungsaufgaben, sprich das oberste Management, sollen für Mitarbeiterinnenförderung und Personalentwicklung gewonnen werden. In Zusammenarbeit mit diesen soll eine neue Unternehmenskultur im Sinne von Frauen- und Familienfreundlichkeit erarbeitet werden. *Taten statt Worte* stellt Know-how über betriebliche Frauen- und Familienförderung bereit, erarbeitet firmenspezifische Maßnahmen und nimmt deren Evaluierung vor.

Frauenfördermaßnahmen sind eine bewußte und gezielte unternehmensspezifische Personalplanung und -politik mit dem Ziel, breitere Personalressourcen effizient zu nutzen. Was heißt das konkret?

Frauenförderung beginnt mit der Werbung um weibliche Auszubildende und der Werbung um Mitarbeiterinnen auch für Bereiche und Positionen, in denen Frauen bisher wenig vertreten sind. Die Qualifizierung und Aufstiegsförderung bereits beschäftigter Frauen gehört ebenso dazu wie alle Regelungen, welche die Vereinbarkeit familiärer und beruflicher Anforderungen erleichtern. Mit Stellenausschreibungen, aus denen hervorgeht, daß Frauen bei gleicher Qualifikation gleiche Einstellungschancen haben und mit der Öffnung traditionell männlicher Arbeitsfelder für Frauen gewinnen die Betriebe neue und gut ausgebildete Fachkräfte. Gleichbehandlung ist eine wichtige Voraussetzung für ein motivierendes Arbeitsklima im Unternehmen und eine Chance, fähige MitarbeiterInnen zu halten.

Betriebliche Familienförderung verfolgt das Ziel, sämtlichen Familienmitgliedern, sowohl berufstätigen Müttern als auch berufstätigen Vätern und deren Kindern, ein besseres, aber auch zeitgemäßes Zusammenleben zu ermöglichen. Familienförderung heißt insbesondere das Bereitstellen einer geeigneten Infrastruktur, wie zum Beispiel von Kinderbetreuungseinrichtungen, flexible Arbeitszeiten (in Abstimmung mit den Öffnungszeiten der Kindergärten), Förderung von Vätern in Karenz u. v. m.

Die Integration von Frauen- und Familienförderung von Seiten der Betriebe folgt dem Gedanken der Selbstbindung. In Zusammenarbeit zwischen der Projektleitung von *Taten statt Worte* und den Verantwortlichen der Betriebe werden zum einen die Chancen der Frauen für Wiedereinstieg, Berufsbildung, betriebsinterne Weiterbildung und zum anderen die Vereinbarkeit von Beruf und Familie für Mütter und Väter spürbar verbessert. Mit gezielter PR-Arbeit stellt die Initiative laufend positive Beispiele aus der Wirtschaft einer breiten Öffentlichkeit als frauen- und familienfreundlich vor. Das setzt einen Meinungsbildungsprozeß in Gang und regt zur Nachahmung an, denn fast alle Menschen leben in einem Familienverband und arbeiten lieber in einem Betrieb, der auf ihre persönliche Situation Rücksicht nimmt. Dies hebt nicht zuletzt das Image des Unternehmens. *Taten statt Worte* bietet aber auch Frauen Beratung und Hilfe bei Karriereplanung und Stellenbewerbung, bei Wiedereinstieg in das Berufsleben nach der Familienphase und bei Aus- und Weiterbildung.

Frauen- und Familienförderung ermöglichen einem Unternehmen vielfältige Vorteile: Die Personalfluktuation sinkt und somit amortisieren sich innerbetriebliche Weiterbildungskosten. Fachkompetenz und betriebsinternes Wissen bleiben im Betrieb, und nicht zuletzt fallen Stellenausschreibungs- und Einschulungskosten weg. Langfristige Planungen werden ermöglicht, und die Kundenbetreuung erhält mehr Kontinuität, die vor allem im Dienstleistungssektor - und in diesem arbeitet der Großteil der Frauen - von enormer Bedeutung ist. Kommen ArbeitgeberInnen den Wünschen ihrer ArbeitnehmerInnen entgegen, so wird damit synchron die Loyalität zum Unternehmen und die Leistungsmotivation gesteigert. Durch das verbesserte Betriebsklima ergeben sich höhere Arbeitsleistungen und weniger Fehlzeiten. Und - für die Öffentlichkeitsarbeit wichtig - das Image der Betriebe steigt.

2. Die Entwicklung von *Taten statt Worte*

Die Idee für das Projekt *Taten statt Worte* kommt aus der Schweiz, wo seit 1986 unter der Leitung von Frau Dr. Michel-Alder Frauenförderprogramme durchgeführt werden. Wenige Jahre später wurde diese Idee von mir als steirischer Frauen- und Familienreferentin nach Österreich geholt.

Im Mai 1990 wurde *Taten statt Worte* erstmals der Öffentlichkeit vorgestellt. Das anfangs nur für die Steiermark geplante Projekt fand bald österreichweites Interesse, und noch im selben Jahr konnte bereits eine Wiener Regionalgruppe gegründet werden. 1996 schloß sich eine weitere Regionalgruppe in Niederösterreich und 1998 eine in Vorarlberg an. Auch die Frauenreferate anderer Bundesländer arbeiten sehr eng mit der Initiative zusammen und tauschen kontinuierlich Erfahrungen aus.

1991 wurde in der Steiermark der erste Wettbewerb zum frauen- und familienfreundlichsten Betrieb durchgeführt. Wien übernahm bald das Konzept, und mittlerweile wird auch dort jährlich dieser Wettbewerb mit dem Untertitel „Gläserner Schuh" durchgeführt. Das Regionalkomitee Niederösterreich führte 1997 erstmals einen Wettbewerb zum frauen- und familienfreundlichsten Betrieb durch.

Die weitreichenden Bemühungen zeigten Erfolg. An die 400 Betriebe haben sich bislang allein in der Steiermark an den Wettbewerben beteiligt[1] und arbeiten konsequent daran, die Qualität der Arbeitsplätze für ihre Mitarbeiterinnen kontinuierlich zu verbessern.

[1] Anzahl der beteiligten Betriebe: 1991: 45, 1992: 59, 1993: 53, 1994: 64, 1995: 41, 1996: 63, 1997: 61.

3. Schritte und Elemente der Frauen- und Familienförderung

Die Grundbedingung für den Erfolg von Förderplänen ist die Bereitschaft zur Umsetzung von Unternehmensleitung, Betriebsrat und Belegschaft. Voraussetzungen sind weiters eine kontinuierliche Arbeit und gezielte Planung. Für einzelne Aktionsfelder von Unternehmen (wie unternehmenspolitische Maßnahmen, Berufsausbildung, Stellenbesetzung, Personalentwicklung, Gleichzeitigkeit von Familie und Beruf, Wiedereinstieg, Arbeitsbewertung und Entlohnung, Public Relations) können folgende Maßnahmen der Frauen- und Familienförderung als Leitfaden herangezogen werden:

Unternehmenspolitische Maßnahmen

- Absichtserklärung des Unternehmens zur Frauenförderung
- Festlegen von Verantwortlichen sowie Ansprechpersonen für notwendige Maßnahmen
- Einrichtung von Arbeitskreisen mit definierten Schwerpunktthemen
- Situationsanalyse der weiblichen und männlichen Mitarbeiter im Unternehmen
- Erarbeitung von firmenspezifischen Zielen, Zukunftsperspektiven und Zeitplänen sowie Erarbeitung und Umsetzung eines betrieblichen Frauen- und Familienförderprogrammes
- Verankerung im Unternehmensleitbild
- dementsprechende interne und externe Kommunikation
- Abschluß von Betriebsvereinbarungen

Berufsausbildung

- Information von Schülerinnen und Praktika für Schülerinnen und Studentinnen im Unternehmen
- Schnupperlehre in gewerblich-technischen Berufen
- Arbeitskreise für Auszubildende und Ausbildende zum Abbau von Vorurteilen

Stellenbesetzung

- Beschäftigung von Frauen in allen Arbeitsfeldern
- Stellenausschreibungen, die die Einstellung von Frauen betonen
- vorurteilsfreie Bewerbungsauswahl
- bevorzugte Wiedereinstellung von Berufsrückkehrerinnen
- Gewinnung von Führungskräften für die Idee der Frauenförderung

Personalentwicklung

- Sensibilisierung der innerbetrieblichen EntscheidungsträgerInnen für die spezielle Situation von Frauen und Berücksichtigung dieser bei der zeitlichen und organisatorischen Planung der Weiterbildungsangebote
- gezielte Motivierung von Frauen für betriebliche Weiterbildung
- Schaffung der Möglichkeit zur Weiterbildung auch während der Familienphase
- Aufstiegsförderung von Frauen
- Individuelle Laufbahnplanung für Frauen durch spezielles Coaching und Besetzung leitender Positionen mit Frauen

Gleichzeitigkeit von Familie und Beruf

- Kinderbetreuungsangebote
- Flexibilisierung der Arbeitszeit durch das Anbieten von familienfreundlichen Arbeitszeitmodellen
- Mobilzeitarbeit in allen Betriebsbereichen und allen Positionen für weibliche wie männliche Beschäftigte

Wiedereinstieg

- Betrieblicher Erziehungs- und Elternurlaub
- Weiterbildung während der Berufsunterbrechung und Einbeziehen in das interne Informationsnetz des Unternehmens
- Vertretungen während der Berufsunterbrechung
- bevorzugte Wiedereinstellung bei der Berufsrückkehr

Arbeitsbewertung und Entlohnung

- gleiche Entlohnung für gleichwertige Arbeit von Frauen und Männern

PR-Arbeit

- Die Erfolge des Unternehmens werden von *Taten statt Worte* einer gezielten Öffentlichkeit vorgestellt

4. Die Wettbewerbe zum frauen- und familienfreundlichsten Betrieb

Die Wettbewerbe zum frauen- und familienfreundlichsten Betrieb stellen den Schwerpunkt der Initiative *Taten statt Worte* dar. Unternehmen, die sich in besonderer Weise um Frauen- und Familienfreundlichkeit bemühen, bekommen jährlich die Möglichkeit, an diesem Wettbewerb teilzunehmen. Auch Betriebe, die bisher noch keine Frauenförderung hatten, sollen für diese Idee gewonnen werden.

Klar ist, daß größere Unternehmen mehr Möglichkeiten der Förderung haben als Kleinbetriebe. Deshalb werden Preise für unterschiedliche Betriebsklassen vergeben. Teilnehmen kann jedes Unternehmen, unabhängig von der Betriebsgröße. Ob aus Dienstleistung, Gewerbe, Handel, Bankwesen, Industrie, ob Privatunternehmen, Betrieb des öffentlichen Dienstes, öffentlich-rechtliche Körperschaft oder gemeinnütziger Verein - wichtig ist die Bereitschaft, sich für Frauen- und Familienbelange einzusetzen. Teilnahmevoraussetzung ist weiters die termingerechte Rücksendung eines vollständig ausgefüllten Fragebogens. Dieser wird von Expertinnen verfaßt und jährlich den veränderten Rahmenbedingungen angepaßt und verbessert.

Die Bewertungskriterien sind umfassend: Die Anzahl der Frauen in Führungspositionen im Vergleich zu deren Anteil an den Gesamtbeschäftigten wie auch der Stellenwert dieser Positionen werden begutachtet. Ein wesentlicher Bestandteil der Beurteilung ist die Flexibilität der Arbeitszeitgestaltung, insbesondere unterschiedliche, individuell adaptierbare Modelle, Anpassungsmöglichkeiten z.B. bezüglich öffentlicher Verkehrsverbindungen oder Kindergartenöffnungszeiten.

In der Personalentwicklung werden vor allem interne, alters- und geschlechtsneutrale Förderungen berücksichtigt. In der internen und externen Weiterbildung wird besonderes Augenmerk auf Angebote für Frauen im Rahmen der Arbeitszeit sowie während der Karenzzeit gelegt. Die Situation karenzierter MitarbeiterInnen und Fördermaßnahmen für einen Wiedereinstieg nach der Karenz bzw. nach einer längeren Erziehungspause ist grundsätzlich von großer Bedeutung.

Die Berücksichtigung von Problemen betreffend die Kinderbetreuung, die Gewährung von Kindergartenplätzen, von erweiterten Pflegefreistellungen und vielem mehr sind ebenfalls wesentliche Kriterien. Aber auch durch finanzielle Zuschüsse für Familien oder andere familienfreundliche Einrichtungen verbessern sich Betriebe in der Wertung. Können Mitarbeiterinnen eines Betriebes eine unabhängige Frauenbeauftragte konsultieren, wird das mit Pluspunkten berücksichtigt. Bei der Auswertung wird besonders darauf geachtet, ein objektives Ergebnis zu erlangen. Alle teilnehmenden Betriebe werden nach einem strengen Vorgehen unter gleichen Bedingungen geprüft.

Grundlage für die erste Vorentscheidung sind die schriftlichen Antworten auf den eingesandten Fragebögen der Betriebe. Die Auswertung findet nach einem festgelegten Punktesystem statt. Gleichzeitig wird eine EDV-Auswertung vorgenommen, welche die Stärken und Schwächen der einzelnen Branchen verdeutlichen soll. Über die einzelnen Betriebe hinaus entsteht so ein Gesamtbild über den Zustand der Frauen- und Familienfreundlichkeit in den Betrieben und einzelnen Branchen. Ebenso ermöglicht diese Methode eine Langzeitbeobachtung über die Entwicklung von Frauenförderprogrammen. Die in die Endrunde gelangten Betriebe werden besucht und geprüft. Dabei werden offene Fragen geklärt, Angaben im Fragebogen hinterfragt sowie persönliche Gespräche mit den MitarbeiterInnen, Betriebsräten, Kunden etc. geführt. Die endgültige Entscheidung über die Sieger wird von einer Jury getroffen, die sich aus JuristInnen, BetriebswirtInnen, SoziologInnen und diversen anderen FachexpertInnen zusammensetzt.

5. Die Wirkung von *Taten statt Worte*

Durch die Initiative *Taten statt Worte* wurden die Themen Frauenförderung und Familienförderung allgemein sowie betriebliche Frauen- und Familienförderung und Chancengleichheit immer wieder in die breite Öffentlichkeit gebracht und diskutiert. Durch gezielte PR-Arbeit seitens der Initiative konnten auch kleinere Betriebe ihr frauenfreundliches Leitbild in den Medien publizieren. Zur Zeit arbeitet *Taten statt Worte* gerade an einem Handbuch, das Anleitungen zur erfolgreichen Umsetzung von betrieblicher Frauen- und Familienförderung enthält.

Auch an der Veränderung des Images von berufstätigen Frauen und Familien wurde in den letzten Jahren stark gearbeitet. Nicht mehr die polarisierten Bilder von „Nur-Hausfrau", „arbeitende Rabenmutter" oder „alleinstehende Business-Frau" sind in den Köpfen der ÖsterreicherInnen und EuropäerInnen, sondern die Vereinbarkeit von Familie und Beruf ist für die Mehrzahl beider Elternteile das Wunschbild geworden.

Leider werden aber die typischen Frauenarbeitsplätze immer noch geringer bewertet und entlohnt. Um die Einkommensunterschiede der vollzeitbeschäftigten Frauen und Männer abzubauen, sollen die Tätigkeiten mittels geschlechtsunabhängiger Arbeitsbewertungsverfahren neu determiniert werden. Die Schweiz hat dazu bereits ein Modell entwickelt, welches in Betrieben und Verwaltungen eingesetzt wird (siehe dazu den Beitrag von Marianne Geisser in diesem Buch). In Österreich sollen zum Abbau der Lohnunterschiede zwischen Frauen und Männern zusammen mit den Sozialpartnern geschlechtsunabhängige Kriterien ausgearbeitet und die Ergebnisse in den nächsten Bericht über die soziale Lage aufgenommen werden.

Bereits im Jahr 1998 wird es einen *österreichweiten* Wettbewerb zum frauen- und familienfreundlichsten Betrieb geben; u.a. wird auf Betreiben der Initiative *Taten statt Worte* ein „Familienaudit" eingerichtet, mit dem innovative Betriebe ausgezeichnet werden. Diese staatliche Qualifizierung wird vom Familienminister als Weiterentwicklung von *Taten statt Worte* vorgestellt. Ein Beirat bestehend aus VertreterInnen des Familienministeriums, der Sozialpartner und Interessenvertretungen wird genaue Kriterien ausformulieren und über die Vergabe der Audit-Zertifikate entscheiden. Ähnlich dem inzwischen sehr gut angenommenen Öko-Audit wird es zunächst eine Beratungs- und dann eine Umsetzungsstufe geben. In der ersten Phase ab Februar 1998 werden - nach einer öffentlichen Ausschreibung - 10 Pilotunternehmen daran teilnehmen können.

Ziel der Auditierung ist es, über Wettbewerbsvorteile für ausgezeichnete Unternehmen, Frauen- und Familienförderung zu betreiben. Auch der nächste Schritt ist bereits in Arbeit: Zur Zeit wird das Vorhaben, die öffentliche Auftragsvergabe an betriebliche Frauen- und Familienförderung zu koppeln, auf Konformität mit österreichischem und EU-Recht geprüft. Tritt der Amsterdamer Vertrag mit Beginn 1999 in Kraft, wird sich die Zulässigkeit von Frauenfördermaßnahmen am neuen Artikel 119 orientieren. Zur Zeit ist die Rechtslage sehr ungenau. Positive Maßnahmen zur Frauenförderung sind laut EuGH zulässig, auch wenn sie formal ungleich behandeln, solange das *individuelle* Recht auf Gleichbehandlung der nichtbevorzugten Männer dadurch nicht *unverhältnis-*

mäßig beeinträchtigt wird. Die Frage ist also, ab wann der EuGH von einer *unverhältnismäßigen* Beeinträchtigung spricht. Im Kalanke-Urteil von 1995 ist die Grenze dadurch überschritten, daß wegen der Quotenregelung eine *absolute und unbedingte* Frauenbevorzugung stattfindet (vgl. Mitteilung der Ständigen Vertretung Österreichs bei der EU an die Verbindungsstelle der Bundesländer betreffend der Erkenntnis des EuGH vom 17. Oktober 1995).

Im deutschen Bundesland Brandenburg läuft bereits ein Modell der Auftragsvergabe, das an Frauenförderung gekoppelt ist: Bei der Vergabe eines öffentlichen Auftrages wird das Unternehmen bevorzugt, das im Verhältnis zu den übrigen Bietern den höheren Frauenanteil hat und gleichzeitig im Vergleich der Entlohnung von Frauen und Männern positiv abschneidet. Ist das Unternehmen mit günstigerem Frauenanteil um nicht mehr als 20% teurer als andere, dann wird dieses bevorzugt, indem es ein „Eintrittsrecht" erhält. Das bedeutet, daß das Unternehmen seine Kalkulation neu überprüfen und zum gleichen günstigen Preis wie der Bestbieter sein Angebot abgeben kann. Bei gleich günstigem Preis erhält es dann den Zuschlag.

Auch in Sachen EU-Frauenförderung ist *Taten statt Worte* aktiv. Seit 1996 arbeitet das Teilprojekt *Steirische EU-Frauenvernetzung* sehr erfolgreich in den Bereichen Information, Vernetzung, Beratung und Qualifizierung von steirischen Frauen. Ziel ist es, innovative Modellprojekte in den steirischen Regionen zu initiieren und Frauen zu qualifizieren, damit sie gute Chancen am Arbeitsmarkt haben. Mit Anfang 1998 startet *Taten statt Worte* ein weiteres EU-Projekt, nämlich die Planung und Umsetzung eines *Gründerinnenzentrums* in der Steiermark. In diesem sollen ca. zwanzig Frauen, die sich selbständig machen wollen, sozusagen unter einem Dach ihre Unternehmen, Werkstätten, Dienstleistungsbüros u.s.w. betreiben.

All diese Tätigkeiten haben gezeigt, daß *Taten statt Worte* auf dem richtigen Weg in das nächste Jahrtausend ist, und das Thema betriebliche Frauen- und Familienförderung seine Ghettoposition in der Gesellschaft hinter sich gelassen hat.

Literatur:

Bendl, Regine/Buber, Renate/Grisold, Andrea (1991, Hrsg.): Wenn zwei das gleiche tun, ist das noch lange nicht dasselbe. Frauen, Männer und Wirtschaft. Schriftenreihe Frauen, Forschung & Wirtschaft: Band 1. Service Fachverlag, Wien.

Bundesministerium für Familie, Senioren, Frauen und Jugend (1996, Hrsg.): Familienfreundliche Maßnahmen im Betrieb. Eine Handreichung für Unternehmensleitungen und Arbeitnehmervertretungen. Bonn.

Bundesministerium für Frauen und Jugend (1991, Hrsg.): Leitfaden zur Frauenförderung in Betrieben. Durchsetzung der Gleichberechtigung als Chance für die Personalpolitik. Bonn.

Bundesministerium für Familie, Senioren, Frauen und Jugend (1997, Hrsg.): Bundeswettbewerb 1996 „Der familienfreundliche Betrieb". Bonn.

Mitteilung der ständigen Vertretung Österreichs bei der EU an die Verbindungsstelle der Bundesländer betreffend der Erkenntnis des EuGH vom 17. Oktober 1995.

Schreilechner Michaela (1993): Gleich(be)handeln. Edition der ÖH, Wien.

Der Beitrag externer Beraterinnen bei der Implementierung von Chancengleichheitsprogrammen

Martina Scheinecker

Im folgenden Artikel untersuche ich, welchen Nutzen ein Unternehmen davon haben kann, bei der Implementierung von Chancengleichheitsprogrammen mit externen Beraterinnen zusammenzuarbeiten. Ich unterscheide drei zentrale Aufgabenfelder für externe Beratung: Prozeßberatung bei der Implementierung von Chancengleichheitsmaßnahmen bzw. -programmen, Coaching der internen PromotorInnen bzw. der Chancengleichheitsbeauftragten und Durchführung von Trainings und Seminaren. Ausgehend von meiner persönlichen Erfahrung als Beraterin und unter Einbeziehung von vorliegenden Untersuchungen zum Thema zeige ich anhand der Darstellung wesentlicher Charakteristika von Prozessen zur Förderung von Chancengleichheit, worin erfolgversprechende Leistungen einer externen Beraterin bestehen können.

1. Einleitung

Ausgehend von meinen mehrjährigen Erfahrungen in der Beratung von Unternehmen bezüglich der Einführung und Durchführung von Maßnahmen bzw. „Programmen" zur Förderung der Chancengleichheit[1], möchte ich in meinem Beitrag folgende Frage genauer untersuchen:

Welchen Nutzen kann ein Unternehmen davon haben, bei der Implementierung von Chancengleichheitsprogrammen mit externen Beraterinnen zusammenzuarbeiten?

Der Hintergrund für diese Frage ist: Viele Betriebe implementieren Programme zur Förderung der Chancengleichheit völlig selbständig, ohne externe Beratung. Demgegenüber steht meine Erfahrung, daß ich einigen Betrieben doch bereits

---

[1] Ergänzend zu meiner Tätigkeit als Unternehmensberaterin und Managementtrainerin konnte ich von 1991 - 1994 als Leiterin der Initiative „frauen 2000 - Chancen für Unternehmen" Unternehmen bei der Einführung von Programmen zur Förderung der Chancengleichheit beraten sowie Öffentlichkeitsarbeit zum Thema Chancengleichheit betreiben. Die Initiative war von der damaligen Bundesministerin für Frauenangelegenheiten, Frau Johanna Dohnal in Kooperation mit der Vereinigung Österreichischer Industrieller gegründet worden. Zur Selbstdarstellung der Initiative siehe auch die Broschüre: Bundesministerin für Frauenangelegenheiten (1992, Hrsg.) Chancen für Frauen - Chancen für Unternehmen. Wien.

als hilfreich erlebte Unterstützung anbieten konnte. Es geht mir also darum, auf die Grenzlinie zu fokussieren: Was können Unternehmen gut bzw. besser selber machen - wozu ist es sinnvoll, sich externe Beratung zu organisieren ?

2. Aufgabenfelder externer Beratung

2.1. Prozeß-Beratung

Ein Beispiel: In einem Unternehmen haben sich engagierte Frauen zu einer informellen Arbeitsgruppe zusammengeschlossen, um etwas für die Verbesserung der Situation der Frauen zu tun. Sie studieren Erfahrungsberichte aus anderen Unternehmen, führen Gespräche mit Expertinnen und erarbeiten eine Strategie, mit der sie den Vorstand ihres Unternehmens überzeugen wollen, ein Programm zur Förderung von Chancengleichheit zu entwickeln. Da sie glücklicherweise Unterstützung durch die Personalchefin ihres Unternehmens finden, wird ihnen ein Budget für externe Beratung bewilligt. Die internen PromotorInnen erwarten sich vor allem Unterstützung bei Fragen der Schwerpunktsetzung und Prozeßgestaltung: Welche Aspekte von Chancenungleichheit bzw. Diskriminierung können mit einer derartigen Veränderungsstrategie überhaupt bearbeitet werden, welche nicht? (vgl. Garbsch/Scheinecker 1995, S. 170f.) Welche der vielen Maßnahmen, die grundsätzlich für unser Unternehmen sinnvoll wären, sollen wir auswählen? Mit welchen sollen wir beginnen? Wie können wir genügend relevante Entscheidungsträger dafür gewinnen, die Implementierung von Maßnahmen zur Chancengleichheit zu unterstützen, mitzutragen, voranzutreiben? Wie organisieren wir das „Projekt“ ? Wer soll wann, wie informiert werden, wer zur Mitarbeit einbezogen? Und vieles mehr ...

Es sollte nicht unterschätzt werden, wie wichtig es ist, auf Fragen der Schwerpunktsetzung und Prozeßgestaltung gute Antworten zu finden. Sie können nicht einfach von anderen Fällen kopiert bzw. allgemeinen Gestaltungsempfehlungen entnommen werden, da sich Prozesse der Entwicklung der Chancengleichheit - so wie alle anderen Prozesse der Organisationsentwicklung auch - nur „einmalig“, auf die Situation des jeweiligen Unternehmens abgestimmt, entwickeln können. (vgl. Stalder 1997, S. 115ff; Glasl/Lievegoed 1996). Allerdings zeichnen sich aus meiner Erfahrung einige Grundprinzipien ab, deren Befolgung dazu beiträgt, gute betriebsspezifische Entscheidungen hinsichtlich Schwerpunktsetzung und Prozeßgestaltung zu treffen:

Maßnahmen zur Entwicklung der Chancengleichheit müssen grundsätzlich mit den Zielen und Interessen des Unternehmens in Einklang stehen und ihm einen klaren Nutzen bringen.

Zu überlegen ist daher: Welche Probleme beschäftigen die Führungsspitze des Unternehmens derzeit? Für welche Probleme könnten Maßnahmen zur Förderung der Chancengleichheit Lösungsansätze beinhalten? Welche spezifischen Vorteile erwachsen dem Unternehmen derzeit schon durch die Beschäftigung von Frauen? Was würde darüberhinaus die Nutzung ihrer speziellen Qualifikationen, ihrer zeitlichen Präferenzen, Arbeitsmotivation etc. bringen? Was könnte es dem Unternehmen bringen, diese Vorteile intern und extern noch deutlicher sichtbar zu machen bzw. auszubauen?

Die Wichtigkeit dieser Perspektive ergibt sich aus der Tatsache, daß - jedenfalls in privaten Unternehmen - betriebliche „Programme“ zur Förderung der Chancengleichheit grundsätzlich freiwillige Maßnahmen sind, für die sich die Führung eines Unternehmens entscheidet - sei es aus wirtschaftlichen oder aus ethischen bzw. gesellschaftspolitischen Überlegungen (Garbsch/Scheinecker 1995, S. 167). Nur diese Freiwilligkeit garantiert, daß betriebliche Chancengleichheitsprogramme über das hinausgehen können, was schon durch Gesetz oder Kollektivvertrag zugunsten von Frauen geregelt ist bzw. was prinzipiell nicht durch Gesetz oder Kollektivvertrag regelbar ist.

Die Programme müssen also mit den Unternehmenszielen in Einklang stehen, aber es muß nicht immer die Unternehmensspitze auch der ursprüngliche Initiator sein - so können durchaus die ersten Entwicklungsimpulse von einer Gruppe engagierter Frauen und Männer ausgehen. Diese müssen sich auf jeden Fall die Perspektive der Unternehmensleitung zu eigen machen, wollen sie sie erfolgreich für eine freiwillige Entscheidung für Chancengleichheit gewinnen! Meine Erfahrungen haben gezeigt, daß das Einnehmen dieser Perspektive für die jeweiligen InitiatorInnen oftmals ungewöhnlich war, auch manchmal umstritten - mit dem Argument: Wir müssen uns doch um die Interessen der Frauen kümmern ... Letztlich wurde es dann aber doch immer als sehr entlastend erlebt, Themen zu finden, die im Interesse des Unternehmens *und* beschäftigter Frauen liegen: Dies begünstigt Rückenwind, Konsensfähigkeit, Umsetzbarkeit. Die InitiatorInnen selbst erhalten damit das Image, zwar für Fraueninteressen klar einzutreten, aber als verantwortungsvolle ModernisiererInnen und nicht "nur aus feministischen Motiven" zu handeln.

Wichtig ist, *daß* diese Haltung eingenommen wird - aus meiner Erfahrung kann der Impuls dazu gleichermaßen aus den eigenen Reihen oder von der externen Beraterin kommen.

Die PromotorInnen sollen Freude und Energie daraus ziehen können, sich für die ausgewählten Schwerpunkte einzusetzen.

PromotorInnen von Chancengleichheitsprozessen stehen vor der schwierigen Aufgabe, persönliche Betroffenheit in positive Veränderungs-Energie umzuwandeln: Einerseits haben sie persönlich Benachteiligungen erlebt und empfinden infolgedessen Enttäuschung, Ärger, Wut oder ähnliche Gefühle. Andererseits ist ihnen bewußt, daß sie mit solchen Gefühlen behaftet nicht leicht eine positive Energie, Begeisterung für neue Ziele ausstrahlen und somit im Umfeld Entsprechendes bewirken können. Groß ist im allgemeinen auch die Scheu, in das „Frauen-Eck" gestellt zu werden, sowie die - sicherlich oftmals nicht unberechtigte - Befürchtung, nach dem Engagement für Frauen-Rechte für andere karriereförderliche Aufgaben nicht mehr herangezogen zu werden. Weiters fällt es vielen Frauen leichter, sich für andere einzusetzen als für eigene, persönliche Interessen zu kämpfen (vgl. dazu auch Erhardt 1996, S. 151 ff.). So werden oft Schwerpunkte ausgewählt, die zwar dadurch gerechtfertigt erscheinen, daß viele Frauen unter der zu verändernden Situation leiden, die aber die PromotorInnen selbst überfordern - sei es, weil die Widerstände besonders groß, die aktive Veränderungsbereitschaft der Betroffenen zu gering sind, sei es, weil bei diesem Thema der Ärger größer ist als die Begeisterung für die positive Vision der Veränderung oder ähnliches. Umso wichtiger ist es für die PromotorInnen, bei der Auswahl der Schwerpunkte gut auf ihre eigenen Energien zu achten und die eigene Veränderungskompetenz sowie die situative Erfolgswahrscheinlichkeit als wichtige Auswahlkriterien zu behandeln. Ich habe schon oft miterlebt, wie entlastet sich PromotorInnen fühlten, wenn sie sich die Frage gestatteten: Für welche Angelegenheit würde es mir eigentlich Freude machen, mich einzusetzen? Wenn in diesen Fällen auch ich als externe Beraterin die erste war, die diese Frage stellte, so ist es doch prinzipiell möglich, daß sie von den InitiatorInnen selbst oder einer internen Beraterin eingebracht wird. Allerdings ist dies meiner Erfahrung nach etwas unwahrscheinlicher, da der von erlebten Mißständen ausgehende Druck oder eine generelle Kultur des Sich Überforderns bzw. Leistungen nur unter Mühe Erringens oftmals alle internen Systemmitglieder so weit gefangen nimmt, daß die Frage nach der Freude und der Energie fürs Verändern nicht mehr gestellt wird.

Entwicklung der Chancengleichheit gelingt nicht nur durch kurzfristige Projekte, sondern ist ein langfristiger Prozeß.

Sehr anschaulich beschreibt Stalder (1997, S. 115ff.) die Entwicklung von Chancengleichheit bzw. Gleichstellung als „spiralförmigen Entwicklungsprozeß" mit offenem, unbegrenztem Charakter: „Bildhaft läßt sich Frauenförderung am besten als eine spiralförmige Schleife darstellen, die in Bewegung gesetzt und in Schwung gehalten werden will. Auf ihrem Weg zieht die Spirale immer weitere Kreise und vermag immer mehr Bereiche und Personen miteinzubeziehen. Gleichzeitig wandert sie auch immer wieder an denselben Orten vorbei, wiederholt sich in ihren Aufgaben und Forderungen, in dem, was gesagt und getan werden muß" (Stalder 1997, S. 120f.).

Dieser langfristige Charakter wird dann augenscheinlich, wenn man akzeptiert, daß sich die Entwicklung von Chancengleichheit nicht in einzelnen Regelungen erschöpft - wie z.B. Recht auf Teilzeit oder flexible Arbeitszeit für Eltern mit kleinen Kindern - , wie wichtig diese auch sind. Viele Aspekte von Chancengleichheit lassen sich nur verwirklichen, wenn ihre Entwicklung zur kontinuierlichen Führungsaufgabe wird. Dies bedeutet, daß einerseits Chancengleichheit ein wichtiger Faktor im gesamten Bereich des kulturellen Wandels, der Weiterentwicklung des Verhaltens aller Organisationsmitglieder wird, und daß andererseits in allen laufenden Reorganisations-, Personalentwicklungs- und Organisationsentwicklungsprojekten des Unternehmens die Frage der Chancengleichheit einen zentralen Stellenwert erhält.

Die eben skizzierte Doppelstrategie möchte ich in einem weiteren Grundsatz formulieren:

Bei der Entwicklung von Chancengleichheit ist es ein erfolgversprechender Weg, auf ein ausgewogenes Verhältnis von „strukturellen" und verhaltensbezogenen Maßnahmen zu achten.

Unter „strukturellen" Maßnahmen sei hier all das verstanden, was sich in internen Organisationsrichtlinien oder Betriebsvereinbarungen festschreiben läßt, also z. B. der überaus wichtige Bereich familienfreundlicher Arbeitszeitregelungen, finanzielle Einstufungen, Berufsbilder für bestimmte Beschäftigtengruppen (z.B. für Sekretärinnen, vgl. dazu Scheinecker/Zdiarsky 1994, S. 124ff.), Zugangsverfahren zu Weiterbildung und Potentialentwicklung etc. Die Entwicklung und verbindliche Regelung solcher Maßnahmen hat tatsächlich den Charakter von „Projekten", d.h. sie sind in einem überschaubaren Zeitraum erreichbar, mit Abschluß der Vereinbarung „gesichert" und als Erfolg „schwarz auf weiß" sichtbar. Wenn sie auch einer gewissen begleitenden Betreuung bedürfen, so sind doch solche strukturellen, d.h. in Regelungen festgeschriebenen Maßnahmen nicht mehr jederzeit rücknehmbar und müssen nicht in jedem Anlaßfall neu erkämpft werden.

Verhaltensbezogene Maßnahmen müssen sich gleichermaßen an Männer und Frauen richten. Männer und Frauen bilden - bedingt durch genetische Veranlagung[2] und geschlechtsspezifische Sozialisation - im Laufe ihrer Entwicklung

---

[2] Wenn hier von „Veranlagung" gesprochen wird, soll nicht oberflächlichen Biologismen das Wort geredet aber dennoch dem Umstand Rechnung getragen werden, daß zwischen Männern und Frauen Unterschiede bestehen, die nicht einfach durch Sozialisationsbedingungen der jüngeren Vergangenheit und der Gegenwart erklärt werden können. So zeigt

unterschiedliche Stärken aus (Bischof-Köhler 1992, S. 251ff.). Für Frauen in männerdominierten Organisationen - bzw. in männerdominierten Subsystemen von Organisationen, wie es üblicherweise Führungsebenen sind - erfordert dies einerseits, ihre weiblichen Stärken selbstbewußt zu leben, andererseits mit männlichen Verhaltensweisen und Spielregeln gut vertraut zu werden und umgehen zu können. Beides kann in speziellen Trainings für Frauen geübt und bestärkt werden; meine Erfahrung zeigt, daß viele Frauen davon sehr profitieren können (siehe Punkt 2.2.).

Da die Verwirklichung sehr vieler Dimensionen von Chancengleichheit letztendlich vom Verhalten der Führungskräfte abhängig ist, sollten auch diese Impulse und Übungsmöglichkeiten erhalten, ihr Verhalten hinsichtlich Chancengleichheit zu überprüfen und weiterzuentwickeln. Letztlich liegt es ja in der Entscheidungs- und Gestaltungsmacht einzelner Führungskräfte, eine bestimmte Mitarbeiterin einzustellen, ihr herausfordernde Aufgaben zu übertragen, sie durch klares, wertschätzendes Feedback, das Kritik und Anerkennung angemessen zum Ausdruck bringt, zu fördern, sie für die Übernahme einer Führungsposition vorzusehen und aufzubauen etc. Dieses Angewiesen-Sein auf das konkrete Führungsverhalten der Vorgesetzten ist auch der Grund, warum an der Verwirklichung von Chancengleichheit immer gearbeitet werden muß, daß sie niemals „erreicht" sein wird, sondern daß die Verwirklichung von Chancengleichheit ein permanenter Lernprozeß ist - mit allen Schwierigkeiten, Rückschlägen, positiven Überraschungen und Erfolgen, mit aller Langsamkeit und Begrenztheit, wie es eben für Prozesse der Verhaltensänderung charakteristisch ist.

Gerade im Umgehen mit dieser Dualität von strukturellen und verhaltensbezogenen Veränderungsprozessen habe ich oftmals einen wichtigen Beitrag gesehen, den eine externe Beraterin aufgrund ihrer professionellen Distanz leisten kann: PromotorInnen von Chancengleichheitsprozessen müssen es einerseits schaffen, kurzfristige Erfolge auf einigen Gebieten zu erzielen, um für sich selbst und die interessierten bzw. betroffenen Organisationsmitglieder die Motivation aufrechtzuerhalten, andererseits muß ihnen der langfristige, eigentlich unbegrenzte Charakter ihrer Entwicklungsarbeit bewußt sein, und sie dürfen sich davon nicht entmutigen lassen. Dies erfordert, den „langen Atem" nicht zu verlieren, angesichts zäher, mühsamer kleiner Schritte und enttäuschender Rückschläge nicht aufzugeben und in kritischer Reflexion zu analysieren: Wel-

beispielsweise Bischof-Köhler mittels Befunden aus der Evolutionsbiologie, Paläanthropologie, Endokrinologie, Kulturvergleich und Entwicklungspsychologie, daß Anlageunterschiede zwischen Männern und Frauen bestehen, die insbesondere in kompetitiven Interaktionen zwischen den Geschlechtern, d.h. auch in Konkurrenzsituationen des Arbeitslebens, wirksam werden.

che Rückschläge sind auf eigene Fehler der PromotorInnen zurückzuführen, welche auf unbeeinflußbare Prozesse des Gesamtsystems? Insbesondere diese wichtige Reflexion ist mit Hilfe einer externen Beraterin bzw. Coach leichter zu bewältigen.

Da es sich bei Prozessen der Entwicklung der Chancengleichheit im Grunde genommen um Organisationsentwicklungsprozesse handelt, ist auch das Management dieser Prozesse an Standards der Organisationsentwicklung zu orientieren.

Organisationsentwicklungsprozesse in Gang zu setzen und durchzuführen, kulturellen Wandel und Lernen von Organisationen anzuregen und dauerhaft zu gewährleisten, sind zu hochspezialisierten professionellen Tätigkeiten geworden, die eine intensive Ausbildung und Erfahrung erfordern. Eine wachsende Zahl von Unternehmen beschäftigt interne SpezialistInnen für Organisationsentwicklung, die den notwendigen permanenten Wandel der Organisation begleiten und unterstützen. Wo solche internen SpezialistInnen nicht bestehen oder diese noch keine ausreichende Erfahrung mit Lernprozessen haben, welche die Arbeitsbeziehungen zwischen Männern und Frauen betreffen, ist es ratsam, das erforderliche Know-How durch externe Beratung beizuziehen.

2.2. Coaching des Teams der PromotorInnen bzw. der Chancengleichheitsbeauftragten

In den meisten Betrieben, die Chancengleichheitsprozesse gestartet haben, existiert eine Chancengleichheitsbeauftragte bzw. eine Projektleiterin für das „Projekt“ Chancengleichheit - mit je nach Unternehmen unterschiedlichen zeitlichen Ressourcen. Im günstigsten Fall arbeitet sie nicht allein, sondern wird von einem Team von Engagierten, PromotorInnen etc. unterstützt. In manchen Unternehmen existiert auch lediglich letztere Gruppe.

Viele Erfahrungen zeigen mittlerweile, daß sowohl Chancengleichheitsbeauftragte als auch PromotorInnen-Teams sehr gefährdet sind, schon in einer frühen Phase ihres Wirkens in Schwierigkeiten zu kommen. Weil „Frauenförderung“ ein sensibles und konfliktreiches Thema ist, weil oftmals die Erwartungen der engagierten Frauen groß, die Widerstände von anderen Akteuren aber noch größer sind, weil die erforderlichen Lernprozesse tiefgreifend sein müssen und deshalb sehr lange dauern, werden Chancengleichheitsbeauftragte und/oder PromotorInnen-Teams oftmals schnell zwischen Anspruch und Wirklichkeit aufgerieben. Die Gefahr ist groß, die Schwierigkeit und Langsamkeit, mit der Erfolge erzielt werden können, als persönliches Versagen zu interpretieren (Edding 1997, S. 51ff.). Entsprechend groß ist die Verlockung, bald „das Handtuch zu werfen“ und sich Themen bzw. Projekten zuzuwenden, bei denen der Erfolg leichter erreichbar ist.

Angesichts dieser Schwierigkeiten vermag Coaching durch eine externe Beraterin wesentlich dazu beitragen, daß die Chancengleichheitsbeauftragte und/ oder das PromotorInnen-Team langfristig, trotz Rückschlägen und interner Kritik, eine energievolle Arbeitsfähigkeit aufrechterhalten können. Gerade bei dieser Aufgabe liegt der Vorteil der externen Beraterin darin, nicht Teil etwaiger organisationsinterner Dynamiken von Kritik, Überforderung und Pessimismus zu sein, sondern als Außenstehende eine neue, konstruktive Perspektive einbringen zu können. Durch die Kenntnis ähnlicher Prozesse in anderen Organisationen kann die externe Beraterin zudem einen „objektiven“ Rahmen für die Beurteilung der geleisteten Arbeit anbieten. Meist können die AkteurInnen durch solche Blicke über die eigene Organisation hinaus neue Sicherheit und Gelassenheit gewinnen.

2.3. Durchführung von Trainings

Vielfach wird behauptet, frauenspezifische Trainings oder Seminare als Einzelmaßnahmen seien wenig sinnvoll. Nur wenn sie Element im Rahmen von Chancengleichheitsprojekten seien, könne man sich realistischerweise Entwicklungsimpulse erwarten. Aus meiner Erfahrung ist jedoch auch der Wert von einzelnen Trainings oder Seminaren nicht zu unterschätzen. Aufgrund des prinzipiell offenen Charakters von verhaltensbezogenen Entwicklungsprozessen in Organisationen können einzelne Trainings Ausgangspunkt für weitere Entwicklungsmaßnahmen sein. Die Erfahrung zeigt, daß die TeilnehmerInnen solcher Trainings für sich persönlich sehr viel Nutzen ziehen und Kraft schöpfen können (vgl. dazu auch den Beitrag von Rechnitzer/Scheinecker in diesem Buch). Beliebte Themen sind „Kommunikation“ (Gesprächsführung, Durchsetzung, Verhandeln), „Selbstbewußtes Präsentieren“ oder „Karriere- bzw. Laufbahnplanung“ für Frauen. Die Frage der Beiziehung externer Trainerinnen zu solchen Trainings/Seminaren ist nach den gleichen Gesichtspunkten zu beantworten, wie für alle anderen Trainings für soziale Kompetenz und Persönlichkeitsentwicklung im Rahmen der betrieblichen Weiterbildung: Interne Trainerinnen mit den erforderlichen speziellen Qualifikationen bedeuten weniger Kosten und garantieren die Vermittlung von unternehmensspezifischer Kultur. Vielfach wird es aber für ein Unternehmen wirtschaftlicher sein, die erforderliche Kompetenz nicht im eigenen Unternehmen aufzubauen, sondern punktuell und flexibel zuzukaufen. Dies bringt neben der flexiblen Steuerbarkeit auch die Möglichkeit mit sich, zwischen verschiedenen Trainingsstilen auszuwählen bzw. aus unterschiedlichen Stilen bzw. theoretischen und didaktischen Ansätzen Impulse zu gewinnen. Um in diesem Fall die Trainings dazu nutzen zu können, die Unternehmensphilosophie und den aktuellen Entwicklungsstand hinsichtlich Chancengleichheit zu transportieren, sollten jedenfalls interne Chancengleichheitsverantwortliche in die Durchführung der Trainings eingebunden werden.

3. Resümee

Unternehmen, die sich zur Implementierung von Programmen zur Förderung der Chancengleichheit entschließen, sollten dabei gezielt externe Beratung einsetzen. Auch wenn interne SpezialistInnen und Verantwortliche vorhanden sind, kann eine externe Beraterin in manchen Fällen gerade durch ihren Status als Organisations-Externe, durch ihre Spezialisierung und ihre Kenntnis auch anderer Organisationen einen zusätzlichen Nutzen bringen.

Da die Anzahl der Unternehmen in Österreichs Privatwirtschaft, die interessiert sind, sich für dieses Thema umfassend und systematisch zu engagieren, derzeit noch sehr gering ist (Pastner/Papouschek 1997, S. 103ff.), kann sich allerdings keine Beraterin ausschließlich auf diesen Bereich spezialisieren, wenn sie ihre Leistungen über den freien Markt anbieten und damit ihr Einkommen verdienen will.

Aus meiner Erfahrung ist dies aber kein Nachteil, im Gegenteil: Wenn Beratung zur Förderung von Chancengleichheit von einer Person geleistet wird, die auch in nicht frauenspezifischen Feldern der Organisationsentwicklung und Personalentwicklung arbeitet und Kompetenz beweist, so ist damit ein Qualitätsvorteil in zweifacher Hinsicht gesichert: Das Unternehmen, das diese Beraterin engagiert, hat die Sicherheit, mit einer Partnerin zusammenzuarbeiten, die nicht "einseitig" Frauen-Interessen vertritt, sondern auch geschlechtsunabhängige Probleme der Unternehmenssteuerung und -entwicklung versteht und zu lösen weiß. Die breiter qualifizierte Beraterin hat den Vorteil, aus einer Mehrzahl von potentiellen Aufträgen auswählen zu können und ist nicht darauf angewiesen, unter Umständen an der Entwicklung von Chancengleichheitsprogrammen mitzuwirken, die nur halbherzig begonnen werden und schon von ihren Ausgangsvoraussetzungen her wenig Aussicht auf Erfolg bieten (Garbsch/Scheinecker 1995, S. 168f.).

Literatur:

Bischof-Köhler, Doris (1992): Geschlechtstypische Besonderheiten im Konkurrenzverhalten: Evolutionäre Grundlagen und entwicklungspsychologische Fakten. In: Krell, Gertraude/ Osterloh, Margit (Hrsg.): Personalpolitik aus der Sicht von Frauen - Frauen aus der Sicht der Personalpolitik. Rainer Hampp Verlag, München und Mering, S. 251-281.

Edding, Cornelia (1997): Mit der Herstellung von Chancengleichheit beauftragt. Eine Frauenbeauftragte lernt ihre Rolle. In: Organisationsentwicklung, 1997/Heft 1, S. 50-60.

Erhardt, Ute (1996): Gute Mädchen kommen in den Himmel, böse überall hin. Warum Bravsein uns nicht weiterbringt. Wolfgang Krüger Verlag.

Garbsch, Marlies/Scheinecker, Martina (1995): Förderung der Chancengleichheit im Unternehmen. In: Grossmann, Ralph/Krainz, Ewald/Oswald, Margit (Hrsg.): Veränderung in Organisationen: Management und Beratung. Gabler, Wiesbaden, S. 165-173

Glasl, Friedrich/Lievegoed, Bernard (1996): Dynamische Unternehmensentwicklung. Wie Pionierbetriebe und Bürokratien zu schlanken Unternehmen werden. Verlag Freies Geistesleben, Stuttgart.

Pastner, Ulli/Papouschek, Ulrike (1997): Im Dornröschenschlaf: Betriebliche Frauenförderung in Österreich. AMS Studie 3, Wissenschaftsverlag, Wien.

Scheinecker, Martina/Zdiarsky, Christine (1994): Karriere für Sekretärinnen? Eine Fallstudie eines betrieblichen Projektes zur Berufsbild-Differenzierung und Laufbahnplanung für Sekretärinnen. In: Zeitschrift für Personalforschung, 1994/Heft 2, S. 124-143.

Stalder, Beatrice (1997): Weiterbildungsmanagement und Chancengleichheit. In: Eidgenössisches Personalamt u.a. (Hrsg.): Frauenförderung konkret. Handbuch zur Weiterbildung im Betrieb. Vdf Hochschulverlag AG an der ETH Zürich.

„Managing E-Quality" - ein Werkstattbericht

Ilse König, Erika Pircher, Birgit Buchinger

Das transnationale Projekt „Managing E-Quality – Pilot project on a gender related management" hat zum Ziel, ein umfassendes Verständnis bezüglich Gleichstellung und Vereinbarkeit von Beruf und Familie in Organisationen zu implementieren. Im Rahmen der einjährigen Pilotphase wurde ein Seminarcurriculum zum Themenbereich erstellt und mittels der Durchführung von Modellseminaren in Österreich, Deutschland und Frankreich praktisch erprobt und wissenschaftlich überprüft. In den Seminaren stand neben der Sensibilisierung der Teilnehmenden (als Zielgruppe waren mit Personalkompetenzen ausgestattete Führungskräfte definiert, wobei – im Sinne einer Zuständigkeitszuweisung an beide Geschlechter – die Entsendung von Männern ausdrücklich erwünscht war) die Formulierung von Unternehmensstrategien und die Entwicklung konkreter betrieblicher Maßnahmen im Mittelpunkt.

1. Vorbemerkung

Neben anderen Faktoren sieht sich eine steigende Zahl von Erwerbstätigen durch die rasant vollzogenen Flexibilisierungsprozesse (etwa in den Bereichen Arbeitszeiten, Arbeitsorganisation, Arbeitsverhältnisse) mit immer unlösbareren Vereinbarkeitsproblemen konfrontiert. So wird es für immer mehr Beschäftigte zunehmend schwieriger, die konkurrierenden und oftmals nicht (langfristig) planbaren Zeitanforderungen von Privatleben und Berufstätigkeit unter einen Hut zu bringen; es haben aber auch viele - nach wie vor überwiegend weibliche - Personen, die für eine kürzere oder längere Familienpause ihre Erwerbstätigkeit unterbrochen haben, große Probleme, wieder in die Erwerbsarbeitswelt zurückzukehren. Bislang bleibt es also in erster Linie Individuen überlassen, für den strukturell begründeten Konflikt zwischen beruflichen und familiären Anforderungen Lösungen zu entwickeln.

In der jüngsten Zeit hat die Thematik der Vereinbarkeit von Beruf und Privatleben eine deutliche Verschärfung erfahren, dies aus verschiedensten Gründen. Neben den veränderten Lebensformen und Lebensstilen (etwa Zunahme von Singles beiderlei Geschlechts, Alleinerziehende, späteres Heiratsalter und Steigerung der Scheidungsraten) sind hierbei der gesellschaftliche Abschied vom ehemals dominierenden und das Erwerbsleben strukturierenden Familienmodell des (männlichen) Alleinverdieners ebenso ausschlaggebend wie die hohe Erwerbs- und Berufsorientierung von Frauen und die tendenziell steigende Frauenerwerbsquote. Aber auch der - bei beiden Geschlechtern festzustellende - Wertewandel bzw. das Unbehagen mit den einseitigen Rollenzuschreibungen (etwa steigende Familienorientierung von Männern, Entdecken und Wichtigwerden der Vaterrolle) verweist auf den gesellschaftlichen und unternehmerischen Handlungsbedarf.

Weitreichende Maßnahmenpakete zu Gleichstellung und Vereinbarkeit in multinationalen Konzernen - wie etwa Hewlett Packard, Daimler Benz oder Banc of Montreal - belegen, daß auch Unternehmen den diesbezüglichen Handlungsbedarf erkennen. Gerade in Zeiten, in denen die Wettbewerbsfähigkeit permanent verbessert werden muß, um Ertragskraft und Standort zu sichern, wird die Nutzung und Förderung des Humankapitals der MitarbeiterInnen zu einem, wenn nicht sogar zum zentralsten, Faktor der Unternehmensstrategien und der unternehmerischen Kompetenz.

In den 70er, 80er und frühen 90er Jahren wurden - auf EU-Ebene wie auch in einzelnen Staaten bzw. Unternehmen und öffentlichen Einrichtungen - vermehrt Maßnahmen entwickelt, die der Indifferenz bzw. „strukturellen Rücksichtslosigkeit" von Betrieben (Kaufmann, zit. nach Habisch 1995, S. 73) gegen Anforderungen des privaten Bereichs, wie etwa Betreuungs- und Erziehungsaufgaben, grundlegend zu begegnen versuchten. Interessant hierbei ist, daß diese Maßnahmen oftmals entweder in Zusammenhang mit betrieblichen Frauenfördermaßnahmen standen bzw. familienfördernde Maßnahmen selbst als Instrumente der Frauenförderung verstanden wurden. Eine zentrale Kritik an diesen, v.a. an Frauen gerichteten Vereinbarkeitsmaßnahmen bestand darin, daß dadurch die geschlechtliche Arbeitsteilung nicht nur nicht angetastet, sondern vielmehr noch zementiert würde. Des weiteren blieben durch diese, auf ein Geschlecht zielende Maßnahmen Fragen der Umverteilung der gesellschaftlich notwendigen - bezahlten wie unbezahlten - Arbeit ebenso ausgeklammert wie eine gesellschaftliche Neubewertung dieser Arbeit. Erst in jüngster Zeit findet allmählich das Verständnis Verbreitung, daß Vereinbarkeitsregelungen sich nicht nur ausschließlich an Frauen wenden sollten, sondern - im Sinn des Mainstreaming-Ansatzes - alle gesellschaftlichen Bereiche und jeweiligen AkteurInnen einzubeziehen sind. Erst durch diese Perspektive gelingt es, über die Vereinbarkeitsthematik die Arbeitsorganisation, den Managementstil oder auch Gleichstellung gesamt neu zu hinterfragen und demzufolge weitreichendere Maßnahmen zu entwickeln.

2. Das Pilotprojekt

Das Wiener *Institut für Konfliktforschung* (*IKF*) wurde von der Europäischen Kommission, Generaldirektion V, als transnationale Projektleitung mit der Durchführung des Projekts *„Managing E-Quality (MEQ) - Pilot project on a gender related management“* beauftragt. Als nationales Kooperationsinstitut fungiert Gender*Link* (Salzburg), die transnationalen PartnerInnen sind das *Frankfurter Institut für Frauenforschung* sowie *Interface Europe* (Gueret) aus Frankreich. Das Projekt[1] ist beim *„4. Aktionsprogramm der Gemeinschaft für die Chancengleichheit von Frauen und Männern“* angesiedelt und läuft nach einjähriger Pilotphase im Juli 1998 aus.[2] Zentrales Anliegen des innovativen und aktivierenden Unterfangens ist es, ein grundlegend neues Verständnis von Vereinbarkeit von Beruf und Familie in den Ländern der europäischen Union zu implementieren. Das wichtigste Charakteristikum des Pilotprojekts besteht darin, die primäre Zielgruppe des Projektes - ressourcenstarke und mit Personalkompetenzen ausgestattete männliche (und ggfs. weibliche) Führungskräfte in staatlichen, semistaatlichen und privaten Organisationen – mittels Führungskräfteschulungen sowohl in bezug auf die Sensibilisierung für Fragen der Vereinbarkeit als auch hinsichtlich innerbetrieblich zu entwickelnder Vereinbarkeitsmaßnahmen zu motivieren. Die Sensibilisierung der betrieblichen Schlüsselfiguren soll „top down“ Veränderungen ermöglichen. Für die Realisierung dieses umfassend angelegten Gleichstellungs- und Vereinbarkeitsverständnisses sind demnach Unternehmenskulturen und Arbeitsorganisation ebenso wichtige Ansatzpunkte wie Fragen des Managementstils, der Unternehmensstrategie und der Personalentwicklung. Aber auch die Initiierung neuer kultureller Verhaltens- und Kommunikationsmuster zwischen Führung und MitarbeiterInnen einerseits und zwischen Mitarbeiterinnen und Mitarbeitern andererseits stehen hier zur Disposition.

2.1. Zum Projektdesign

Das Pilotprojekt zur Implementierung von Managing E-Quality (MEQ) zeichnet sich durch große Komplexität aus. Hervorzuheben ist hierbei das mehrstufige,

---

[1] Die Finanzierung wird zu 60 Prozent von der EU-Kommission, DG V, und zu 40 Prozent von den nationalen co-finanzierenden Stellen Bundesministerium für Arbeit, Gesundheit und Soziales, Frauengrundsatzabteilung, Bundesministerin für Frauenangelegenheiten und Verbraucherschutz, Arbeitsmarktservice Österreich (AMS) und Frauenbüro der Stadt Wien (MA 57) getragen.

[2] Das Pilotprojekt befindet sich zur Zeit des Abfassens dieses Beitrags in der Abschlußphase.

durch permanente Rückkoppelungsschleifen gekennzeichnete und auf Methodenvielfalt basierende Projektdesign. In der ersten Phase entwickelte das interdisziplinär zusammengesetzte Projektteam (Sozialwissenschaftlerinnen, Unternehmensberaterinnen, Trainerinnen) ein umfassendes Seminarcurriculum zur betrieblichen Implementierung von Gleichstellungs- und Vereinbarkeitsmaßnahmen. Dieses Curriculum enthält neben länderspezifischen Hintergrundinformationen zu den einzelnen Themenstellungen (siehe unten) diverse Methodenvorschläge und konkrete aktivierende Arbeitsmaterialien (etwa Checklisten). In einem nächsten Schritt wurde das Seminarcurriculum im Rahmen von zweistufigen Modellseminaren praktisch erprobt und darüber hinaus - mittels einer begleitenden Evaluierung - auf Sinnhaftigkeit, Wirksamkeit und Erfolg hin wissenschaftlich überprüft. In einem abschließenden Schritt wurde - auf Basis der theoretischen und praktischen Erfahrungen in den verschiedenen Ländern - ein Manual für innerbetriebliche Maßnahmen und Trainingsprogramme entwickelt, das europaweit angewendet werden soll und sich dezidiert an Führungskräfte in privaten (profit und non-profit), öffentlichen und semiprivaten (z.B. Holdings) Organisationen richtet.

Dem Anspruch der Transnationalität wird nicht nur durch intensive Kooperation der nationalen ProjektmitarbeiterInnen (u.a. drei transnationale Workshops) und durch inhaltliche Berücksichtigung der länderspezifischen Eigenarten entsprochen. Vielmehr ermöglicht darüber hinaus der Austausch der nationalen TrainerInnen sowie die Einbeziehung von Führungskräften aus „Modellfirmen“, die bereits praktische Erfahrung mit diversen Vereinbarkeitsprogrammen gemacht haben, den Wissens- und Erfahrungstransfer auf internationalem Niveau.

2.2. Das Seminarcurriculum

Das Curriculum besteht aus dreizehn Modulen und ist in zwei Teile gegliedert; der erste Teil dient der Sensibilisierung für die Themenstellung und der Betriebsdiagnose; der zweite Teil widmet sich der Formulierung der Unternehmensstrategie in bezug auf Vereinbarkeit und Gleichstellung sowie der Planung der Implementierung dieser Maßnahmen.

Als spezielle Seminarziele sind zu nennen:

- Sensibilisierung für geschlechtsspezifische Aspekte von Erwerbs- und Reproduktionsarbeit
- Sensibilisierung für Gleichstellung von Frauen und Männern im beruflichen Zusammenhang
- Sensibilisierung für die Vereinbarkeitsthematik unter besonderer Berücksichtigung der männerspezifischen Verantwortung für diese Aspekte

- Reflexion der Rolle „Führungskraft“ unter geschlechtsspezifischen Gesichtspunkten
- Betriebsdiagnose in bezug auf Gleichstellung und Vereinbarkeit
- Reflexion des Betriebsimages bzw. der Betriebsphilosophie in bezug auf Gleichstellung und Vereinbarkeitsthematik
- Ableitung des Handlungsbedarfs im Betrieb
- Konkretisierung der Grob- und Feinziele hinsichtlich Förderung der Gleichstellung
- Entwicklung von konkreten Maßnahmen und Umsetzungsstrategien

Beim Einstieg ins Seminar stehen das Individuum und seine Verankerung in der Organisation wie auch in der Gesellschaft unter dem Vorzeichen seiner Zugehörigkeit zum sozialen Geschlecht im Vordergrund. Dahinter steht die Überlegung, daß eine Organisationsentwicklung wie auch eine auf Gleichstellung ausgerichtete Personalpolitik einen Bewußtwerdungsprozeß der EntscheidungsträgerInnen auf individueller Ebene voraussetzt. Dieser sollte über eine Auseinandersetzung mit der eigenen Biografie in bezug auf die Geschlechtsspezifität des beruflichen Werdegangs (Förderungs- und Hinderungsstrukturen) sowie dem Stellenwert von bezahlter und unbezahlter Arbeit in der jeweiligen Lebensbiografie und dem Bewußtwerden der Teilhabe oder auch Nicht-Teilhabe an der alltäglichen notwendigen Reproduktion geschehen. Darauf baut die Beschäftigung mit dem jeweiligen Unternehmen und der Realisierung des erreichten Grades an Gleichstellung sowie der Vereinbarkeitsmöglichkeiten auf. Dies geschieht mittels der Analyse betrieblicher Unterlagen (wie etwa Geschäftsberichten, Betriebszeitungen, Organigrammen) sowie einer datengestützten Betriebsdiagnose über die Verteilung der Beschäftigten nach ausgewählten Kriterien. Das zentrale Ziel dieses ersten Seminarteils besteht darin, in einem gemeinsamen Prozeß über eine Ist-Analyse betriebliche „Leerstellen“ in bezug auf Gleichstellung und Vereinbarkeit zwischen Beruf und Familie zu identifizieren und Vorschläge zur Integration von Vereinbarkeitsmaßnahmen in das Unternehmen zu erarbeiten.

Der Einstieg in die zweite Seminareinheit erfolgt über die Kosten-Nutzen Abwägung von Gleichstellungs- bzw. Vereinbarkeitsmaßnahmen; dies sowohl in betriebswirtschaftlicher Hinsicht, in bezug auf das betriebliche Image nach außen, wie auch bezüglich der Motivation und Leistungssteigerung auf Seiten der MitarbeiterInnen. Diese angeleitete diskursive Auseinandersetzung mit etwaigen Widerständen und Vorbehalten gegenüber Frauenförderung bzw. Vereinbarkeitsmaßnahmen, die sich dezidiert an Männer wendet, scheint insofern notwendig, als nicht davon ausgegangen werden kann, daß in einem Unternehmen alle - Führungskräfte wie MitarbeiterInnen - von der Sinnhaftigkeit dieser

Mainstreaming-Gleichstellungspolitik überzeugt sind. Die SeminarteilnehmerInnen sollen nicht nur selber dafür sensibilisiert werden, um später gezielt Maßnahmen setzen zu können, sie sollen auch mit dem Know-How ausgestattet werden, schwierige Inhalte an ihre MitarbeiterInnen zu transportieren. Sie sollen also selbst in der Lage sein, „top down"-Überzeugungsarbeit zu leisten.

Ein Überblick über die entsprechenden länderspezifischen gesetzlichen Grundlagen zur Vereinbarkeitsthematik im weitesten Sinn, wie etwa in Österreich die Bestimmungen der Gleichbehandlungsgesetzgebung (für die Privatwirtschaft, für den Bund und die Länder), das Karenzurlaubsgesetz sowie ausgewählte arbeitsrechtliche Regelungen (wie etwa allgemeine Fürsorgepflicht, Pflegefreistellung) bilden in dieser Seminareinheit eine weitere Grundlage für die zu entwickelnden Maßnahmen. Einen wichtigen Part bildet in der Folge die Präsentation konkreter betrieblicher Modellmaßnahmen in Form von Betriebsvereinbarungen und Frauenförderplänen. Im Erfahrungsaustausch mit einem Vertreter/einer Vertreterin eines „Modell"- Unternehmens können die Möglichkeiten und Grenzen der praktischen Umsetzung geklärt werden.[3] Zum Abschluß des Seminars wird aufbauend auf den vorangegangenen Modulen und anhand der zu verschiedenen Themen eingesetzten Checklisten (u.a. zur Problematik der Gläsernen Decke, Vereinbarkeit, Infrastruktur-Bedarfsanalyse, Weiterbildungs-Bedarfsanalyse) eine inhaltliche Fixierung der betrieblichen Ziele sowie deren Operationalisierung vorgenommen. Konkret werden an dieser Stelle modellhaft Maßnahmen der betrieblichen Umstrukturierung in Richtung Gleichstellung und Förderung der Vereinbarkeit von Beruf und Familie, mit speziellem Augenmerk auf die Betreuungs- und Versorgungsarbeit von Männern, entwickelt. Zum Abschluß wird durch einen detaillierten Arbeits- und Zeitplan die Implementierung der Maßnahmen abgesichert.

2.3. Durchführung der Seminare

Im Rahmen dieses Pilotprojekts stellten Führungskräfte aus staatlichen, semistaatlichen sowie privaten Unternehmen die primäre Zielgruppe dar. Geplant war, Unternehmen mit unterschiedlichen Standards in bezug auf Gleichstellungs- und Vereinbarkeitsmaßnahmen für die Teilnahme an diesen Modellseminaren zu gewinnen. So sollten einerseits „vorsensibilisierte" Unterneh-

---

[3] In Österreich gibt es diesbezüglich noch wenig Erfahrungen, in diesem Zusammenhang sticht das Beispiel von Hewlett-Packard Österreich hervor, das aufgrund seiner Vereinbarkeitsmaßnahmen bereits zum zweiten Mal den „Gläsernen Schuh" verliehen bekam. Im Gegensatz dazu gibt es in den meisten anderen EU-Ländern seit vielen Jahren Positive Aktionen in den Betrieben, die unter anderem auch die Vereinbarkeitsthematik regeln (siehe hierzu Bercusson 1997).

men/Organisationen einbezogen werden, die bereits diverse Maßnahmen zur Frauen- oder Familienförderung entwickelt haben oder sich in diesem Entwicklungsprozeß befinden. Hier sollten nicht nur jene Unternehmen/Institutionen gewonnen werden, die bereits ein auf E-Quality ausgerichtetes Qualitätsmanagement umsetzen, sondern auch jene, die sich bislang in ihren Maßnahmen nur an Frauen wenden. Der zweite Typus sollten jene Unternehmen/Institutionen sein, in denen bislang noch keine diesbezüglichen Maßnahmen vorhanden sind bzw. auch „familienfreundliche“ Personalführung noch kein Bestandteil der Unternehmenskultur ist.

Die interessierten Partnerunternehmen sollten ein ausgewähltes Führungskräfteteam - bestehend aus sechs bis zwölf Personen - zusammenstellen, wobei die Teilnahme von Männern von ausdrücklichem Interesse ist. Die Seminare, die in Form von zwei aufeinander aufbauenden Blöcken mit einer maximalen Dauer von fünf Tagen konzeptioniert sind, werden von professionellen TrainerInnen nach gängigen Methoden der Führungskräfteschulung durchgeführt.

Die Akquisition von interessierten Partnerunternehmen, die zu einer Seminarteilnahme bereit waren und auch die Finanzierung sowie die Bereitstellung der Infrastruktur übernahmen, gestaltete sich speziell in Österreich und Frankreich eher schwierig. Dies dürfte unter anderem auch darauf zurückzuführen sein, daß institutionalisierte betriebliche Frauenförderung etwa in Österreichs Betrieben angesichts einer fehlenden gesetzlichen Grundlage im Gleichbehandlungsgesetz für die Privatwirtschaft erst in wenigen Vorzeigeunternehmen (d.s. überwiegend Niederlassungen von internationalen Konzernen) betrieben wird. Eine breitere Diskussion um betriebliche Frauenförderung, die neben Groß- auch Klein- und Mittelbetriebe erfaßt, ist erst in jüngster Zeit zu verzeichnen[4].

Für die Seminarteilnahme wurden insgesamt rund 20, im Wiener Raum angesiedelte Unternehmen, ausgewählt und kontaktiert. Die Auswahl erfolgte nach den oben beschriebenen Kriterien. Zwei Organisationen nahmen von sich aus Kontakt mit dem Projektteam auf, eine dieser beiden, nämlich der Wiener ArbeitnehmerInnen-Förderungsfonds (WAFF), entschied sich innerhalb kürzester Zeit für das Seminar. Ein bekanntes Großunternehmen entschied sich nach einer längeren betriebsinternen Überlegungsphase dagegen, mit der Begründung, daß

[4] Siehe hierzu u.a. das Projekt „CHIP-Chancengleichheit in der Praxis“ der Vorarlberger Landesregierung, das von August 1997 bis Frühjahr 1999 läuft, und in dem sieben Vorarlberger Unternehmen unterschiedlicher Größenordnung (von 12 bis 900 MitarbeiterInnen) begleitend zu Workshops mit ausgewählten Themenstellungen (u.a. Arbeitszeitmodelle, Telearbeit) Frauenförderungsmaßnahmen setzen sollen; in diesem Frühjahr finden in der Steiermark u.a. vom Büro für Ausbildungs- und Beschäftigungsentwicklung GmbH (BAB) initiierte fünf „Round Tables“ für UnternehmerInnen zu Gleichstellungsfragen statt.

es bereits seit Jahren ein breites Spektrum von Vereinbarkeitsmaßnahmen in Form von Wiedereinstellungshilfen und Arbeitszeitmodellen erfolgreich praktiziere und deshalb dieses spezifische Seminarangebot den aktuellen Bedürfnissen nicht entspreche. Einige interessierte Betriebe befanden sich mitten in einer - zum Teil von externen Unternehmensberatungsfirmen begleiteten - Umstrukturierungsphase, weshalb sie sich aktuell nicht auf diesen Prozeß einlassen könnten. Für einen späteren Zeitpunkt - so einige Aussagen - sei dies jedoch vorstellbar und auch interessant. Knapp die Hälfte der Unternehmen lehnten das Seminarangebot aufgrund mangelnden Interesses bzw. ohne Angabe von Gründen ab. Schlußendlich wurde das Seminar in Österreich im Frühjahr mit zwei Unternehmen durchgeführt. Neben dem WAFF beteiligte sich das Arbeitsmarktservice Österreich (AMS) an diesem Projekt. In einem ebenfalls interessierten Ministerium fanden sich nicht genügend interessierte Führungskräfte, weshalb bislang noch kein Seminar durchgeführt werden konnte.

In Deutschland gestaltete sich die Akquisition weniger schwierig. Angesichts einer breiteren Verankerung von Frauenförderungs- bzw. Vereinbarkeitsmaßnahmen in Deutschlands Privatbetrieben - speziell Großbetriebe - stieß das Projekt auf großes Interesse, dies sicherlich auch angesichts seiner als wichtig erachteten europäischen Dimension. Im Gegensatz zu Österreich, wo die beiden interessierten Unternehmen den Kurs für sich alleine bestreiten wollten, versprachen sich die interessierten deutschen Partnerfirmen vor allem aus dem Erfahrungsaustausch mit anderen Unternehmen einen Vorteil. So waren die SeminarteilnehmerInnen in Deutschlands erstem Pilotseminar, das Ende April 1998 abgeschlossen wurde, VertreterInnen der Deutschen Telekom, der BRAAS GmbH, der IG-Metall sowie der Flughafen Frankfurt Main AG (FAG). Letzteres Unternehmen war zugleich Gastgeber, das Seminar wurde in den Schulungsräumen der FAG am Flughafengelände abgehalten.

In Frankreich wiederum konnte - trotz intensiver Suche - kein Unternehmen/keine Organisation für die Teilnahme an diesem Seminar gewonnen werden. Dies ist unter anderem darauf zurückzuführen, daß das französische Projektteam von *Interface Europe* hauptsächlich im ländlichen Bereich operiert. Für die hier angesiedelten Kleinst-, Klein- und Mittelbetriebe stellt die Einführung von Gleichstellungs- bzw. Vereinbarkeitsmaßnahmen aufgrund der geringen Anzahl an MitarbeiterInnen sowie fehlender materieller und struktureller Ressourcen kein vorrangiges Interesse dar. Das Projektteam in Frankreich hat anstelle dessen mehrere eintägige Trainingsseminare mit VertreterInnen der Sozialpartnereinrichtungen, der Handelskammer, des regionalen Arbeitsamtes, der Stadtverwaltung, der Kunden- und Konsumentenverbände, des Arbeitsministeriums sowie eines Unternehmens durchgeführt. Den Abschluß bildet in Frankreich ein Round Table mit ExpertInnen, zu dem auch lokale und regionale Medien eingeladen werden.

3. Erste Erfahrungen mit MEQ

Die Erfahrungen mit den - bislang drei - durchgeführten Pilotseminaren in Österreich und Deutschland sind nach einer ersten Einschätzung positiv zu bewerten. So wurde etwa von den Führungskräften einer Organisation nicht nur eine Betriebsvereinbarung zu Gleichstellung und Vereinbarkeitsförderung auch für Männer konzeptioniert, sondern auch verbindliche strukturelle, finanzielle und organisatorische Regelungen zu deren Konkretisierung (wie etwa Einrichten eines Projektteams, klarer Zeit- und Arbeitsplan inkl. Terminisierung des Abschlusses der Betriebsvereinbarung) getroffen. Außerdem beschlossen die Verantwortlichen eine Pilotphase, in der wesentliche Maßnahmen auf Adäquanz und Akzeptanz bei den betroffenen MitarbeiterInnen getestet und gegebenenfalls nachgebessert werden sollen, bevor sie in der Betriebsvereinbarung institutionalisiert werden. Zu Beginn der Implementierung soll im Rahmen einer MitarbeiterInnenversammlung das Gesamtpaket vorgestellt werden. Weiters ist eine MitarbeiterInnenbefragung geplant, um zusätzliche Wünsche bzw. Problemlagen zu erheben. Im Hinblick auf die Erfahrungen in Deutschland hat sich gezeigt, daß Unternehmen mit bereits verankerten Vereinbarkeitsmaßnahmen durch ihre Teilnahme an diesem MEQ-Seminar nicht nur ihre Erfahrungen erweitern können, sondern auch zusätzliche Maßnahmen für das eigene Unternehmen als interessant und wichtig erachten.

Als ein zentrales Ergebnis scheint uns weiters, daß sich gerade dieses Seminar für Unternehmen/Institutionen auch während einer Aufbau-, Leitbildentwicklungs- bzw. Umstrukturierungsphase (wie dies bei einem teilnehmenden Partnerinstitut der Fall war) als äußerst sinnvoll erwiesen hat, da die Berücksichtigung und Integration von Vereinbarkeits- und Gleichstellungsaspekten sowohl bei modernen Personalentwicklungs- (PE) als auch bei Organisationsentwicklungsprozessen (OE) einen zentralen Faktor darstellen. Spätere - und das heißt auch teuer zu erkaufende - Kurskorrekturen bleiben diesen Unternehmen/Institutionen somit „erspart“.

Eine grundsätzliche Voraussetzung für den Erfolg des Seminars stellt prinzipiell eine möglichst flexible Gestaltung des Seminarinhalts und -ablaufs ebenso dar wie deren Anpassung an die unmittelbaren Interessen, Bedürfnisse und auch an den Diskussionsstand im jeweiligen Unternehmen. So ist es unabdingbar, nicht nur die Erwartungshaltung der Unternehmen/Institutionen im Vorfeld genau abzuklären, sondern auch möglichst viele Daten über die teilnehmende Einrichtung zwecks einer Betriebsdiagnose aufzubereiten. Dies ermöglicht sowohl eine Verkürzung der Seminardauer als auch ein noch detaillierteres Eingehen auf betriebs- und personalspezifische bzw. arbeitsplatzbezogene Problemstellungen bei der Vereinbarkeitsthematik.

Zukünftig wird bei der Organisation von Seminaren verstärkt auf die Erreichung der gewünschten Zielgruppe - nämlich Führungskräfte - zu achten sein. Im deutschen Pilotseminar wurden von Unternehmen zwar verantwortliche MitarbeiterInnen (wie beispielsweise Gleichstellungsbeauftragte) entsendet, da diese jedoch zum Teil nicht mit Personalentscheidungskompetenzen ausgestattet waren, blieb die Konkretisierung der Maßnahmen zwangsläufig auf theoretischem Niveau - im Gegensatz zu dem oben beschriebenen Beispiel der österreichischen Organisation. Außerdem wurden - entgegen des ausdrücklichen Wunsches, Männer zu entsenden - hauptsächlich Frauen delegiert, die zudem über einen höheren Grad an Sensibilität für die Fragestellung verfügten als die teilnehmenden männlichen Kollegen.

Schließlich sind - so ein Ergebnis dieses Pilotprojekts - grundsätzliche Überlegungen darüber anzustellen, in welcher Form jene Unternehmen/Institutionen erreicht und für die Seminarteilnahme gewonnen werden können, in denen noch keine Sensibilisierung bzw. kein Interesse für Initiativen zur Vereinbarkeit von Beruf und Familie bzw. Gleichstellung existieren. Diese Unternehmen konnten in der Pilotphase nicht erreicht werden.

4. Europaweite Implementierung der MEQ-Kurse

Einmal geweckt, ist das Interesse von Unternehmen an weiteren Trainingseinheiten des MEQ-Schulungsprogramms sehr groß. Es zeigte sich bereits während der Arbeit, daß Interesse und auch Bedarf besteht, das Training für weitere Einheiten im fortlaufenden Schulungsprogramm einzusetzen. So haben zum Beispiel die Firma Deutsche Telekom AG, die bereits über Erfahrungen mit einem anderen Schulungspaket auf Videobasis[5] mit dem Titel „Fair bringt mehr" verfügt, sowie die Volkswagen AG, konkrete Nachfrage angezeigt.

Mit der Erstellung eines MEQ-Trainingsmanuals und einem internationalen Workshop im Sommer in Wien ist das Projekt vorläufig abgeschlossen. Um die MEQ-Trainings europaweit einzusetzen, ist deshalb ein EU-Nachfolgeprojekt in den Ländern Österreich, Deutschland und Großbritannien[6] geplant. Bei diesem

---

[5] Das Schulungspaket besteht aus einem 50-minütigen Videofilm über die Geschichte einer Stellenbewerbung mit dem Titel „Bewerben Sie sich, Frau Adam", der gemeinsam mit einem Trainingsleitfaden von der Deutschen Telekom erworben werden kann.

[6] Dieses Implementationsprojekt soll von den Instituten „Gender*Link*" als Projektleiter, „balancing consult" (Frankfurt) und „mbA Training, Research and Development" (London) durchgeführt werden.

Projektvorhaben geht es zentral um die Entwicklung und Durchführung von „Train-the-Trainer-Programmen" in interessierten Trainingsinstituten und Unternehmen. Dabei werden den TrainerInnen die *MEQ-tools* und *MEQ-skills* vermittelt, um sie in Form eines MEQ-Pakets in laufende unternehmensbezogene Schulungsprogramme aufzunehmen.

Literatur:

Bercusson, Brian (o.J.): Equal Opportunities and Collective Bargaining in the European Union. 3. Analysis of Agreements (draft). European Foundation for the Improvement of Living and Working Conditions, Dublin.

Habisch, André (Hg.) (1995): Familienorientierte Unternehmensstrategie. Beiträge zu einem zukunftsorientierten Programm. Rainer Hampp Verlag, München und Mering.

„Best Practice in der betrieblichen Frauenförderung: Strategien für wirtschaftliche Entscheidungsträgerlnnen" - ein internationales Forschungsprojekt[1]

Andrea Holzmann-Jenkins

Von der Sozialökonomischen Forschungsstelle wurde gemeinsam mit dem Forschungszentrum für Wirtschafts-, Arbeitsmarkt- und Sozialpolitik das internationale Forschungsprojekt „Best Practice in der betrieblichen Frauenförderung: Strategien für wirtschaftliche EntscheidungsträgerInnen" im Rahmen des Mittelfristigen Aktionsprogrammes der Gemeinschaft für die Chancengleichheit von Männern und Frauen konzipiert und im März 1998 bei der Europäischen Kommission eingereicht. Die österreichischen PartnerInnen des Projekts sind die genannten Forschungsinstitute sowie die Gewerkschaft der Privatangestellten. Die internationalen Partnerschaften bestehen zu Forscherinnen in den Niederlanden und in Griechenland sowie zur griechischen Bankangestelltengewerkschaft. Das europäische Frauen-Netzwerk von EURO-FIET, der europäischen Sektion der weltweiten Dachorganisation der Angestelltengewerkschaften, unterstützt das Projekt. Im Falle der Auftragserteilung durch die Europäische Kommission ist eine Co-Finanzierung seitens des Bundesministeriums für Arbeit, Gesundheit und Soziales sowie seitens des Frauenbüros der Stadt Wien zugesagt.

In Österreich existieren trotz politischer Bekenntnisse nur vereinzelt positive Ansätze zur Gleichbehandlung von Frauen in Unternehmen. Zudem ist über diese Initiativen, die sich im wesentlichen auf große, internationale Firmen beschränken, in der Öffentlichkeit wenig bekannt. Speziell in kleinen und mittleren Unternehmen ohne festgeschriebene Personalentwicklungsprogramme fehlt es an entsprechendem Problembewußtsein; gleichzeitig scheint eine gewisse Scheu vor personalpolitischen „Experimenten" zu bestehen. Auch auf Seiten der ArbeitnehmerInnen-Vertretungen mangelt es bis auf wenige Ausnahmen[2] an strukturierten Informationen über Chancen und Probleme bei der Initiierung und Implementierung von Gleichbehandlungsmaßnahmen.

---

[1] eingereicht bei der Europäischen Kommission

[2] vgl. dazu den Beitrag von Sandra Frauenberger in diesem Buch.

Die Niederlande gehören hinsichtlich der betrieblichen Gleichbehandlung von Frauen zweifellos zu den Vorreitern in Europa. Dennoch besteht im Bereich betrieblicher Interessenvertretung eine Lücke, da sich die Gleichbehandlungspolitik vorwiegend auf der Ebene der Tarifverhandlungen vollzieht. In Griechenland existiert zwar eine umfangreiche Rechtsprechung zu Gleichbehandlungsfragen; eine Implementation erfolgte bisher jedoch nur in einigen wenigen Betrieben, vorwiegend im Bankensektor.

Angesichts der Tendenz zur Annäherung der Wirtschafts- und Arbeitsmarktpolitik innerhalb der Europäischen Union scheint es wesentlich, daß auch im Bereich der Förderung von Arbeitnehmerinnen soweit wie möglich koordiniert vorgegangen wird. Von der internationalen Zusammenarbeit kann nicht nur ein wertvoller Erfahrungsaustausch zwischen den Partnerländern und die Entwicklung von länder- und branchenübergreifenden Strategien erwartet werden. Mit der Teilnahme der EURO-FIET ist die Voraussetzung dafür geschaffen, daß die ausgearbeiteten Konzepte allen nationalen FIET-Mitgliedsorganisationen zugänglich gemacht werden und damit in ganz Europa Verbreitung und Verwendung finden können.

Der Begriff *Frauenförderung* wurde für das vorliegende Projekt bewußt weit gefaßt. Es werden sowohl Strategien der betrieblichen Personalpolitik, insbesondere der Einstellungspolitik, Weiterbildungsmaßnahmen und andere innerbetriebliche frauenspezifische Initiativen, untersucht, als auch Maßnahmen, die zur besseren Vereinbarkeit von Beruf und Familie führen. Besondere Bedeutung kommt dabei der Arbeitszeitgestaltung, den Möglichkeiten der Wiedereingliederung nach der Karenz und der betrieblichen Unterstützung bei familiären Betreuungsaufgaben zu. Es sollen aber auch die Motive von Firmen, Frauen speziell zu fördern, untersucht werden - dies insbesondere im Hinblick auf zu erwartende Effekte einer Bindung öffentlicher Auftragsvergabe an das Vorhandensein von betrieblicher Frauenförderung.

Die Ziele des Projekts sind folgende:

- Identifikation existierender, beispielhafter Förderpakete auf betrieblicher Ebene in allen Partnerländern und deren Evaluation. Auf der Basis der Ergebnisse sollen Maßnahmenkombinationen mit Modellcharakter entwickelt werden, die - mit entsprechenden Adaptionen - in unterschiedlichen Branchen, Unternehmenstypen und auf unterschiedlichen Qualifikationsebenen realisierbar sind. Besonderes Augenmerk wird in diesem Zusammenhang auf konkrete Barrieren bezüglich einer frauenfreundlichen Unternehmenspolitik und Möglichkeiten zu deren Abbau gelegt.

- Erarbeitung von Vorschlägen zur Implementierung vorbildlicher Praktiken unter Einbeziehung relevanter EntscheidungsträgerInnen, vor allem in den Partnerländern. Im Vordergrund steht dabei die Entwicklung von Strategien für die gewerkschaftliche Praxis, sowohl auf der Ebene von Kollektivverträgen als auch in den Betrieben.
- Präsentation und Diskussion der Ergebnisse auf internationalen Gewerkschaftstagungen (z.B. FIET-Weltkongreß im März 1999) sowie auf einer internationalen Konferenz, die einen Teil des Projekts bildet. Diese Konferenz, in die auch VertreterInnen von Unternehmen und der öffentlichen Verwaltung einbezogen werden sollen, wird gemeinsam von den Projektpartnerinnen und der Gewerkschaft der Privatangestellten organisiert. Sie soll gewährleisten, daß die Ergebnisse des Projekts in die politische Diskussion einfließen und Vorschläge - zumindest in Form von Pilotprojekten - kurzfristig realisiert werden.
- Aufbauend auf vorhandenen Netzwerken sollen Strukturen für einen regelmäßigen Erfahrungsaustausch auf internationaler Ebene konzipiert werden.
- Auf nationaler Ebene ist die Konzeption einer Stelle, an der *kontinuierlich* Informationen über „best practice"-Fälle gesammelt werden, und die auch als Anlaufstelle für UnternehmensvertreterInnen sowie für BetriebsrätInnen dienen soll, geplant.
- Erstellung eines Handbuchs als Hilfestellung zur Initiierung, Etablierung und Überwachung innerbetrieblicher Frauenförderungsprogramme vor allem für GewerkschaftsfunktionärInnen, aber auch Personalverantwortliche von Unternehmen. Dieses Handbuch, das die internationalen Partnerinnen für ihren jeweils nationalen Wirkungskreis adaptieren, soll unter anderem folgende Informationen in benutzerInnenfreundlicher Form präsentieren: (i) relevante (arbeits)rechtliche Informationen, (ii) erfolgversprechende Strategien (inkl. Fallbeispiele), (iii) Modelle zur Berechnung von Effizienzvorteilen durch Frauenförderung, und (iv) daraus abzuleitende Schritte für die Verhandlungen mit ArbeitgeberInnen - jeweils unter Berücksichtigung verschiedener Betriebs- und Branchenstrukturen und unterschiedlicher regionaler Gegebenheiten, (v) eine Übersicht „typischer" Probleme bei der Initiierung und Umsetzung betrieblicher Frauenförderungsprogramme und entsprechende Problemlösungsansätze, (vi) Anleitungen zur Berechnung von Effizienzvorteilen, die Firmen aus der Frauenförderung (mittelfristig) erwachsen, (vii) Möglichkeiten der Akquirierung öffentlicher Förderungsmittel für betriebliche Frauenförderung. Um die Praktikabilität dieses Handbuchs sicherzustellen, soll es in enger Zusammenarbeit mit BetriebsrätInnen (gegebenenfalls auch mit Personalverantwortlichen) erstellt werden. Darüberhinaus ist

die Einbeziehung arbeitsrechtlicher ExpertInnen und BetriebswirtInnen vorgesehen.

Der Erfahrungsaustausch zwischen den internationalen Partnerinnen soll Anhaltspunkte liefern, welche (rechtlichen und wirtschaftlichen) Rahmenbedingungen betrieblicher Frauenförderung zuträglich und welche betrieblichen Maßnahmenpakete - nicht zuletzt vor dem Hintergrund des wirtschaftlichen Strukturwandels - besonders erfolgversprechend sind. Angesichts der weiter zunehmenden Internationalisierung ist ein grenzübergreifender Erfahrungsaustausch zwischen ArbeitnehmerInnenvertretungen unumgänglich. Das beantragte Projekt soll einen Beitrag zur Implementierung entsprechender Kommunikations- und Kooperationsstrukturen leisten.

Teil V
Exemplarische Betriebsbeispiele

Frauenförderung am Beispiel „Bank Austria“

Leopoldine Faber

Die Bank Austria hat eine Vorrreiterinnenrolle bei der Förderung betrieblicher Chancengleichheit von Frauen inne. Bereits 1990 wurde Frauenförderung als Unternehmensziel formuliert und eine Frauenbeauftragte ernannt. Was in den letzten acht Jahre erreicht wurde, aber auch welche Umsetzungsbarrieren nach wie vor bestehen wird aus der Sicht der Frauenbeauftragten dargestellt.

1. Wege und Grundsätze zur Förderung der Chancengleichheit in der Bank Austria

Die Bank Austria mit einem Frauenanteil von rund 50% erkannte bereits Ende der 80er Jahre, daß sich die Einstellung der Frauen zum Beruf geändert hat bzw. die Mitarbeiterinnen wichtige Leistungsträgerinnen der Bank sind, auf die aus betriebswirtschaftlicher Sicht nicht verzichtet werden kann. Anfang 1990 formulierten die Geschäftsleitung und die Personalvertretung Frauenförderung als anzustrebendes Ziel, wobei folgende Grundsätze galten und nach wie vor Gültigkeit haben: Frauenförderung dürfe sich nicht nur darauf beschränken, den Anteil von Frauen in Top-Positionen zu erhöhen. Alle MitarbeiterInnen sollen dieselben Chancen haben, sich persönlich und fachlich weiterzuentwickeln, unabhängig in welcher Hierarchieebene sie sich befinden. Von Quotenregelungen soll Abstand genommen werden. Rahmenbedingungen sollen geschaffen werden, um eine bessere Vereinbarkeit von Familie und Beruf zu gewährleisten. Mitte 1990 wurde eine Mitarbeiterin des Personalressorts zur Frauenbeauftragten ernannt und aufgefordert, im Rahmen der Personalarbeit einen Maßnahmenkatalog zur Förderung von Mitarbeiterinnen auszuarbeiten. Ein Großteil der Maßnahmen wurde mittlerweile umgesetzt.

2. Maßnahmen

Maßnahmen zur Bewußtseinsbildung

Sowohl bankintern als auch bankextern wurden verschiedenste Maßnahmen gesetzt, um Chancengleichheit zu thematisieren, zum Nachdenken anzuregen und um Vorurteile abzubauen. Nicht nur der Vorstand und die Personalvertretung haben sich öffentlich zur Chancengleichheit in der Bank bekannt. Chancengleichheit und Frauenfreundlichkeit in der Bank Austria wurde auch in das von den MitarbeiterInnen erarbeitete Unternehmensleitbild aufgenommen.

Im Rahmen der MitarbeiterInnenzeitung werden laufend diverse Statistiken über die Verteilung von Frauen und Männern veröffentlicht, die zum Nachdenken anregen sollen. Durch Aufzeigen verschiedenster Portraits von Mitarbeiterinnen in der MitarbeiterInnenzeitung soll Frauen Mut zur Karriere gemacht werden.

Obwohl diese Maßnahmen sicherlich innerhalb der Bank Austria bereits eine entsprechende Bewußtseinsbildung bewirkt haben, gibt es zum Teil nach wie vor Umsetzungsbarrieren. Es ist mittlerweile bekannt, wie wichtig es für die Umsetzung von Frauenfördermaßnahmen ist, daß die Geschäftsleitung und die Personalvertretung vorbildwirkend hinter der Frauenförderung stehen. Dennoch ist es leider nicht möglich, generell auf die Einstellung aller MitarbeiterInnen und im besonderen der Führungskräfte einzuwirken. Auch ein Unternehmensleitbild kann nicht bewirken, daß ein entsprechendes Verhalten verordnet wird und jede und jeder sich daran hält. Festgestellt werden kann aber auch, daß es seitens der MitarbeiterInnen regional unterschiedliche Ansichten und unterschiedliche Bedürfnisse gibt. So steht beispielsweise der Karrierewunsch von Mitarbeiterinnen in Wien weit mehr im Vordergrund als in den Bundesländern, wo vermutlich auch die Stellung der Familie noch eine etwas andere als in der Großstadt ist.

Es erscheint weiterhin auch sinnvoll, innerhalb der Bank MitarbeiterInnen mittels diverser bankinterner Statistiken über die Verteilung von Männern und Frauen zu informieren, um eine Bewußtseinsbildung zu bewirken. Eines ist aber auch klar: Statistiken können unterschiedlich interpretiert werden.

Eine weitere Maßnahme stellt die Stärkung des Selbstbewußtseins von Frauen dar. Dies passiert derzeit in der Bank Austria nur sporadisch und hängt sehr von der jeweiligen Führungskraft ab.

Bankextern versucht die Bank ebenfalls einen Beitrag zur Forcierung der Chancengleichheit in der Gesellschaft zu leisten. Durch Vorträge im Rahmen von Symposien, Kontakte zu Schulen, Universitäten und anderen Unternehmen und durch die Teilnahme an Wettbewerben werden die Maßnahmen der Bank zur Förderung von Chancengleichheit an die Öffentlichkeit gebracht. Andere Unternehmen sollen zum Nachdenken angeregt werden. Um Frauen in der Wirtschaft eine Diskussionsplattform aber auch gegenseitige Unterstützung zu bieten, wurde in Salzburg der „Club der Managerinnen" gegründet. Bereits 80 selbständige Unternehmerinnen, mittätige Unternehmersgattinnen, leitende weibliche Angestellte, FreiberuflerInnen etc. gehören diesem Club an. Auch ist die Bank Austria bereits als Sponsor für Frauenveranstaltungen aufgetreten, um zu dokumentieren, daß Frauenförderung und Chancengleichheit einen wichtigen Stellenwert haben. Zusammenfassend kann behauptet werden, daß die Bank Austria besonders bankextern sehr erfolgreich Bewußtseinsbildung betreibt.

Dies nicht nur, um einen gesellschaftlichen Beitrag zu leisten, sondern auch zur eigenen Imageförderung. Der Club der Managerinnen in Salzburg ist beispielsweise eine vorbildhafte Einrichtung, beschränkte sich jedoch bisher auf den Raum Salzburg. Ähnliche Clubs in anderen Bundesländern einzurichten, scheiterte in der Vergangenheit bisher einerseits aus Kostengründen, andererseits aber auch daran, daß sich nicht so wie in Salzburg eine engagierte Kerngruppe gefunden hat, welche den Club organisiert. Mittlerweile ist eine ähnliche Initiative in Wien in Umsetzung.

Maßnahmen zur besseren Vereinbarkeit von Familie und Beruf

Für viele MitarbeiterInnen bot die Einführung der „Variablen Arbeitszeit", verschiedenster Teilzeitformen, wie z.B. 2 oder 3 Arbeitstage pro Woche, 7-10 Arbeitstage pro Monat, eine wesentliche Erleichterung. Besonders positiv aufgenommen wird von den KarenzurlauberInnen auch, daß sie nun aktiv betreut werden, Informationen zugeschickt erhalten, an speziellen Informationsveranstaltungen teilnehmen können, um mit dem Bankgeschehen auf dem Laufenden zu bleiben, aber auch um den Kontakt zu anderen KollegInnen aufrechtzuerhalten. Der Wiedereinstieg wird den MitarbeiterInnen erleichtert, indem sie einerseits am Arbeitsplatz wieder eingeschult werden, andererseits an Wiedereinstiegsseminaren teilnehmen können. Unterstützung finden die MitarbeiterInnen weiters durch die Möglichkeit, ihre Kinder während der Sommerferien an diversen Sportkursen teilnehmen lassen zu können und gleichzeitig ihre Kinder dort gut betreut zu wissen. Besonders hervorzuheben ist der seit 1996 bestehende Betriebskindergarten. Da mittlerweile mit dem 2-gruppigen Kindergarten (einer Kinderstube mit 1-3-Jährigen und einer Kindergartengruppe mit 3-6-Jährigen) nicht mehr das Auslangen gefunden werden kann, wird bereits an der Erweiterung gearbeitet. 1999 wird Platz für 2 Kinderstuben und 3 Kindergartengruppen geschaffen sein.

Diese angeführten Maßnahmen stellen eine wesentliche Erleichterung zur besseren Vereinbarkeit von Familie und Beruf dar. Dennoch gibt es auch dabei das Problem, daß die Interessen der Bank im Vordergrund stehen müssen, einerseits aus Kostengründen, andererseits um den Geschäftsablauf aufrechtzuerhalten. Beispielsweise kann derzeit die Teilzeitbeschäftigung nicht weiter ausgedehnt werden, da der Teilzeitbeschäftigungsanteil mit rund 900 MitarbeiterInnen schon sehr hoch ist, und viele Tätigkeiten aus heutiger Sicht einfach nur von VollzeitmitarbeiterInnen erledigt werden können. Des öfteren kann der Wunsch nach einer speziellen Teilzeitbeschäftigung im besonderen beispielsweise 2 Tage pro Woche leider nicht immer erfüllt werden.

Die in Wien sehr erfolgreich veranstalteten Informationsrunden für KarenzurlauberInnen wurden in der Vergangenheit nur eher sporadisch in den Bundesländern veranstaltet, da eine entsprechende TeilnehmerInnenanzahl den Aufwand auch rechtfertigen muß. Leider ist es nicht möglich, den Mitarbeiterinnen in den Bundesländern eine dem Betriebskindergarten in Wien entsprechende adäquate Kinderbetreuung zu bieten.

Maßnahmen zur Erhöhung des Anteils von qualifizierten Frauen

Der bankinterne Arbeitskreis zum Thema „Karriere und Ausbildung für Frauen" kam 1991 zum Ergebnis, daß der Einsatz neuer, besserer Personalauswahl- und Personalentwicklungsinstrumente und deren fachgerechte Anwendung durch qualifizierte, faire Führungskräfte mehr Objektivität bei Auswahl, Einsatz und Förderung von MitarbeiterInnen gewährleistet und somit mehr Chancengleichheit.

In den vergangenen Jahren wurden in der Bank Austria verschiedenste Maßnahmen gesetzt, um die Qualifikation aller MitarbeiterInnen zu heben. So wurde beispielsweise Personalentwicklung als wichtiger Grundsatz ins Unternehmensleitbild aufgenommen. Weiters wurde ein in sich geschlossenes, transparentes Karrieresystem entwickelt. In Broschüren wurden die neuen Personalauswahl- und Personalentwicklungsinstrumente den MitarbeiterInnen nahegebracht. Führungskräfte wurden geschult, um eine fachgerechte Handhabung der Instrumente zu gewährleisten. Außerdem wurde das Seminarangebot durch die bankeigene Ausbildungsabteilung optimiert.

Mit den angeführten Aktivitäten wurden Schritte gesetzt, um das gesamte MitarbeiterInnenpotential zu nützen. Es zeigte sich jedoch bereits, daß sich der Frauenanteil in den mittleren und höheren Karriereebenen äußerst langsam erhöht, wobei im Wiener Raum das Karrierestreben von Frauen weitaus höher ist als in den Bundesländern. Aber auch im Wiener Raum ist bisher für viele Frauen die Karriereebene einer Stellenleiterin/Expertin Endstation der beruflichen Laufbahn. Die Gründe dafür können nur vermutet werden: Die berufliche Entwicklung der Frauen pausiert in der Zeit, in der sich Frauen verstärkt der Familie widmen. Den beruflichen Vorsprung der Männer können Frauen kaum mehr aufholen. Offensichtlich gab es in der Vergangenheit aber auch nur wenige, die den extremen Aufwand, in die Managementebene aufzusteigen, auf sich nehmen wollten. Viele junge Frauen zeigen zu Beginn ihrer beruflichen Laufbahn einen besonderen Ehrgeiz, Karriere zu machen. Die Zukunft wird zeigen, ob dieser Ehrgeiz erhalten bleibt, und diese jungen Frauen die deutliche Mehrbelastung, um in die höheren Managementebenen zu gelangen, auf sich nehmen wollen. Fest steht, daß es in der Bank Austria durchaus möglich ist, Familie und Beruf zu vereinbaren, es aber deutlich schwieriger wird, Familie und Karriere in höheren Managementebenen zu vereinbaren. Ziel des nächsten Jahrtausends muß jedenfalls in der Bank Austria sein, Frauen, die entsprechende Fähigkeiten und auch die Kraft haben, beides auf einen Nenner zu bringen, bewußt zu unterstützen.

Familienförderung bei „Neckermann Versand AG“ Vereinbarkeit von Familie und Beruf – eine Chance für Unternehmungen und MitarbeiterInnen

Harald Gutschi

Im Jahr 1997 erhielt der Neckermann Versand Österreich (440 MitarbeiterInnen, 1,33 Milliarden Schilling Umsatz, 15.000 Pakete Versandausgang pro Tag) vom Verband der Akademikerinnen Österreichs für sein Frauen- und Familienförderprogramm die „Rose der Anerkennung“[1] für besonders frauen- und familienfreundliches Verhalten. Im gleichen Jahr wurde der Neckermann Versand zusätzlich vom Initiativkomitee „Taten statt Worte“ zum frauen- und familienfreundlichsten Betrieb der Steiermark gewählt. Im folgenden Beitrag beschreibt der Personalleiter des Unternehmens die Maßnahmen sowie die damit verbundenen Motive und Ziele.

1. Warum haben wir frauen- und familienfreundliche Maßnahmen ergriffen?

Unser Grundsatz heißt: Familienfreundliche Arbeitsbedingungen sind verwirklichbar,

- weil sie auch ökonomisch sinnvoll sind, denn
  Kundenzufriedenheit setzt MitarbeiterInnenzufriedenheit voraus,
  MitarbeiterInnenzufriedenheit steigert Motivation und
  MitarbeiterInnenzufriedenheit senkt Kosten,
- weil sie nicht immer mit zusätzlichen Kosten verbunden sind,
- weil im Unternehmen nicht nur der Zwang kurzfristiger Gewinnmaximierung herrscht.

In den Imageuntersuchungen der vergangenen Jahre stellte sich heraus, daß Neckermann Versand Österreich aus Kundensicht die relativ stärkste Affinität aller Versender zur Zielgruppe der Familien mit Kindern aufweist. Wir sind daher im Vergleich zu unseren Mitbewerbern aus Kundensicht „der klassische

---

[1] Diese Auszeichnung besteht seit mittlerweile sechs Jahren und wurde bisher an die Rosenberger Raststätten für ihre „Ladyzimmer“, die Nordstern Versicherung für den „Lady-Tarif“ in der Kfz-Versicherung, die Firma Spar und dem Grazer Bürgermeister für die hohen Frauenanteile in Führungspositionen sowie dem Jesuitenorden für kritische Diskussionen um die Stellung der Frau in Kirche und Gesellschaft verliehen.

Familienversender". Die konsequente Umsetzung dieser Kundeneinschätzung konnte daher nur bedeuten, bei allen im Personalbereich zu treffenden Maßnahmen und Entscheidungen die Sichtweise und die Bedürfnisse der MitarbeiterInnen zu berücksichtigen und den Bezug zur Familie zu gewährleisten. Unsere Kunden sind „Familien". Dieses Faktum müssen wir intern umsetzen, andernfalls wären wir unglaubwürdig.

2. Welche familienfreundlichen Arbeitsbedingungen hat „Neckermann Versand Österreich" umgesetzt?

Für unser Frauen- und Familienförderprogramm wurden eine Reihe von Maßnahmen ergriffen und umgesetzt, die mit beträchtlichem organisatorischen Aufwand - aber auch finanzieller Beteiligung des Unternehmens - gestaltet wurden und werden. Im Überblick sind dies folgende Punkte:

Gleichberechtigung bei Einstellungen und Beförderungen

50% aller Führungskräfte unseres Hauses sind Frauen. Frauen leiten strategische Schlüsselpositionen wie Einkauf, EDV/Organisation oder Kundenservice. Bei Einstellungen oder Beförderungen gibt es keinerlei Diskussion darüber, ob Frauen oder Männer die Funktion besser ausüben könnten. Es zählt allein die Qualifikation. Bei den Neuaufnahmen der letzten Jahren wurde der überwiegende Teil von Stabs- oder Leitungspositionen (Einkauf Textil, Kundenbuchhaltung, Qualitätsmanagement, Bereichscontrolling, Logistik) mit Frauen besetzt. Auch haben einige Frauen in Führungspositionen bereits die Familiengründung hinter sich und sind gutes Beispiel dafür, daß eine Vereinbarkeit von Familie und Karriere im Beruf durchaus möglich ist.

Drittes Karenzjahr; Kontakt zu den MitarbeiterInnen auch während der Karenzzeit; unbezahlter Urlaub aufgrund familiärer Probleme; Hilfestellung bei Ausfall der Betreuungsperson

Unsere MitarbeiterInnen können bei der Geburt eines Kindes ein *drittes Karenzjahr* in Anspruch nehmen. Dabei bleiben die arbeitsrechtliche Absicherung, aber auch alle anderen sich aus dem Gesetz oder Kollektivvertrag ergebenden Ansprüche gewahrt. Weiters ist es unser Bestreben, unsere Damen und Herren auch während der Karenzzeit an unser Haus zu binden. So haben Karenzierte die Möglichkeit einer geringfügigen Beschäftigung, erhalten nach wie vor die Firmenzeitung und werden weiterhin zu internen Weiterbildungsmaßnahmen und Veranstaltungen eingeladen.

Treten in der Familie größere Probleme auf (Unfall oder Pflege eines nahen Angehörigen, längerfristige Krankheit eines Kindes, etc.), können unsere MitarbeiterInnen kurzfristige Zeitbedarfe durch die individuelle und flexible Handhabung ihrer Arbeitszeiten (Aufbau von Minusstunden) meistern. Bei langfristigen Schwierigkeiten kann *unbezahlter Urlaub bis zu 6 Monaten* in Anspruch genommen werden. Damit ist die Klärung einer familiären Situation möglich, ohne sofort aus dem Dienstverhältnis ausscheiden zu müssen.

Sollte die *Betreuungsperson* für ein Kind eines/r Beschäftigten ausfallen, so werden vom Unternehmen für bis zu zwei Wochen 75% der Kosten einer Tagesmutter ersetzt. Um dabei die kompetente und professionelle Betreuung zu sichern, haben wir eine Pauschalvereinbarung mit einer Tagesmütterzentrale getroffen.

Kantine/Vorteile für alleinerziehende Eltern; definierte „Mütter/Väter-Arbeitsplätze"

In unserer Kantine erhalten MitarbeiterInnen von der Unternehmung kostenmäßig gestützte, günstige Mittagsmenüs. Zusätzlich bieten wir jedoch alleinerziehenden Frauen oder Männern die Möglichkeit, *Menüs zum reduzierten Preis* mit nach Hause zu nehmen, um so Zeit für die Haushaltsführung sparen zu können.

Derzeit werden im Angestellten- und Logistikbereich jeweils *10 Arbeitsplätze* bestimmt und definiert, die ausschließlich Müttern/Vätern mit Kleinkindern vorbehalten bleiben. Dabei handelt es sich um Teilzeitarbeit am Vormittag, die bis zum 12. Geburtstag des Kindes angeboten werden soll. Die zeitlich begrenzte Teilzeittätigkeit in der Phase der Familiengründung soll gewährleisten, daß Mütter/Väter im Erwerbsprozeß bleiben können ohne gleichzeitig „ein Leben lang" Teilzeit arbeiten zu müssen.

Gleitzeit; Flexible Teilzeitbeschäftigung/Elastische Jahresarbeitszeiten; vielfältige Teilzeitmodelle; geringfügige Beschäftigung nur auf freiwilliger Basis; Lebensarbeitszeitmodell

Insbesondere in der Arbeitszeit liegen vielfältige Potentiale für familienfreundliche Ansätze. Auch wenn wir uns als Unternehmen in dieser Hinsicht Vorteile versprechen, müssen dabei aber auch die Vorteile für die MitarbeiterInnen erkennbar sein. Unsere erst vor kurzer Zeit eingeführte, umfassende *Gleitzeitregelung* beinhaltet sehr große individuelle Gestaltungsmöglichkeiten (z.B. ein Arbeitsende am Freitag-Mittag). Bewußt wurden auch kundenorientierte Abteilungen mit langen Serviceanwesenheitszeiten - mitunter abends und auch am Samstag - in diese Gleitzeitvereinbarung aufgenommen. In einigen Abteilungen haben sich als Folge der selbständigen, gruppenbezogenen Arbeitszeiteinteilung „zeitautonome Arbeitsgruppen" gebildet. Auf familiäre Bedürfnisse wird somit individuell Rücksicht genommen. Für uns als Unternehmen ist dennoch die optimale und kostengünstige Abwicklung von Serviceaktivitäten gewährleistet.

Als klassischer Handelsbetrieb verfügen wir über starke Saisonspitzen, wobei die Umsatzeingänge im Monatsverlauf bis zu 380% voneinander abweichen. Ein stabiler Personalstand würde daher entweder zu massiven Lieferverzögerungen (in Phasen eines hohen Bestelleingangs) oder zu hohen Kapazitätskosten (in Phasen geringeren Bestelleingangs) führen. In der Vergangenheit wurden diese Saisonspitzen mit mehrmonatigen befristeten Verträgen ausgeglichen. Im Herbst 1996 haben wir mit unserem Betriebsrat eine Vereinbarung abgeschlossen, die es ermöglicht, MitarbeiterInnen mit einer gewissen variablen Arbeitszeit in einem *unbefristeten Dienstverhältnis* zu beschäftigen. Nach diesem Modell arbeiten manche MitarbeiterInnen in den Saisonspitzen ganztags und konsumieren die gegenüber ihrem Vertrag erbrachten Mehrleistungsstunden in Form von Zeitausgleich in den saisonschwachen Monaten. Dadurch haben die MitarbeiterInnen den Vorteil eines langfristig unbefristeten Dienstverhältnisses und können bei Wahrung aller sozialen Rechte (Abfertigung, Jubiläumsgelder, soziale Ansprüche) lange Phasen des Zeitausgleiches in Anspruch nehmen. Dagegen hat das Unternehmen den Vorteil von ausgebildeten, eingeschulten und motivierten MitarbeiterInnen, die im Bedarfsfall sehr rasch zur Verfügung stehen.

In unserem Haus bestehen - bei einer Teilzeitquote von 36% - derzeit rund 70 verschiedene *Teilzeitmodelle*, die den individuellen Bedürfnissen der MitarbeiterInnen und den betrieblichen Notwendigkeiten des Unternehmens Rechnung tragen. Diese sehen die Möglichkeit vor,

- zwei bis drei ganze Tage in der Woche zu arbeiten (wird insbesondere von MitarbeiterInnen aus weiter entfernt liegenden Orten sehr stark genutzt),
- wochenweise am Vormittag von beispielsweise 7 bis 13 Uhr und die folgende Woche am Nachmittag von 13 bis 19 Uhr im Wechseldienst zu arbeiten,
- ausschließlich am Vormittag („Mütterschicht“) oder
- ausschließlich am Nachmittag zu arbeiten.

Obwohl *geringfügige Beschäftigungsverhältnisse* für das Unternehmen u.U. von Vorteil wären, werden sie nur auf freiwilliger Basis eingerichtet und bei Bedarf in sozialrechtlich abgesicherte Teilzeitdienstverhältnisse umgewandelt.

Alle Ansprüche bei Ausscheiden eines/r Dienstnehmers/in (z.B. Pensionierung) richten sich entsprechend der gesetzlichen Bestimmungen nach dessen/deren Letztbezug. Um daher eine eventuelle Verminderung der Abfertigungsansprüche zu verhindern, streben langjährige MitarbeiterInnen in den letzten Jahren vor ihrer Pensionierung oftmals keine Teilzeitbeschäftigung an, obwohl der Wunsch nach mehr Freizeit und kürzerer Arbeitszeit in dieser Phase des Lebens in der Regel besonders groß ist (abgeschlossene Familienplanung, finanziell sind die gröbsten Probleme überstanden, Enkelkinder, etc.). Daher wurde für unsere *MitarbeiterInnen über 50* unter gewissen Voraussetzungen (15-jährige Zugehörigkeit; es muß sich um ein Familienerfordernis handeln) die Möglichkeit einer Aliquotierung des Abfertigungsbezuges entsprechend der Jahre der Voll- bzw. Teilzeittätigkeit vorgesehen.

Gutscheinaktionen und 20% MitarbeiterInnenrabatt; Frauenparkplätze

Jede(r) MitarbeiterIn bekommt zur Hochzeit bzw. bei der Geburt eines Kindes einen *Gutschein* von 5.000 bzw. 2.000 Schilling. Um die „Familienkassa" aufzubessern, erhalten die MitarbeiterInnen auf Textilien einen Rabatt von 20%, auf Reisen einen Rabatt von 12%.

Für weibliche Beschäftigte, die bis 20 Uhr im Bestellservice arbeiten, sind eigene *Frauenparkplätze* eingerichtet worden, die erhöhte Sicherheit bieten.

3. Effekte der Maßnahmen

Es ist schwer zu beschreiben, welche Auswirkungen die Maßnahmen im einzelnen auf unser Unternehmen haben. In dieser Hinsicht verfügen wir über keine unmittelbaren Auswertungen. Wir glauben jedoch an die positiven Effekte unserer Maßnahmen, da dadurch die MitarbeiterInnenzufriedenheit wesentlich erhöht wird. Mittelbar ist das an folgenden Punkten zu sehen:

1997 erhielten wir eine *Auszeichnung für die freundlichsten Telefonistinnen* aller Versender Österreichs.

Unsere *Krankenstandsquote* liegt im Jahresschnitt zwischen 3% und 4%. Dies ist für die Branche ein sehr geringer Wert und liegt bei der Hälfte vergleichbarer Firmen. Krankenstandsquoten sind immer ein Gradmesser für MitarbeiterInnenzufriedenheit oder -unzufriedenheit.

Das positive Betriebsklima hat zu beispielhaftem *Teamgeist* geführt. Unsere MitarbeiterInnen zeigen großen Einsatz, wenn es darum geht, anfallende Auftragsspitzen (wie bereits oben erwähnt bis zu 380% im Monatsverlauf) erfolgreich abzuarbeiten.

Durch eine Vielzahl von Maßnahmen (Vernissagen im Haus, Vorträge am Abend, regelmäßige Weiterbildungsveranstaltungen, aktives Gesundheitsmanagement, etc.) haben wir eine intrinsisch *motivierte Belegschaft*, die unserer Einschätzung nach eine Spur freundlicher, höflicher und zuvorkommender ist als Kollegen und Kolleginnen unserer Mitbewerber.

Durch die *Auszeichnung für den frauen- und familienfreundlichsten Betrieb* und die *„Rose der Anerkennung"* für besonders frauen- und familienfreundliches Verhalten haben unsere Anstrengungen für den Betrieb öffentlichkeitswirksame Erfolge gezeigt, die einen beträchtlichen *Imagevorteil* für unser Unternehmen nach sich ziehen.

4. Unsere weiteren Ziele

Bei unseren weiteren Zielen orientieren wir uns an folgenden Grundsätzen:

- Niemand soll den Arbeitsplatz wegen familiärer Gründe aufgeben müssen.
- Erweiterung der Zeitautonomie: Gleitzeit ohne Kernzeit in gewissen Bereichen (Kommen und Gehen nach persönlichen Bedürfnissen und betrieblichen Anforderungen); weitere Lebensarbeitszeitmodelle für ältere MitarbeiterInnen, die früher in Pension gehen wollen (Möglichkeit der Ansparung von Zeitguthaben über Arbeitszeitkonten bzw. Aliquotierungsmöglichkeiten von Voll- auf Teilzeitbeschäftigung, um den Pensionsantritt nach vorne zu verlagern).
- Noch breitere Unterstützung bei der Kinderbetreuung: Im Herbst 1998 wird gemeinsam mit anderen Firmen ein Kindergarten errichtet.

Derzeit unterzieht sich unser Unternehmen - als eines von 10 Pilotunternehmungen Österreichs - dem Auditverfahren „Familie und Beruf". Es handelt sich dabei um ein Verfahren, welches vom Bundesministerium für Umwelt, Jugend und Familie initiiert wurde, an der Unternehmenskultur ansetzt und von externen Beratungsfirmen begleitet wird.

All die beschriebenen Maßnahmen haben dazu geführt, die Vereinbarkeit von Familie und Beruf zu einem Teil der Unternehmenskultur von Neckermann zu machen. Die sich daraus ergebenden Vorteile für das Unternehmen rechnen sich betriebswirtschaftlich, haben sozialen Hintergrund und bringen den MitarbeiterInnen Vorzüge, was diese ihrerseits hoch schätzen und bewerten. Unser Modell hat demnach Vorteile für alle und schafft die notwendige Basis für die Bewältigung des 3. Jahrtausends. Wir sind der Überzeugung, daß innovative Unternehmungen zur Steigerung der Wettbewerbsfähigkeit ähnliche Maßnahmen einsetzen werden und sind gerne bereit, dabei unterstützend wirksam zu werden.

„Langsam aber sicher..." Frauenförderung im Arbeitsmarktservice - ein Erfahrungsbericht

Hilde Stockhammer

In diesem Artikel geht es um meine konkreten Erfahrungen - als Gleichbehandlungsbeauftragte - bei der Entwicklung und Umsetzung von Gleichstellungs- bzw. Frauenförderungsmaßnahmen im Arbeitsmarktservice. Obwohl es sich in erster Linie um einen persönlichen Erfahrungsbericht und keine Handlungsanleitung handelt, soll eines deutlich zum Ausdruck kommen: Es wird vieles möglich, wenn Frauen ihr Wissen und ihre Kooperationsfähigkeit einbringen und auf ihre eigenen Kompetenzen bauen.

1. Unsere Rahmenbedingungen

Das Arbeitsmarktservice Österreich, im weiteren kurz AMS genannt, wurde 1994 aus dem Bundesdienst ausgegliedert und ist seither ein Dienstleistungsunternehmen des öffentlichen Rechts. Ziele und Grundlagen des Handelns des AMS sind im Arbeitsmarktservicegesetz geregelt.

Die heute im AMS Beschäftigten setzen sich aus (den neu und auf Basis des AMS-Kollektivvertrags aufgenommenen) Privatangestellten und BeamtInnen, die in das neue Unternehmen übergetreten sind, zusammen. § 54 (6) des Arbeitsmarktservicegesetzes bestimmt, daß beide Beschäftigtengruppen dem Bundes-Gleichbehandlungsgesetz unterliegen. Das bedeutet, daß es im Arbeitsmarktservice einen Frauenförderungsplan mit verbindlichen Zielvorgaben zur Erhöhung der Frauenanteile und eine Struktur zur Unterstützung einer gleichstellungsfördernden Personalentwicklung durch dafür bestellte Gleichbehandlungsbeauftragte und Kontaktfrauen gibt. Diese gesetzliche Verankerung - und damit die Herstellung einer eindeutigen Verbindlichkeit - war sicherlich eine wichtige Grundlage für die Weiterentwicklung der Gleichstellungspolitik im AMS. Schon das Inkrafttreten des Bundesgleichbehandlungsgesetzes im Jahre 1993, welches das auf Ministerratsebene vereinbarte Frauenförderungsprogramm für den öffentlichen Dienst ablöste, hatte gezeigt (zumindest ist dies die Erfahrung aus dem Sozialressort), daß gesetzliche Forderungen und Abgrenzungen klare Ausgangs- und Verhandlungspositionen schufen, wo vorher „good will" und persönliches Durchsetzungsvermögen von Frauenbeauftragten auf der Waagschale lagen.

Die Wahrung der Kontinuität der Frauenförderung war, wie andere Ausgliederungen gezeigt haben, keineswegs selbstverständlich, sondern bereits Ergebnis eines kontinuierlichen Informations- und Kommunikationsprozesses zwischen den Gleichbehandlungsbeauftragten und den EntscheidungsträgerInnen auf höchster Ebene. Wir[1] haben beharrlich bei jeder sich bietenden Gelegenheit öffentlich (z.B. in MitarbeiterInnenversammlungen) darauf hingewiesen, daß Gleichstellung bei den Ausgliederungsverhandlungen mitzuberücksichtigen ist, und die MitarbeiterInnen des neuen Arbeitsmarktservice nicht „ungleich gleichbehandelt" werden sollten[2]. Zur Erreichung unseres Zieles haben wir alle Mittel und Unterstützungsmöglichkeiten genutzt. Wesentlich dabei war, daß wir sowohl auf der Ebene der zukünftigen Führung (für die Entscheidung), der Personalabteilung (für die Administration), der Personalvertretung (für die Befürwortung in den Verhandlungen) und auch im Parlament Verbündete und GesprächspartnerInnen gesucht und gefunden haben.

2. Unsere Programmatik

2.1. Ziele und Arbeitsweise der Gleichbehandlungsbeauftragten

Entsprechend den Bestimmungen im Bundesgleichbehandlungsgesetz wurde im Arbeitsmarktservice Österreich eine eigene Arbeitsgruppe für Gleichbehandlungsfragen eingerichtet. Mitglieder dieser Arbeitsgruppe sind sieben Gleichbehandlungsbeauftragte und sieben stellvertretende Gleichbehandlungsbeauftragte, die durch den Vorstandsvorsitzenden bestellt wurden. In jeder Landesorganisation des Arbeitsmarktservice ist zumindest eine (stellvertretende) Gleichbehandlungsbeauftragte tätig.

Unsere Ziele: Als Gleichbehandlungsbeauftragte wollen wir erreichen, daß das Arbeitsmarktservice als Gesamtunternehmen *Frauen und Männern berufliche Chancengleichheit garantiert* und Vorbildfunktion für die Unternehmen der Privatwirtschaft, die ja Adressat unserer Serviceleistungen sind, übernimmt. Damit fördert das Arbeitsmarktservice gleichzeitig die Chancengleichheit auf dem Arbeitsmarkt, wie es dem gesetzlichen Auftrag des Arbeitsmarktservicegesetzes entspricht. Wir wollen eine Unternehmenskultur fördern, in der die *Interessen von Frauen und Männern gleichermaßen sichtbar* und Diskriminierung aufgrund des Geschlechts oder familiärer Verantwortung nicht zugelassen wird.

---

1 „Wir" meint die Gleichbehandlungsbeauftragten.

2 Damit ist gemeint, daß nicht BeamtInnen nach Bundesgleichbehandlungsgesetz und Angestellte nach dem Gleichbehandlungsgesetz für die Privatwirtschaft behandelt werden sollen.

Das Bundes-Gleichbehandlungsgesetz, das für alle ArbeitnehmerInnen des Arbeitsmarktservice gilt, garantiert Frauen und Männern ein Recht auf gleiche Chancen bei der Aufnahme, beim Zugang zu Aus- und Fortbildungsmaßnahmen, beim beruflichen Aufstieg und bei den Arbeitsbedingungen. Darüber hinaus gibt es als Ziel vor, einen Frauenanteil von mindestens 40% bei allen Beschäftigten und in allen Führungspositionen zu erreichen. Da im Arbeitsmarktservice der Frauenanteil an den Beschäftigten bereits bei 60% liegt, wurde in Übereinkunft mit dem Vorstand die Zielquote bei den Führungskräften auf 50% festgesetzt.

Unsere Arbeitsweise: Neben der persönlichen Unterstützung von Bediensteten im Falle einer konkreten Diskriminierung zeigen die Gleichbehandlungsbeauftragten strukturell diskriminierende Vorgehensweisen auf, machen Vorschläge zu deren Beseitigung und unterstützen so den Dienstgeber (Personalverantwortliche) bei der Erfüllung seines gesetzlichen Auftrags zur Gleichstellung. Soweit die Anliegen der Gleichbehandlungsbeauftragten die der Personalvertretung berühren, und das ist natürlich häufig der Fall, haben wir uns darauf verständigt, Kooperationspartnerinnen zu sein. Die Zusammenarbeit mit der Personalvertretung wird auch darin deutlich, daß einige Gleichbehandlungsbeauftragte ebenfalls Mitglieder der Personalvertretung sind.

Wer sind wir, die Gleichbehandlungsbeauftragten? Bei der Suche nach neuen Frauen für diese Funktion, gibt es immer wieder Meinungen, wie: ... ich finde das interessant, ... aber das hat nur Sinn mit 100%igem Einsatz, ... dazu läßt mir der Job oder die Familie keine Zeit, und nur das unbedingt Erforderliche zu tun ist zu wenig, ... da will ich gar nicht anfangen. Oder ein Vorgesetzter blockt Interessentinnen von vornherein ab („Chef-O-Ton“: Das können nur Frauen mit Kindern werden). Müssen Gleichbehandlungsbeauftragte 200%ige Powerfrauen sein? Nein. Wir jedenfalls sind eine Gruppe ganz unterschiedlicher Frauen, unterschiedlichen Alters, familiärer Situation, beruflicher Position, mit unterschiedlichen Lebenswegen und Lebensansichten. Unsere gemeinsamen Grundlagen waren das Gesetz, der Dienstgeber und unsere Diskussionen und Vereinbarungen über die Zusammenarbeit. Wir haben - und tun es immer noch - in unsere „Qualifikation“ als Gleichbehandlungsbeauftragte investiert. Wir sind nicht davon ausgegangen, daß wir alles voneinander wissen und immer gleicher Meinung sind. Wir treffen einander regelmäßig ca. viermal jährlich zu einer Arbeitstagung. Bei diesen Treffen berichten wir einander über die Situation im jeweiligen Vertretungsbereich und holen Rat ein. Auf den Tagungen einigen wir uns auf unsere Schwerpunkte und erarbeiten gemeinsame Standpunkte zu wichtigen Fragen der Organisation. Zu diesen Sitzungen laden wir externe ExpertInnen ein, die uns beraten, oder VertreterInnen des AMS, um bestimmte Themen mit ihnen zu diskutieren. Einmal pro Jahr halten wir Rückschau auf das

Erreichte und legen zukünftige Ziele fest. Gleichzeitig wird bei dieser Gelegenheit darauf geachtet, wie es uns im Team geht, was für uns und unsere Arbeit notwendig ist. Es ist schön zu sehen, wie jede einzelne Frau ganz unterschiedlich und individuell immer mehr in ihre Aufgabe hineinwächst, Sicherheit und Kompetenz gewinnt und an andere weitergibt.

2.2. Schwerpunkte des Frauenförderungsplans und Maßnahmen

Seit 1. 1. 1994 gilt für alle Bediensteten ein Frauenförderungsplan zur Erreichung der faktischen Gleichstellung bzw. der gesetzlich vorgegebenen Quote. Dieser Plan wird alle zwei Jahre aktualisiert und auf Grundlage der neuen Personalstrukturerhebung an die Erfordernisse angepaßt. Die darin zusammengefaßten Maßnahmen zur Personalentwicklung gliedern sich in die Schwerpunkte „Beruf und Familie" und „Aufstiegsförderung":

Beruf und Familie[3] *- Umgang mit Zeit*

Gerade moderne Managementstile, die den ganzen Menschen und die Identifikation mit dem Unternehmen fordern, verstärken die Tendenz zur Ausdehnung betrieblicher Verfügungsmacht über Lebenszeit. Einige Väter und sehr viele Mütter haben aber nicht unbegrenzt Zeit oder wollen sie nicht nur für die Berufsarbeit veranschlagen. Die daraus resultierenden Vereinbarkeitsprobleme sind allseits bekannt. Was das Vereinbarkeitsproblem konkret im Alltag bedeuten kann, zeigt der nachstehende Bericht.

> *Aus dem persönlichen Bericht einer Kollegin:*
> ***„Hier Mutter**: Organisieren, Timing, Sorge um die Kinder (‚Bin ich nicht doch eine Rabenmutter?'), Hinbringen, pünktlich zur Schnellbahn, ‚Was mache ich in den Schulferien? Was, wenn die Kinder krank sind?', ‚Habe ich die Oma schon angerufen?', ‚Morgen endet die Schule eine Stunde früher, am Montag ist der Kindergarten geschlossen!'... **Dort Kollegin**: Organisieren, Timing, Sorge um die fachliche Qualifikation und Arbeitsfähigkeit, pünktlich zur Schnellbahn, Abholen, ‚Was mache ich, wenn die Sitzung morgen länger dauert?', ‚Geht sich eine 40-Stunden-Fortbildungswoche zeitlich für mich aus?', ‚Glauben die KollegInnen/Vorgesetzten, daß ich mich nicht genügend engagiere, wenn ich bei einigen Veranstaltungen nicht dabei sein kann?'... Die anderen KollegInnen schienen unendlich viel Zeit zu haben, sich ihren Aufgaben zu widmen. Ich dachte natürlich, daß es ‚einzig an mir' lag, so ‚unvollkommen' zu sein: Ich mußte ja andauernd auf die Uhr schauen. **Ich** konnte nach Dienstschluß nicht über wichtige Themen mitdiskutieren und mich informieren über das, was wirklich lief. **Ich** zögerte doch, eine auswärtige Fortbildungsmöglichkeit wahrzunehmen. **Ich** wagte ja nicht einen PC zu starten. ...."*

[3] Alle Bestrebungen, die MitarbeiterInnen erleichtern, *Beruf und Familie* besser zu vereinbaren, haben wir explizit als Maßnahmen für Frauen und Männer bezeichnet. Auch die Informationspolitik der Arbeitsgruppe richtet sich gezielt an beide Geschlechter.

Wir wollen dem Mythos, daß sich berufliches Engagement an der Länge des Arbeitstages, an der Anzahl von Sitzungen u. ä. mißt, bewußt ein anderes, die Lebenssituation vieler Frauen einbeziehendes, selbstbestimmtes Bild entgegensetzen. Wir wollen eine Unternehmenskultur fördern, in der es selbstverständlich ist, daß auf das persönliche Zeitmanagement der Bediensteten Rücksicht genommen wird. Teilzeitbeschäftigung erfordert entsprechende Rahmenbedingungen, welche wesentliche Nachteile in der beruflichen Laufbahn ebenso verhindern sollen wie dauernde persönliche Belastung.

Wir werben für eine Unternehmenskultur, in der Männer und Frauen Karenz beanspruchen können, ohne befürchten zu müssen, daß sie belächelt werden, ihre Karriere gefährden oder als unzuverlässig gelten. Damit eine Berufsunterbrechung oder Teilzeitarbeit nicht zur beruflichen Sackgasse wird, schreibt der Frauenförderungsplan fest, daß es zu keiner qualitativen Reduktion der Arbeitsbereiche kommen darf. Der Kollektivvertrag des Arbeitsmarktservice enthält, neben dem Recht auf Teilzeitarbeit, auch das Recht auf Rückkehr zur Vollbeschäftigung.

Als konkrete Maßnahme wurde das Projekt *„Flexible Arbeitszeit"*[4] entwickelt: In einem ersten Schritt haben wir - unterstützt durch einen Vorstand, der mehr an Arbeitsergebnissen interessiert ist als an abgeleisteter Zeit und der lieber Ergebnisse als Anwesenheit kontrolliert und durch die Unterstützung der BetriebsratskollegInnen - erweiterte Möglichkeiten der Arbeitszeitgestaltung durchgesetzt. So können aus gleitender Arbeitszeit mittlerweile 40 Plus- oder Minusstunden über einen Monat hinaus mitgenommen werden (früher waren nur 10 Stunden Zeitguthaben möglich). Zeitguthaben kann heute im Rahmen von ganzen freigewählten „Gleittagen" ausgeglichen werden (früher mußte eine Blockzeit eingehalten werden, Zeitguthaben konnten nur stundenweise abgebaut werden). Insgesamt können auf diese Weise pro Jahr zehn Tage eingearbeitet werden, wobei jeweils maximal fünf Tage zusammenhängend verbraucht werden dürfen.[5] Die Absprache und Kontrolle dieser Gleitregelung erfolgt auf Abteilungsebene, wobei eine Vereinbarung zwischen der Abteilungsleitung und den MitarbeiterInnen getroffen wird.

Derzeit arbeitet ein Team in einem zweiten Schritt an der Umsetzung von Modellprojekten zur weitergehenden Flexibilisierung. Ziel ist ein flexibles Arbeitszeitmodell, das die Zeitsouveränität der MitarbeiterInnen durch Schaffung von

---

[4] Vorausgegangen ist dem Projekt eine Befragung aller MitarbeiterInnen zum Thema Arbeitszeitwünsche mit gleichzeitiger Information zum Thema Teilzeit.

[5] An diesem Beispiel wird deutlich, wie Maßnahmen zur Unterstützung von Frauen als Maßnahmen der Organisationsentwicklung oder Personalentwicklung letztlich allen MitarbeiterInnen zugute kommen.

längeren zusammenhängenden Freizeitblöcken und der Vergrößerung des Spielraums bei der täglichen Arbeitszeit erhöht. Dem Dienstgeber wiederum erleichtert die weitergehende Flexibilisierung den Ausgleich von Arbeitsanfallschwankungen.

Aufstiegsförderung: Transparenz und Laufbahnplanung

Bei der Förderung des *beruflichen Aufstiegs* von Frauen setzen wir einerseits auf Information und Transparenz bei Personalentscheidungen, Personalauswahl- und Aufstiegskriterien, andererseits auf gezielte Weiterbildungsförderung von Frauen.

Die erste Maßnahme bestand darin, daß die Gleichbehandlungsbeauftragten von personellen Nachbesetzungen rechtzeitig zu informieren sind bzw. daß sie - zumindest beratend - an Auswahlkommissionen teilnehmen können. Dieser Umstand ist auch deshalb wichtig, weil die Gleichbehandlungsbeauftragte die Bewerberin durch gezieltes Nachfragen dabei unterstützen kann, ihre besonderen Qualitäten anzusprechen und den oft einseitig „männlichen Blick zurechtzurücken“. Die möglichen Auswirkungen des „männlichen“ Blicks zeigt die Erfahrung einer Kollegin (siehe nachfolgendes Fallbeispiel). Durch dieses wird auch eine mögliche Ursache für das Fehlen von Frauen in leitenden Positionen sichtbar: Anstatt gezielter Förderung von Mitarbeiterinnen warten Vorgesetzte auf die oder den „Richtige/n“, der dann „zufällig“ ein Mann ist. Darüberhinaus wird deutlich, daß mangelnde Transparenz bei Auswahlkriterien und bei Personalentscheidungen für Führungskräftepositionen oft zu Lasten der Frauen geht.

Ein wichtiges Anliegen ist uns daher, die Kriterien für die Auswahl von Führungskräften bzw. die (auszubildenden) Fähigkeiten, die von einer Führungskraft erwartet werden, für alle transparent zu machen. Die Beurteilung der Qualität einer guten Führungskraft ist eine Frage der Organisationskultur. Es geht dabei nicht nur um das offizielle Anforderungsprofil, sondern auch um informell transportierte Erwartungen. Eine dieser „heimlichen“ Erwartungen ist, daß Führungskräfte sich durch überdurchschnittlich viele Überstunden und Arbeit auch an Wochenenden hervorheben. Andererseits wird nicht als Fähigkeit anerkannt, daß Frauen oft, gezwungen durch das „Managen“ von Beruf und Familie, eine effiziente Zeiteinteilung beherrschen.

> *Fallbeispiel:*
> *Frau R. arbeitet seit 3 Jahren in der Abteilung xy, in der die Stellvertretung unbesetzt ist. Sie hat ihr Interesse an der Übernahme der Stellvertretung dem Abteilungsleiter gegenüber, dessen Aufgaben sie bereits mehrmals stellvertretend übernommen hat, wiederholt geäußert. Die Funktion wurde aber nicht besetzt. Mittlerweile wurde ein Kollege (neu) aufgenommen, der nun seit einem Jahr in der Abteilung arbeitet. Durch die Personalvertretung erfährt Frau R., daß die Stellvertretung mit dem neuen Kollegen besetzt werden soll. Auf Nachfrage der Gleichbehandlungsbeauftragten wird seitens der Landesgeschäftsstelle angeführt, der neue Kollege weise alle erforderlichen Führungsqualifikationen auf, Frau R. aber nicht. Die Arbeitsgruppe für Gleichbehandlungsfragen konnte anhand dieses Beispiels mangelnde Transparenz aufzeigen: In der Abteilung wurde nicht über die Frage der Besetzung gesprochen, die Bewerbungskriterien wurden nicht offengelegt. Wäre man der Meinung gewesen, Frau R. fehlten bestimmte „Qualifikationen", die sie zur Übernahme einer Führungsfunktion befähigen, hätte eine Aufgabe der Personalentwicklung (neben unterstützenden Maßnahmen wie Fortbildung) darin bestehen müssen, ihr Aufgaben zu übertragen, anhand derer sie ihre Qualitäten unter Beweis hätte stellen können. Erfahrungstatsache ist, daß Verhalten und Qualifikation von Frauen und Männern geschlechtsspezifisch unterschiedlich wahrgenommen bzw. bewertet werden und Männer den Vorteil haben, zumeist von männlichen Vorgesetzten beurteilt und gefördert zu werden. In einem Gespräch konnte schließlich aufgezeigt werden, daß Frau R. durchaus über die von der Landesgeschäftsstelle genannten Qualifikationen wie Kreativität, Verantwortungsbewußtsein und Innovationsbereitschaft verfügt. Frau R. stellt diese Qualifikationen jedoch anders unter Beweis als der männliche Mitarbeiter, und durch diese Andersartigkeit wurden ihre Qualifikationen nicht wahrgenommen.*

In diesem Zusammenhang steht auch unser Projekt „*Die Stärken der Frauen sichtbar machen*". In einer Arbeitsgruppe haben wir uns mit der Frage auseinandergesetzt, was wir von einer guten Führungskraft erwarten. Dabei stellten wir mit Überraschung fest, daß z.B. „*Dynamik*" - eine oft geforderte Führungseigenschaft - in unserer Liste von Führungskräfteeigenschaften *nicht* vorkommt. Das kann ein Hinweis darauf sein, daß dies ein typisch männlicher (Verhaltens-) Begriff ist, der in Anforderungsprofilen relativiert werden sollte.

Unser Anforderungsprofil enthielt hingegen:

- *kommunikationsfähig sein*, das heißt auch aufmerksam sein, zuhören können, nachfragen;
- *initiativ, kreativ, flexibel sein*, also Abweichungen von der Norm wagen, vielseitige Interessen haben, Veränderungen zulassen. Dabei waren wir der Meinung, daß hier unterschiedliche Berufs- bzw. Lebenserfahrung ein Hinweis auf das Vorhandensein dieser Fähigkeiten (z.B. bei Frauen und Männern mit Elternkarenzerfahrung) sein kann;
- *überzeugungsfähig sein* bedeutet, eigene Interessen aber auch die Bedürfnisse anderer wahrzunehmen und Konflikte einer Lösung zuzuführen. Fähigkeiten, die bei der Betreuung von Kindern notwendig sind.

- *motivierend* - fanden wir - können Menschen und Führungskräfte sein, die neben dem Büro auch noch andere Interessen haben, neben Kultur oder Sport z.B. auch die eigene Familie;
- *Organisationsgeschick* läßt sich bei Planungsaufgaben überprüfen, im Zeitmanagement von Teilzeitkräften oder auch daran, wie die Vereinbarung von Beruf und Familie gelingt;
- *Teamfähigkeit und soziale Kompetenz* heißt, sich auf verschiedene Verhaltensweisen einstellen zu können, Einfühlungsvermögen zu zeigen - Qualifikationen, die auch außerberuflich erworben werden können[6].

Durch die Diskussion der Auswahlkriterien und Bewertungen wollen wir einerseits mehr Transparenz und andererseits Chancengleichheit erreichen, indem diskriminierende Auswahlkriterien durch nicht-diskriminierende abgelöst werden: Indem beispielsweise das Kriterium Führungserfahrung durch „Qualitäten" (wie z.B. Kommunikations- und Problemlösungsfähigkeit, Planungs- und eigenverantwortliche Projekterfahrung) ersetzt wird, die sowohl in der beruflichen Tätigkeit als auch im Familienmanagement gefordert und zu erwerben sind. Andernfalls werden Männer bei der Besetzung von Positionen mitunter mit der Begründung bevorzugt, sie hätten als Stellvertreter bereits Führungserfahrung gesammelt. Wie sollen aber Frauen Führungserfahrung sammeln, wenn sie bisher von Führungspositionen ferngehalten und auch nicht als Stellvertreterinnen bestellt wurden? Ein Fallbeispiel dafür findet sich auf der nächsten Seite.

Zweiter Maßnahmenbereich zur Aufstiegsförderung ist die Aus- und Weiterbildung. Ein konkreter Ansatzpunkt ist dabei, Gleichbehandlung zum Schulungsinhalt für alle Führungskräfte zu machen. Ausgehend vom Leitbild, in dem die Förderung der Chancengleichheit ganz klar verankert ist, hat das Arbeitsmarktservice Führungsgrundsätze entwickelt, in denen sich auch unsere Ideen aus dem Frauenförderungsplan wiederfinden.

---

6 Männlichen Kollegen, die die Bevorzugung von Frauen fürchten, können wir nur raten, in Karenzurlaub zu gehen, denn die Wahrnehmung von Betreuungspflichten würde von uns im Auswahlgespräch positiv beurteilt.

> *Fallbeispiel*
> *Frau L. ist langjährige Beraterin in einer Geschäftsstelle, 43 Jahre alt, Mutter von zwei erwachsenen Kindern, kennt alle Service-Abteilungen, war lange Personalvertreterin, ist Bildungskontaktperson und leitet zwei dauerhaft eingerichtete überregionale Arbeitskreise. Sie hat neben vielen anderen Fortbildungen auch zwei Managementtechnik- Seminare besucht. In ihrer Geschäftsstelle gibt es bisher keine Frau in einer Leitungsposition. Sie hat sich erst kürzlich um die Funktion der Leitung ihrer Geschäftsstelle beworben, war von der Begutachtungskommission als grundsätzlich gleich gut qualifiziert wie der männliche Mitbewerber eingestuft worden. Dieser wurde jedoch mit dem Argument, er habe bereits Führungserfahrung als bisheriger Leiterstellvertreter, bevorzugt. Trotz der Enttäuschung über diese Entscheidung bewirbt sich Frau L. neuerlich um die Leitung einer Abteilung in der Regionalgeschäftsstelle, die gleichzeitig mit der stellvertretenden Geschäftsstellenleitung verbunden ist. Mit dem gleichen Argument (fehlende Führungserfahrung) soll wieder der männliche Mitbewerber durchgesetzt werden.*
> *Die Gleichbehandlungsbeauftragte argumentierte erfolgreich mit einer eindeutigen Diskriminierung bzw. Verletzung des Frauenförderungsgebots: Das Kriterium Führungserfahrung allein als ausschlaggebend heranzuziehen, stellt jedenfalls eine mittelbare Diskriminierung dar, solange Frauen in diesen Positionen unterrepräsentiert sind. Der Erfahrung durch die Leitung einer Zweigstelle mit vier Personen kann gegenübergestellt werden, daß Frau L. langjährige Erfahrung in der Leitung von regelmäßigen Arbeitskreisen einbringt und als Gleichbehandlungsbeauftragte und Bildungsbeauftragte u.a. ihre Fähigkeit unter Beweis gestellt hat, MitarbeiterInnen zu motivieren und anzuleiten. Gemäß Bundes-Gleichbehandlungsgesetz ist außerdem im Falle der gleichen Eignung die Frau zu bevorzugen, um bestehende Unterrepräsentationen zu beseitigen.*

Führungskräfte sind in besonderem Maße zur Förderung der Chancengleichheit der Mitarbeiterinnen verpflichtet. Diese Pflicht von Vorgesetzten – sie wurde anläßlich der diesjährigen Kollektivvertragsverhandlungen in den Kollektivvertrag aufgenommen - bedeutet konkret, im MitarbeiterInnengespräch, bei der Arbeitszeitgestaltung und in Teambesprechungen von sich aus Förderungsangebote zu machen und Chancen aufzuzeigen. Um Führungskräfte bei dieser Aufgabe zu unterstützen, sind Fragen der Gleichbehandlung und der Arbeitszeitgestaltung Inhalte ihrer Aus- und Weiterbildung. Im Rahmen des EU-Projekts „Managing E-Quality" beteiligt sich das Arbeitsmarktservice zur Zeit an der Entwicklung und Erprobung eines Seminar-Leitfadens. Ziel ist dabei vor allem, Führungskräfte für eine Veränderung von Organisationsstrukturen in Richtung besserer Vereinbarkeit von Beruf und Familie zu gewinnen. [7]

Speziell für Frauen haben wir ein Seminarangebot zur Laufbahnplanung und zum Wiedereinstieg entwickelt. Frauen haben einen Nachholbedarf, nicht an fachlichen Qualitäten oder Anpassung an männliche Planungsmuster, sondern

---

[7] Ausnahmsweise sprechen wir uns dabei für eine bevorzugte Beteiligung von Männern aus!

bei der Entwicklung eigenständiger, selbstbewußter Berufsvorstellungen und Durchsetzungsstrategien bzw. der Einforderung entsprechender Rahmenbedingungen dafür.

Bei der *Aus- und Weiterbildung* geht es uns natürlich auch darum, MitarbeiterInnen mit Kindern die gleichen Chancen auf Teilnahme an den Angeboten zu sichern wie allen anderen Kolleginnen. Als konkrete Maßnahme können daher MitarbeiterInnen des AMS Kinder grundsätzlich zum Seminar mitnehmen, Betreuung und Unterkunft wird für die Kinder bereitgestellt. Dies hilft natürlich nur, solange die Kinder klein sind. Seit 1998 gibt es daher für MitarbeiterInnen mit geringerem Einkommen im Falle eines zusätzlichen Betreuungsaufwands für schulpflichtige Kinder finanzielle Unterstützung. Was nicht heißen soll, daß wir die Väter aus dem Spiel lassen. Vielmehr sollten sich Ausbildungsverantwortliche, Gleichbehandlungsbeauftragte und AbteilungsleiterInnen mit der konkreten Situation einer Mitarbeiterin bzw. eines Mitarbeiters auseinandersetzen und die am besten geeignete Lösung finden. Letztere kann unter Umständen auch darin bestehen, einen besseren Zeitpunkt für ein Seminar anzubieten. So werden mittlerweile in Umsetzung des Frauenförderplans Seminare auch in den Sommerferien und mit Kinderbetreuung ausgeschrieben. Das hat den Vorteil, daß auch die schulpflichtigen Kinder mitkommen können, und gleichzeitig unterstützt es viele Eltern bei dem Problem der Kinderversorgung in den Ferien. Diese neue AMS-Kultur setzt sich schon in Kinderfreundschaften fort; so heißt es manchmal: „Mama, wann fahren wir wieder auf ein Seminar?"

Wichtig ist uns zum Abschluß, daß Gleichstellungspolitik und Frauenförderung alle Mitarbeiterinnen betrifft, egal auf welcher Hierarchieebene. Ganz bewußt haben wir daher das Seminar zur Laufbahnplanung nicht nur für Akademikerinnen und Maturantinnen konzipiert. Denn die typischen Frauenarbeitsplätze, an denen „weibliche" Fähigkeiten bzw. Qualifikationen zwar genützt aber nicht entsprechend bewertet werden, sind die Sekretariatsarbeitsplätze. Sekretärinnen sind quasi „unentbehrlich" und haben erfahrungsgemäß weniger Chancen an Fortbildungen teilzunehmen. Wir setzen uns dafür ein, mehr fachspezifische Fortbildung und auch Weiterbildung bezüglich Kommunikation und Streßbewältigung anzubieten. Die Zeit dafür muß zur Verfügung gestellt werden.

3. Was hat unsere Arbeit unterstützt, was hat sie behindert?

Wie kann Frauenförderung mehrheitsfähig werden, und was hat im Arbeitsmarktservice unsere Arbeit unterstützt?

1. Gleichstellungsförderung braucht eine klare Grundlage und einen Auftrag der Organisation. In unserem Fall war es einerseits die gesetzliche Bestimmung, und andererseits ist es uns gelungen, Chancengleichheit zwischen

Frauen und Männern auch als klares Ziel im Leitbild des Arbeitsmarktservice zu verankern. Gelingt dies, deutet das meist schon auf die nächste Voraussetzung hin, nämlich:

2. Ein Top-Management, das zu diesem Ziel steht (sei es aufgrund des gesetzlichen Auftrags, aus persönlicher Überzeugung oder der positiven Motivation durch PartnerInnen und Töchter),
3. eine große Anzahl weiblicher Beschäftigter,
4. Verbündete in wichtigen Positionen und
5. die Entwicklung einer Struktur für Information und Unterstützung.

Eine Zeit lang kann es durchaus richtig oder notwendig sein, mehr oder weniger im „Untergrund“ zu agieren. Alle, die frauenspezifisch arbeiten, kennen solche Strategien und Phasen. Diese Vorbereitungszeit ist wichtig, um das Thema aufzubereiten, Gleichgesinnte zu finden, ohne gleich die Gegenmacht herauszufordern. Veränderungen gibt es auch bereits durch diese Arbeit, jedoch sind sie von bestimmten Personen abhängig. Diese Art der Arbeit kann Freiraum bedeuten, im doppelten Wortsinn: Frau hat möglicherweise viel Gestaltungsspielraum, aber wenig Organisationsfeedback.

Wirklich spannend wird die Sache in meinen Augen dann, wenn es um eine deutliche Veränderung in Richtung Mehrheitskultur geht. Das gelingt meiner Erfahrung nach letztlich nur unter Einbeziehung der vorhandenen Entscheidungsstrukturen bzw. der klaren Positionierung der Gleichbehandlungsbeauftragten als funktionaler Teil des Unternehmens. Das mag aber auch bedeuten, daß Frauenförderung und handelnden Personen Grenzen gesetzt werden. Als Gleichbehandlungsbeauftragte ist es mein „Job“, Vorschläge zu machen, die Entscheidung darüber bleibt bei den Führungskräften der Organisation. Gleichstellungsförderung geht somit in die vorhandene Verantwortungsstruktur der Organisation über.

4. Unsere Vorgehensweise

4.1. Handeln im Organisationskontext / Einbeziehung der KollegInnen

Noch vor der Erstellung des ersten Frauenförderungsplans (1993 noch für das gesamte Sozialressort) führte die Arbeitsgruppe für Gleichbehandlungsfragen eine Mitarbeiterinnenbefragung durch. Auf Grundlage dieser Ergebnisse wurden die Themen des Frauenförderungsplans gewichtet, sowie erste Maßnahmen entwickelt und umgesetzt, z.B. die Seminare zur Laufbahnplanung für Frauen.

Die Befragung war eine „Bedarfserhebung“. Unsere Ideen waren damit nicht nur in den Köpfen einiger weniger Gleichbehandlungsbeauftragten entstanden, sondern artikulierter Wunsch der Mitarbeiterinnen und somit nicht leicht wegargumentierbar. Immerhin hatten sich 850 Mitarbeiterinnen beteiligt.

Die Befragung zeigte überzeugend, daß es ein Vorurteil ist, wenn man(n) annimmt, Frauen interessierten sich weniger für Karriere und könnten nicht motiviert werden, Verantwortung zu tragen oder an Entscheidungen mitzuwirken. Im Gegenteil - 72% befürworten Berufs- und Karriereplanungsseminare für Frauen sogar als Teil der Grundausbildung. Frauen, so ein weiteres Ergebnis, wollen auch nicht ausschließlich von Männern vertreten werden: Rund 95% halten die Entsendung von Frauen in Kommissionen für (sehr) wichtig. 41% wären auch bereit, sich selbst in eine Kommission entsenden zu lassen - ein nicht unbeträchtliches Potential zur Erfüllung der im Bundes-Gleichbehandlungsgesetz enthaltenen Forderung nach anteilsmäßiger Vertretung. 82% der Befragten war es ein Anliegen, berufliche Nachteile abzubauen, die sich aus Karenzurlaub oder Teilzeitarbeit ergeben. Das könnte auch Männern Lust darauf machen, mehr Zeit mit ihren Kindern zu verbringen. Die Berücksichtigung von Kinderbetreuungspflichten im Arbeitsalltag, z.B. bei der Vereinbarung der Arbeitszeiten, Festlegung von Sitzungszeiten, Überstunden u.v.m. forderten über 80% der Kolleginnen. 85% hielten eine Unterstützung beim Wiedereinstieg nach einem Karenzurlaub für wichtig.

Die Verhandlungen um Frauenfördermaßnahmen - mit den jeweils Verantwortlichen - waren durch diese Befragungsergebnisse gut vorbereitet. Es wurden daher nicht abstrakte Forderungen nach mehr Gleichbehandlung diskutiert, sondern konkrete Bedürfnisse der MitarbeiterInnen plus konkrete Vorschläge zur Verbesserung der Situation zur Diskussion gestellt. Gleichstellungsförderung wurde dabei als Personalentwicklungsmaßnahme verstanden.

4.2. Genaue Datenerfassung

Eine genaue Analyse der Personalstruktur ist Voraussetzung für Vergleiche und Erfolgshinweise. Je genauer bzw. tiefer - bis auf Ebene der einzelnen Organisationseinheiten - analysiert wird, um so besser. Diese Analysen sind Voraussetzung dafür, daß überhaupt Zielvereinbarungen darüber getroffen werden können, wieviele Positionen innerhalb von jeweils zwei Jahren mit Frauen besetzt sein sollen. Wenn die Daten bis auf die Ebene der einzelnen Geschäftsstellen gehen, wird auch gleich sichtbar, wo Handlungen gesetzt werden müssen.

In Abteilungen, in denen nur Männer arbeiten, wird es schwer sein, Frauen für die Position der Abteilungsleitung zu finden. Rechtzeitige Personalaufnahmeplanung oder die Eröffnung von Möglichkeiten der Jobrotation sind notwendig. Die ausschließlich männliche Besetzung von Abteilungsleitungsstellvertretungen ist voraussichtlich ein weiterer Grund, warum Frauen keine Leitungspositionen erhalten werden. Für viele Frauen ist die Übernahme einer Stellvertretungsfunktion außerdem eine wichtige Chance, sich der eigenen Fähigkeiten klarzuwerden und sich in weiterer Folge eine höhere Position auch zuzutrauen.

Handfeste Daten entwickeln große Überzeugungskraft, weil Benachteiligungen konkret gemacht werden können und nicht abstrakt (politisch) argumentiert werden muß. Männern und Frauen sind häufig Diskriminierungsmuster zuwenig bewußt. Manchmal reicht das Bewußtwerden solcher Muster, um ein Verhalten oder Meinungen zu ändern. Wenn die vorherrschende Meinung, daß Frauen im gleichen Ausmaß an Fortbildungen partizipieren wie Männer, durch Daten differenziert werden kann (Frauen besuchen zwar z.B. viele EDV-Seminare aber kaum Management-Seminare), so lassen sich daraus ganz konkrete Handlungsunterstützungen ableiten.

1995 wurden im Arbeitsmarktservice die ersten Zielvereinbarungen zur Erhöhung des Frauenanteils in Führungspositionen getroffen. Die konkreten Besetzungsentscheidungen werden im Rahmen von vierteljährlichen „Controllings" überprüft. Das war ein entscheidender Schritt zur Absicherung des Themas Gleichstellung und zur erfolgreichen Zielerreichung. Der Frauenförderungsplan wurde somit zum unterstützenden Planungsinstrumentarium für die Erreichung von Zielen (z.B. mit welchen unterstützenden Maßnahmen Frauen motiviert werden können, Führungspositionen zu übernehmen.)

Ende 1997 waren 27,4% aller Führungspositionen im Arbeitsmarktservice weiblich besetzt, was einer Zunahme von 19 weiblich besetzten Führungspositionen entspricht. Sicherlich kommt diesem Prozeß zugute, daß die Organisation insgesamt an Handeln nach Zielvereinbarungen und laufende Überprüfung gewöhnt ist. Der wichtigste Schritt war, die Frauenquoten in diese Vorgangsweise des Management miteinzubeziehen. Gleichzeitig entsteht ein positiver Wettbewerb. Erfolg wird sichtbar, und man sieht sich erstmals im Vergleich mit anderen. Es wird schwieriger zu behaupten, es könne mangels interessierter Frauen nicht mehr getan werden, wenn „der Nachbar"es unter sonst ähnlichen Bedingungen vormacht.

4.3. Diskussionsprozesse

Ungleichbehandlung von Frauen und Männern beruht häufig nicht auf bewußter Diskriminierungsabsicht, sondern ist Folge eines traditionellen „Nicht-an-Frauen-Denkens". Durch die Tätigkeit der Gleichbehandlungsbeauftragten können eingespielte Verhaltensweisen und Muster transparent und bewußt gemacht werden. Damit werden sie auch veränderbar. Dazu gehört auch die konsequente Einforderung der sprachlichen Gleichbehandlung.

Für ganz wichtig halte ich es, die Kommunikation zu suchen und zu fördern. Dabei geht es auch darum, ganz konkret im Alltag erfahrbar zu machen, worin Diskriminierung konkret und im kleinen noch immer steckt: Beispielsweise wenn man sich (natürlich völlig geschlechtsneutral) gern nach dem Büro beim Wirt trifft und dort weiterdiskutiert wird, Informationen ausgetauscht und Vereinbarungen getroffen werden, die in der Sitzung aus verschiedenen Gründen nicht zustande kamen. Wer dort nicht dabei ist, hat Pech gehabt. Und welche Frau kann schon dabei sein, wenn ihr Kind vor dem Kindergarten wartet? Vor allem handelt es sich dabei ja nicht um geplante und planbare Termine, sie „ergeben" sich einfach.

Als sehr positiv hat sich hingegen die Veranstaltung von Informationsnachmittagen für Frauen zum Thema Frauenförderung erwiesen:

Frauen-Infotage
Organisiert von der Bildungsabteilung konnten Informationen an interessierte Kolleginnen und Kollegen weitergegeben werden. Eingeladen waren auch KarenzurlauberInnen. In der Diskussion zeigte sich, wie wichtig Maßnahmen des regelmäßigen Kontakts und der Infoweitergabe sind, und wie sehr sie gewünscht werden. Der Austausch zwischen den Mitarbeiterinnen führte u.a. dazu, daß Frauen ihr Unbehagen über sexistische Belästigungen beim Betriebsausflug an die Geschäftsstellenleitung herantrugen und geschlossen einen Boykott ankündigten, wenn nicht klargestellt wird, daß diese Art von Humor im Arbeitsmarktservice nicht erwünscht ist und nicht toleriert wird.

Um alle diese Diskussionen zu führen, braucht es natürlich Mitstreiterinnen, SympathisantInnen und Unterstützerinnen. Daher ist natürlich ein großer Anteil an weiblichen Beschäftigten, die Gleichstellung immer wieder einfordern, ein großer Vorteil. Gleichzeitig kommt durch das Thematisieren und die Vorbildwirkung der Gleichbehandlungsbeauftragten, die für die Interessen der Kolleginnen eintreten, Anliegen artikulieren und durchsetzen, ein Prozeß der gegenseitigen Ermutigung und Stützung zustande. Dieser führt dazu, daß Frauen selbstbewußter ihre Meinungen einbringen. Letztlich gewinnt dabei wieder das Unternehmen.

Das Seminar „Laufbahnplanung für Frauen“

Judith Rechnitzer und Martina Scheinecker

Im Rahmen des Frauenförderungsplans des Arbeitsmarktservice werden seit einigen Jahren Seminare angeboten, in welchen sich Frauen konstruktiv mit ihrer beruflichen Laufbahn auseinandersetzen können. Das Seminar „Laufbahnplanung für Frauen“ steht allen Mitarbeiterinnen offen, wird von einer internen und externen Referentin gemeinsam geleitet und ist in zwei Teilen konzipiert, um die Umsetzung der Ziele in die Praxis zu sichern. Die beiden Referentinnen beschreiben im folgenden Beitrag Vorgeschichte, Aufbau, erste Erfahrungen und Nutzen der beispielhaften Maßnahme.

1. Vorgeschichte und Rahmenbedingungen: Frauenförderung im AMS

Bereits vor der Ausgliederung des AMS aus der Bundesverwaltung wurde im damaligen BMAS (Bundesministerium für Arbeit und Soziales), dem heutigen BMAGS (Bundesministerium für Arbeit, Gesundheit und Soziales), der Grundstein für die Durchführung von Seminaren zur Laufbahnplanung gelegt. Das BMAS hat immer schon in den unterschiedlichsten Belangen eine Vorreiterrolle eingenommen. Dies unter anderem deshalb, weil die MitarbeiterInnen des Sozialressorts besonders engagiert die Weiterentwicklung des öffentlichen Lebens gestaltet haben bzw. noch immer gestalten und auch besonders sensibel für große und kleine Ungerechtigkeiten im sozialen Gefüge waren bzw. sind. Beispielgebend für andere Ressorts waren der enorm hohe Anteil der Frauenbeschäftigung, ein ganz spezielles Aus- und Weiterbildungssystem des Sozialressorts, der hohe Anteil an Teilzeitbeschäftigungen und flexiblen Arbeitszeitgestaltungsmöglichkeiten. Pilotprojekte im Bereich der Personalentwicklung, MitarbeiterInnenqualifikation und Führungskräfteausbildung unterstrichen ebenfalls die Vorbildfunktion des Sozialressorts. Ausgehend von einem relativ hohen Anteil der Frauen am Beschäftigtenstand und einem relativ hohen Ausbildungsgrad hieß das neue Ziel: Erhöhung des Frauenanteils in Führungspositionen, in Gremien, Kommissionen, als Vortragende im Bildungsbereich etc. Basierend auf dem B-GBG (Bundesgesetz über die Gleichbehandlung von Frauen und Männern und die Förderung von Frauen im Bereich des Bundes) vom 13. Februar 1993, wonach die rasche Beseitigung bestehender Benachteiligungen für Frauen und die Erhöhung des Frauenanteils bei allen Verwendungsgruppen und Führungspositionen im gesamten Ressortbereich - das sind die frühere Arbeitsmarktverwaltung (AMV), das heutige AMS (Arbeitsmarktservice), die Bundessozialämter (BSB) und Arbeitsinspektorate (AI) - erreicht werden soll, begannen erste Gespräche der Ausbildungsverantwortlichen mit der Gleichbehandlungsbeauftragten. Bereits im ersten Frauenförderungsplan des BMAS für den Zeitraum 1.1.1994 bis 31.12.2000 wurde unter Punkt 2.11 festgehalten: „Laufbahn- und Karriereplanungsseminare, die sich speziell mit der Situation der weiblichen Bediensteten auseinandersetzen, sollen entwickelt und angeboten werden." Parallel dazu wurde im Punkt 2.4 das Angebot der Kinderbetreuung bei Seminaren formuliert, wobei einzelne Veranstaltungen mit Kinderbetreuung auch in den Sommerferien abgehalten werden sollen. Daraus folgte ein Konzept, das in Zusammenarbeit von der Ausbildungsverantwortlichen, einer externen Expertin und der Gleichbehandlungsbeauftragten entwickelt wurde.

2. Das Seminar Laufbahnplanung für Frauen

Das erste Seminar fand im Herbst 1995 statt. Mittlerweile wurde das 4. Seminar begonnen, das 5. befindet sich in Planung. Somit liegen bereits umfangreiche Erfahrungen vor.

Das Seminar ist in 2 Teilen konzipiert: Teil I „Laufbahnplanung - Analyse, Vorbereitung und Strategien" und Teil 2 „Überprüfung und Korrektur persönlicher Laufbahnplanung". Beide Seminarteile finden großteils während der Sommermonate mit begleitender Kinderbetreuung statt. Diese Rahmenbedingung ist in ihrer Wichtigkeit nicht zu unterschätzen: Die in der Regel etwas verminderte Arbeitsbelastung während der Sommermonate erleichtert es, dem Betrieb für Weiterbildungszwecke fernzubleiben. Die Kinder in unmittelbarer Nähe und gut versorgt zu wissen, zu erleben, daß die Kinder im Verbund mit anderen eine schöne Ferienwoche verbringen und dabei gleichzeitig selbst als Mutter entlastet zu sein, ermöglicht den Teilnehmerinnen, die zum überwiegenden Teil Mütter von ein bis drei Kindern sind, sich ohne schlechtes Gewissen einmal für sich selbst Zeit zu nehmen, sich den Luxus zu leisten, einige Tage lang sich selbst in den Mittelpunkt zu rücken und über die eigene Vergangenheit und weitere Zukunft nachzudenken. Abgesehen von dieser Gemeinsamkeit, berufstätige Frau und Mutter zu sein, ist die Zusammensetzung der Teilnehmerinnengruppe bewußt heterogen: An jedem Seminar nehmen Bedienstete aller Verwendungsgruppen teil. Dies war beim ersten Pilot-Seminar durchaus als Experiment gedacht, wurde aber beibehalten, da sich zeigte, daß diese Durchmischung (von der Sekretärin bis zur Abteilungsleiterin) den Teilnehmerinnen wichtige zusätzliche Lernerfahrungen sowie Einblick in oftmals fremde Berufserfahrungen ermöglicht.

Das Seminar wird von zwei Trainerinnen geleitet, wovon eine aus der Organisation des AMS kommt und daher mit den internen Strukturen und den aktuellen Konzepten und Praktiken der Frauenförderung vertraut ist. Die zweite Trainerin ist eine professionelle Management-Trainerin mit Erfahrung im Training von relevanten Aspekten des Führungsverhaltens (vor allem: Zielplanung, Selbstmanagement, Kommunikation, Konfliktbewältigung) und speziellem Know-how hinsichtlich der Probleme von Chancengleichheit bzw. relevanten Besonderheiten des Verhaltens von Frauen in der Berufswelt. Diese ergänzenden Qualifikationen im Trainerinnen-Team werden von den Teilnehmerinnen sehr geschätzt: Einerseits ist gewährleistet, daß die notwendigen Fähigkeiten professionell vermittelt soewie die individuellen und oft auch die eigene Persönlichkeit tief berührenden Reflexionsphasen professionell gestaltet werden, andererseits garantiert die interne Trainerin hohe Praxisrelevanz und Umsetzbarkeit von erarbeiteten Strategien.

Teil 1 startet mit dem Themenbereich „Rückblick - Standortbestimmung“. Durch verschiedene reflexive Übungen werden die Teilnehmerinnen angeleitet, typische Muster im bisherigen Verlauf ihrer Berufskarriere zu erkennen. Im Zentrum steht die Analyse von Entscheidungssituationen, die lebensgeschichtlich Weichenstellungen für die berufliche Karriere waren. Der persönliche Umgang mit eigenen Willenskräften, Visionen und Zielen einerseits, nicht beeinflußbaren situativen Faktoren im persönlichen und beruflichen Arbeitsumfeld andererseits, formt spezifische, persönliche Muster, wie Berufswahlentscheidungen getroffen werden. Deren Kenntnis ist entscheidend, um die weitere Karriere bewußt und in einem ganzheitlichen Sinne befriedigend zu gestalten.

Die persönliche Reflexion wird theoretisch untermauert und ergänzt durch die Auseinandersetzung mit dem Konzept des „Karriereankers" von Schein (1990).[1]

Dem Blick nach innen folgt ein Blick nach außen, auf die eigenen Rahmenbedingungen der Arbeit, das jeweilige persönliche Arbeitsumfeld. Fördernde und hemmende Faktoren werden ausgelotet, sowohl in beruflicher wie in privater Hinsicht, um es den Teilnehmerinnen zu erleichtern, realistische Spielräume für die Gestaltung der weiteren Zukunft zu erkennen. Worin liegt nun der Nutzen einer solchen intensiven Reflexion und Standortbestimmung für die Teilnehmerinnen? Für viele ist diese Beschäftigung mit sich selbst ungewöhnlich und fremd, wird als fordernd und gleichzeitig anstrengend sowie klärend erlebt: Die Konfrontation sowohl mit - bekannten und oftmals auch zugedeckten – erfreulichen Seiten, Erfolgen einerseits, Mißerfolgen, „Versagen“, „verpaßten Gelegenheiten“ der Vergangenheit andererseits, wühlt auf und regt in der Regel intensive Wünsche an, die Zukunft aktiver als bisher zu gestalten.

---

[1] Schein, Edgar (1990): Career Anchors. Discovering Your Real Values. University Associates, Pfeiffer & Company, San Diego.

Im nächsten Schritt geht es dann auch folgerichtig darum, die Teilnehmerinnen mit der Kraft ihrer Vision von einer wünschbaren Zukunft in Kontakt zu bringen. Im Anschluß daran werden die visionären Bilder schrittweise konkretisiert und Langfrist- sowie Mittelfrist-Ziele formuliert. Vor dem Hintergrund dieser persönlichen Ziele werden nun die institutionellen Rahmenbedingungen und Möglichkeiten, die das AMS im Rahmen der Frauenförderung und der generellen Weiterbildung aufstiegswilligen Frauen bietet, genau dahingehend analysiert, inwieweit sie für jede einzelne Frau Möglichkeiten zur Verbesserung ihrer eigenen Arbeitssituation im Sinne von Höherqualifizierung, Aufgabenerweiterung etc. darstellen.

Der Themenbereich Visionen - Ziele wird abgeschlossen mit der konkreten Planung von Ein-Jahres-Zielen. Diesem eigentlichen Kernstück der Beschäftigung mit den eigenen Zielen wird ausführlich Zeit gewidmet, geht es doch dabei um Verbindlichkeit, Überprüfbarkeit und Planung konkreter Schritte zur Zielerreichung. Im Sinne des dem gesamten Seminar zugrundeliegenden ganzheitlichen Entwicklungsverständnisses wird diese Konkretisierung in drei Dimensionen vorgenommen: Beruflich, hinsichtlich Familie bzw. Partnerschaft und persönlich. Erst dadurch können potentielle Spannungsfelder frühzeitig erkannt und bearbeitet werden.

Den Abschluß des ersten Teils bildet das „Umsetzungstraining“. In Form von Rollenspielen werden erste Schritte - Verhandlungen, Kritik- bzw. Konfliktgespräche etc. -, die für die Erreichung der gewünschten Ziele wesentlich sind, geübt. An jedem Tag des Seminars besteht für Teilnehmerinnen, die dies wünschen, die Möglichkeit, ein individuelles Coaching durch eine der beiden Trainerinnen in Anspruch zu nehmen. Die Erfahrung hat gezeigt, daß gerade für Teilnehmerinnen in persönlichen und beruflichen Umbruchssituationen diese intensive Form der Auseinandersetzung mit ihrer Berufsrolle und Rolle als Frau wesentliche Entwicklungsimpulse zu geben vermag.

Teil 2 des Seminars folgt im Abstand von einem Jahr und ist hauptsächlich der Überprüfung der Zielerreichung gewidmet. Die Teilnehmerinnen sind aufgefordert, schriftliche Aufzeichnungen über ihre individuellen Ein-Jahres-Ziele zum 2. Teil mitzubringen, um die Überprüfung „schonungslos“, d.h. ohne Vergessen oder Übersehen vornehmen zu können. Das wesentliche Ziel dieser Arbeit ist es, aus den Abweichungen zwischen Ziel und Ist-Zustand nach einem Jahr zu lernen: Was sagen mir diese Abweichungen über meine Art, mit gesteckten Zielen umzugehen? Was muß ich an der Planung verändern? Was muß ich an meinen Realisierungsstrategien verändern? Diese Auseinandersetzung soll den Teilnehmerinnen erleichtern, in Zukunft ihre eigene Karriereplanung noch besser in die Hand zu nehmen, die notwendigen Widersprüche zwischen zielstrebiger Planung einerseits und Offenheit für sich bietende Gelegenheiten, Umgang mit nicht im engeren Sinne planbaren Aspekten des Lebens andererseits, gut zu handhaben.

Teil 2 schließt ab mit Vereinbarungen zur weiteren Vernetzung bzw. Bildung von Lernpartnerschaften zwischen den Teilnehmerinnen. Die Arbeit am Seminar hat viele erfahren lassen, daß individuelles Nachdenken über Ziele und Pläne nicht ausreicht, sondern oftmals das Gespräch mit einer/m wohlwollenden aber auch kritischen Außenstehenden wichtige neue Perspektiven eröffnen kann. Die Lernpartnerschaft dient dazu, sich diese Ressource für die Zukunft zu sichern. Die Bedeutung von Netzwerken für die Gestaltung der eigenen Karriere ist mittlerweile wenig umstritten. Beim Seminar Laufbahnplanung werden die Teilnehmerinnen ermuntert, die gemeinsame Seminarerfahrung als emotionale Basis zu nutzen und gegebenenfalls andere Teilnehmerinnen - auch anderer Jahrgänge - gezielt anzusprechen, wenn dies zur Lösung eines beruflichen Problems angebracht erscheint. Weitere Vernetzungsaktivitäten werden aktuell seitens der OrganisatorInnen des Seminars überlegt.

3. Nutzen des Seminars aus der Sicht der Organisation

Im Frauenförderungsplan des AMS Österreich für den Zeitraum 1.1.1996 bis 31.12.2001 wird die Absicht des Dienstgebers besonders verdeutlicht, eine Erhöhung des Frauenanteils vor allem in Führungspositionen zu ermöglichen. Derzeit sind 60% aller Mitarbeitenden im AMS Frauen. Trotz des hohen Frauenanteils sind nur knapp ein Viertel aller Führungspositionen mit Frauen besetzt. Um dieses Verhältnis zu ändern, sollten berufliche Rahmenbedingungen so gestaltet werden, daß zum Beispiel Kinderbetreuung und Karriere miteinander vereinbar sind.

Durch den Besuch eines Seminars zur Laufbahnplanung werden berufliche Rahmenbedingungen in ihren Möglichkeiten und Grenzen deutlich. Fragen zur Arbeitszeitflexibilisierung, der Rechte und Pflichten, der Aus- und Weiterbildungsmöglichkeit, der Personalentwicklung, der Interessenartikulation im MitarbeiterInnengespräch, des Job - Enlargement, des beruflichen Aufstiegs und vieles mehr werden gestellt und aus dem Erfahrungsschatz der Seminarteilnehmerinnen sowie der internen und externen Trainerin diskutiert und beantwortet. Dies erhöht die Information, vergrößert den Entscheidungs- und Handlungsspielraum und führt zu mehr Bewußtheit über die eigenen Karrierepläne sowie mehr Mut und Entschlossenheit, die eigene Karriere aktiv zu gestalten.

Durch begleitende Maßnahmen wie Aufbau eines Netzwerkes von Lehrgangsabsolventinnen sollen auch längerfristig Effekte betreffend Motivation der Frauen und Erreichung der geplanten Ziele der Organisation wie beispielsweise eine Erhöhung des Frauenanteils in Führungspositionen sichergestellt werden.

Teil VI
Kontroversielle Wortspenden
mit Beiträgen von:

Dr. Martin Bartenstein, Bundesminister für Umwelt, Jugend und Familie

Eleanore Hostasch, Bundesministerin für Arbeit, Gesundheit und Soziales

Ing. Leopold Maderthaner, Präsident der Bundeswirtschaftskammer

Dipl. Ing. Peter Mitterbauer, Präsident der Industriellenvereinigung

Dr. Christa Pölzlbauer, Obfrau des UFF - Frauenvolksbegehren

Mag. Barbara Prammer, Bundesministerin für Frauenangelegenheiten

Dr. Wolfgang Tritremmel, Bereichsleiter der Industriellenvereinigung

Irmgard Schmidleithner, ÖGB-Bundesfrauenvorsitzende

Mag. Herbert Tumpel, Präsident der Arbeiterkammer

Fritz Verzetnitsch, ÖGB-Präsident

Dr. Johann Weber, Vorsitzender der österreichischen Bischofskonferenz

„Wordrap“ zum Thema: „Förderung der Chancengleichheit im Betrieb“

In jüngster Zeit stand die Thematik unseres Buches, die Benachteiligung von Frauen im Betrieb und dagegen anzusetzende Maßnahmen, wiederholt im Mittelpunkt kontroversieller, öffentlicher Diskussionen. Um die Bandbreite der Standpunkte aufzuzeigen, baten wir einflußreiche VertreterInnen von Interessenvertretungen, meinungsbildenden Initiativen und Politik um „Wortspenden“. Einerseits waren wir an Stellungnahmen der LeiterInnen der Institutionen interessiert, da wir davon ausgehen, daß es sich dabei um vertretene politische Standpunkte handelt. Andererseits haben wir in manchen Institiutionen zusätzlich Einzelpersonen kontaktiert, von denen wir wußten, daß sie mit der Materie bereits vertraut sind. Die Auswahl der Befragten stellt keinerlei repräsentativen Anspruch. Zudem blieben einige der ausgesandten Briefe unbeantwortet. Die erhaltenen Antworten geben ein gutes Bild, welch unterschiedliche Ansichten darüber bestehen, wie die Situation der Frauen auf betrieblicher Ebene verbessert werden könnte.

Folgende drei Fragen wurden gestellt:

1. *Braucht es überhaupt explizite Frauenförderprogramme in Österreichs Betrieben, oder hätte nicht auch eine ausreichend innovative Personalpolitik (mit z.B. objektiven und transparenten Kriterien bei Personalauswahl, -einsatz und Beförderung) ohne frauenspezifischen Ansatz dieselbe Funktion - nämlich der Benachteiligung der Frauen am Arbeitsmarkt entgegenzuwirken?*

2. *Sollten personalpolitische Maßnahmen für Frauen eher im Bereich der Aufstiegsförderung (z.B. gezielte Weiterbildungsmaßnahmen als Voraussetzung für den Aufstieg in der Hierarchie oder Quoten für den Anteil von Frauen in leitenden Positionen) und /oder im Bereich der Förderung der Vereinbarkeit von Beruf und Familie (z.B. Betriebskindergarten oder einfallsreiche Teilzeitmodelle) liegen ?*

3. *Ist Ihrer Meinung nach Frauenförderung/Chancengleichheit als Kriterium für die Vergabe öffentlicher Aufträge an private Unternehmen, wie dies in jüngster Zeit in Österreich diskutiert wurde, eine adäquate Interventionsstrategie, um die Gleichheit der Geschlechter in Österreichs Betrieben herzustellen?*

Auf den folgenden Seiten werden die Antworten – in alphabetischer Reihenfolge der Befragten - in voller Länge ohne jede inhaltliche Änderung wiedergegeben.

Dr. Martin Bartenstein, Bundesminister für Umwelt, Jugend und Familie

1. Traditionelle Frauenförderprogramme leisten aus meiner Sicht nicht eine umfassende Problemlösung der Benachteiligung von Frauen im Erwerbsleben. Vor allem berufstätige Frauen, die Kinder haben, finden meist nur unzureichende Unterstützung. Solange es nämlich die Frauen sind, die die Hauptverantwortung für die Familienarbeit und Kinderbetreuung tragen, und sich die Väter auf diesem Gebiet so zurückhalten, wird sich hier nicht allzuviel ändern. Ich setze daher im Bezug auf Frauenförderung eher auf einen ganzheitlichen Ansatz. Damit sind Maßnahmen für die Familie in ihrem gesamten privaten und familiären Umfeld gemeint, das sind berufstätige Männer und Frauen sowohl mit als auch ohne Kinder, und ebenso mit pflegebedürftigen Angehörigen und Alleinerziehende.
   Demographisch bedingte Veränderungen auf dem Arbeitsmarkt, ein geändertes Rollenverständnis und veränderte Familienformen erfordern eine familienfreundliche Arbeitswelt. Zunehmend sind Frauen und Männer berufstätig, sodaß die Vereinbarkeit von Familie und Beruf zum prioritären Anliegen der Familienpolitik wurde. Mitarbeiter, die durch die Balance zwischen Familie und Beruf nicht überfordert sind, sind einsatzbereitere, motiviertere und zufriedenere Mitarbeiter. Es ist daher für Unternehmer notwendig, Mitarbeiter nicht nur als Arbeitskraft, sondern auch als Teil einer Familie zu sehen. „Es rechnet sich", wenn Unternehmen eine innovative Personalpolitik unter dem Blickwinkel der Mitberücksichtigung familiärer Lebensbedürfnisse für ihre Mitarbeiter entwickeln. Geringere Personalsuchkosten, geringere Fluktuation, geringere Krankenstände sind die Folge einer familienorientierten Personalpolitik als Teil der Unternehmenspolitik.
   Der Wunsch nach besseren Arbeitsbedingungen für berufstätige Eltern steht an oberster Stelle der Anforderungen an die Familienpolitik, noch vor finanzieller Unterstützung und Kinderbetreuung. Er wurde in der vom Bundesministerium für Umwelt, Jugend und Familie in Auftrag gegebene Studie „Familien- und Fertilitätssurvey (FFS) 1996" von 50% aller befragten Frauen und 45% der befragten Männer geäußert.

2. Personalpolitische Maßnahmen sollten sowohl im Bereich der Weiterbildung als auch zur besseren Vereinbarkeit von Familie und Beruf gesetzt werden. Diese beiden Bereiche schließen sich nicht aus, sondern ergänzen einander. Zudem wird immer klarer, daß die in der Familienphase erworbenen Schlüsselqualifikationen, wie Entscheidungsfähigkeit, Konfliktfähigkeit, Organisationstalent, Frustrationstoleranz und Moderationsfähigkeit im Wirtschaftsleben dringend gebraucht werden. Warum sollte sich die Familienphase nicht auch aufstiegsfördernd für Frauen auswirken können?
   Eine Initiative meines Ressorts zur Förderung der Vereinbarkeit von Familie und Beruf ist daher die Entwicklung eines Österreichischen Audits für eine familienfreundliche Arbeitswelt. Dabei werden auf Grund eines im Unternehmen festgestellten IST-Zustandes an familienfreundlichen Maßnahmen die Schwachstellen analysiert, der Handlungsbedarf aufgezeigt und ein SOLL-Zustand an familienfreundlichen Maßnahmen entwickelt, der innerhalb der nächsten drei Jahre im Betrieb umgesetzt werden soll. Bei erfolgreicher Umsetzung wird ein Zertifikat für eine familienfreundliche Arbeitswelt verliehen werden. Ziel des Audits ist es, einen Standard an familienorientierten Maßnahmen, wie neue, auf Mit-

arbeiter ausgerichtete Arbeitszeitformen, Teilzeit für Führungskräfte für Männer und Frauen, flexibler Arbeitsort, Wiedereinstiegs- und Aufstiegsmöglichkeiten nach der Kinderbetreuungsphase, Hilfen bei der Kinderbetreuung, zu setzen.

3. Damit Frauenförderung sinnvoll ist, muß sie sich an den Gegebenheiten des Unternehmens und an der Bedarfs- und Lebenslage der Mitarbeiterin orientieren. Es wäre die falsche Strategie, in einer ohnehin sehr schwierigen Wettbewerbssituation die heimische Wirtschaft in dieser Weise beeinflussen zu wollen. Ich glaube auch, daß sich das zu einem Bumerang für Frauen auswirken könnte, weil sie nicht auf Grund ihrer Qualifikationen engagiert werden würden, sondern auf Grund externer Faktoren. Ihre Position im Unternehmen selbst würde erheblich belastet. Darüberhinaus wäre die Maßnahme dem Anliegen, daß sich nämlich die Vereinbarkeit von Beruf und Familie verstärkt zu einer Angelegenheit auch der Väter entwickelt, nicht dienlich.
   Für mich ist daher der Vorschlag, die Vergabe öffentlicher Aufträge vom Vorhandensein von Frauenförderplänen abhängig zu machen, überholt und nicht mehr zeitgemäß.

Eleanore Hostasch, Bundesministerin für Arbeit, Gesundheit und Soziales

1. Die Frauenberufstätigkeit ist aus unserem Wirtschaftssystem nicht wegzudenken und bereits gesellschaftliches Selbstverständnis. Einige Betriebe beweisen bereits, daß Chancengleichheit und Frauenförderung für sie keine Alibiaktion ist. Sie haben erkannt, daß die Nutzung des Potentials von Frauen für die Wirtschaft durchaus von Vorteil ist. Auch im Bund und den verschiedenen Gebietskörperschaften werden Frauenförderpläne umgesetzt. Gleichbehandlung bedeutet, darauf zu achten, daß gleiche Rechte auch in Anspruch genommen werden können und schließt daher Fördermaßnahmen dort ein, wo bestehende Benachteiligungen ausgeglichen werden müssen. Gleichbehandlung steht nur auf dem Papier, solange nicht das Bewußtsein und die Sensibilität dafür vorhanden sind, was die Ursachen dafür sind, daß Frauen und Männer in unserer Arbeitswelt so unterschiedlich bewertet werden.
   Frauenförderung soll natürlich sinnvollerweise in die Personalentwicklungsaktivitäten eines Unternehmens integriert sein. Dabei ist jedoch genau zu prüfen, wer für Mitarbeiter/innenförderung und Personalentwicklung zuständig ist. Personalentwicklung und Mitarbeiter/innenförderung ist in erster Linie keine Aufgabe der Personalabteilung (oder des Betriebsrates als Kontrollorgan), sondern eine originäre Führungsaufgabe der Vorgesetzten. Und nur wenn Vorgesetzte nicht nur Männer, sondern auch Frauen als Mitarbeiterinnen fördern, werden die Konzepte zur Frauenförderung auch langfristig erfolgreich sein.

2. Ein allgemeines Ziel von Frauenförderplänen soll sein, eine positive Einstellung zur Berufstätigkeit der Frauen bei allen Mitarbeiter/innen zu erzeugen sowie die berufliche Identität, das Selbstbewußtsein der Frauen zu fördern. Vereinbarkeit von Beruf und Familie ist ein wichtiges Thema und eine der Voraussetzungen für Chancengleichheit von Frauen. Kinder betreuen und berufliches Engagement dürfen nicht im Widerspruch stehen und müssen für Frauen und Männer möglich sein.
   Es scheint mir aber notwendig zu betonen, daß Maßnahmen zur Chancengleichheit keinesfalls ausschließlich auf die Vereinbarkeit von Beruf und Familie ausgerichtet werden dürfen. Um Frauen und Männer mit Betreuungspflichten zu unterstützen, setze ich mich dafür ein, daß sie einen rechtlich abgesicherten Anspruch auf individuelle Arbeitszeitreduktion haben.
   Teilzeitkarenz stellt in diesem Sinne eine sehr gute Möglichkeit dar und kann wesentlich zu besseren Berufsverläufen von Frauen beitragen. Weitere Möglichkeiten, die Erwerbsarbeitsmöglichkeiten von Frauen zu erhöhen, liegen in der gerechteren Verteilung oder auch Umverteilung von Arbeitszeit, Berufschancen und Einkommen. In Österreich haben wir diesbezüglich bereits Maßnahmen gesetzt: Bildungskarenz, Solidaritätsmodelle, Arbeitszeitverkürzung für Personen mit Betreuungspflichten. Ziel sind gleichberechtigte Erwerbs- und Qualifizierungsmöglichkeiten für Frauen.

3. Es ist mein sozialpolitisches Anliegen, die Bedingungen der Frauenerwerbstätigkeit zu verbessern und die Schaffung von mehr Arbeitsplätzen sowie stabilere und kontinuierlichere Berufsverläufe von Frauen zu unterstützen.
   Auch in Österreich wird es bessere Anreize für Betriebe zur Frauenförderung geben. Bei

gleichwertigen Angeboten für öffentliche Aufträge sollen Betriebe, die Frauenförderpläne nachweisen, berücksichtigt werden. Das Gleichbehandlungsgesetz von 1979 enthält bereits Bestimmungen, wonach die Fördermittel des Bundes nur an Unternehmen gehen sollen, die das Gleichbehandlungsgesetz beachten.

Ich werde mich für eine verstärkte Einführung von Frauenförderungsmaßnahmen und -plänen in den Betrieben einsetzen.

Eine Novelle des Arbeitsverfassungsgesetzes wird ausgearbeitet, die eine notwendige Anpassung der betrieblichen Mitbestimmung an mittlerweile eingetretene Änderungen der Arbeitsorganisation bringen soll. Verstärkte Einbindung der Betriebsrätinnen und Betriebsräte und die Weiterentwicklung ihrer Mitwirkungsrechte sind notwendig.

Mein Ministerium bereitet eine Novellierung vor, die auf eine stärkere betriebsverfassungsrechtliche Verankerung von Maßnahmen der betrieblichen Frauenförderung sowie von Maßnahmen zur besseren Vereinbarkeit von Betreuungspflichten und Berufstätigkeit für Arbeitnehmerinnen und Arbeitnehmer abzielt und auf diese Weise Betriebsvereinbarungen über solche Maßnahmen fördert.

Ing. Leopold Maderthaner, Präsident der Bundeswirtschaftskammer

1. Grundsätzlich sollten Bewerbungen in privaten Unternehmen und im öffentlichen Dienst Gegenstand von objektiven und wertfreien Beurteilungen sein, bei der alle die Person der Bewerber betreffenden Kriterien berücksichtigt werden. Dabei dürfen die angewandten Kriterien gegenüber weiblichen Bewerbern keine diskriminierende Wirkung haben. Dies wäre eine Voraussetzung dafür, daß bei der Auswahl und beim Einsatz sowie bei der Beförderung von Personal jedwede geschlechtsspezifische Benachteiligung ausgeschlossen wird.

2. Innerhalb der Europäischen Union liegt Österreich beim Beschäftigtenanteil und bei der Präsenz von Frauen auf den mittleren und oberen Managementebenen mit Deutschland, Belgien, der Niederlande und Luxemburg im Mittelfeld. Unbestreitbar besteht im Hinblick auf Gleichstellungsmaßnahmen im Management ein Nachholbedarf. Unsere Unternehmen bemühen sich diesen Nachholbedarf aufzuholen, wobei man sich weniger von Quotenregelungen - die den Objektivitätskriterien im Wege stehen - leiten läßt, als davon, den Produktionsfaktor Wissen durch gezielte Weiterbildungsmaßnahmen zu fördern. Familiäre Barrieren lassen sich damit nicht überwinden, sie liegen in der Natur der Geschlechter, doch sie führen zu einer Veränderung der immer noch männlich geprägten Unternehmenskultur. Die Wirtschaftskammern engagieren sich seit vielen Jahren für frauenspezifische Teilzeitmodelle und finden dabei immer größere öffentliche Zustimmung. Ungeachtet der hohen Lohnnebenkosten haben in den letzten Jahren zahlreiche Unternehmen gemeinsam mit dem Betriebsrat Betriebskindergärten eingerichtet und gefördert.

3. Die Gleichstellung der Geschlechter am Arbeitsplatz ist eine sozialpartnerschaftliche Aufgabe, die nach Maßgabe der familiären, beruflichen und betrieblichen Möglichkeiten primär vor Ort zu lösen ist. Quotendruck oder gar Quotenzwang sind meiner Meinung nach keine vernünftigen und erfolgsversprechenden Leitlinien für die Erreichung eines so wichtigen Zieles.

Dipl. Ing. Peter Mitterbauer, Präsident der Industriellenvereinigung

1. Es ist das erklärte Ziel der Industriellenvereinigung und der meisten ihrer Mitgliedsunternehmen, im Rahmen der Flexibilisierung der Arbeitsorganisation in den Unternehmen bestmöglich auch auf die Anliegen weiblicher Mitarbeiter einzugehen. Die konkreten Beispiele jener Industriebetriebe, die in ihrer betrieblichen Personalpolitik ein besonderes Augenmerk auf die Frauenbeschäftigung und auf Entwicklungsmöglichkeiten für Frauen in der Arbeitswelt legen, nehmen zu. Dies zeigen unter anderem die erst vor kurzem verliehenen Auszeichnungen der familien- und frauenfreundlichsten Betriebe im Rahmen der Initiative „Taten statt Worte“.

2. Was die Aufstiegsmöglichkeiten von Frauen im Unternehmen betrifft, so hat sich das gesellschaftliche und betriebliche Umfeld in den vergangenen Jahren deutlich verändert. Das Angebot weiblicher Hochschulabgänger hat sich erheblich vergrößert und die fachliche Qualität der Akademikerinnen kann sich sehen lassen. Hinzu kommt der explizite Wunsch vieler Frauen nach einer eigenständigen Karriere. Dieser schafft Beschäftigungsmöglichkeiten, die vor wenigen Jahren noch nicht bestanden haben. Mit Quotenregelungen ist da wenig geholfen. Vielmehr ist es zielführend, durch verstärktes Eingehen auf die spezifische Situation von Frauen in ihrer Doppelbelastung die Aktivitäten im Bereich der berufsbegleitenden Aus- und Weiterbildung so zu organisieren, daß die von ihnen auch wahrgenommen werden können. Die Förderung der Vereinbarkeit von Beruf und Familie ist auch für die Industrie ein wichtiges gesamtgesellschaftliches Ziel, dem man nach unternehmerischer Erfahrung am besten mit mehr Flexibilität und Mobilität näherkommt. In diesem Zusammenhang sei auf die begrüßenswerten Aktivitäten des Ministers Bartenstein verwiesen. Er findet darin in der österreichischen Industrie einen Verbündeten.

3. Von der Junktimierung des öffentlichen Auftragswesens mit extern definierten Kriterien der Frauenförderung in einem Unternehmen halte ich gar nichts. Dagegen bestehen nicht nur berechtigte rechtliche Zweifel, ein solches Vorgehen wäre aus strukturellen Gründen in vielen Branchen völlig inpraktikabel. Um die Gleichheit der Geschlechter in Österreichs Betrieben im Sinne der Vollintegration weiblicher Mitarbeiter herzustellen, muß man jeweils einzelwirtschaftlich nach der optimalen Lösung suchen. Die industrielle Arbeitswelt ist mittlerweile so differenziert, daß Zwangs- und Globalmaßnahmen, die an der betrieblichen Realität vorbeigehen, a priori zum Scheitern verurteilt sind.

Dr. Christa Pölzlbauer, Obfrau des UFF (UnabhängigesFrauenForum - Frauenvolksbegehren)

1. Frauenförderprogramme in den Betrieben halte ich für äußerst wichtig, um die Chancengleichheit in der Arbeitswelt zu erreichen. Frauen haben einen großen Aufholbedarf, da üblicherweise nur Männer gefördert wurden. Die bisherige Erfahrung hat gezeigt, daß die Arbeitssituation für Frauen ohne gezielte Förderung kaum verbessert wird. Die generelle berufliche Benachteiligung von Frauen aber auch ihre Unterrepräsentation in Führungspositionen machen Förderprogramme dringend notwendig.

2. Sowohl die Aufstiegsförderung als auch die Förderungen zur Vereinbarkeit von Beruf und Familie sollten Schwerpunkte von betrieblichen Maßnahmen sein. Beide Maßnahmen bedürfen einer großen Einstellungsänderung auf der Führungsebene, da mögliche Schwangerschaften und Kinderbetreuung als Störfaktoren in der Arbeitswelt empfunden und somit die Förderung von jungen Frauen als Fehlinvestition gesehen werden. Besonders störend ist, daß nach wie vor bei der „Vereinbarkeit von Beruf und Familie“ ausschließlich Frauen assoziiert werden. Ziel sollte sein, daß Erleichterungen wie z.B familienfreundliche Arbeitszeitregelungen *beiden* Elternteilen *angeboten* werden, um die einseitige Doppelbelastung der jungen Mütter aufzuheben. Wenn es zum Selbstverständnis wird, daß auch Väter Teilzeitarbeit beanspruchen, würde man betriebliche Fortbildung für Frauen nicht mehr als Fehlinvestition sehen; aber auch auf die Aufstiegschancen würde sich die Aufteilung von bezahlter und unbezahlter Arbeit positiv auswirken. Dieses Ziel verfolgt auch Punkt 8 des Frauenvolksbegehrens: Gesetzlich garantierter Anspruch auf Teilzeitarbeit für *Eltern* bis zum Schuleintritt ihres Kindes mit Rückkehrrecht zur Vollzeitarbeit.

3. Hier handelt es sich um die erste Forderung des Frauenvolksbegehrens, der folgendermaßen lautet: „Unternehmen erhalten Förderungen und öffentliche Aufträge nur, wenn sie dafür sorgen, daß Frauen auf allen hierarchischen Ebenen entsprechend ihrem Anteil an der Bevölkerung vertreten sind.“ Erläuterungen dazu: Es hat sich herausgestellt, daß das Gleichbehandlungsgesetz nicht ausreicht, um Frauen tatsächlich gleiche Aufstiegsmöglichkeiten im Erwerbsleben zu sichern. Leitungsfunktionen sind weiterhin fast ausschließlich Männern vorbehalten. Noch immer gibt es die „gläserne Decke“, durch die Frauen trotz gleicher Qualifikation kaum dringen können, noch immer werden Männer Frauen trotz gleicher Qualifikation vorgezogen. Um das zu ändern, sollen Förderungen und öffentliche Aufträge nur mehr an solche privaten oder öffentlichen Unternehmen vergeben werden, die nachweislich dafür sorgen, daß Frauen in allen hierarchischen Ebenen entsprechend ihrem Anteil an der Bevölkerung vertreten sind. Zum Nachweis sind entsprechende Pläne und Etappenziele vorzulegen. Es reicht nicht aus, sich auf die Minderqualifikation von Frauen auszureden. Jedes Unternehmen muß entweder die eigenen Mitarbeiterinnen schulen, oder entsprechend qualifizierte Frauen einstellen, um die Voraussetzungen des Gesetzes zu erfüllen. Die Reaktionen zu diesem Punkt des Frauenvolksbegehrens waren von Seiten der Wirtschaft und den konservativen PolitikerInnen scharf: Die Wettbewerbsfähigkeit der Unternehmen wäre durch diese Maßnahmen geschwächt usw. Ich meine, es kann und darf nicht weiterhin ein Anliegen der Wirtschaft sein, die halbe Bevölkerung zu vernachlässigen bzw. auf Talente zu verzichten.

Mag. Barbara Prammer,
Bundesministerin für Frauenangelegenheiten

1. Die Wichtigkeit von expliziten Frauenförderprogrammen steht meines Erachtens außer Zweifel, wenn wir die Situation von Frauen am Arbeitsmarkt näher betrachten. Die Benachteiligungen von Frauen im Erwerbsleben sind vielfältig. Frauen verdienen rund ein Drittel weniger als ihre männlichen Kollegen, sie arbeiten überwiegend in Bereichen, in denen die Bezahlung niedrig ist, sie gelangen kaum in Führungspositionen und sind verstärkt von Arbeitslosigkeit betroffen. Die Ursache liegt in der geschlechtsspezifischen Arbeitsteilung unserer Gesellschaft. Männer können sich voll und ganz der bezahlten Erwerbsarbeit widmen, Frauen hingegen leisten im Hintergrund die unbezahlte Erziehungs- und Versorgungsarbeit. Auf der einen Seite ermöglichen Frauen damit erst den reibungslosen Ablauf unserer Wirtschaft, auf der anderen Seite werden sie paradoxerweise gerade dadurch mit zahlreichen Hindernissen konfrontiert, selbst daran teilzunehmen. Eine innovative Unternehmenspolitik setzt die Berücksichtigung der unterschiedlichen Lebensumstände von Frauen und Männern voraus. Sogenannte „geschlechtsneutrale" personalpolitische Maßnahmen würden die Ungleichbehandlung der Geschlechter weiter vorantreiben. Erst durch gezielte Frauenförderung kann Chancengleicheit erreicht werden.

2. Die Qualität von betrieblichen Frauenförderungsmaßnahmen hängt insbesondere davon ab, ob und in welcher Weise auf die Tatsache der ungleichen Verteilung der Reproduktionsarbeit eingegangen wird. Es wäre ein Trugschluß von Frauenförderung zu sprechen, wenn darunter bloß Vereinbarkeitsmaßnahmen von Beruf und Familie für die weiblichen Beschäftigten eines Unternehmens verstanden würden. Ungeachtet dessen sollte in einem betrieblichen Frauenförderplan neben der Frauenförderung im engeren Sinne auch eine verbesserte Vereinbarkeit von Beruf und Familie Platz finden. Solche Maßnahmen müssen im Sinne von Chancengleichheit, nicht nur auf beide Geschlechter, sondern mehr noch auf die „besondere" Einbindung von Männern gerichtet sein.

3. Es ist eine Aufgabe der Politik, die erforderlichen Rahmenbedingungen zu schaffen, um die Benachteiligungen von Frauen am Arbeitsmarkt zu beseitigen. Eine gleichstellungspolitische Möglichkeit ist die Koppelung der öffentlichen Auftragsvergabe mit Maßnahmen der Frauenförderung, um so AuftragnehmerInnen zur Förderung von Frauen zu motivieren. Die rechtliche Zulässigkeit einer derartigen Verknüpfung wurde mittlerweile geklärt. Beispiele aus den USA aber auch dem Nachbarland Deutschland haben uns auch die praktische Umsetzbarkeit einer solchen Regelung bewiesen. Der Staat nimmt in diesem Fall seine Lenkungsfunktion wahr, indem er für Unternehmen Anreize schafft, aktive Gleichstellungsmaßnahmen zu setzen. Es geht darum, die Unternehmen zu überzeugen, daß versteckte Diskriminierungen der betrieblichen Entwicklung zum Schaden gereichen und umgekehrt Frauenförderung einen Wettbewerbsvorteil bedeutet. Aus diesem Grund werden die sozialdemokratischen Ressorts ab 1.1.1999 entsprechende Weisungen erlassen, welche die öffentliche Auftragsvergabe mit Frauenförderungsmaßnahmen verbinden.

Dr. Wolfgang Tritremmel,
Bereichsleiter Arbeit, Bildung und Soziales der Industriellenvereinigung

1. Zunächst soll darauf hingewiesen werden, daß es gerade ein Bemühen der Industriellenvereinigung und einer Reihe von Repräsentanten prominenter österreichischer Industrieunternehmen war, gemeinsam mit Frau Staatssekretärin und in der Folge Ministerin Dohnal Überlegungen bzw. konkrete Hilfestellungen und Maßnahmen zur Unterstützung der Frauenförderung in Unternehmen anzustellen bzw. zu entwickeln. Hinzu kam das nach wie vor aufrechte Engagement vor allem in Form einer Informationsplattform für die Initiative „Taten statt Worte“ insbesondere in der Steiermark, in Wien (der „Gläserne Schuh“) und in Niederösterreich.
   Wie gerade diese Aktivitäten zeigen, gibt es zahlreiche Bemühungen, mit denen, ohne daß dies an die große Glocke gehängt wird, versucht wird, auf betrieblicher Ebene familien- und frauenfreundliche Aktivitäten von der Arbeitszeit über die Arbeitsorganisation bis zu Qualifizierungsfragen und Transportmöglichkeiten zu setzen. Was die stärkere Verbreitung betrifft, so mag es nicht unähnlich wie bei Produkten sein: Ohne Beispiel und Marketing wird die Verbreitung im erwünschten Ausmaß weniger erfolgreich sein als mit diesen Mitteln.

2. Damit möchte ich gleichzeitig zum Ausdruck bringen, daß verpflichtende Maßnahmen eindeutig abzulehnen wären, weil sie vielfach als Zwang empfunden würden. Die Frage, welche Aktivitäten entfaltet werden sollen, hängt sehr stark mit der Art des Unternehmens und der Beschäftigung sowie auch der Unternehmensorganisation zusammen. Vielfach wird es hinsichtlich Aufstiegsförderung bzw. Förderung der Vereinbarkeit von Beruf und Familie eher ein „sowohl als auch“ als ein „entweder oder“ sein müssen.

3. Eine Vorgabe des öffentlichen Auftraggebers an private Unternehmen, verpflichtend Maßnahmen zur Frauenförderung/Chancengleichheit zu setzen, halte ich für verfehlt. Es sind eine Reihe derartiger Vorstöße unterschiedlicher Art bekannt, wonach öffentliche Auftraggeber angehalten werden sollten, Aufträge nur an Unternehmen, die ältere Arbeitskräfte beschäftigen, die jugendliche Arbeitskräfte beschäftigen, die ausreichend Behinderte beschäftigen, zu vergeben oder die Vergabe davon abhängig gemacht werden soll, daß Unternehmen den Nachweis erbringen, daß sie nur biologische Stoffe verwenden (unabhängig davon, ob der Straßenbau oder ein Reinigungsunternehmen davon betroffen wäre). Meine Sorge wäre dabei, daß die Verpflichtung, den mit Steuermitteln finanzierten Auftrag möglichst an den Billigst/Bestbieter zu vergeben, dramatisch verwässert würde und der Effekt meines Erachtens ein besonders zweifelhafter wäre.

Irmgard Schmidleithner, ÖGB-Bundesfrauenvorsitzende

1. Die Frage ist, wer eine „ausreichend innovative Personalpolitik“ garantiert. Ich denke, daß Frauenförderprogramme solange sinnvoll sind, solange Frauen in z.B. gesellschaftlichen und politischen Bereichen - trotz ihrer zahlenmäßigen Stärke - nicht entsprechend vertreten sind. Es ist höchste Zeit, daß Frauen genauso an Entscheidungsprozessen beteiligt sind wie Männer. Von alleine passiert gar nichts, deshalb ist es so wichtig, daß Unternehmer, Personalchefs, etc. entsprechende Rahmenbedingungen für die Verbesserung der Situation von Frauen schaffen.

2. Eindeutig: sowohl als auch. Es sollte selbstverständlich sein, daß Frauen im Beruf keiner „gläsernen Decke“ begegnen, nur weil sie Kinder haben (können). Noch immer gibt es von Unternehmerseite ungerechtfertigter Weise sehr viele Vorurteile gegenüber Frauen, die Karriere und Kinder wollen. Aber auch ein gesellschaftliches Umdenken ist hier rasch notwendig. Männer und Frauen sollten rasch bessere Rahmenbedingungen bekommen, um Familie und Beruf vereinbaren zu können. Karriere sollte beispielsweise auch mit Teilzeitjobs möglich sein. Auch sollte die partnerschaftliche Teilung des Karenzurlaubes öfter zur Diskussion stehen und forciert werden. Möglichkeiten der Umsetzung gäbe es genug; es ist oft nur eine Frage des Wollens. Natürlich muß in diesem Zusammenhang auch erwähnt werden, daß die „finanzielle Entschädigung“ (S 5.565 pro Monat) während des Karenzurlaubes einfach zu wenig ist. Wir müssen aber auch alles tun, um Frauen den Wiedereinstieg nach der Karenz zu ermöglichen. Die ÖGB-Frauen fordern daher verstärkte Bildungsmaßnahmen für karenzierte Frauen und die Ausdehnung der Behaltefrist nach dem Karenzurlaub von vier auf 26 Wochen. Denn für viele Frauen wird der Karenzurlaub zum „Urlaub für immer“, da der Wiedereinstieg oft mit zu vielen Hürden begleitet ist. Ich meine, daß es in allen möglichen Bereichen höchste Zeit ist, effektive Maßnahmen zur Frauenförderung zu schaffen, denn Förderung ist für jene wichtig, die - aus welchen Gründen auch immer - diskriminiert werden. Und daß dies bei Frauen noch immer der Fall ist (z.B. Einkommen) liegt auf der Hand.

3. Solange „Frausein“ ein Risiko für den Zugang zur Erwerbsarbeit, für Karriere, für berufliche Weiterentwicklung und für gerechte Bezahlung ist, ist das Kriterium der Frauenförderung für öffentliche Aufträge selbstverständlich ein adäquates Mittel. Unternehmen müssen sich daran gewöhnen, daß Frauen dieselben Chancen fordern wie Männer und ich denke, daß das bestehende Ungleichgewicht zwischen Frauen und Männern nur mit energischen Mitteln behoben werden kann. Die Forderung nach tatsächlicher Gleichstellung zwischen Frauen und Männern in allen Bereichen des Lebens ist aktueller denn je. Denn dabei geht es um die Verteilung von Macht, Einkommen und Arbeit. Ziel der ÖGB-Frauen ist es, den Frauenanteil in allen hierarchischen Ebenen - aber vor allem in den Entscheidungsgremien zu erhöhen. In dieser Frage ist die Gewerkschaft auch in den eigenen Reihen engagiert: Das ÖGB-Präsidium hat bereits 1995 Chancengleichheitsprogramme auf allen Ebenen der Organisation beschlossen, um eine ausgewogene Beteiligung von Frauen und Männern an Entscheidungsprozessen zu ermöglichen.

Mag. Herbert Tumpel, Präsident der Arbeiterkammer

1. Wenn Unternehmen dezentralen und flexiblen Strukturen den Vorzug vor starren Hierarchien geben oder Organisation und Personalpolitik sich an Grundsätzen wie Transparenz und Mitbestimmungsmöglichkeiten der Mitarbeiterinnen und Mitarbeiter orientieren, ist eine mittelbar positive Auswirkung auf die betriebliche Position von Frauen zwar eher wahrscheinlich als unwahrscheinlich; dies reicht aber nach den Erfahrungen in der Praxis nicht aus.
   Um mehr gelebte Gleichberechtigung in einem Betrieb zu schaffen, halte ich zwei Voraussetzungen für unverzichtbar: Erstens eine unmißverständliche Erklärung, daß Chancengleichheit für Frauen Bestandteil der Unternehmenspolitik ist, zweitens die verbindliche Festlegung konkreter Ziele und Mittel. Dabei ist die Feststellung vorhandener Diskriminierungen und Diskriminierungspotentiale - und zwar im vollen Ausmaß und in allen konkreten Details - als Ausgangspunkt und Grundlage weiterer Maßnahmen von besonderer Bedeutung. Und es ist notwendig, sichtbare institutionelle Strukturen zu schaffen und zu verankern, in denen Verantwortliche und Betroffene vorhandene Diskriminierungen (Diskriminierungspotentiale) konkret bestimmen und deren Beseitigung verbindlich und wirksam angehen können.
   Die rechtlichen Grundlagen dafür sind bereits jetzt im Arbeitsverfassungsrecht und im Gleichbehandlungsgesetz vorhanden.

2. Gewerkschaften und Arbeiterkammern gehen davon aus, daß einer der Hauptgründe für die schlechtere Einkommenssituation der Frauen in ihrem Ausbildungsnachteil gegenüber den Männern liegt, und haben deshalb die gleichberechtigte Wahrnehmung von Fortbildungschancen auf betrieblicher Ebene durch ein entsprechendes Diskriminierungsverbot im Gleichbehandlungsgesetz abzusichern versucht. In der Praxis zeigt sich, daß im Bereich der betrieblichen Weiterbildung Frauen auf vielfältige und nicht sogleich offensichtliche Weise diskriminiert werden; dies steht im Zusammenhang mit Prinzipien der Personalplanung, die konkreten Entscheidungen über die Gewährung von Weiterbildung vorgelagert sind. Dabei geht es vor allem um die den Frauen unterstellte vorwiegende Familienorientierung.
   Wir wissen (z.B. aus einer Studie des bundesdeutschen Bildungs- und Wissenschaftsministeriums aus dem Jahr 1990), daß geschlechtsspezifische Personalstrategien, auch wenn sie empirisch nachweisbar sind, von Betriebsvertretern häufig geleugnet werden.
   Ein Beispiel: Viele Personalverantwortliche betonen gerne die Chancengleichheit beim Zugang zu Weiterbildung und die betrieblichen Karrieremöglichkeiten für Frauen in ihrem Betrieb, weisen aber im gleichen Atemzug darauf hin, daß Frauen die Familie für das Wichtigste halten und angeblich kein Interesse an Fortbildungsveranstaltungen haben. Umgekehrt wird paradoxerweise die Schwierigkeit der Vereinbarkeit von Familienaufgaben mit der Beteiligung von Frauen an Weiterbildung nicht als Problem erkannt. Ein gezieltes, wirksames Programm zur Förderung der betrieblichen Aus- und Weiterbildung von Frauen muß jedoch ein diesbezügliches Problembewußtsein erkennen lassen, um Diskriminierung nicht fortzuschreiben.

3. Diese Frage kann nur eingeschränkt bejaht werden. Die Bindung der Auftragserteilung an das Vorliegen positiver Aktionen für Frauen wirft zunächst eine Reihe vergaberechtlicher Fragen und Probleme sowohl auf innerstaatlicher als auch auf europäischer Ebene auf; es ist allerdings innerhalb der Europäischen Kommission ein Diskussionsprozeß über die Berücksichtigung sogenannter vergabefremder Kriterien in Gang gekommen, der eine wesentlich unproblematischere rechtliche Beurteilung dieser Frage in Hinkunft möglich machen wird.
   Erfahrungen in den USA - in diesem System kann bei der Vergabe öffentlicher Aufträge die Einhaltung positiver Aktionen für Frauen, aber auch für andere Gruppen (z.B. ethnische Minderheiten) als Vertragsbedingung vorgesehen und die Einhaltung dieser Vertragsbedingung von einer eigenen Behörde kontrolliert werden - zeigen, daß die Einrichtung, Durchführung und Evaluierung positiver Aktionen wesentlich von konkreten Details bestimmt wird und daher sehr aufwendig ist. Dies ist kein grundsätzlicher Einwand, sondern ein Hinweis darauf, daß generelle Bestimmungen oder oberflächliche Evaluierungsansätze nicht ausreichen. Im Zusammenhang mit der angesprochenen Diskussion hat sich allerdings gezeigt, daß nicht einmal die Einhaltung arbeits- und gestaltungsrechtlicher Vorschriften - insbesondere, was die Gewährleistung von Lohngleichheit betrifft - als vergaberechtliches Kriterium ausreichend gesichert ist. Arbeiterkammern und Gewerkschaften halten es daher für richtig, zunächst bei geeigneten Kontrollmechanismen für die Einhaltung dieses vergabe- und europarechtlich weitgehend unproblematischen Kriteriums anzusetzen.

Fritz Verzetnitsch, ÖGB-Präsident

1. Gesetzliche Gleichstellung bedeutet nicht gleichzeitig tatsächliche Chancengleichheit. Es bedarf eines grundsätzlichen gesellschaftlichen Umdenkens. Trotzdem brauchen Betriebe ein klares Motiv, um Frauen zu fördern. Das Motiv der Beseitigung von Ungerechtigkeiten ist ihnen dafür meist nicht wichtig genug. Ich trete daher dafür ein, Frauenförderungspläne mit Hilfe von Betriebsvereinbarungen umzusetzen.
   Um als positives Beispiel voranzugehen, hat der ÖGB bereits 1995 Chancengleichheitsprogramme auf allen Ebenen der Organisation beschlossen. Auf diese Weise soll sowohl Frauen als auch Männern in gleicher Weise die Beteiligung am Entscheidungsprozeß ermöglicht werden.

2. Auf einen Nenner gebracht: Sowohl als auch.
   Die Daten des Arbeitsmarktservice (Februar 1998) zeigen eindeutig, daß die Hälfte der arbeitslosen Frauen nur über einen Pflichtschulabschluß verfügen, weitere 30 Prozent sind Lehrabsolventinnen. Daher sind verstärkte Aus- und Weiterbildungsangebote speziell für Frauen das „Um und Auf“ für eine Aufstiegsförderung von Frauen bzw. Bekämpfung der Arbeitslosigkeit.
   Aber auch eine bessere Ausbildung ist aber noch kein Garant für einen besseren Job. Es müssen auch Voraussetzungen geschaffen werden, um Beruf und Familie besser vereinbaren zu können. Für sehr viele Frauen ist der sogenannte Karenzurlaub ein Urlaub ohne Ende. Drei von zehn Frauen beenden nach dem Karenzurlaub das Dienstverhältnis. Kein Wunder: Einerseits sind sie mit ungerechtfertigten Vorurteilen der Unternehmer konfrontiert, die zu wenig Verständnis für die durch die Geburt eines Kindes geänderten Lebensumstände einer Frau aufbringen. Andererseits gibt es in fast allen Bundesländern viel zu wenig Kindergärten, die den ganzen Tag geöffnet haben. Wenn etwa in Vorarlberg nur drei Prozent der Kindergärten eine Ganztagsbetreuung anbieten, dann muß jemand zu Hause bleiben - in den meisten Fällen ist das noch immer die Frau. Es ist daher nötig, daß endlich mehr Kindergartenplätze mit längeren Öffnungszeiten eingerichtet werden und das traditionelle Rollenbild aufgebrochen wird.

3. Solange die Benachteiligung von Frauen am Arbeitsplatz quasi als „Kavaliersdelikt“ betrachtet wird, ist es wohl notwendig, Druck von außen zu erzeugen. Der ÖGB setzt sich schon seit langem dafür ein, daß es in der Privatwirtschaft - genauso wie im öffentlichen Dienst - Frauenförderungsprogramme gibt. Leider zeigen die Unternehmer nur mäßiges Interesse. Erst wenn sie erkennen, daß sie mit Konsequenzen zu rechnen haben, werden die Unternehmer anders handeln.
   Es gibt jedoch auch Beispiele von Unternehmen, die erkannt haben, daß Frauenförderungsprogramme positive Auswirkungen haben. Daran sollten sich die Arbeitgeber orientieren. Ein Instrument der Einführung der Chancengleichheit als Kriterium bei der Vergabe von öffentlichen Aufträgen unterstützt dieses Anliegen.

Dr. Johann Weber, Vorsitzender der österreichischen Bischofskonferenz

1. Soziale Probleme welcher Art auch immer können nur in umfassenden Strategien einer Lösung näher gebracht werden. Ein Element einer solchen umfassenden Strategie – nicht mehr und nicht weniger – könnte ein explizites Frauenförderprogramm sein. Natürlich könnte unter Idealbedingungen eine innovative, den Prinzipien der Gerechtigkeit verpflichtete Personalpolitik ausreichend sein, aber diese Idealbedingungen einer von gesellschaftlichen Weichenstellungen unbeeinflußten Personalpolitik gibt es nicht. So sind Frauenförderprogramme notwendig, um eine gerechtere Personalpolitik zu stützen, wie die Ausrichtung an einer gerechten Personalpolitik eine Grundbedingung dafür ist, daß Frauenförderprogramme wirksam werden können. Beste Frauenförderprogramme bewirken nur wenig, wenn nicht eine wenigstens teilweise Deckung mit den Werten und Denkweisen der Gesellschaft gegeben ist.

2. Als Ausgangspunkt der Diskussion dieser Frage soll die Forderung dahin gehen, daß für Frauen der Freiheitsspielraum hinsichtlich der Entscheidung, ob sie Karriere im Beruf machen oder ob sie sich für eine gewisse Zeit oder ganz der Familie widmen wollen, erweitert wird. Damit diese Entscheidung getroffen werden kann, ist es wichtig, Maßnahmen zu treffen, die die Vereinbarkeit von Beruf und Familie erleichtern, damit nicht die Entwicklung auf der einen Seite auf Kosten der anderen gehen muß. Dies gilt ebenso aber auch für Männer. Wenn diese Basis gewonnen ist, können qualifikationsvermittelnde Weiterbildungsmaßnahmen wirksam werden. Quotenregelungen würde ich in manchen Fällen als problematisch einstufen, weil sie infolge der Weckung von Sozialneid etwa kontraproduktiv sein können und in manchen Situationen ein zu starres Konzept darstellen, das der Gerechtigkeit nicht immer gerecht wird.

3. Die Schwierigkeit liegt in der Erstellung von Kriterien für Frauenförderung und Chancengleichheit in Betrieben. Auch bei viel bürokratischem Aufwand und bei der Berücksichtigung verschiedener Faktoren werden diese Kriterien letztlich Gummiparagraphen darstellen, ein Faktum, das Willkür ermöglicht, und so kann der Gerechtigkeit nicht Genüge getan werden. Außerdem wird man mit solchen Kriterien nur sehr unvollkommen der Komplexität und differenzierten Wirklichkeit der Betriebe gerecht werden. Was im Fall von eklatant gegen Gleichberechtigung verstoßenden Firmen wirksam werden kann, könnte im Fall von Entscheidungen, die durch feine Nuancen bestimmt sind, ein Hindernis der Gerechtigkeit sein.

AutorInnen

Neda Bei, Dr., geboren 1952. Studium der Rechtswissenschaften. Seit 1989 in der Frauenabteilung der Kammer für Arbeiter und Angestellte für Wien mit dem Schwerpunkt Gleichbehandlungsgesetz tätig. Mitglied der Gleichbehandlungskommission.

Regine Bendl, Mag. Dr., geboren 1963. Studium der Handelswissenschaft. Seit 1992 Universitätsassistentin und Lehrbeauftragte an der WU Wien, Abteilung Handel und Marketing, seit 1997 Vorsitzende des Arbeitskreises für Gleichbehandlungsfragen an der Wirtschaftsuniversität Wien, in Ausbildung bei der Österreichischen Gesellschaft für Gruppendynamik und Organisationsberatung (ÖGGO). Arbeits- und Forschungsschwerpunkte: Frauenförderung und Chancengleichheitsprogramme, Organisation und geschlechtsspezifische Aspekte.

Birgit Buchinger, Dr.phil, geboren 1963. Sozialwissenschaftlerin und Erwachsenenbildnerin (Salzburg), langjährige Forschungs-, Evaluierungs- und Entwicklungserfahrung. 1996 Gründung der Firma „Solution - Sozialforschung & Entwicklung" gemeinsam mit Ulrike Gschwandtner. Tätigkeitsbereiche: Arbeitsmarkt, Geschlechterdemokratie, Frauenforschung, Berufs(fort)bildungsprozesse, Lohnpolitik, Interessenvertretung.

Gerhard Engelbrech, geboren 1948. Wissenschaftlicher Mitarbeiter am Institut für Arbeitsmarkt- und Berufsforschung der Bundesanstalt für Arbeit in Nürnberg, Mitglied in diversen nationalen und internationalen Gremien, Mitarbeit in Netzwerken der Kommission der EU zur Durchsetzung „Positiver Aktionen", Gründungsmitglied und Jurymitglied der Initiative „TOTAL E-QUALITY Deutschland e.V.".

Leopoldine Faber, Mag., geboren 1958. Studium der Pädagogik und Fächerkombination. 1977 Eintritt in die ehemalige Zentralsparkasse (nunmehr Bank Austria), seit 1990 im Bereich Personal (Personalentwicklung und Ausbildung) tätig. Seit 1991 Frauenbeauftragte der Bank Austria.

Sandra Frauenberger, geboren 1966. Seit 1993 Frauensekretärin der GPA. Arbeitsbereiche: Implementierung von Chancengleichheitsprogrammen und Frauenausschüssen, Bildungsarbeit für Betriebsrätinnen und Gremienbetreuung. Arbeitsschwerpunkte u.a.: Erstellung des Leitfadens zur Förderung der Chancengleichheit und Durchsetzung der Frauenquote in der GPA.

Marianne Geisser, Lic.rer.pol, geboren 1952. Lehre zur Hochbauzeichnerin und Studium der Volks- und Betriebswirtschaft, Unterricht an Handels- und Wirtschaftsgymnasien, Seminarleitung am Betriebswirtschaftlichen Institut der Universität Bern zu Frauenförderung und Personalmanagement. Stellvertretende Direktorin des Eidgenössischen Büro für die Gleichstellung von Frau und Mann, Projektleiterin von ABAKABA. Arbeitsschwerpunkte: Lohn- und Chancengleichheit von Frau und Mann im Erwerbsleben, Gleichstellung in Aus- und Weiterbildung, Frauenhandel.

Harald Gutschi, Mag., geboren 1965. Studium der Betriebswirtschaft. Persönlichkeitstrainer und Erwachsenenbildner für Unternehmungen, soziale Vereine und Bildungsinstitutionen. Seit 1994 Personalleiter von Neckermann Versand Österreich AG in Graz. Geschäftsführer einer Tochtergesellschaft in Slowenien.

Andrea Holzmann-Jenkins, Mag., geboren 1955. Studium der Volkswirtschaft im zweiten Bildungsweg. 1991-1996 Assistentin an der Wirtschaftsuniversität Wien, Abteilung für Sozialpolitik, Auslandsaufenthalt in England, seit 1997 Aufbau der Sozialökonomischen Forschungsstelle in Wien, Arbeitsfelder: Arbeitsmarktpolitik und Sozialpolitik, mit dem Schwerpunkt auf Gleichbehandlungspolitik.

Ilse König, Dr. phil, geboren 1948. Sozialwissenschafterin und Psychotherapeutin, langjährige Erfahrung in Forschung, Praxis und Lehre, Kurs- und Seminartätigkeit u.a. mit den Schwerpunkten Sozial- und Arbeitsmarktpolitik, Gewalt, Generationen, Gender, Kommunalpolitik. Ab 1990 am Institut für Konfliktforschung mit diesen Schwerpunkten tätig. Seit Frühjahr 1998 Leiterin der Abteilung für Gesellschaftswissenschaften im Bundesministerium für Wissenschaft und Verkehr.

Brigitte May, Mag., geboren 1969. Studium der Handelswissenschaft. Seit 1996 Personalreferentin in der Raiffeisen Zentralbank Österreich AG (RZB) im Bereich Personalrecruiting und Personalentwicklung.

Ingrid Nikolay-Leitner, Dr., geboren 1953. Studium von Pädagogik/Psychologie und Jus. Tätigkeit im Staatssekretariat für allgemeine Frauenfragen und im Institut für Arbeitsmarktbetreuung. Seit 1991 Anwältin für Gleichbehandlungsfragen bei der Bundesminsterin für Frauenangelegenheiten im Bundeskanzleramt.

Etta Olgiati, director of the Fondazione Regionale Pietro Seveso (Italy). She does research, consultancy and training work aimed to integrate equality into HRM at the company level. She is presently engaged in different transnational projects under the Community Fourth Action Programme and Leonardo aimed to set up tools to improve and extend equality actions and programmes at the company level. She has previously worked with the EC Equal Opportunities Unit as the Italian expert on the European Positive Action Coordinating Group.

Ulli Pastner, Mag. Dr., geboren 1960. Studium der Betriebswirtschaft, Post-Graduate Ausbildung am Institut für Höhere Studien, Abteilung Soziologie. Seit 1991 Mitarbeiterin und Vorstandsmitglied von FORBA (Forschungs- und Beratungsstelle Arbeitswelt, Wien). Seit 1995 Vertreterin Österreichs im Expertinnennetzwerk der Europäischen Kommission zum Thema „Gender & Employment". Arbeits- und Forschungsschwerpunkte: Frauenbeschäftigung und Arbeitsmarkt, Arbeitsbeziehungen, Arbeitsbedingungen, Qualifikation.

Ulrike Papouschek, Mag., geboren 1961. Studium der Soziologie und Ethnologie an der Universität Wien. Langjährige Forschungstätigkeit mit den Schwerpunkten Frauen und Arbeitswelt, Bildungs- und Berufssoziologie. Seit 1996 Mitarbeiterin und Vorstandsmitglied von FORBA (Forschungs- und Beratungsstelle Arbeitswelt, Wien) sowie Lehrbeauftragte der Wirtschaftsuniversität Wien. Arbeitsfelder: Geschlechtsspezifische Ungleichheit, Arbeitsbedingungen, Qualifikation, Berufsfindungsprozesse, Berufsverläufe.

Erika Pircher, Dr. phil, geboren 1956. Sozialwissenschafterin und Erwachsenenbildnerin (Salzburg); arbeitet seit vielen Jahren im Bereich der angewandten Sozialforschung, Beratung und Evaluation mit Schwerpunkt Gender-Forschung. 1996 Gründung des Instituts „Gender-*Link*-Netzwerk für Sozialforschung" gemeinsam mit Elfriede Ch. Neubauer. Forschungsfelder u.a.: Gleichstellungspolitik, berufliche Eingliederung, Diskriminierungsprozesse, diversity intervention, Sexuelle Gewalt bei Menschen mit Behinderung, Interessenvertretungspolitik.

Judith Rechnitzer, Dr., geboren 1959. Studium der Psychologie und Pädagogik, abgeschlossene Psychotherapieausbildung bei der ÖGWG (Klientenzentrierte Psychotherapeutin). Seit 1989 beim Arbeitsmarktservice Burgenland, seit 1995 Abteilungsleiterin der Verwaltung (u.a. zuständig für Personal- und Organisationsentwicklung). Trainerin bei Laufbahnplanungsseminaren für Frauen.

Gabriela Riedl, Mag., geboren 1966. Studium der Betriebswirtschaft, seit 1993 Assistentin an der Wirtschaftsuniversität Wien, Abteilung für Personalwirtschaft, Vorsitzende der Kommission für Gleichbehandlung an der WU-Wien, freiberufliche Trainerin in privaten und öffentlichen Organisationen. Forschungsschwerpunkte: Innere Kündigung von ArbeitnehmerInnen, Personalentwicklung, Konzepte der Arbeitsorganisation, Arbeitszeit- und Entgeltsysteme, Gleichstellungspolitik.

Martina Scheinecker, Mag. Dr., geboren 1960. Studium der Betriebswirtschaft. Langjährige Forschungs- und Lehrtätigkeit in den Bereichen Organisation und Personalmanagement, Tätigkeit als Beraterin für betriebliche Personalpolitik zur Förderung der Chancengleichheit (Frauen 2000). Seit 1991 selbständig als Unternehmensberaterin, Gesellschafterin der Firma TRIGON Entwicklungsberatung. Tätigkeitsschwerpunkte: Organisations- Personal- und Teamentwicklung. Trainings in den Bereichen Kommunikation (auch speziell für Frauen), Laufbahnplanung für Frauen, Konfliktmanagement.

Gillian Shapiro, Research Fellow at Centrim (Centre for Research in Innovation Management), University of Brighton (UK). Her research, consultancy and training work within CENTRIM focuses on human resource issues associated with the management of innovation and in particular, total quality management, continuous improvement, equality, gender and employee diversity.

Ridi Steibl, geboren 1951. Seit 1989 Frauen- und Familienreferentin des Landes Steiermark, seit 1994 Abgeordnete zum Nationalrat, ÖAAB-Frauenvorsitzende Steiermark. Projektleiterin der österreichischen Initiative *Taten statt Worte*, Initiatorin des ersten Gründerinnenzentrums in der Steiermark.

Hilde Stockhammer, Mag, geboren 1955. Studium der Soziologie. Einige Jahre Mitarbeiterin von Johanna Dohnal im Staatssekretariat für Frauenfragen. Seit 1991 in verschiedenen Bereichen des Arbeitsmarktservices (AMS) und aktuell in der Bundesgeschäftsstelle, Abteilung Arbeitsmarktpolitik für Frauen, tätig. Gleichbehandlungsbeauftragte und Vorsitzende der Arbeitsgruppe Gleichbehandlungsfragen seit 1992.